清代樣式雷圖檔入藏國家圖書館九十周年

◎《文津學志》編委會 編

文津学志

WEN JIN XUE ZHI

任继愈題

第十三輯

國家圖書館出版社

圖書在版編目(CIP)數據

文津學志.第十三輯/《文津學志》編委會編.—北京:國家圖書館出版社,2020.6
ISBN 978-7-5013-6971-3

Ⅰ.①文… Ⅱ.①文… Ⅲ.①古籍—善本—研究—中國—叢刊 Ⅳ.①G255.1-55

中國版本圖書館 CIP 數據核字(2020)第 017955 號

書　　名　文津學志(第十三輯)
著　　者　《文津學志》編委會　編
責任編輯　王　雷

出版發行　國家圖書館出版社(北京市西城區文津街 7 號　100034)
(原書目文獻出版社　北京圖書館出版社)
010-66114536　63802249　nlcpress@nlc.cn(郵購)
網　　址　http://www.nlcpress.com
印　　裝　河北三河弘翰印務有限公司
版次印次　2020 年 6 月第 1 版　2020 年 6 月第 1 次印刷

開　　本　787×1092(毫米)　1/16
印　　張　17.75
字　　數　378千字
書　　號　ISBN 978-7-5013-6971-3
定　　價　90.00 圓

編委會

目　録

·世家考略·

·圖檔研究·

華夏意匠的世界記憶：樣式雷設計理念和方法評介

王其亨

内容提要：清代建築世家樣式雷擔綱皇家建築設計二百多年，其近兩萬件圖檔被列入《世界記憶名録》。雷思起的《稟文》凝練概括了定、東陵的建築設計程式：選址和規劃時以自然環境爲創作本體，用平格方法進行地形測繪，遵照欽准建築規制製作燙樣，以豐富多彩的畫樣表達其設計理念，在施工進程中繪製已做現做活計圖實現科學的工程管理。

關鍵詞：樣式雷　建築設計　平格法

樣式雷，是清代著名雷姓建築世家的譽稱，前後八代，傳承兩百多年，擔綱皇家建築的設計，至今遺存衆多建築杰作，諸如世界文化遺産北京和瀋陽故宫、天壇、頤和園、避暑山莊、關外三陵、清東陵和西陵，全國重點文物保護單位圓明園、北海與中南海、静明園、静宜園、南苑及恭王府等等，其中還包括“楠木作”即内檐裝修、傢具、陳設的設計。

和這些優秀建築遺産對應，還有近兩萬件樣式雷建築圖檔傳世。1930 年以來，中國建築史學界數代學者殫精竭智地整理研究，2007 年被聯合國教科文組織列入《世界記憶名録》。成爲其中規模最大、内容最豐富的古代建築設計智慧資源，充分彰顯了中國古代哲匠的非凡才能。

圖 1　聯合國教科文組織《世界記憶名録》證書（2007）

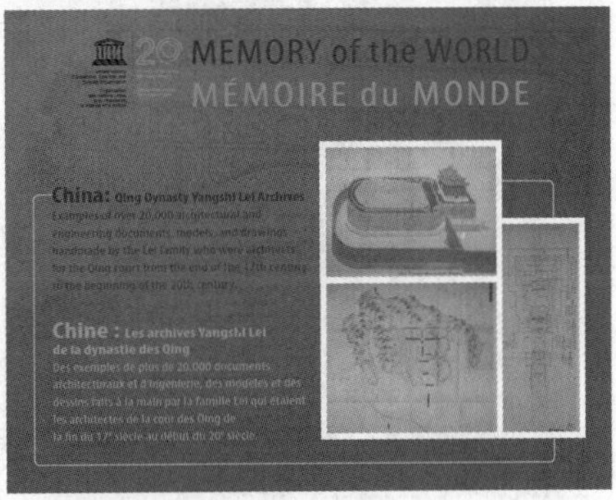

圖 2　聯合國教科文組織紀念世界記憶工程 20 周年“樣式雷”圖版（巴黎 2012）

一、從雷思起的《稟文》談起

同治十二年（1873）三月初八日，親政一月的同治皇帝載淳，侍奉慈安和慈禧皇太后展謁清東陵諸陵；初九日，他還專門侍奉兩位皇太后，親臨同治元年正月以來已經三度勘查的平頂山和普陀山閱視。回鑾北京後，三月十九日，載淳宣諭内閣：

此次祇謁東陵，謹于定陵迤東擇有吉壤，地勢雄秀，山川環抱。復恭奉慈安端裕康慶皇太后、慈禧端佑康頤皇太后親臨閱視。敬奉懿旨：普祥峪、菩陀峪即定爲萬年吉地。欽此。

旋又降旨：

朕仰體慈懷，自應擇吉興工。普祥峪著派惇親王，協辦大學士全慶，總管内務府大臣、都統春佑，工部右侍郎榮禄；菩陀峪著派醇親王，左都御史英元，總管内務府大臣、吏部左侍郎魁齡，總管内務府大臣、工部左侍郎明善，前往敬謹辦理。

三天後，又以英元差務繁重，改由兵部尚書英桂接替辦理菩陀峪萬年吉地工程。

領銜組建欽派工程處的這八位王大臣，除全慶、魁齡、明善而外，惇親王奕誴、醇親王奕譞、春佑、榮禄、英桂等，先前都没有辦理陵寢工程的經歷。

而自咸豐二年（1852）先後供役昌西陵、慕東陵設計，主持定陵選址、規劃設計和施工，同治元年（1862）以來一直參與兩太后吉地選址的雷思起，受派組建欽工處樣式房，負責兩處吉地覆勘及規劃設計。爲促成順利完成覆勘，妥善辦理規劃設計，勘估工料錢糧，董理施工，這位樣式雷的第六代傳人，檢出同治五年八月撰擬的《稟文》草稿，謄抄成多份《丈量打格抄平燙畫樣説單》，陸續呈遞給即將赴吉地當差的諸位王大臣：

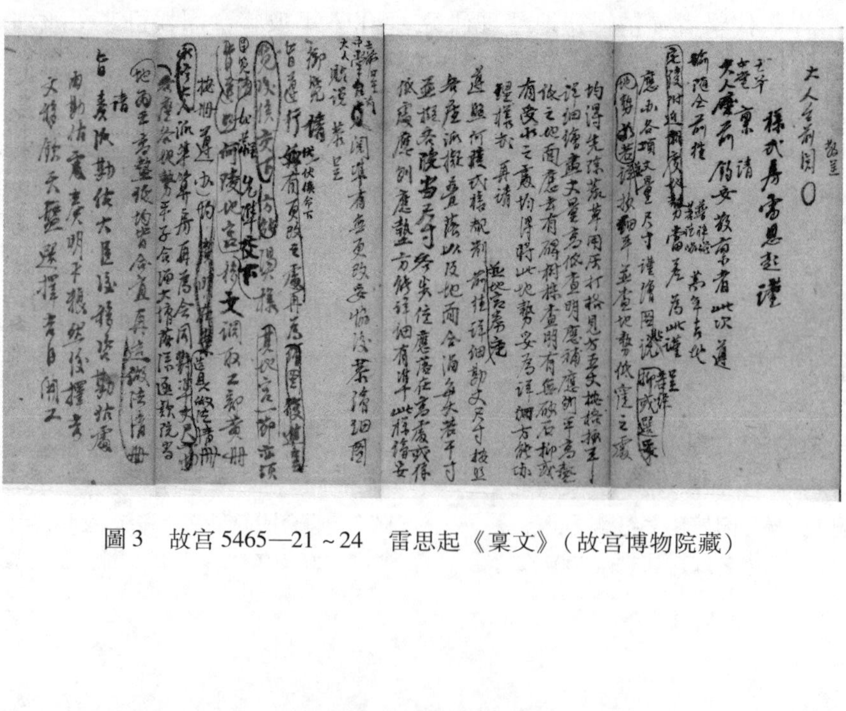

圖3　故宫5465—21～24　雷思起《稟文》（故宫博物院藏）

應辦各項丈量尺寸，謹繪圖貼説，并詳抄細平，并查地勢低窪之處；均得先除荒草，用灰打格，見方五丈，按格抄平，詳細繪畫、丈量高低，查明應補應刨、平高墊低之地面，應去有礙樹株，查明有無砂石抑或有受水之處，均得將此地勢妥爲詳細，方能辦理樣式。再請遵照何陵式樣規制并地宫券座，前往詳細勘丈尺寸，按照各座派擬迭落以及地面合溜每丈若干寸，并擬各院當尺寸，各步位應落在高處或係低處，應刨、應墊，方能詳細有準。此樣繪妥，呈王爺、中堂、大人台前閲准有無更改，妥協後，恭繪細圖貼説，恭呈御覽，請旨遵行。伏俟命下，再爲燙樣。如恭呈允准交下，移文調取工部《黄册》，按册遵辦，派准算房，再爲會同造具《做法清册》，請旨奏派勘估大臣後，移諮勘估處，由勘估處奏明錢糧，然後擇吉，文移欽天監，選擇吉日開工。

該《稟文》即《丈量打格抄平燙畫樣説單》，從管理體制着眼，凝練概括了慈安、慈禧陵寢即定東陵這樣重大的建築工程勘查設計程式：

1. 覆勘地勢，須運用“平格”方法計量性精細測量，就是在現場用白灰打格，見方五丈，按格抄平，詳細繪畫、丈量高低。

2. 測繪可資參考的既有建築式樣規制。

3. 結合平格圖，按地勢高下和寬窄的勘測成果，辦理樣式，即擬訂設計方案。

4. 方案須恭繪細圖貼説，恭呈御覽，請旨遵行。

5. 方案准旨，隨即燙樣，即製作建築模型。

6. 燙樣欽准，旋由工程處下轄設計機構樣式房，會同算房即會計機構，按欽定設計方案編訂《做法清册》，即施工設計説明，再行勘估工料錢糧，奏准後選擇吉日開工。

凡此規劃設計理路，贏得皇太后、皇帝以至諸位王大臣的充分認同，在此後的實踐中得到貫徹，對長達五年的工程經營，發揮了舉足輕重的指導作用。

這中間，雷思起一如其先輩雷金玉、雷聲澂、雷家瑋、雷家璽、雷家瑞、雷景修，也像其子、侄、孫輩雷廷昌、雷廷芳、雷獻彩和雷獻祥，虔誠敬業，嫻熟靈活地運用極具現代意義的先進方法、豐富多彩的圖學語言，精確表達其卓杰的設計創作理念，并指導施工，博得從皇室、朝官到營造廠商、工匠和世人的交口贊譽。

二、以環境爲本體設計創作理念

清代皇家建築尤其是陵寢的規劃設計，通常始自選址，素來推崇“遵照典禮之規制，配合山川之勝勢”（乾隆朝《工科史書》），組群布局和單體形制，既要恪遵宗法禮制的統緒關係和尊卑等級，更要縝密協同精心選勘風水吉壤，以自然環境作爲建築創作的本體，與之對話，力使山川自然美與建築人文美臻向高度統一。

届時，樣式房匠人要隨有關官員和風水師赴現場勘察風水，就是全面深入地調查并統籌工程地質、生態、四至景觀及環境容量等要素，確定基址并展開相應的規劃設計。

以東、西陵全圖和相關選址圖爲例，各陵寢的規劃設計，注重高山仰止、景行行止的審美意境，前行展謁時可以看到建築群及其底景即所謂後寶山，返回時也須有相應的對景，即案山或朝山；所謂山向，即陵寢建築群的中軸綫，就由此優選確定。

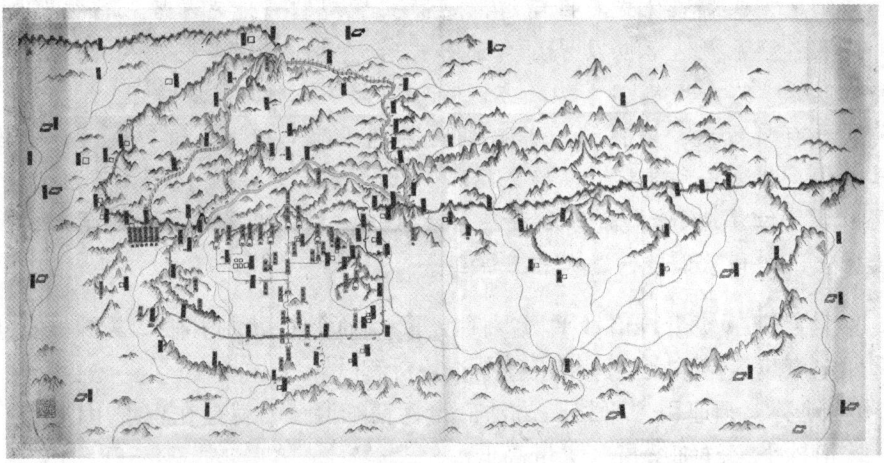

圖4　故宫5339　光緒七年（1881）東陵形勢全圖（故宫博物院藏）

值得指出的是，源自西方的現代建築教育體系和規劃設計實踐中，這樣的建築與環境對話的理念和方法至今罕見，存在着明顯的盲區和誤區。

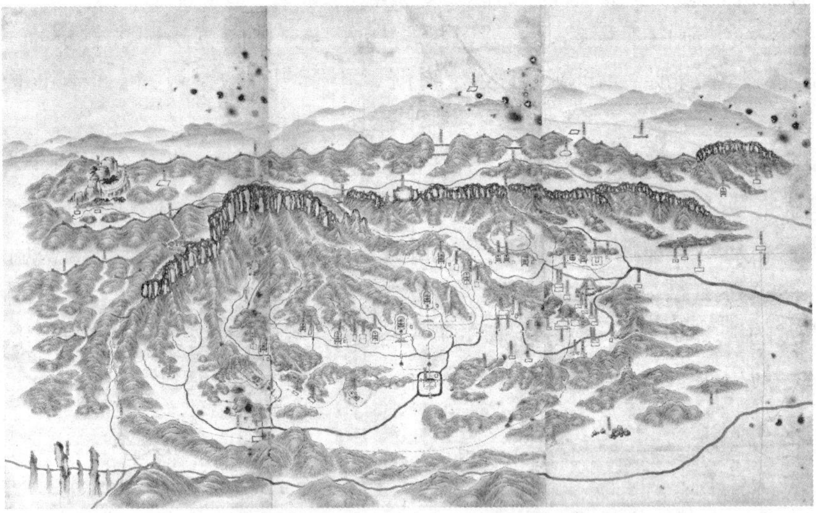

圖5　軸物26　宣統元年（1909）西陵形勢全圖
（日本東京大學東洋文化研究所藏）

當然，在清代皇家建築的選址和規劃設計中，從工程實踐着眼，如何因地制宜，保障地基堅固，便利防洪排水，優化景觀與生態，減少土石方量，縮短工期，節省人力和財力，等等，無不促成選址和規劃設計的密切結合，且如《稟文》强調，甚至反復交叉進行，其中尤須運用精準的平格方法。

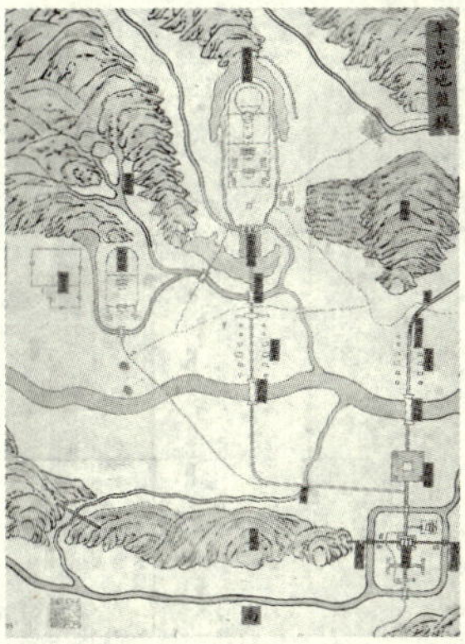

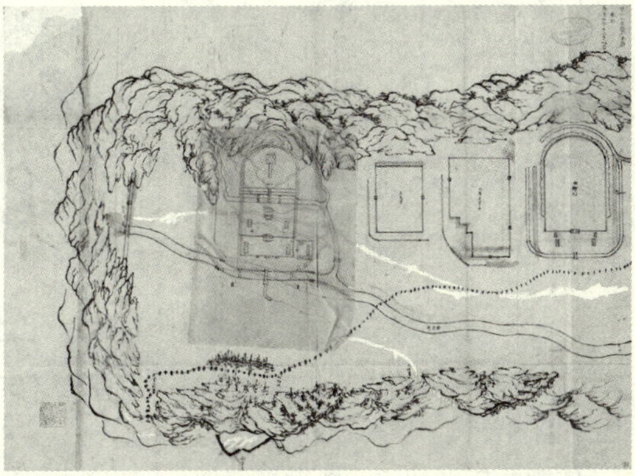

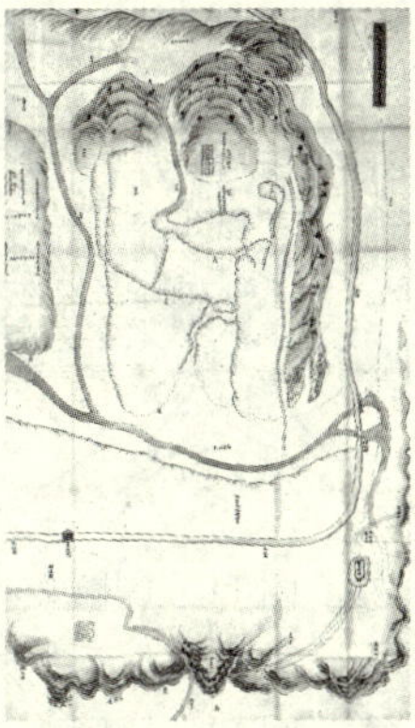

左　圖6　故宮4130　嘉慶二年（1797）太平峪（昌陵）萬年吉地地盤圖（故宮博物院藏）

陵寢北倚太平峪爲後龍，南向九鳳山爲朝山。

中　圖7　故宮3728　道光卅年（1850）奏准望仙山昌西陵全樣（故宮博物院藏）

陵寢北以望仙山爲後寶山，南對西華蓋山爲朝山。

右　圖8　故宮4203　光緒元年（1875）雙山峪（惠陵）現定山向標志地勢尺寸畫樣（故宮博物院藏）

南朝金星山，北倚雙山峪玉頂山。

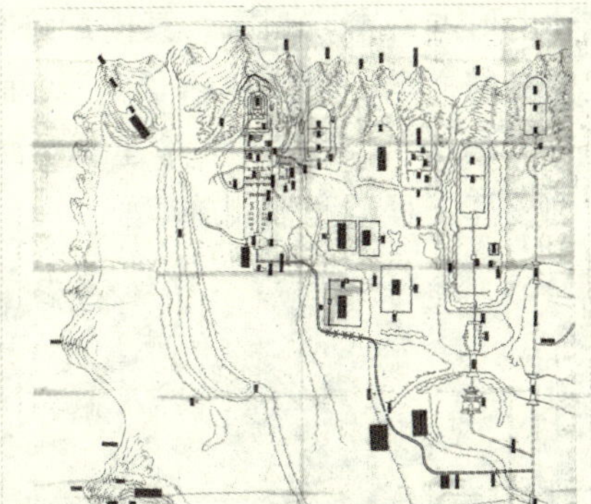

左　圖9　國圖212—1　咸豐二年（1852）西陵梁各莊後山魏家溝風水地勢畫樣（國家圖書館藏）

圖中詳注穴中即基址中心朝對諸山的山向。

右　圖10　國圖181—21　咸豐十一年（1861）平安峪順水峪神路大小營房地勢總圖（國家圖書館藏）

陵寢北以平安峪爲後寶山，南對天臺山爲朝山。

左　圖11　國圖240—14　咸豐八年（1858）校勘平安峪萬年吉地（定陵）山向正與天臺山相對：天臺山北面準底（國家圖書館藏）

右　圖12　國圖267—8　咸豐八年（1858）校勘平安峪萬年吉地山向正與天臺山相對：天臺山南面糙底（國家圖書館藏）

三、平格：中國古代的地表數據高程模型

選址和擬定設計方案，要在現場“抄平子”即進行地形測量，用白灰從基址中心即穴中向四面劃出方格網，方格尺度視建築規模而定，一般每格五丈。測量灰綫網格上各交點的標高，穴中標高稱爲出平，高出的叫上平，低下的稱下平；最終形成計量描述地形的文本或圖樣。其中記録某個剖面高下的文本，謂之“平子單”；綜匯全部高程資料的文本，叫作“格子本”；而按比例繪示格網、交點處標注高程資料的畫樣，則稱“平格樣”。由此可推敲建築平面布局，或按相應高程圖即“平子樣”作豎向設計，便利核算工程量和控制施工。

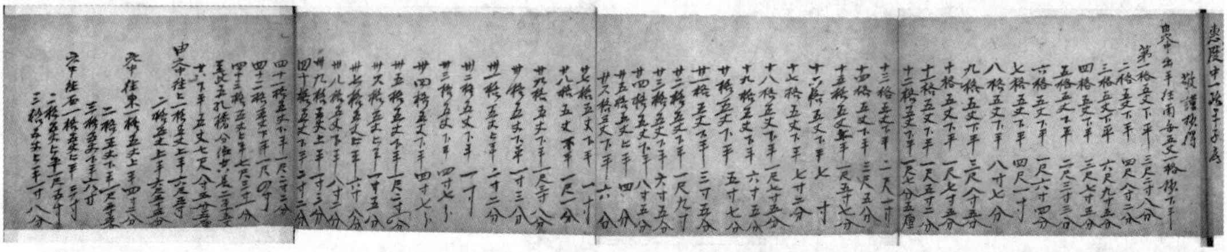

圖13　故宫5541—19～22　光緒元年（1875）惠陵中一路平子底（故宫博物院藏）

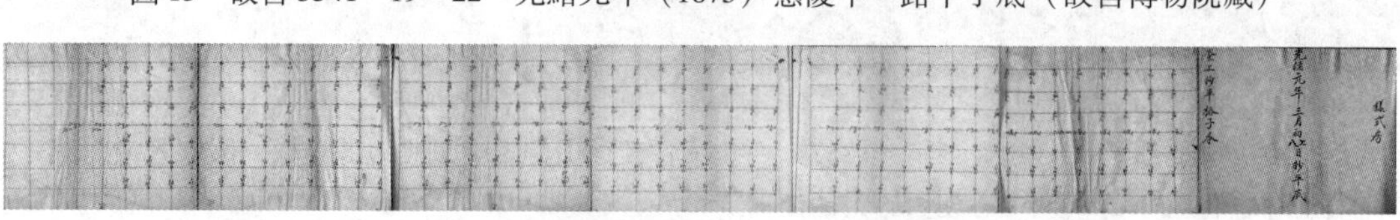

圖14　國圖368—245　光緒元年（1875）惠陵查工抄平格子本（國家圖書館藏）

按平子單的數字，可精準繪出某個地表斷面；更神奇的是，把數據録入電腦，可直接生成地表剖面圖！將格子本或平格樣中的數據按平面坐標輸入電腦，更可生成地表立體模型！

這當然絶非巧合。事實上，平格方法完全契合當代數據地面高程模型（DEM）的核心理念，後者正是建立在電腦建模基礎上的現代地形勘測和製圖方法，就是使用横斷面資料來定義地形表面。這個方法，1958 年由美國麻省理工學院 Chairees. L. Miller 創建，20 世紀 90 年代以來隨着電腦的普及應用，成爲現代地形勘測和製圖的基本方法。

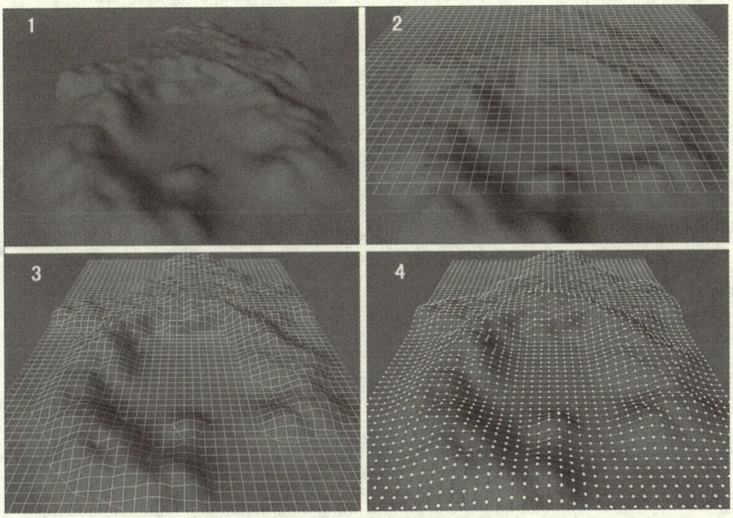

圖 15　平格方法與當代數據地面高程模型（DEM）方法若合契符。

從樣式雷圖檔看，由于平格方法的高度科學性，可以非常精準快捷地獲取地理數據的三維資料，因而運用相當廣泛，如宫殿、園林、陵寢等等。

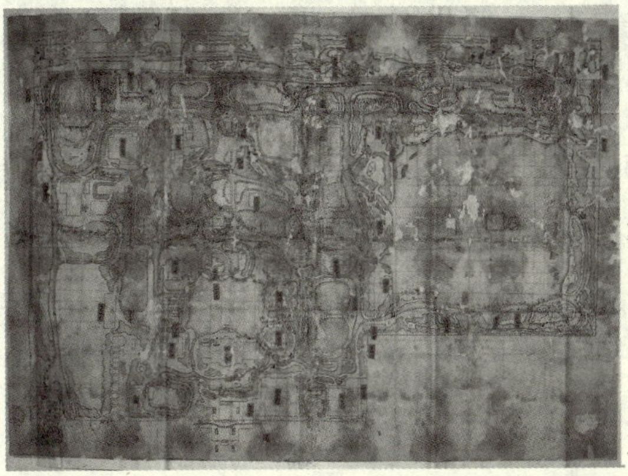

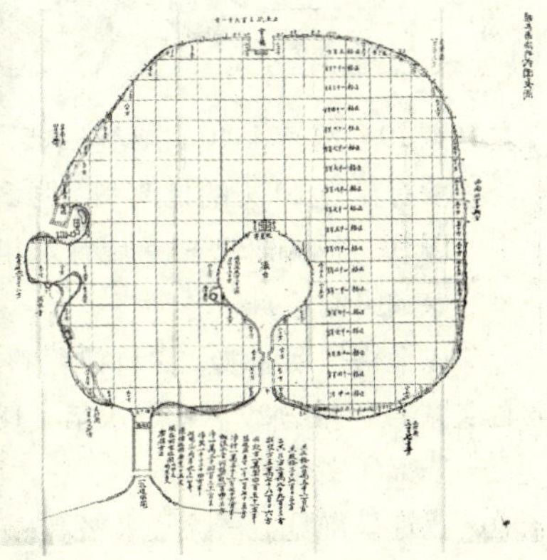

左　圖 16　國圖 43—1　乾隆四十九年（1784）圓明園内圍河道地盤全圖（國家圖書館藏）

圖中滿繪 10 丈見方格網。

右　圖 17　國圖 2—41—1　同治六年（1867）現在南海形式［勢］圍長圖（國家圖書館藏）

圖中滿繪 10 丈見方格網，用于計算清淤土方。

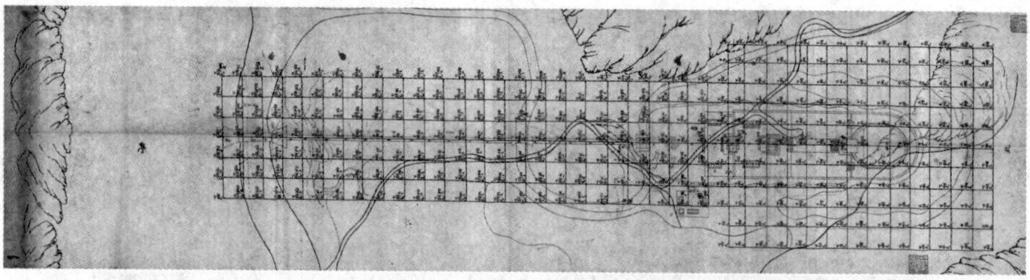

圖 18　故宫 5444　嘉慶二年（1797）太平峪吉地平格地勢畫樣（故宫博物院藏）

圖中墨繪 10 丈見方格網各交點旁標有高程數據，朱繪建築組群。

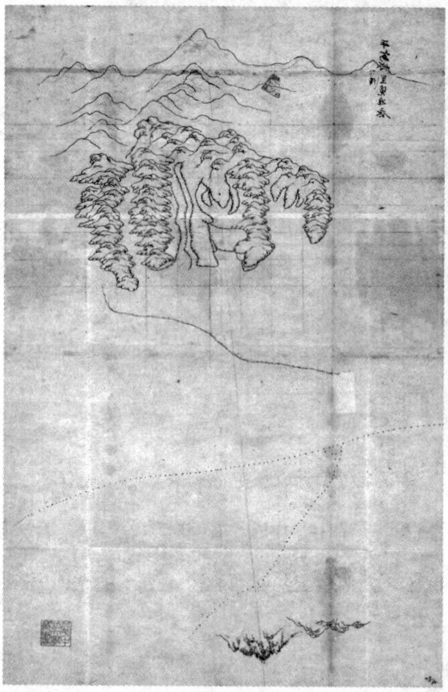

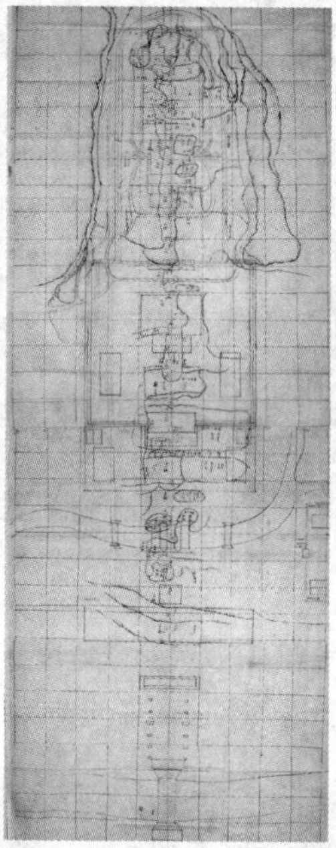

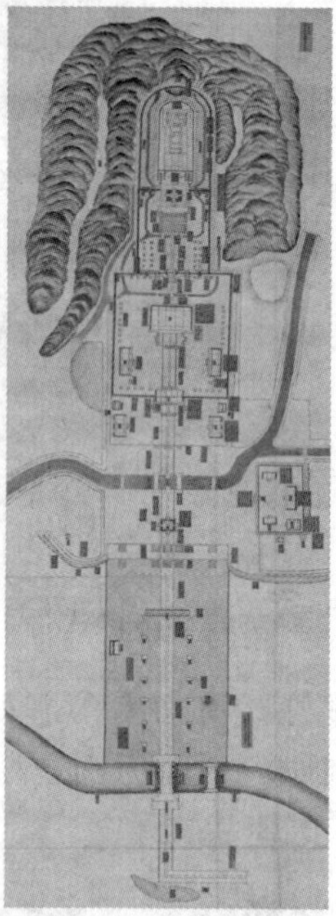

左　圖 19　故宫 4540　咸豐四年（1854）平安峪預備呈覽準底（故宫博物院藏）

繪有見方 20 丈的批改網，强調地勢格局、後寶山、朝山和山向。

中　圖 20　國圖 229—1　咸豐八年（1858）平安峪萬年吉地平格灰綫地盤全圖（國家圖書館藏）

以平格標示陡坡、深坑位置和尺寸，推敲組群布局。

右　圖 21　軸物 29　咸豐八年（1858）平安峪萬年吉地地盤尺寸畫樣（日本東京大學東洋文化研究所藏）

爲進呈御覽，祛除了平格。

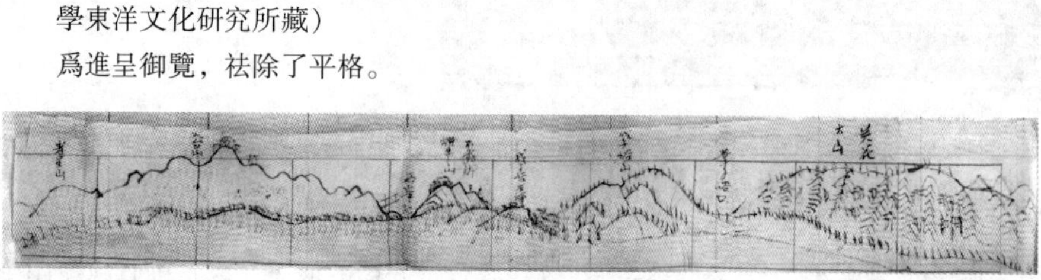

圖 22　故宫 4574　咸豐八年（1858）平安峪前段平格地勢圖所附貼頁（故宫博物院藏）

確定選址後再次繪製的天際綫全景圖。

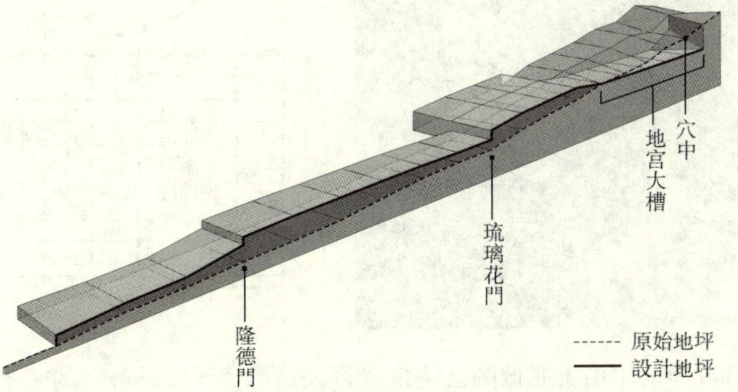

圖23　基于相關平格資料製作的平安峪中軸綫西側
5～10丈範圍土方挖、填初步方案三維模型

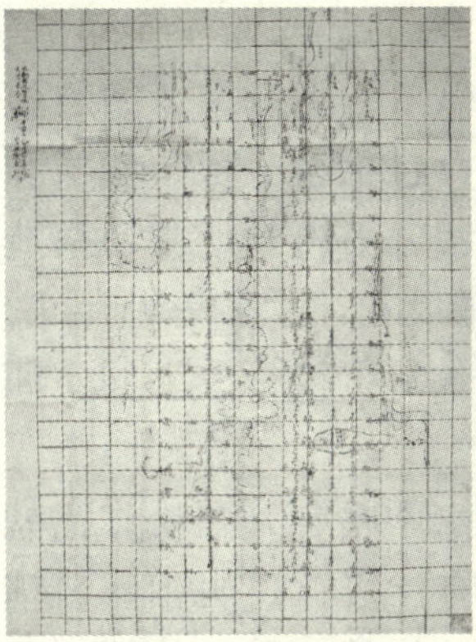

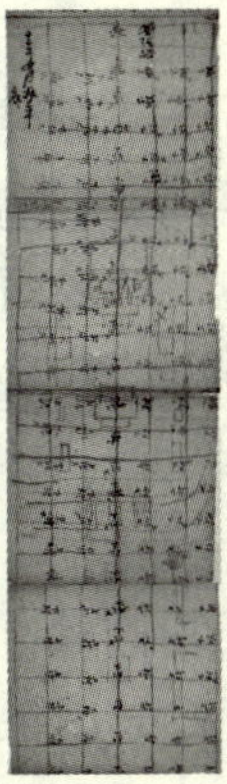

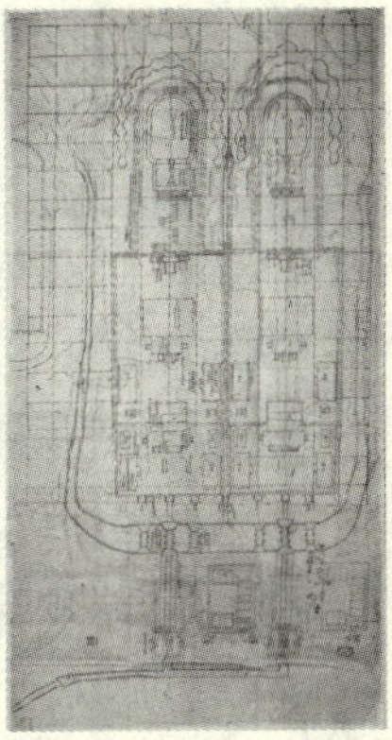

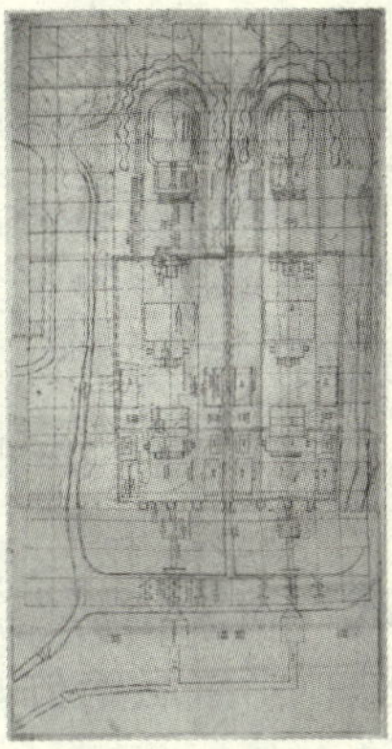

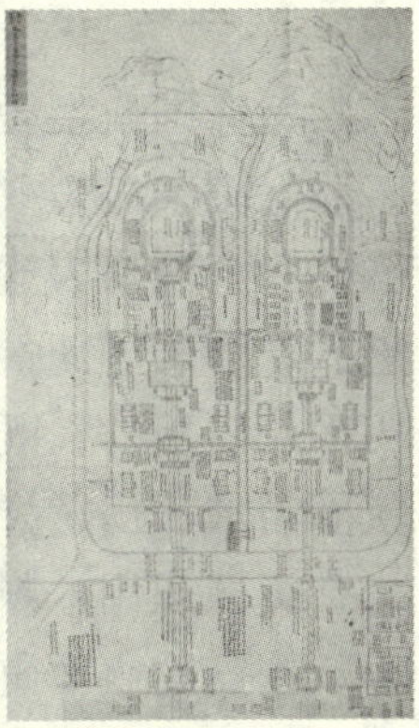

左1　圖24　國圖268—2　同治六年（1867）平頂山普陀山平格地勢全圖糙底（國家圖書館藏）

左2　圖25　故宫469—114　同治十二年（1873）菩陀峪地勢平格糙底（故宫博物院藏）

左3　圖26　國圖230—1　同治十二年（1873）普祥峪普陀峪萬年吉地平格畫樣細底（貼頁）（國家圖書館藏）

左4　圖27　國圖230—1　同治十二年（1873）普祥峪普陀峪萬年吉地平格畫樣細底（底圖）（國家圖書館藏）

左5　圖28　國圖182—36　同治十二年（1873）普祥峪菩陀峪萬年吉地丈尺畫樣細底（國家圖書館藏）

平格用于建築設計尤其是組群布局，還類同當代日本學者蘆原義信針對建築外部空間設計提出的“外部模數理論”，比之更完備的是，平格還用于豎向設計及施工設計，相當現代地形圖或DEM，便于核算工程量及控制施工。此外，建築外部空間設計運用平格，兼融傳統風水“形勢”説，包括“過白”處理——建築群中前瞻和後顧時建築間精妙的對話，也是源自西方的建築教育體系和設計實踐的盲區！

深入研究表明，2300年前中山王兆域圖，就已隱含“百尺爲形、千尺爲勢”的平格機理，嗣後著名的宋代《禹迹圖》，自唐玄宗時遺存至今的日本格子圖，等等，可以推斷，兩千多年來，中國人延續運用這種方法，長期領先世界測量史和圖學史，當然堪稱奇迹。

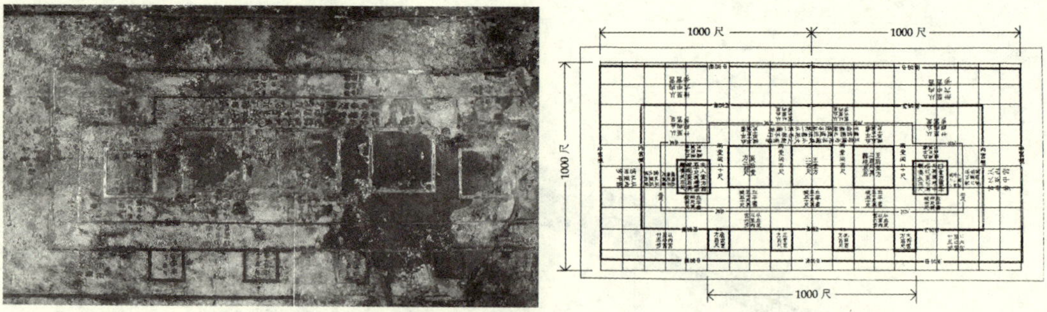

圖29　2300年前中山王兆域圖已隱含“百尺爲形、千尺爲勢”的“平格”模數

四、欽准燙樣：建築設計的關鍵步驟

燙樣即模型製作，是各項建築設計的關鍵步驟，必須御覽欽准，纔能據以繪製施工設計圖、編製《工程做法》并核算工料錢糧。燙樣純爲觀覽，包括全分樣、個樣和細樣。全分樣表達建築組群布局及空間形象；個樣展示重要單體建築内外形制及構造層次，可逐層開揭觀覽；細樣主要表現裝修陳設，也叫裝修燙樣或花樣，多呈卡片狀，因而也叫板片，既可比較不同方案間，也可在相關建築個樣中靈活置換，按不同空間氛圍需求作出選擇。

燙樣或用木料或秫秸製作構架，或用合背即板紙和油蠟、水膠粘製，瀝粉作瓦隴等，按實物表面質地色彩細緻繪飾。全分樣和個樣内外，還貼有浮簽，説明相關名稱和做法。燙樣製作比例有五分樣、寸樣、二寸樣、四寸樣至五寸樣等，即與建築尺寸比例分别爲1/200、1/100、1/50、1/25至1/20等。

左　圖30　同治十二年（1873）普祥峪菩陀峪萬年吉地全分樣（故宫博物院藏）
右　圖31　同治十二年南海瀛臺全分樣（故宫博物院藏）

上左　圖32　同治十二年（1873）北海—房山全分樣（故宫博物院藏）
上中　圖33　光緒廿一年（1895）頤和園治鏡閣全分樣（故宫博物院藏）
上右　圖34　光緒廿八年（1902）正陽門箭樓燙樣（德國國家博物館藏）
下左　圖35　同治十二年圓明園萬方安和燙樣（故宫博物院藏）
下中　圖36　同治十二年圓明園勤政殿燙樣（故宫博物院藏）
下右　圖37　同治十二年圓明園勤政殿燙樣（故宫博物院藏）
揭開屋頂可見内檐裝修。

圖38　自上而下，自左往右　國圖342—555、566、567、553、581、572、595
同治、光緒朝圓明園暨三海各式落地罩板片（國家圖書館藏）

遵照欽准建築規制製作燙樣，各分件及其組裝，事先要進行設計，繪製分件草圖，在樣式房内安排樣子匠依樣製作。在燙樣完成前，還要繪製表現圖，供皇太后、皇帝及承修大臣和管理官員等審閲。

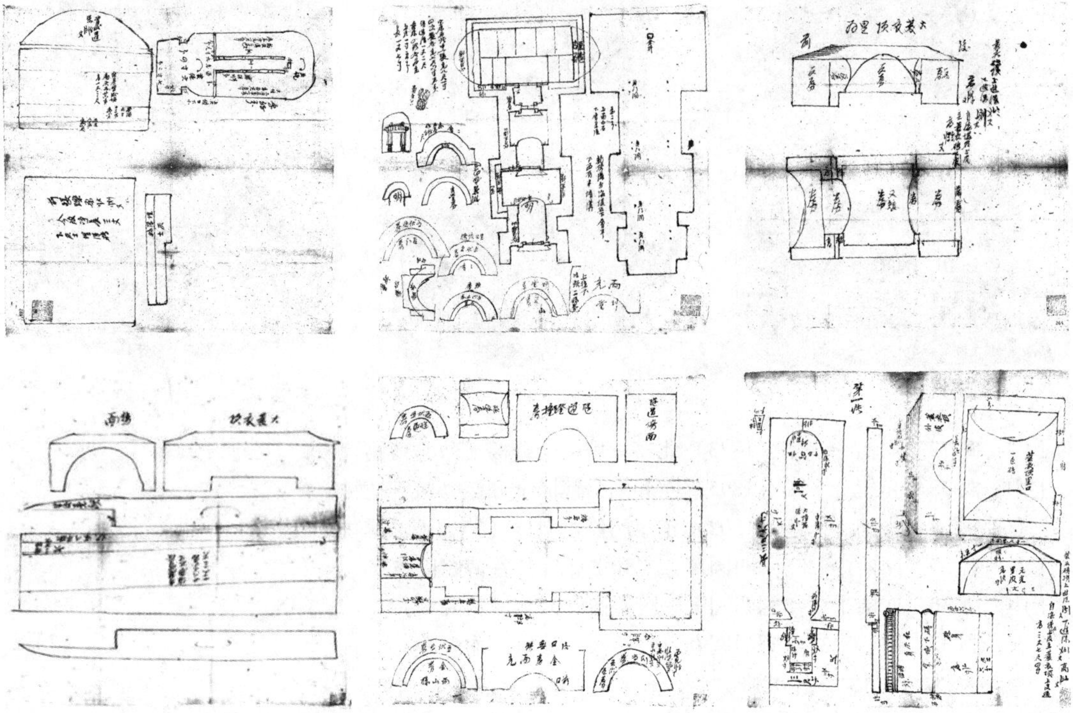

圖39　自上而下，自左往右　國圖264—20、21、22，242—26、241—33、270—13，咸豐八年（1858）平安峪地宫各券座暨蓑衣頂燙樣分件草圖（國家圖書館藏）

在現存上萬件樣式雷圖檔中，爲僅見的燙樣各分件製作的設計圖，皆運用正投影圖方式繪製，彌足珍貴。

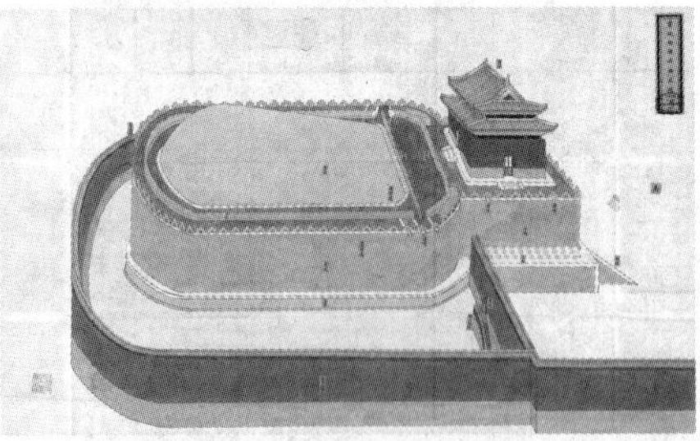

左　圖40　故宫4338　同治十二年（1873）普祥峪菩陀峪萬年吉地寶城明樓西面立樣圖（故宫博物院藏）

右　圖41　圖40對應的燙樣（清華大學建築學院資料室藏）

構造複雜的燙樣，如陵寢地宫燙樣，呈覽時要提供説明揭看次序的文本，如咸豐八年（1858）呈遞平安峪地宫燙樣，雷思起就專門提供了由上往下、由南往北揭看次序的稟文。

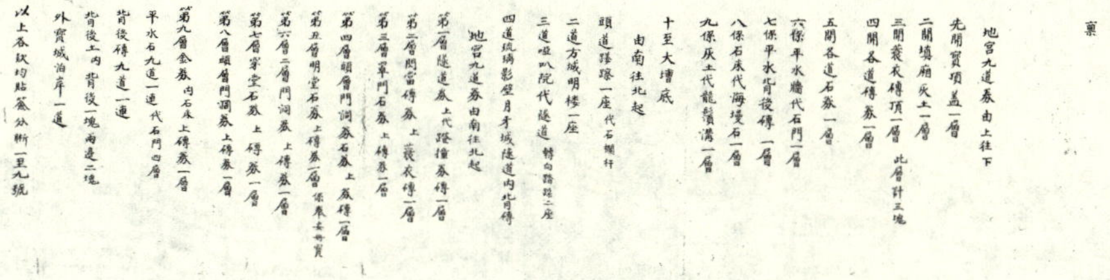
稟
地宮九道券由上往下
先開寶頂蓋一層
二開墳扇灰土一層
三開簑衣磚頂一層 此層計三塊
四開各道磚券一層
五開各道石券一層
六拆平水牆代石門一層
七拆平水背後磚一層
八拆石床代海墁石一層
九拆灰土代龍鬚溝一層
十至大槽底
由南往北起
頭道琢琢一座 代石欄杆
二道方城明樓一座
三道啞叭院代隧道 轉向踏跺二座
四道琉璃影壁月牙城隧道內背後磚
地宮九道券由南往北起
第一層隧道券 上代踏撞券磚一層
第二層閃當磚券 上簑衣磚一層
第三層罩門石券 上磚券一層
第四層頭層門洞券石券 上券磚一層
第五層明堂石券 上磚券一層 係奉安冊寶
第六層二層門洞券 上磚券一層
第七層穿堂石券 上磚券一層
第八層頭層門洞券 上磚券一層
第九層金券 內石床 上磚券一層
平水石九道一連 代石門四層
背後磚九道一連
背後土內背後一塊兩邊二塊
外寶城泊岸一道
以上各段均貼簽分晰一至九號

圖42　國圖216—31　咸豐八年（1858）平安峪萬年吉地
應修地宮九道券揭看法稟文（國家圖書館藏）

五、豐富多彩的圖學表現

在紙或布帛上用界尺、毛筆、炭條、顔料繪製圖樣，也叫畫樣或樣式，是樣式雷表達其設計理念、指導施工的主要手段，形式多樣，圖學表現方法豐富多彩，技藝精湛。

按成圖過程，有徒手草圖即糙樣或糙底；細底即儀器草圖；準底即正式圖的底本。其中尤以恭呈御覽的畫樣，最爲工整精麗。

按設計程式，從選址勘測，測繪相關建築俾資設計參考，組群布局，單體建築，到各種材質的裝修、傢具、陳設，以至轎輦、游船等設計，都有精彩表現。

圖43　故宫2471　嘉慶朝建福宫立樣（上）及局部（中、下）（故宫博物院藏）
圖中精緻表現的諸如彩畫等細節，令人嘆爲觀止。

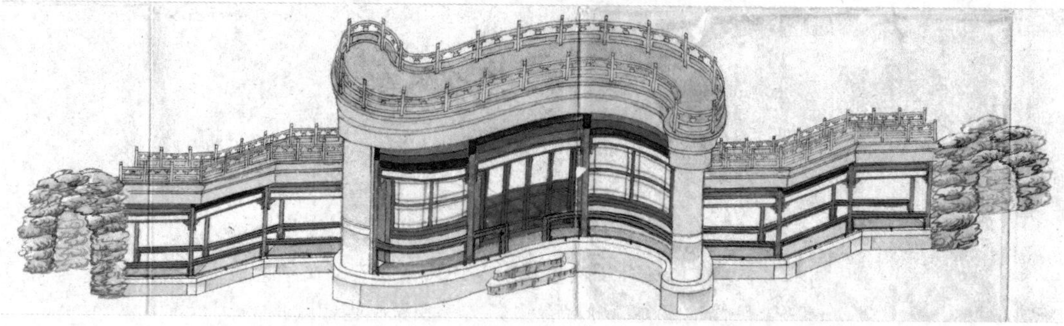

圖 44　國圖 337—138　光緒十八年（1892）頤和園餐秀亭改修書卷平臺
（福蔭軒）立樣（國家圖書館藏）

精細繪製的裝修陳設畫樣略如：

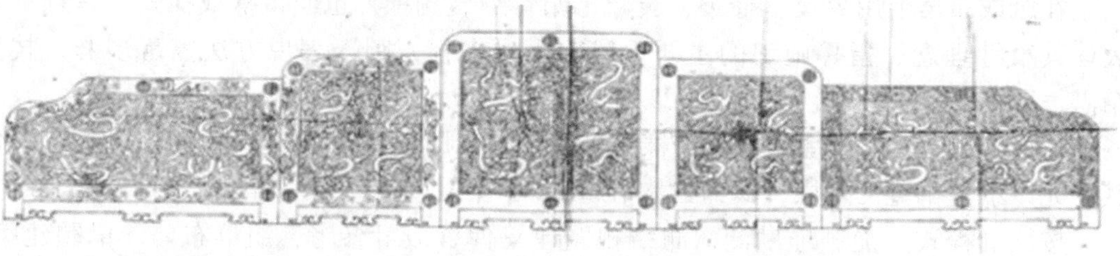

圖 45　國圖 354—1774　同治十二年（1873）中海殿宇地屏花樣準底
（國家圖書館藏）

圖 46　國圖 343—672　同治十二年（1873）中海福如東海式
碧紗橱花樣準底（國家圖書館藏）

圖 47　國圖 344—731　宣統元年（1909）崇陵石臺五供立様準底（國家圖書館藏）

圖 48　同治二年（1863）定陵隆恩殿景泰藍五供立様準底（國家圖書館藏）
左　國圖 133—20　花瓶，中　國圖 133—22　香爐，右　國圖 133—24　燭臺及蠟燭

畫様按圖學方法分類，有地盤即平面，立様即立面，旁様及剖面等投影圖，包括契合當代理念的旋轉剖、階梯剖以至等高綫；透視圖則包括軸測乃至平行透視圖，如所謂成局様：

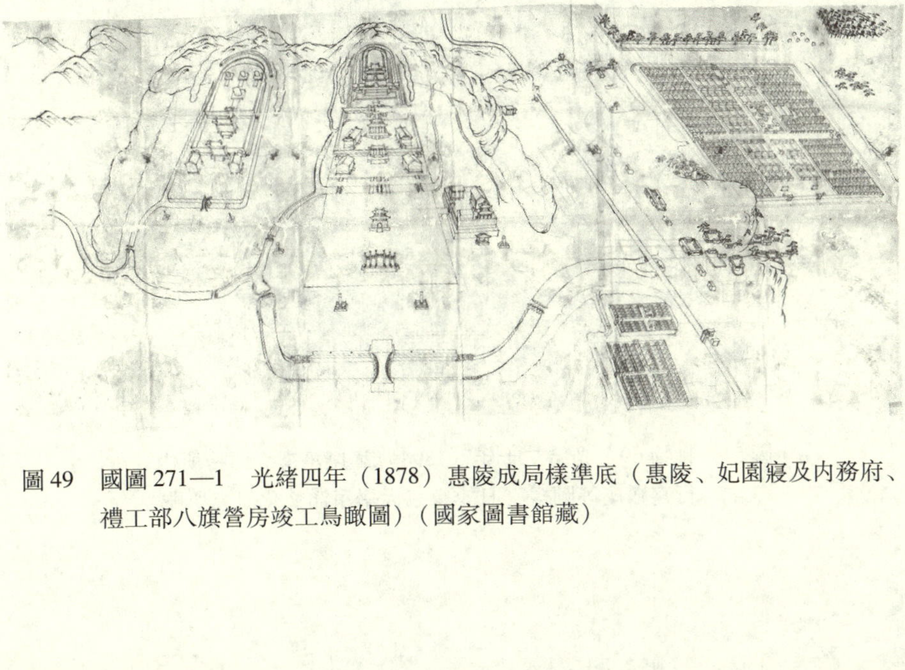

圖 49　國圖 271—1　光緒四年（1878）惠陵成局様準底（惠陵、妃園寢及内務府、禮工部八旗營房竣工鳥瞰圖）（國家圖書館藏）

畫樣多份複製，素爲描摹，常大量應用不同色綫、色塊，表達相應材質乃至不同構造做法，增强了表現力，也減少了繪圖工作量。如陵寢工程，常由多家廠商承包，在總平面上用多種色綫繪示，謂之分段圖，分發廠商和董工官員，管理使用十分便利。

除了透視圖，樣式雷還常在可量度的平面圖上，對位繪出可量度的立面，精妙表達了相關建築的三度空間，也豐富了畫樣的藝術感染力。

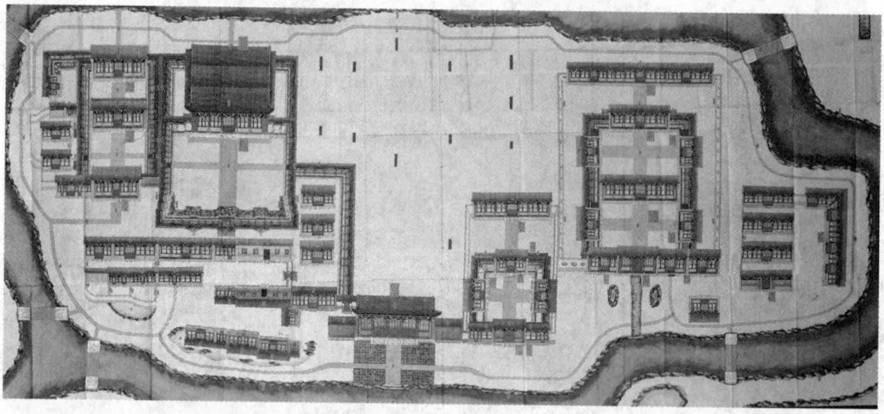

圖 50　故宫 1300　同治十二年（1873）圓明園中路各座立樣全圖（故宫博物院藏）

圖 51　軸物 69　光緒二十年（1894）謹擬萬壽寺西挎所内行宫殿座等圖樣（日本東京大學東洋文化研究所藏）

當代電腦製圖離不開圖層，樣式雷則稱爲層層樣子。對于複雜的空間結構，如宫苑中的大戲樓、陵寢地宫、各式拱橋，等等，常在關鍵部位單獨畫出多個層面，從裏到外地對位粘貼，逐層掀看，巧妙實現了二維圖像的三維表達。如石拱橋，從地基打樁到橋面望柱欄板的安裝，層層樣子可達六七層。另如頤和園德和園大戲樓，地井、地池、天井、權架、絞車及升降機等，機關複雜，對應部位居然采用了 15 幅層層樣子。

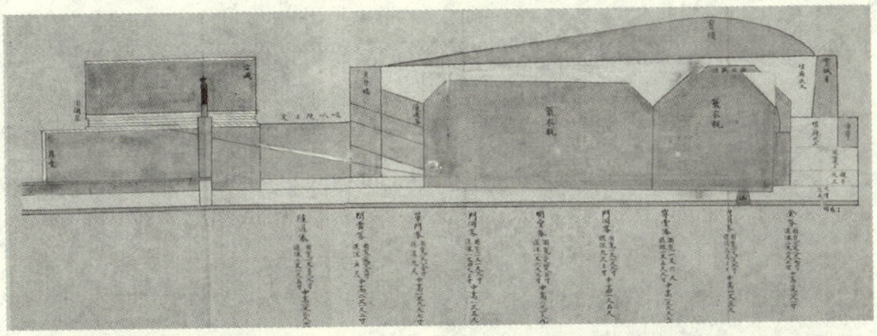

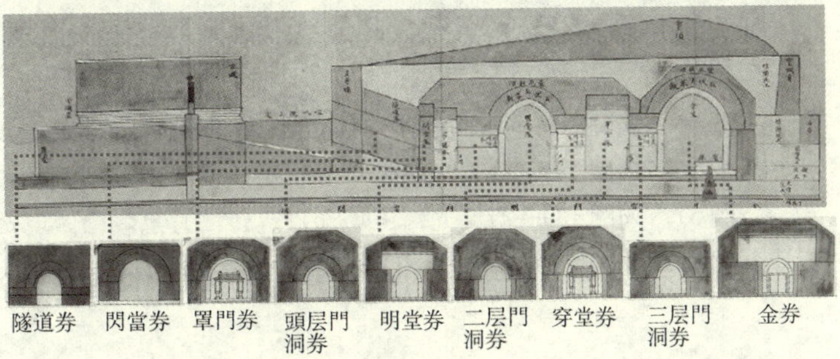

圖 52　國圖 207—41　道光十一年（1831）雙峰岫妃衙門磚池地盤樣（國家圖書館藏）

上　圖 53　國圖 189—34　咸豐八年（1858）平安峪地宫九道券蓑衣頂丈尺旁樣（國家圖書館藏）

下　圖 54　故宫 4703　平安峪地宫九道券蓑衣頂立樣（故宫博物院藏）

六、已做現做活計圖：古代工程管理智慧的縮影

經營陵寢等大型建築工程，動輒數年，常要避開隆冬酷暑，每年分兩個工期展開；其中木匠、石匠、瓦匠、搭彩匠、彩畫匠、夯夫等成千上萬，各工種要合理銜接；動土、每期開工、立基、供梁、豎柱、上梁、合龍等，都要隆重行禮，以示尊重并激勵工匠。爲即時掌控進程，樣式雷要跟踪記録，除了文檔，還以成局圖即鳥瞰圖方式，按相同比例，分期繪製已做現做活計圖，即施工進程圖。略如惠陵工程，就有數十幅這類畫樣傳世：

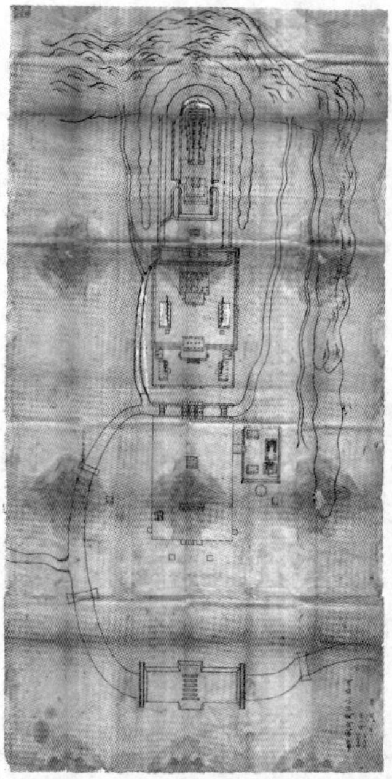
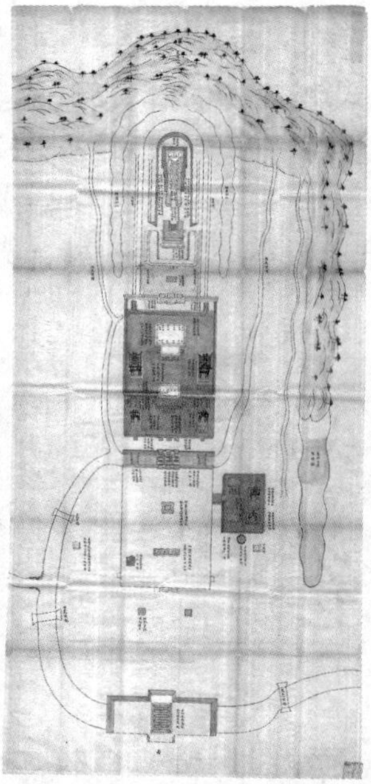
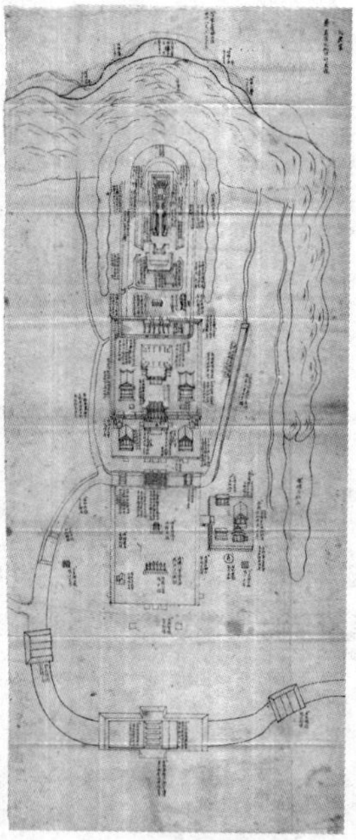

左 圖55 國圖189—24 光緒二年（1876）七月惠陵已做現做活計圖（國家圖書館藏）
中 圖56 國圖189—26 光緒二年（1876）九月惠陵已做現做活計圖（國家圖書館藏）
右 圖57 國圖189—27 光緒三年（1877）二月惠陵已做現做活計圖（國家圖書館藏）

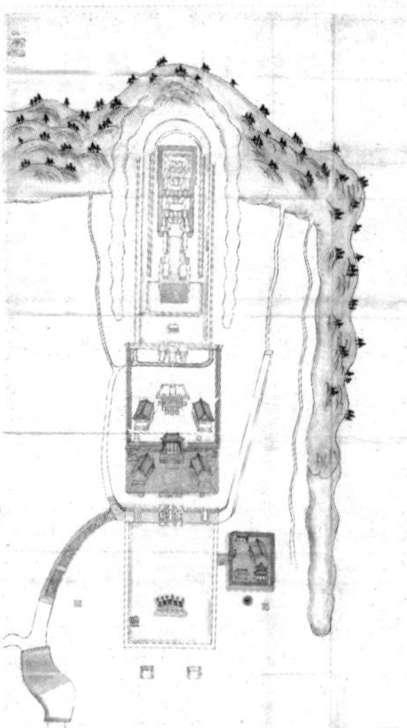
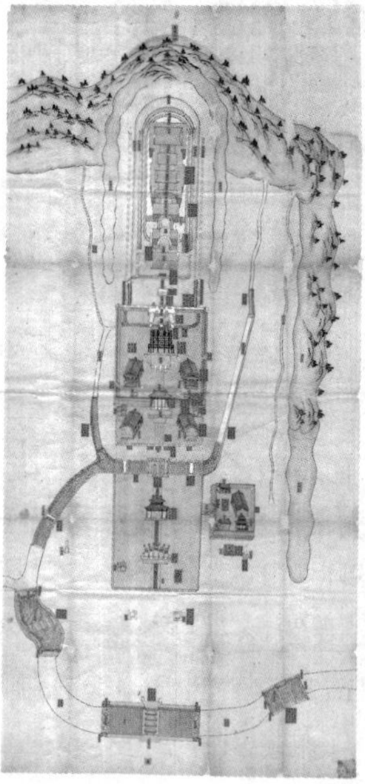
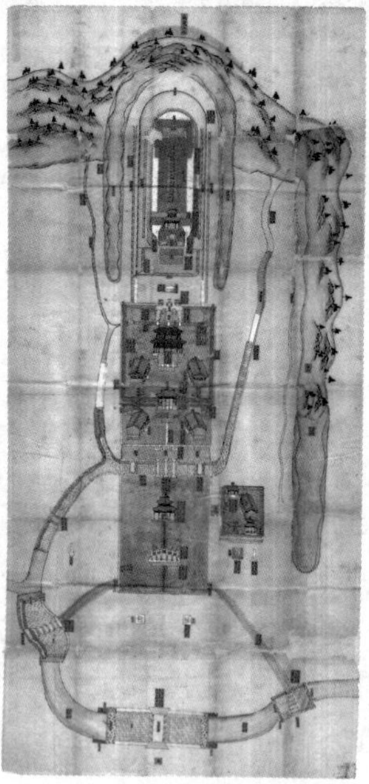

左 圖58 國圖233—15 光緒三年（1877）四月惠陵已做現做活計圖（國家圖書館藏）
中 圖59 國圖220—16 光緒三年（1877）七月惠陵已做現做活計圖（國家圖書館藏）
右 圖60 國圖189—29 光緒三年（1877）十月惠陵已做現做活計圖（國家圖書館藏）

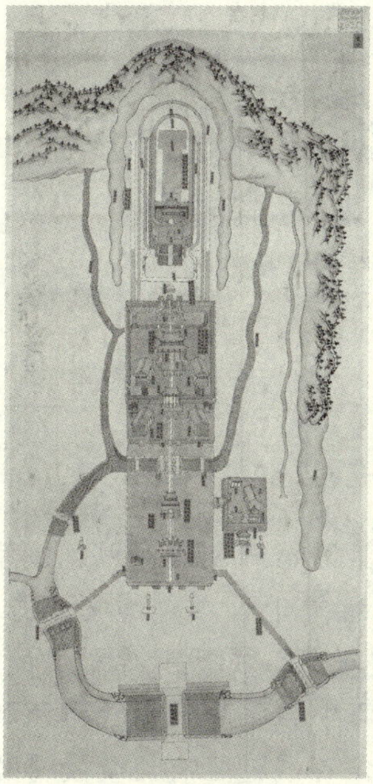
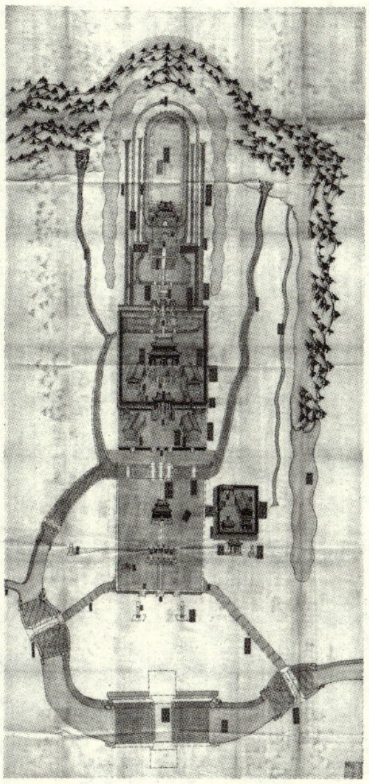
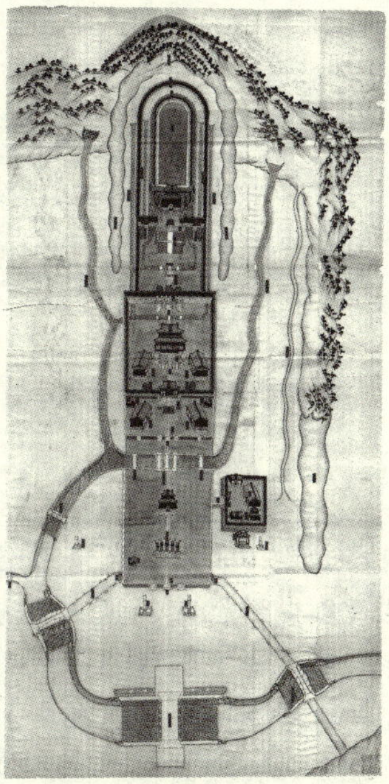

左　圖61　光緒四年（1878）二月惠陵已做現做活計圖（日本東京大學地鐵往和研究所藏）
中　圖62　國圖189—30　光緒四年（1878）六月惠陵已做現做活計圖（國家圖書館藏）
右　圖63　國圖261—15　光緒四年（1878）九月惠陵已做現做活計圖（國家圖書館藏）

今天，如把這些已做現做活計圖稍加合成處理，就可獲得動畫效果，翔實生動地反映了施工全過程各個環節的詳情細節：例如殿宇如何開挖地基，奠定基礎，繼而豎柱、上梁、挂瓦、合龍、油飾彩畫等等；複雜的地宫，還展示了發券，砌築所謂蓑衣頂，夯築寶頂，抹飾所謂包金土等等。在世界範圍比較，在没有攝影或録影技術的時代，樣式雷有關施工進程的這些圖像記録，顯然堪稱大型工程管理史上的奇迹。

（作者單位：天津大學建築學院樣式雷研究中心）

世界視野下的清代皇家建築師樣式雷世家
——以日本京都大工頭中井家、意大利建築名師桑加洛家族爲比較對象

何蓓潔

内容提要： 隨着清代皇家建築師樣式雷世家及其建築圖檔研究的深入，該家族的不朽業績已得到世界範圍的認同。在此背景下，將樣式雷置于世界建築文化背景中，與同時代東亞日本、韓國以及歐洲古代建築師進行比較研究，成爲亟待開展的課題。世界古代建築史中，意大利桑加洛家族、日本京都大工頭中井家均爲世代傳承的優秀建築師家族。與樣式雷類同，他們不僅數代從事建築創作實踐，且有大量優秀作品以及珍貴的建築圖檔傳世。比較這三個業績輝煌的建築師家族，可見他們在家族傳承、建築創作、建築圖檔等方面的特點。作爲中國古代建築師的杰出代表，樣式雷世家在世界古代建築史中具有不可替代的獨特價值。

關鍵詞： 樣式雷　中井　桑加洛　建築師

對于中國古代建築師的研究一直是中國建築史學研究的重要領域。自80年前朱啓鈐先生等發表《哲匠録》以來，已有衆多中國古代建築師爲人們所認識。但是，由于文獻稀缺零散等原因，已有研究往往停留在對人物事迹的簡單描述上。唯有清代皇家建築師樣式雷世家傳承八代，世系明確可考，還有衆多建築作品傳世；更珍貴的是，兩萬餘件翔實記録其創作實踐和社會生活的畫樣、燙樣、日記、信函等傳世至今。毋庸置疑，以樣式雷爲典型案例展開綜合研究，必將大大深化對于中國古代建築師的認識。

另一方面，中國傳統工匠研究一向缺乏世界視野的審視。隨着樣式雷世家及圖檔研究的深入，該家族的不朽業績已得到世界範圍的認同。2007年“清代樣式雷建築圖檔”入選《世界記憶名録》，成爲其中規模最大、内容最豐富的古代建築圖像資源（圖1）①。

在此背景下，將樣式雷置于世界建築文化背景中，與同時代東亞日本、韓國以及歐洲古代建築師進行比較研究，成爲亟待開展的課題。經廣泛搜集相關材料，現已確知，世界古代建築史中除樣式雷世家外，意大利桑加洛家族、日本京都大工頭中井家均爲世代傳承的優秀建築師家族。與樣式雷類似，他們不僅數代從事建築創作實踐，且有大量優秀作品以及珍貴的建築圖檔傳世。本文擬就已掌握的各項材料，對上述三大建築師家族展開綜合論述，擷要介紹其主要事迹，并通過他們的比較展現樣式雷世家在世界古代建築史中的獨特地位。

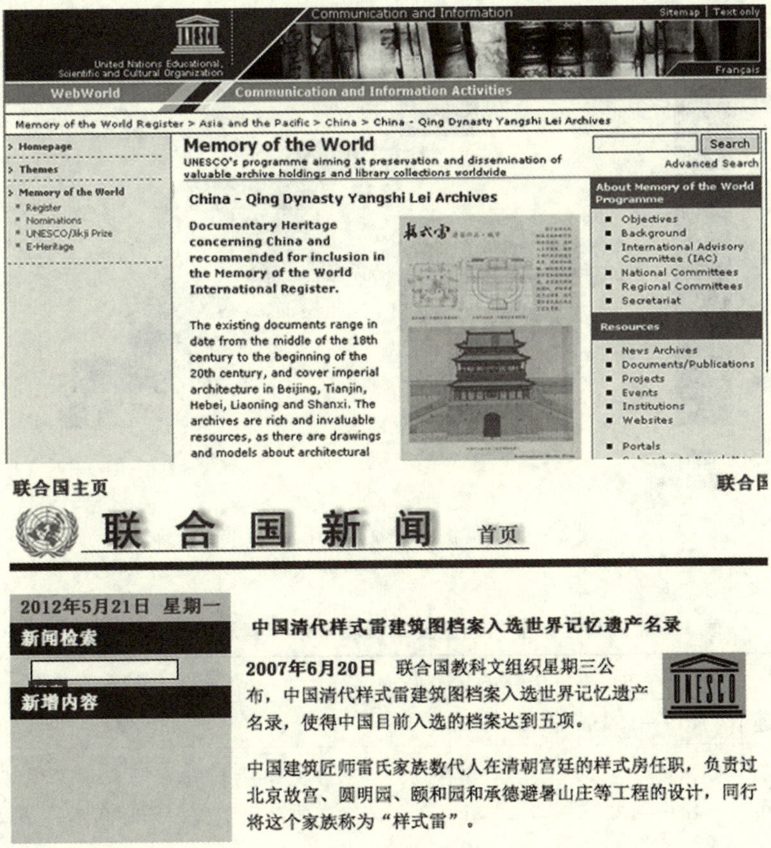

圖 1　2007 年 6 月 20 日“中國清代樣式雷建築圖檔”列入《世界記憶名録》

一、中國清代樣式雷世家

（一）世系傳承及職業執掌

清代建築世家樣式雷是飲譽中國古代建築史及科技史的杰出典範。康熙二十二年（1683），樣式雷第一代雷發達（1619—1693）以楠木作技藝，應募赴北京[②]。三年后，第二代雷金玉（字良生，1659—1729）在暢春園領楠木作工程上梁封官[③]，至清末民初第八代雷獻彩（字霞峰，1877—?）完成崇陵工程，樣式雷世家傳承二百餘年，除雍正末至乾隆初的二十餘年間曾短暫中斷外，一直作爲“樣子匠”供職皇家建築設計專門機構“樣式房”，并長期擔當“掌案”統領設計事務（圖 2）。同時，該家族世代傳承“楠木作”技藝，承辦清廷各項内檐裝修陳設的設計製作[④]。換言之，樣式雷既是優秀的建築師，也是技藝高超的裝修陳設設計師和承造者。他們參與了清代衆多皇家工程建設，留下了大量作品。樣式雷世家各代傳人建築創作活動如下表（表 1）。

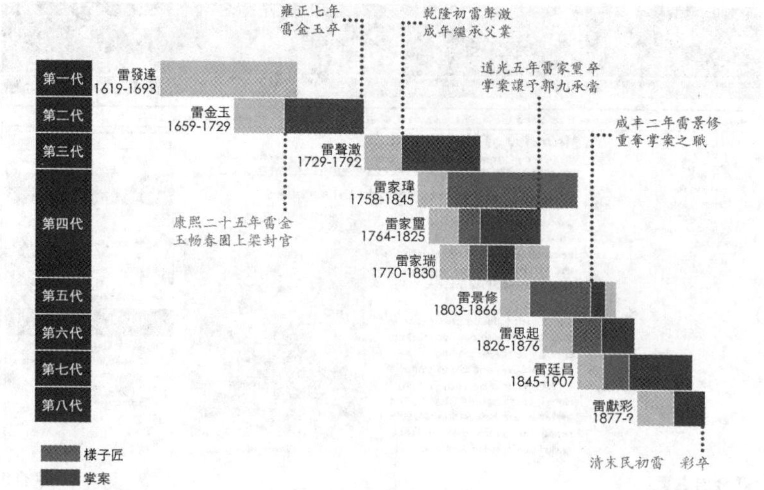

圖 2　樣式雷世系暨從業時間圖（自繪）

表 1　樣式雷世家參與的主要工程表（帶＊者爲世界文化遺產）

世系		生卒年	年齡	參與工程
第一代	雷發達	1619—1693	75	不詳
第二代	雷金玉	1659—1729	71	暢春園；＊孝莊文皇后暫安奉殿；＊孝東陵；＊避暑山莊；六旬萬壽慶典點景工程；＊昭西陵；＊景陵聖德神功碑亭；圓明園
第三代	雷聲澂	1729—1792	64	圓明園（圖 3）[⑤]；皇太后七旬萬壽盛典點景；＊須彌福壽之廟（圖 4）[⑥]；＊明十三陵修繕；乾隆八旬萬壽慶典點景
第四代	雷家瑋	1758—1845	88	皇帝出巡沿途行宫（圖 5）[⑦]
	雷家璽	176—1825	62	圓明園；暢春園；＊清漪園；静明園；静宜園；＊承德避暑山莊；＊明十三陵；＊昌陵（圖 6）；乾隆八旬萬壽慶典點景；嘉慶六旬萬壽盛典點景；寶華峪萬年吉地；乾隆末至道光初，宫中年例彩燈、西廠焰火
	雷家瑞	1770—1830	61	圓明園
第五代	雷景修	1803—1866	64	圓明園；暢春園（圖 7）；＊慕陵；＊慕陵妃園寢；＊昌西陵；＊慕東陵；醇親王南府
第六代	雷思起	1826—1876	51	圓明園；＊定陵及定陵妃園寢；＊興京永陵；同治大婚慶典點景；＊定東陵（圖 8—10）；西苑大修；＊惠陵

續表

世系		生卒年	年齡	參與工程
第七代	雷廷昌	1845—1907	63	同治大婚慶典點景工程；圓明園重修；西苑大修；＊定東陵；＊惠陵；三海大修；＊頤和園（圖 11）；慈禧六旬萬壽慶典點景；＊菩陀峪萬年吉地復修；迎接兩宫回鑾工程；中海海晏堂；重修正陽門（圖 12）
第八代	雷獻彩	1877—？		圓明園重修；＊菩陀峪萬年吉地復修；迎接兩宫回鑾工程；中海海晏堂；重修正陽門；攝政王府（圖 13）；＊崇陵（圖 14）

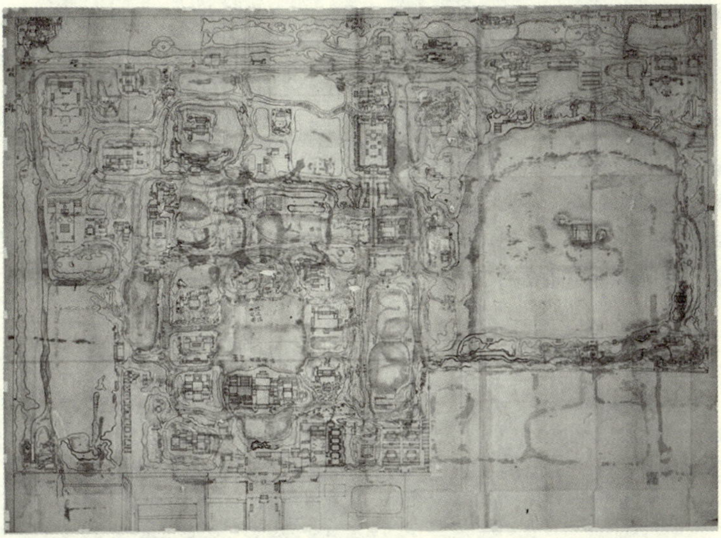

圖 3　乾隆四十年代雷聲澂《圓明園地盤全圖》（故宫博物院藏）

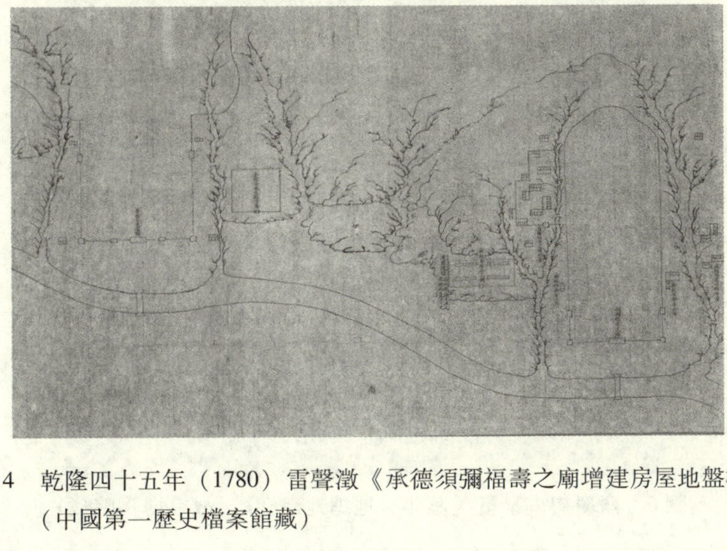

圖 4　乾隆四十五年（1780）雷聲澂《承德須彌福壽之廟增建房屋地盤様》（中國第一歷史檔案館藏）

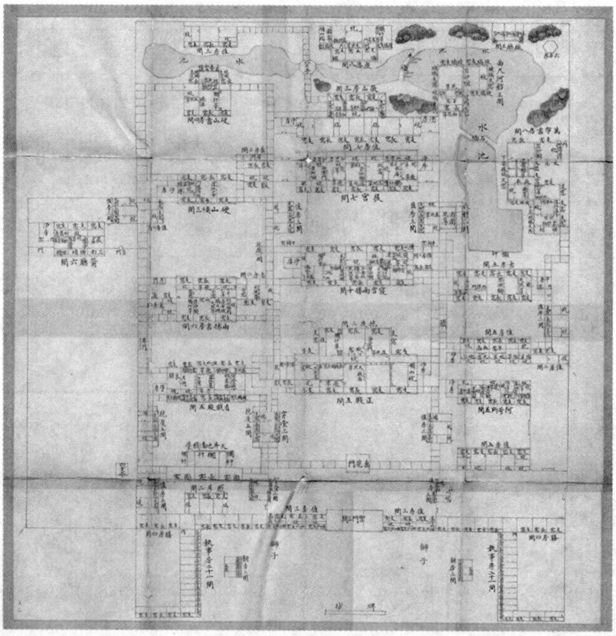

圖5 嘉慶十五年（1810）雷家瑋《五臺山臺懷行宮内檐裝修地盤樣》（國家圖書館藏）

圖6 嘉慶初雷家璽《萬年吉地總地盤樣》（故宫博物院藏）

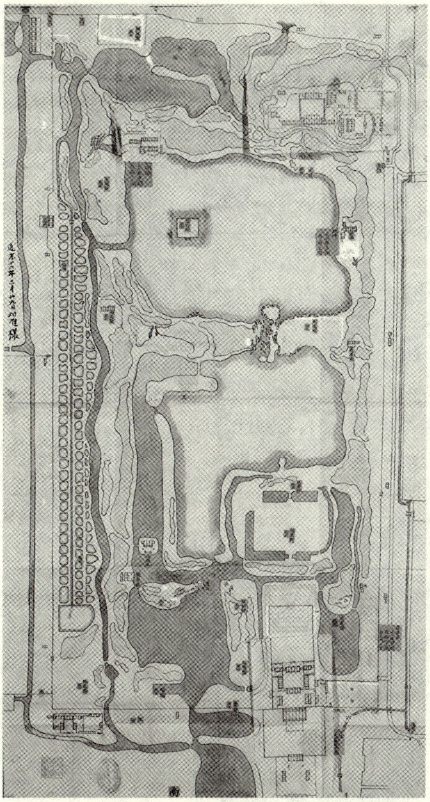

圖 7　道光十六年（1836）雷景修《暢春園地盤形勢全圖》（故宮博物院藏）

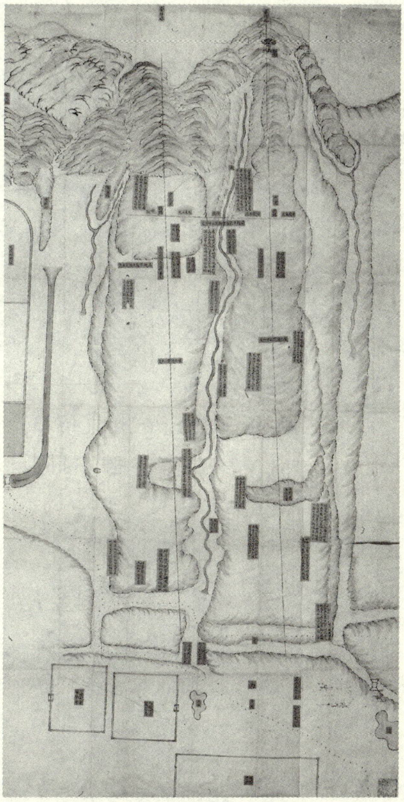

圖 8　同治十二年（1873）雷思起《普祥峪菩陀峪山向志樁地勢圖》（國家圖書館藏）

圖 9　同治十二年（1873）雷思起《普祥峪菩陀峪萬年吉地全分燙樣》（故宮博物院藏）

圖 10　同治十二年（1873）雷思起《遵照孝東陵方城明樓、地宮各券座立樣圖》（國家圖書館藏）

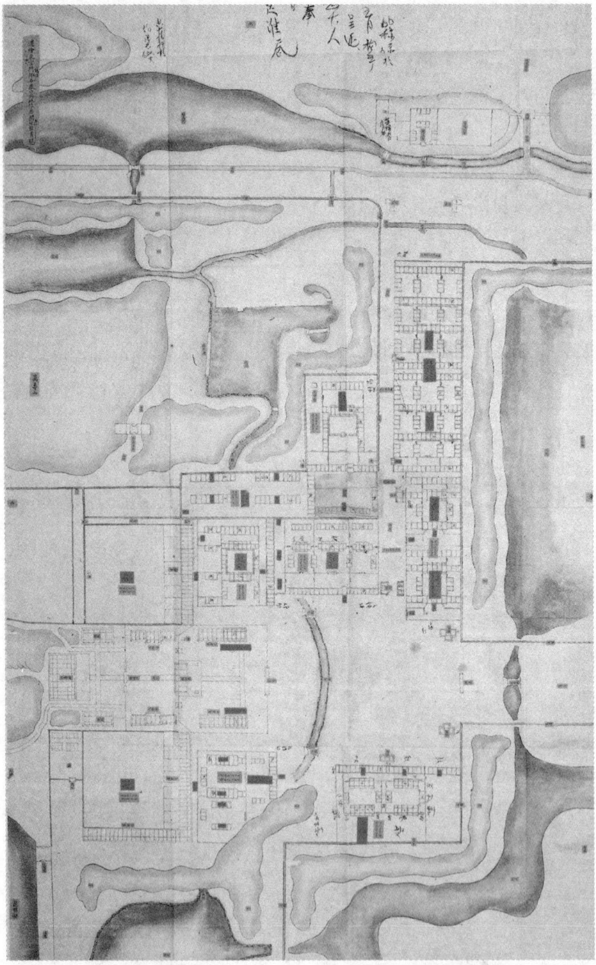

圖 11　光緒十六年（1890）雷廷昌《頤和園東宮門外各處房間地盤畫樣》（國家圖書館藏）

圖 12　光緒二十八年（1902）雷廷昌《北京正陽門箭樓後雨搭立樣》（故宮博物院藏）

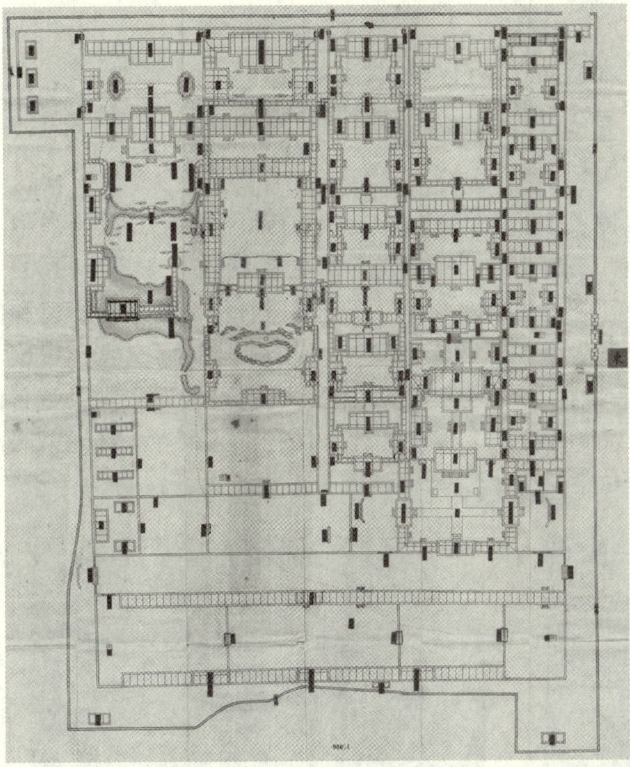

圖 13　宣統初年雷獻彩《攝政王府地盤樣全圖》（國家圖書館藏）

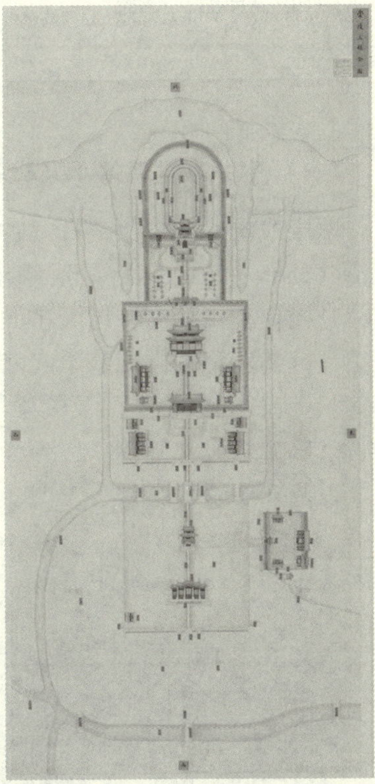

圖 14　宣統初年雷獻彩《崇陵立樣全圖》（日本東京大學東洋文化研究所藏）

除上表所示外，樣式雷還主持了北京故宫、瀋陽故宫、巡幸沿途行宫園林等的修繕改建工程，設計了西郊爲數衆多的王府花園等。可以毫不誇張地説，康熙以降直至清末的皇家建築工程無不深深留下了樣式雷的印記。

（二）清代樣式雷建築圖檔

作爲樣式雷賡續二百多年職業活動的忠實記録，中國國家圖書館、故宫博物院、中國第一歷史檔案館等國内外有關機構珍藏約 2 萬件畫樣（設計圖）、燙樣（模型）、樣式房《旨意檔》、《堂司諭檔》及《隨工日記》等文檔，被統稱爲樣式雷圖檔。其中，特别是清代中期以後，大量完整的、系統的樣式雷圖檔生動展現了多個清代皇家建築工程全過程，翔實載述了有關機構設置與運作、選址勘測、規劃設計、施工以至傳統工藝等方面的詳情細節。

鑒于其彌足珍貴的價值，80 年前朱啓鈐先生創立中國營造學社，搶救性地搜集整理和研究樣式雷圖檔，便同宋《營造法式》和清《工程做法則例》等研究并重爲架構中國建築史學的基石，更由此指向建築史學要髓，即古代建築師、設計理念與方法及工官制度等研究。嗣後，學術界在前輩學者的研究基礎上不懈探索，樣式雷世家及圖檔研究已取得重大進展，該家族在中國古代科學技術史以及中國古代建築史上的重要地位已得到學界的公認[⑧]。

二、日本京都大工頭中井家

（一）中井家世系傳承及職業執掌

與樣式雷世家類似，日本古代建築師的杰出代表京都大工頭中井家，自始祖中井正清（1565—1619）始，延續十代（圖 15、16、17）[⑨]，在整個江户時期（1603—1867）擔任德川幕府御用大工頭，執掌内里（皇居）、幕府及幕府所轄社寺的新建和修復工程，其建築創作涵蓋了武家建築（城郭及武士宅邸等）、公家建築（皇宫、貴族宅邸等）、寺社、數寄屋以及橋梁等。留存至今的建築作品包括已列入世界文化遺産名録的古京都二條城（圖 18）、清水寺（圖 19）、上賀茂神社、仁和寺、東寺、日光東照宫等，以及知恩院御影堂、三門、蓮華王院三十三間堂等衆多國寶建築。

圖 15　第一代中井正清畫像

圖 16　第三代中井正知畫像

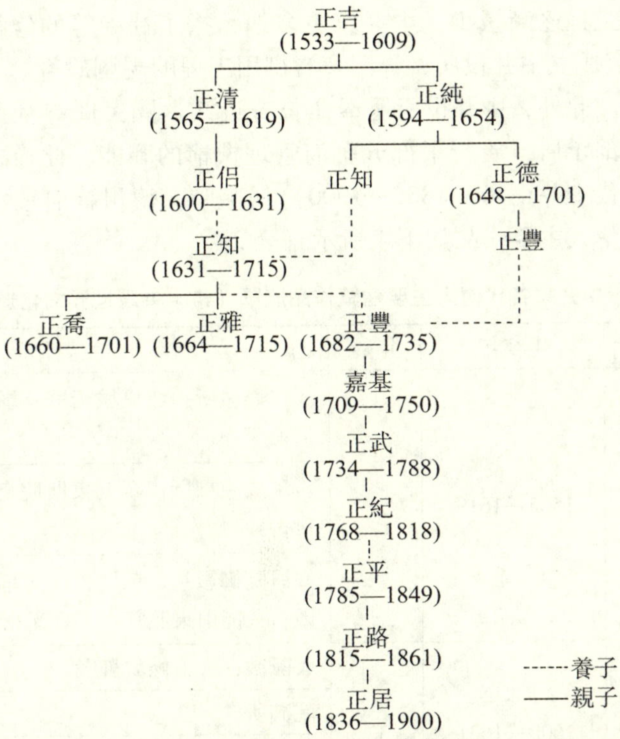

圖 17　中井家世系圖（自繪）

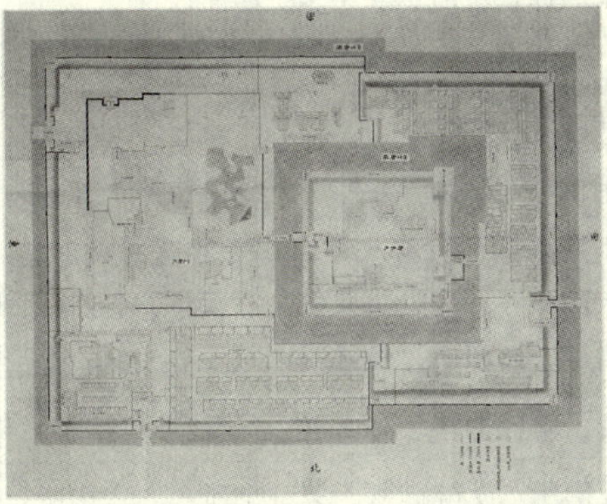

圖 18　二條御城總御指圖（中井家藏本）

圖 19　洛東清水寺總繪圖局部（中井家藏本）

第一代中井正清，原名藤右衛門正清，永禄八年（1565）生于大和國法隆寺。24 歲受雇于德川家康，賜姓“中井”。慶長五年（1600）德川家康奪取政權後，委任中井正清負責修建位于京都的幕府行轅——二條城，自此確立了正清執掌幕府大工的地位。此後，正清受到德川家康重用，作爲御用大工承擔了當時重要建築的修建工程。慶長十一年（1606）正清因功敘任從五位下大和守，六年後官位升至從四位下，這在當時日本大工頭中是絕無僅有的殊榮。事實上，整個江户初期，中井家幾乎承擔了所有重大工程的委托，負責從地形勘測、規劃設計，到經費預算、招募工頭及匠人、施工監理等的建設全過程。17 世紀後半葉，即第三代中井正知（1631—1715）接掌家業時，皇家及幕府的新建工程逐漸減少，中井家更多地承擔了社寺等的修復工程。元禄六年（1693）由幕府出資成立中井役所，專門負責御用工程的規劃設計、預算編製、投標書製作、施工監理等。此外，中井役所還奉命督查近江六國民間寺社及住宅規制，并負責調停木工組的内部矛盾，履行了部分幕府管理機構的職能。此後，該役所爲中井家世代傳承，到第十代中井正居（1836—1900）任職時，德川幕府覆亡，中井役所隨之解散。中井家各代傳人主要作品如下表所示（表2）。

表2　中井家各代傳人主要建築作品清單（帶*者爲世界文化遺産）

世系		生卒年	年齡	主要作品
第一代	正清	1565—1619	55	*二條城所；江户城天守；駿府城、天守；名古屋城天守
				後陽成院御所；新上東門院御所；内里；内里女御御殿
				知恩院御影堂、三門；江户增上寺；方廣寺大佛殿；久能山東照宫；*日光東照宫
第二代	正侶	1600—1631	32	大阪城；*二條城御殿
				院御所
				愛宕社堂；*上賀茂神社、下賀茂神社、河合社、貴布禰社；*清水寺本堂、諸堂
	正純	1594—1654	61	水口城；江户城
				内里；院御所；一條殿
				知恩院御影堂；多賀社；*比睿山東塔諸堂社；大山崎八幡宫；石清水八幡宫；愛宕；*東寺五重塔；*仁和寺；高野山大德院、大塔；志賀院；祇園社諸社、御旅所；長穀寺本堂
第三代	正知	1631—1715	85	水口御殿；永原御殿
				内里、院御所、女院御所、東院御所；春宫御所；禁里
				蓮華王院三十三間堂；愛宕；祇園社本社、拜殿、中門、末社；知恩院；妙顯寺五重塔；方廣寺大佛殿；金地院東照宫；石清水八幡宫、愛染堂、本社、大塔；毗沙門堂本堂；多田院；泉涌寺諸堂、佛殿、御牌堂；多武峰堂社；北野社堂社；比睿山西塔、東塔諸堂、阪本山王社、横川諸堂、*東照宫；*東大寺二月堂；四天王寺；*上賀茂神社本社以下；下賀茂神社本社以下；河合社本社；貴布禰社本社

續表

世系		生卒年	年齡	主要作品
第四代	正豐	1682—1735	54	＊上賀茂社本社以下；南明院、堂舍；八幡山豐藏坊；泉涌寺四條院御影堂；下賀茂、河合社本社；貴布禰社本社以下
第五代	嘉基	1709—1750	42	
第六代	正武	1734—1788	55	
第七代	正紀	1768—1818	51	寬政度内里
第八代	正平	1785—1849	65	
第九代	正路	1815—1861	47	安政度内里
第十代	正居	1836—1900	65	

（二）中井家文書及建築指圖

京都大工頭中井家在近300年的傳承歷史中，留下了與建築遺産對應的大量圖檔，留存至今的共計15000餘件，包括建築圖紙約6500件、文書約9300件。這批圖檔現藏日本宫内廳書陵部⑩、京都府立綜合資料館、京都大學附屬圖書館及中井家，是瞭解日本江户時期建築師職業活動最生動的資料。現存圖檔以“指圖”即平面圖爲主，“建地割”略指立面圖、剖面圖及貼繪于平面上的紙製模型（圖18—27）。

圖20　方廣寺大佛殿建地割圖（中井家藏本）

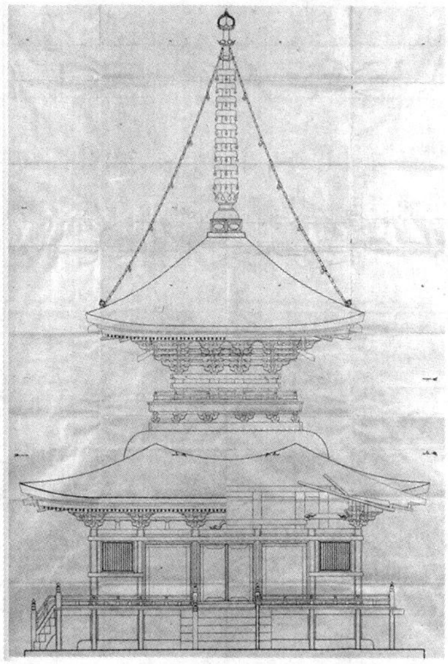

圖 21　大塔立地割（中井家藏本）

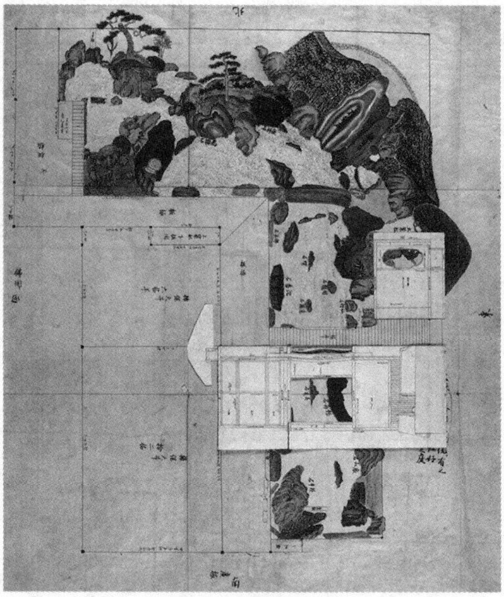

圖 22　大德寺塔頭大僊院首二有之上下石之庭建地割（中井家藏本）

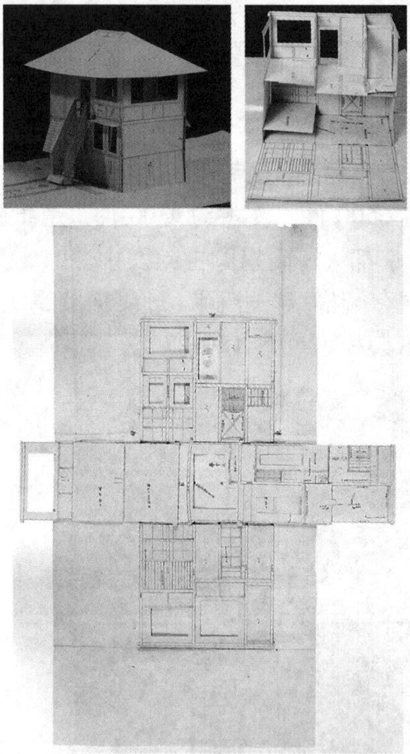

圖 23　高臺寺時雨亭建地割（中井家藏本）

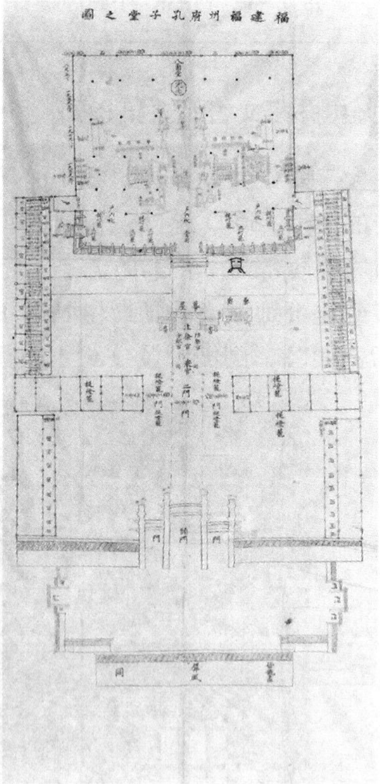

圖 24　中國福建福州府孔子堂之圖（中井家藏本）

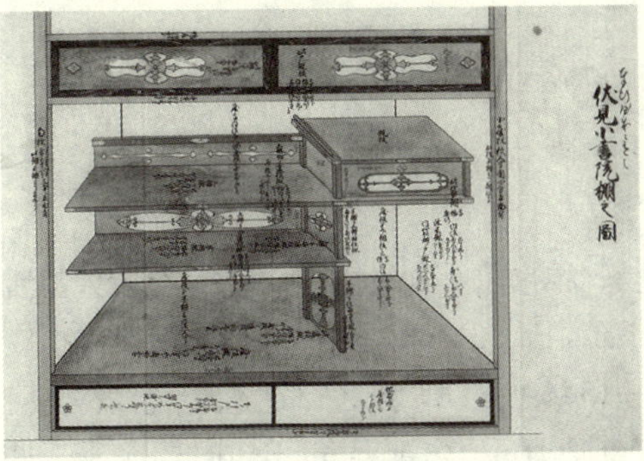

圖 25　伏見小書院棚之圖（中井家藏本）

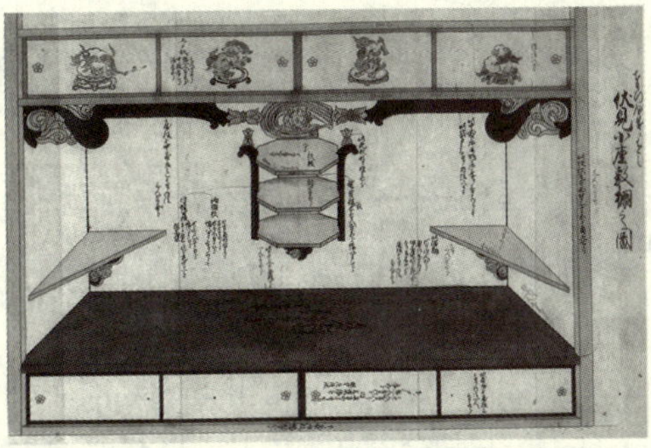

圖 26　伏見小座敷棚之圖（中井家藏本）

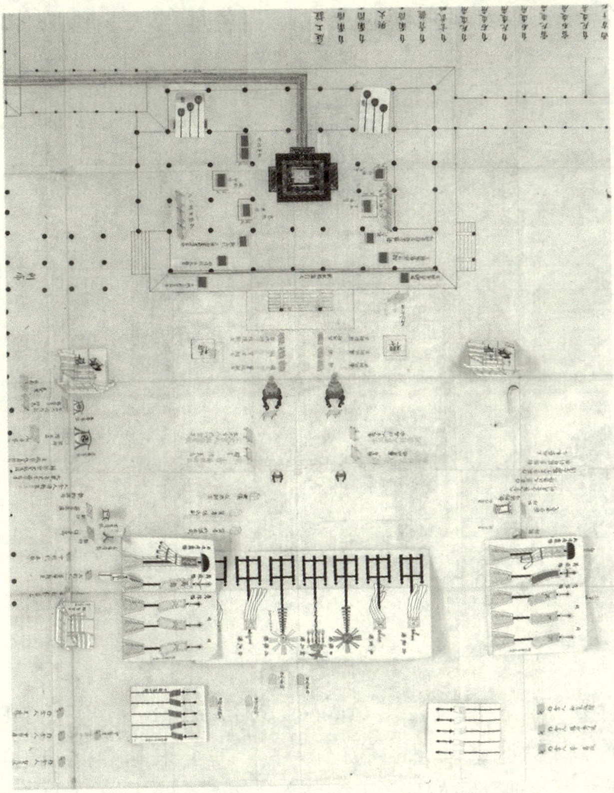

圖 27　御即位畫圖（中井家藏本）

基于其圖檔的寶貴價值，中井家後人自明治時代便開始整理家藏圖檔及文書，編製了《中井家所藏目録》等。20 世紀 70 年代以來，傳統工匠的研究成爲日本建築史學中的顯學，越來越多的學者開始關注中井家及其建築圖檔。現知最早的研究成果包括東京工業大學平井聖教授著《中井家文書的研究》[11]、京都大學川上貢教授著《京都御大工頭中井家和中井役所》[12]等。相關研究成果還有慶應大學文學部高橋正彦教授編《大工頭中井家文書》[13]、大阪市立大學谷直樹教授編《大工頭中井家建築指圖集》[14]等。

三、意大利桑加洛家族

（一）桑加洛家族及建築創作活動

桑加洛家族是意大利文藝復興時期最具影響力的建築師世家，其中的佼佼者活躍在15世紀後半期至16世紀，以朱利亞諾（Guliano da Sangallo，1443—1516）和小安東尼奥（Antonio da Sangallo the Younger，1483—1546）最爲著名，還包括老安東尼奥（Antonio da Sangallo the Elder，1455—1534）、吉奥瓦尼（Giovanni Battista da Sangallo，1496—1548）和法蘭西斯科（1494—1576）等（圖28）。他們創作了羅馬聖彼得大教堂、佛羅倫薩貢迪宫、法爾内塞宫等遍及意大利各地的大量優秀作品，傳世至今的多成爲世界文化遺産。

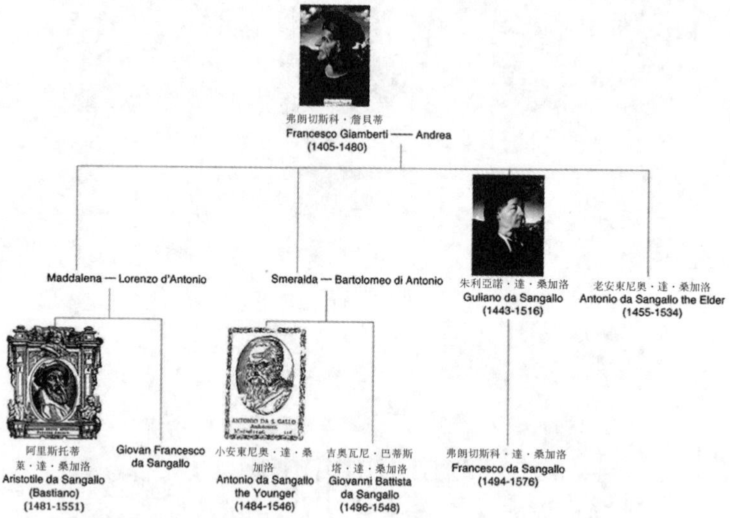

圖28　桑加洛家世系圖（自繪）

桑家第一代弗朗切斯科·檐貝蒂（Francesco Giamberti，1405—1480）以精諳木工工藝著稱，活躍在佛羅倫薩梅迪奇家族的藝術圈中。長子朱利亞諾自幼隨父學藝，擅長建築模型製作，以細木工、木雕技師乃至雕刻師的身份承攬大批活計。成年後朱利亞諾曾赴羅馬研習古代建築，重返佛羅倫薩後得到梅迪奇家族的青睞，爲其設計了府邸、别墅、教堂等建築（圖29、30）[15]。胞弟老安東尼奥則長期與兄長合作，在兄長去世後嶄露頭角。同時代的藝術史家瓦薩里讚譽桑加洛兄弟爲意大利托斯卡納地區最優秀的建築師之一。朱利亞諾及老安東尼奥的侄子小安東尼奥是桑加洛家族最杰出的代表，曾主導羅馬建築界長達四分之一世紀，是繼伯拉孟特之後對16、17世紀意大利建築影響最爲深遠的建築師之一。小安東尼奥領導的家族工作室完成了衆多來自教皇的委托，特别是從克雷芒（Clement）七世執政後期至保羅（Paul）三世在位期間，幾乎承擔了所有重大工程的設計，最著名的就是聖彼得大教堂（圖31—35）[16]。小安東尼奥不僅被任命爲聖彼得大教堂及教皇國工程終身總管，還因其建築技術方面的卓杰才幹，奉命建造了羅馬、卡斯楚、佛羅倫薩、佩魯賈等地的城防工事。除爲教廷服務外，小安東尼奧還曾設計建造了遍布意大利中心地區的大量住宅、教堂和禮拜堂等世俗及宗教建築。

圖 29　朱利亞諾《波焦阿卡亞諾梅迪奇别墅設計平面》（意大利錫耶納市立圖書館藏）
右爲建築現狀立面

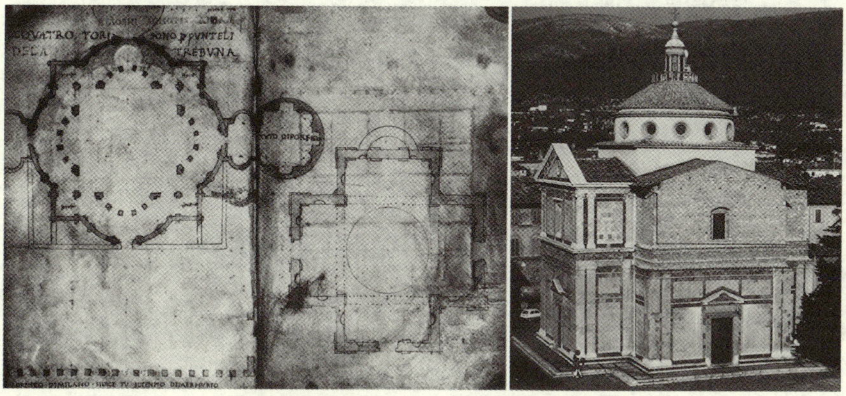

圖 30　朱利亞諾《卡爾切里聖瑪利亞教堂平面》（意大利錫耶納市立圖書館藏）
右爲現狀俯視全景

圖 31　1518—1519 年小安東尼奧《羅馬聖彼得大教堂研究草圖》
（意大利佛羅倫薩烏菲奇美術館藏）

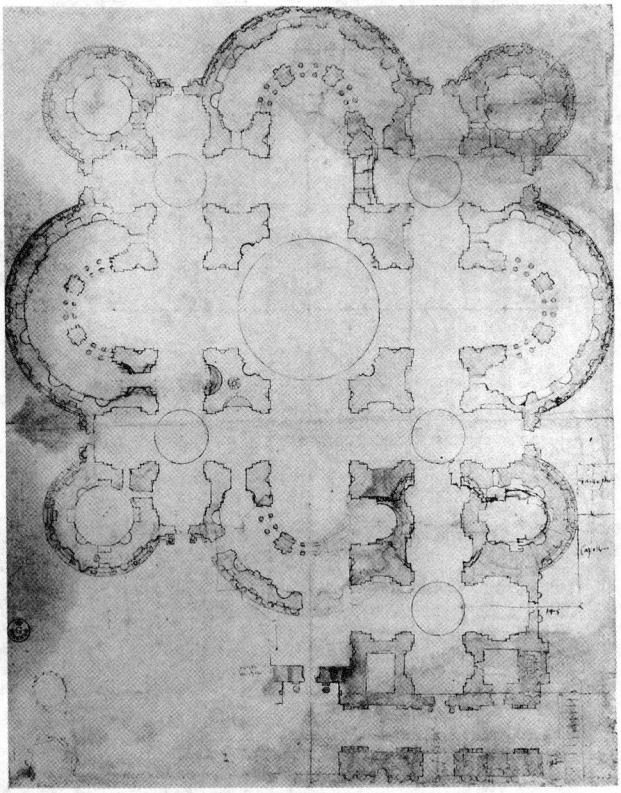

圖 32　1534—1537 年小安東尼奧《羅馬聖彼得大教堂平面方案》
（意大利佛羅倫薩烏菲奇美術館藏）

圖 33　1538 年小安東尼奧《羅馬聖彼得大教堂剖面方案》
（意大利佛羅倫薩烏菲奇美術館藏）

圖 34　1538 年小安東尼奥《羅馬聖彼得大教堂北立面方案》
（意大利佛羅倫薩烏菲奇美術館藏）

圖 35　1539—1546 年小安東尼奥羅馬聖彼得大教堂木製模型
（梵蒂岡博物館藏）

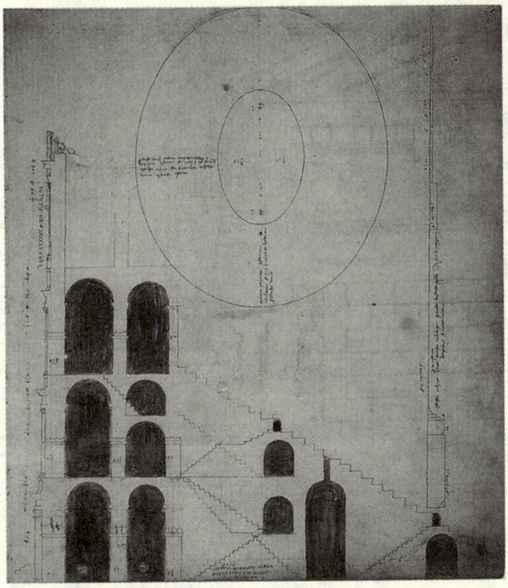

圖 36　朱利亞諾繪羅馬大角鬥場測繪圖
（梵蒂岡教皇圖書館藏）

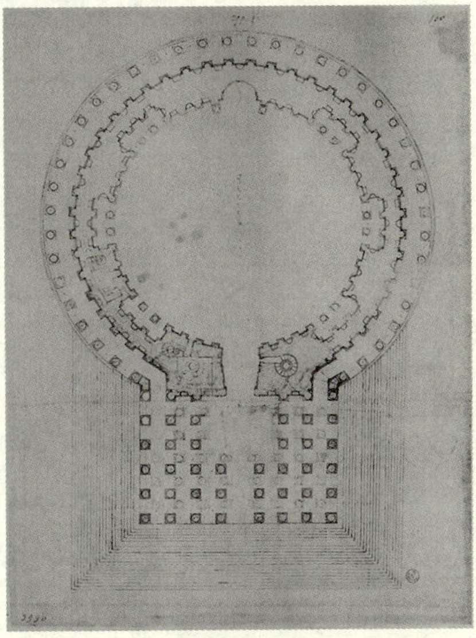

圖 37　1535 年小安東尼奥《羅馬萬神廟平面測繪圖》
（意大利佛羅倫薩烏菲奇美術館藏）

圖38　小安東尼奧繪古迹測繪及復原圖（意大利佛羅倫薩烏菲奇美術館藏）

桑加洛家族成員主要作品如下表所示（表3）。

表3　桑加洛家族成員主要建築作品清單（帶＊者爲世界文化遺産）

世系		生卒年	年齡	主要作品
第一代	弗朗切斯科·檐貝蒂	1405—1480	75	不詳
第二代	朱利亞諾	1443—1516	73	波焦阿卡亞諾梅迪奇别墅（Villa Medici at Poggio a Caiano），普拉托（圖29）
				卡爾切里聖瑪利亞教堂（S. Maria delle Carceri），普拉托（圖30）
				＊帕齊聖瑪利亞·馬達萊娜教堂（S. Maria Maddalena de’ Pazzi）中庭廊院，佛羅倫薩
				＊聖靈教堂（S. Spirito）聖器室，佛羅倫薩
				＊貢迪宫（Palazzo Gondi），佛羅倫薩
				＊霍内邸宅（Casa Horne），佛羅倫薩
				＊斯特羅齊宫（Palazzo Strozzi），佛羅倫薩
				＊市政宫會堂天棚（Palazzo della Signoria），佛羅倫薩
				＊聖瑪利亞主堂天頂（S. Maria Maggiore），羅馬
				羅韋雷宫（Palazzo Rovere），薩沃納
	老安東尼奥	1455—1534	79	蒙特普爾恰諾聖比亞焦教堂（S. Biagio at Montepulciano），錫耶納
				＊蒙塞拉托聖瑪利亞教堂（S. Maria di Monserrato），羅馬
				＊聖瑪利亞主堂天頂（S. Maria Maggiore），羅馬
				＊市政宫會堂天棚（Palazzo della Signoria），佛羅倫薩

續表

世系		生卒年	年齡	主要作品
第三代	阿里斯托蒂萊	1481—1551	70	
	小安東尼奧	1484—1546	62	＊聖彼得大教堂（St Peter’s），梵蒂岡
				＊法爾内塞宫（Palazzo Farnese），羅馬
				＊巴爾達西尼宫（Palazzo Baldassini），羅馬
				＊教皇鑄幣廠（La Zecca），羅馬
				＊薩西亞聖靈教養院教堂（S. Spirito in Sassia），羅馬
				馬達馬别墅（“夫人”别墅，Villa Madama），羅馬
				奥爾維耶托井（Well of St. Patrick at Orvieto），特爾尼
				卡斯楚城（Castro）
	弗朗切斯科	1494—1576	82	＊潘多爾菲尼宫，佛羅倫薩
	吉奥瓦尼	1496—1548	52	

（二）桑加洛家族的建築圖檔

桑加洛家族繪製的建築圖紙被意大利各地博物館、梵蒂岡教廷及私人收藏。其中，佛羅倫薩烏菲奇美術館藏小安東尼奥工作室圖檔爲數最多，共計1200件。除建築設計圖外，桑加洛家族還留下了大量測繪圖和研究手稿。事實上，該家族十分注重對羅馬時代古建築的測繪研究（圖36—38）。如上文所述，朱利亞諾曾在羅馬研習古迹，所繪圖紙令同時代人爲之讚嘆。而小安東尼奥的胞弟吉奥瓦尼在與哥哥的合作中，長期負責古建築的測繪研究，其手稿現藏英國皇家建築師學會。今天國際通行的建築製圖準則，就深深留下了他們的印記。

衆所周知，意大利文藝復興時期的建築成就被引爲西方建築學科的重要源泉；而彙集了這時期衆多優秀建築師的桑加洛家族，也長期成爲建築、藝術以及歷史學研究的熱點，相關成果出自意、法、英、德、美等國，特别是19、20世紀以來，研究成果更是汗牛充棟，其中包括本·内德蒂、柯林·羅、塔夫里、托内斯等建築史研究大師的多種著述。

四、結語

綜上所述，按現已掌握的材料可知，世界古代建築史中曾出現三個業績輝煌的建築師家族，他們在本國建築歷史中均占有重要地位。通過對三者的創作經歷與業績進行比較（表4），不難發現他們從事建築實踐的相似點以及各自的不同特點。

1．在家族傳承方面。意大利桑加洛家族生活在文藝復興時期，延續三代。日本中井家與中國清代樣式雷世家生活年代接近，均傳承兩個多世紀，從業時間與其身處的朝代相始終。儘管三個家族身處不同的地域文化，其延續時間長短、延續方式等與社會文化背景緊密相關，呈現出不同的特徵，但通過家族傳承積纍的營造知識和技能，是使各家族傳人能够在同時代建築師中脱穎而出的共通優勢。

2．在建築創作方面。三者均作爲總建築師主持國家重大工程，設計了大批優秀的建築作品。桑加洛家族曾爲號稱"文藝復興教父"的梅迪奇家族，以及兩任教皇服務，作品集中于教堂及府邸建築；中井家一直任職于德川幕府，主管幕府及皇家御所、寺社等的修建工程；樣式雷作爲清代皇家建築師，作品涉及皇家宫苑、行宫、陵寢、壇廟、王府、城池、衙署、營房及其内檐裝修等衆多領域。三者在建築創作上的成功都離不開賞識他們的最高權力統治者，而他們的作品類型也與此直接相關。在設計程序與設計方法上，三者的不同恰恰反映了東西方文明對待建築創作的不同態度，而相同處則反映了建築活動的基本規律。

3．建築圖檔方面。三個建築師家族均留下了大量與建築遺存對應的建築圖檔，代表了當時當地建築設計活動的最高水平。這些圖檔在表達方式、表達内容等方面既有共性，又有所區别。樣式雷圖檔與中井家指圖的相似，與中國和日本同屬東亞文化圈，具有較强的親緣關係有關，但二者的區别對認識中日建築設計的不同取向具有重要價值。

總之，作爲中國古代建築師的杰出代表，樣式雷世家在世界古代建築史中具有不可替代的獨特價值。

表4　樣式雷世家、中井家、桑加洛家族比較表

	樣式雷世家	京都大工頭中井家	桑加洛家族
傳承時間	約230年 （1683—1915）	約260年 （1603—1867）	約100年 （15世紀後半葉至16世紀）
世系	八代	十代	三代
身份	皇家建築師	幕府建築師	教廷建築師（僅小安東尼奧）
供職機構	樣式房	中井役所	聖彼得大教堂工作室（僅小安東尼奧）
作品類型	宫苑、行宫、壇廟、陵寢、城池、王府、衙署、營房、内檐裝修	皇宫、宅邸、寺社、數寄屋、城郭、橋梁	教堂、禮拜堂、府邸、住宅、城池

續表

<table>
<tr><th colspan="3"></th><th>樣式雷世家</th><th>京都大工頭中井家</th><th>桑加洛家族</th></tr>
<tr><td rowspan="17">建築圖檔</td><td colspan="2">世界記憶遺産</td><td>是</td><td>否</td><td>否</td></tr>
<tr><td colspan="2">總量</td><td>2 萬餘件</td><td>1.5 萬餘件</td><td>>1200 件</td></tr>
<tr><td rowspan="15">主要收藏地點</td><td rowspan="12">國内</td><td>中國國家圖書館（1.5 萬餘件）</td><td>宫内廳書陵部内匠寮本（文書約 7000 件，圖樣約 3000 件）</td><td>佛羅倫薩烏菲奇美術館（1200 件左右）</td></tr>
<tr><td>故宫博物院（4000 餘件）</td><td>京都府立綜合資料館（597 件）</td><td>梵蒂岡教皇圖書館（《巴爾貝里尼抄本》1 册及其他）</td></tr>
<tr><td>第一歷史檔案館（1000 件左右）</td><td>京都大學附屬圖書館（文書 230 件，圖樣 2090 件）</td><td>梵蒂岡博物館（聖彼得大教堂木模型 1 件）</td></tr>
<tr><td>中國文化遺産研究院（少量）</td><td>中井家藏（文書 2032 件、圖樣 575 件）</td><td>錫耶納市立圖書館（不詳）</td></tr>
<tr><td>清華大學（315 件）</td><td></td><td></td></tr>
<tr><td>首都博物館（少量）</td><td></td><td></td></tr>
<tr><td>中國科學院國家科學圖書館（少量）</td><td></td><td></td></tr>
<tr><td>中國國家博物館（少量）</td><td></td><td></td></tr>
<tr><td>北京大學圖書館（少量）</td><td></td><td></td></tr>
<tr><td>首都圖書館（少量）</td><td></td><td></td></tr>
<tr><td>中國社會科學院圖書館（少量）</td><td></td><td></td></tr>
<tr><td>臺北“故宫博物院”（不詳）</td><td></td><td></td></tr>
<tr><td rowspan="3">海外</td><td>日本東京大學東洋文化研究所（277 件，現存 53 件）</td><td></td><td>英國皇家建築師學會（“Codex Stosch”，1 册）</td></tr>
<tr><td>美國康奈爾大學東方圖書館（2 件）</td><td></td><td></td></tr>
<tr><td>法國巴黎吉美東方藝術博物館（1 件）</td><td></td><td></td></tr>
</table>

致謝：本文作于2011年，在寫作過程中得到天津大學建築學院王其亨教授指導；感謝徐蘇斌教授、青木信夫教授、丁垚教授慷慨提供資料和幫助；感謝鄭穎教授、李天博士、袁守愚博士在解讀日語文獻方面給予的熱情幫助。

【本文係國家自然科學基金資助項目（編號51508377、50738003）階段性成果】

注釋：

① 圖片采自聯合國教科文組織網站 http//www. unesco. org/（2010年7月1日檢索）。
② 雷發達事迹及最新研究成果詳見史箴、何蓓潔：《雷發達新識》，《故宫博物院院刊》2011年第4期，81—94頁。
③ 雷金玉事迹及最新研究成果詳見史箴、何蓓潔：《雷金玉新識》，《故宫博物院院刊》2014年第5期，99—117頁。
④ 樣式雷世代從業“楠木作”的最新研究成果詳見王其亨、何蓓潔《中國傳統硬木裝修設計製作的不朽哲匠——樣式雷與楠木作》，《建築師》2012年第5期，68—71頁。
⑤ 圖片采自端木泓：《圓明園新證——乾隆朝圓明園全圖的發現與研究》，《故宫博物院院刊》2009年第1期，22—36頁。
⑥ 圖片采自李國榮：《清宫避暑山莊檔案首次系統公布》，《紫禁城》2004年第2期，75—80頁。
⑦ 圖5—14均采自2004年中國國家圖書館、天津大学等主辦《華夏意匠的傳世絶響——清代樣式雷建築圖檔展》展板。
⑧ 有關樣式雷圖檔的研究歷史詳見史箴、何蓓潔《高瞻遠矚的開拓，歷久彌新的啓示——清代樣式雷世家及其建築圖檔早期研究歷程回溯》，《建築師》2012年第1期，45—59頁；何蓓潔、王其亨：《清代樣式雷世家及其建築圖檔研究史》，中國建築工業出版社，2017年。
⑨ 圖15—16、18—27均采自日本谷直樹編：《大工頭中井家建築指圖集（中井家所藏本）》，京都思文閣出版社，2003年。
⑩“宫内廳”是日本政府掌管皇室事務的機構，舊稱“宫内省”“宫内府”。下轄“書陵部”專責管理皇室典籍、文書及陵寢，所藏主要爲日本皇族資料、皇室制度史料、公文書、陵墓等處出土資料及皇室私藏善本古籍、近世著作等。參見 http//www. kunaicho. go. jp/（2012. 4. 5檢索）。
⑪［日］平井聖：《中井家文書的研究》，日本建築學會論文報告集，第199號，1972年9月。
⑫［日］川上貢：《京都御大工頭中井家和中井役所》，日本建築學會近畿支部研究報告集，1978年5月。
⑬［日］高橋正彦編：《大工頭中井家文書》，慶應通信，1983年2月。
⑭［日］谷直樹編：《大工頭中井家建築指圖集》，京都思文閣出版社，2003年。
⑮ 圖29—30、36、38均采自王瑞珠編：《世界建築史·文藝復興卷》，中國建築工業出版社，2009年。
⑯ 圖31—35、37均采自 Christoph L. Frommel, Nicholas Adams. *The Architectural Drawings of Antonio da Sangallo the Younger and His Circle*, Volume Ⅱ. New York The MIT Press, 2000.

參考文獻：

［1］中國國家圖書館、天津大学等主辦《華夏建築意匠的傳世絶響——清代樣式雷建築圖檔展》展

板，2004 年。

［2］王瑞珠編：《世界建築史·文藝復興卷》，中國建築工業出版社，2009 年。

［3］［德］Christoph L. Frommel, Nicholas Adams. *The Architectural Drawings of Antonio da Sangallo the Younger and His Circle*, Volume Ⅱ. New York The MIT Press, 2000.

［4］［美］Colin Rowe, Leon George Satkowski. *Italian Architecture of the 16th Century*. New York Princeton Architectural Press, 2002.

［5］［日］谷直樹編：《大工頭中井家建築指圖集》，京都思文閣出版社，2003 年。

（作者單位：天津大學建築學院樣式雷研究中心）

國家圖書館藏樣式雷信件述略

吴　寒

内容提要： 國家圖書館所藏樣式雷圖檔中有二百多種信函，這些信函爲我們瞭解樣式房的具體隸屬和工作流程提供了珍貴的史料，也表現了樣式雷家族的生活細節和工作詳情。本文對相關信函的情况進行了分析和整理，以期爲學界進一步的整理和研究提供參考。

關鍵詞： 國家圖書館　樣式雷　信函　樣式房

樣式雷是清代著名建築世家，雷氏家族八代人在長達二百多年間供役于皇家建築工程，留下了許多珍貴的文獻資料。這些檔案目前存世兩萬餘件，主要藏于國家圖書館、故宫博物院、中國第一歷史檔案館等機構，其中以國家圖書館所藏最豐，共有一萬五千餘件。國圖館藏樣式雷圖檔中有一類特殊的文件——信函，它們有些是與上級或同級部門傳達指令、溝通事宜的公函，有些是與家人、朋友間交流私人情誼的私函。根據張寶章《雷動星流》的統計，國家圖書館共藏有各類樣式雷信函238件[①]。

與建築圖檔或正式文書不同，樣式雷圖檔中的信函内容豐富、涉及面廣，表現了雷氏工作和生活的方方面面，許多細節都是官方文件中未見的。這些第一手文獻，對于我們研究清代工匠制度的實際運作狀態、樣式雷家族情況等，有着非常獨到的文獻價值，值得進行深入的挖掘。

一、樣式雷信件的形制及内容

國家圖書館藏樣式雷信函内容豐富、形制多樣，這些函件不論是信封還是信紙都比現代信函要小一些。信紙的規制主要有三種：

最常見的一種是專門的長方形信箋，長度一般在十八到二十四厘米之間，寬度一般在八到十五厘米之間，信紙上有豎格，有些還輔以圖案裝飾，信紙顔色多爲白色或黄色，也有少量爲紅色。此類書信一般格式較爲工整，稱謂、問候、祝頌、落款等也較爲完整、規範。例如YSL328—0121［廣恩木廠曹桂林致霞峰信］，便是書寫在專用信箋上，信箋上有紅色豎綫條，繪有插瓶梅花圖案，信件内容雖然祇有寥寥數語，但格式和用語都較爲標準。

第二類信紙就是普通的白紙，大小形制并不統一，大部分是單張信紙，也有的是較長的紙做成摺頁，例如 YSL216—0122［醇王爺致魁大人信底］。還有些是幾張紙拼貼在一起，例如 YSL284—0097［關于燙樣事宜信函］。有的紙張切口并不規則，似乎是從其他地方臨時裁下來用以寫信的，例如 YSL310—0033［有關送拉食物木料信函］。由于没有格子，此類信函的書寫有時會比較隨意。

第三種信紙比較特殊，是紅色的名帖，寫信人在名帖的空白處寫上要傳達的信息，由于名帖上已經有姓名，便不需要再落款。由于空白處有限，因此信件内容一般較爲簡短。例如國家圖書館藏 YSL287—0064［梁椿至雷思起信函］、YSL287—0066［梁椿至雷思起信函］、YSL304—0026［予白六老爺信］、YSL310—0037［至瀛信函］等，就都屬這一類情況。這説明在當時，用自己的名帖寫信是一種比較常見的現象，名帖同時也能承擔便箋條的功能。

目前看來，樣式雷圖檔中所存的信封比信紙要少得多，大部分信函并没有對應的信封，它們中的大部分可能衹是往來傳遞的便條。樣式雷圖檔中的信封一般爲專門製作的信封，其上多有圖案裝飾。信封正面一般注明收件人、地址、寄件人，背面寫明寄信時間。例如 YSL227—0005［雷輔臣致馬蘭峪樣式房白六爺信函］，信封正面爲“内詳拜托/恒河寶廠順便代至馬蘭峪轉交/樣式房白六爺受拆/雷輔臣拜托”，背面爲“一路福星/獲于三月十三日吉封”。有了這些信息，便能將信件準確地傳遞到收件人的手中。

從寄送方式來看，樣式雷的信件一般是委托往返人員順便傳遞。例如上文提到的 YSL227—0005［雷輔臣致馬蘭峪樣式房白六爺信函］，便是委托“恒河寶廠順便代至馬蘭峪”。而 YSL287—0037［雷廷芳致雷思起信函］中也提到：“禀者前于初八日托恒和局代來信一封。”説明此信也是委托恒和局遞送的。YSL227—0011［盧誠之致雷三爺信函］末尾有“信成洋貨鋪捎”一句。而 YSL142—0040［與雷大兄郭大兄書信］中提到：“如有順人，將所辦之事代京信，千萬。”

從寄送時間來看，這些信件的寄送效率是比較高的，例如 YSL227—0005［雷輔臣致馬蘭峪樣式房白六爺信函］爲雷廷昌從京城寫給在馬蘭峪處樣式房供職的白廷昆的，信封背面有“獲于三月十三日吉封”字樣，其中提及“景監督在京檔房大有氣，言人在工不行，將九道券畫的太小”，而另外一封 YSL227—0006［白廷昆致雷輔臣信函］中提及“前于三月十七日接到來函，得悉一切，内雲景監督説嫌咱們畫的九道券太小了等語”，這説明後者便是白廷昆給雷廷昌的回信。從信寄出到收到一共經歷了四天，而馬蘭峪位于河北省遵化市西北二十三公里的薊縣、遵化、興隆三縣交界處，距京城約一百多公里，四天時間能從京城寄送到馬蘭峪白廷昆手中，説明效率還是比較高的。再比如 YSL142—0040［與雷大兄郭大兄書信］中，提到注意平子合溜等事宜，説自己在南苑暫時不能到工，并囑咐雷廷棟、雷廷芳二人諸事小心。這與另一封信 YSL287—0037［雷廷芳致雷思起信函］中的内容能對應，其中説道：“今于初九日接到伯父來信一封，知京中差務較緊，又兼南苑差使不能來工，又不放心工上活計與平子合溜，并囑咐芳、棟二人要小心。”這説明，雷廷芳初九日就已經接到了雷思起的信，那麼這封信是什麼時候寄出的呢？回顧前信的内容，其中有“魁大人初七日請訓上陵菩陀峪東配殿”之語，這説明這封信很可能作于初七或之後，那麽雷廷芳信中的“初九”不太可能晚至下月初九，而很可能是在當月初九就已經收到，寄送效率非常高。而另一封信函的内容也大致透露了當時的交通情況，YSL227—0003［雷輔臣致東陵樣式房白六爺信函］中説“侄于五月十六日起身，十八日到京”，那麽從東陵到京城的距離，雇車前往大概需要走兩三天，這封信件也可以作爲旁證。

從信函内容看，樣式雷信件内容多樣，涉及的事宜也千頭萬緒。總的看來可以分爲兩個方面，一是公務信函，包括樣式雷家族與上級部門或合作單位溝通事宜的信函，從中可以探知樣式房工作的隸屬和大致流程，下文將會具體討論。二是私人信函，爲雷氏家族内部或者與友人間來往的信件。這些私人信函中除了有時討論工程做法、交流工作進度之外，也表現了很多生活細節。有些是雷廷昌、雷思起等人從工地問候家人朋友的平安信，例如 YSL227—0008［雷廷昌致白六伯信函］中，雷廷昌囑咐白廷昆“早晚時留神天寒，屋内炭氣至要之”，此類話語經常出現，表現了朋友間的關切之情。YSL368—0245—03［雷廷昌家信］中説：“美（每）日早□付丸藥，事病全俞（痊愈），大見功效，老大人放心。”向家中長輩介紹了自己的身體情況。有時也討論一些用人的情况，或推薦用人，或討論某人不合用，如 YSL227—0007［雷廷昌致白六伯信函］中，雷廷昌囑咐白廷昆“如京内王二來，千萬不准給找事見（薦）事，千萬，老伯不准王二在此住宿，叩托。王二此人天良不好”。還有些表現了一些内心活動，如 YSL227—0006［白廷昆致雷輔臣信函］中説道：“刻下蘭陽一帶，雨水甚勤，郊原早已深透二□可□台叙，余等在工甚爲平福是抒遠念，惟此更處時令不强，病人太多，死者更不少，令人可惜矣，幸糧價甚漸輕减，貧人糊口稍易。”信中表現了白廷昆看到蘭陽一帶雨水泛濫，對平民受灾的同情。

此外值得注意的是，這些信件往往不是單獨寄送，常常隨樣式雷糙圖、文檔等一同寄送。例如 YSL287—0037［雷廷芳致雷思起信函］中就提到：“稟者前于初八日托恒和局代來信一封，内糙圖五張，添改活計單二件。”這説明往來遞送的物品不僅限于信件，還有各類圖樣、册單等等。信中有時也會索要物品，如 YSL287—0037［雷廷芳致雷思起信函］中説道：“早晚各廠如有順人再代礬連四紙卅張，要萬盛紙鋪的方好。”這封信還透露了另外一個情况，既樣式房常用的紙張之一，便是萬盛紙鋪的連四紙。連四紙産于江西鉛山，有壽紙千年之稱，可見樣式房用紙之講究。

二、從信函看樣式房的工作隸屬

樣式雷與上級之間的公務信函中，有些是向上司彙報事務，有些則是上級部門傳達指令。從這些信函中我們能一窺樣式房的隸屬情况。

樣式雷函件中涉及的部門有工部、營造司、京檔房、堂檔房、宗人府檔房、造辦處、奉宸苑等等，我們可以從文獻中查知它們之間的隸屬關係。清代中央官制大致可分爲中樞部、佐理部、帝室部幾類，工部屬于中樞類下的六部之一，主要掌管營造工程相關事項。宗人府和内務府屬帝室類，宗人府主要負責管理皇家宗室事務，而内務府主要負責宫廷事務，其長官爲總管大臣。

從信函來看，掌管宫禁事務的内務府是樣式雷來往較多的部門，這是由樣式雷服務于皇家建築事務的性質决定的。《清文獻通考》記載："内務府掌内府財用、出入、祭祀、宴饗、膳饈、衣服、賜予、刑法、工作、教習之事。武備院、上駟院、奉宸苑皆隸焉，總管大臣無定員，于滿洲文武大臣或王公内簡用，其屬有七司，曰廣儲、曰會計、曰掌儀、曰都虞、曰慎刑、曰營造、曰慶豐。"[②]内務府下轄三院七司，其中奉宸苑、營造司等都與樣式雷有工作上的往來。

第一，營造司。營造司負責宫廷繕修，曾用名内工部，據《清通志》記載："營造司，郎中二人，員外郎八人，主事一人，委署主事一人，筆帖式二十六人，掌繕修工作及薪炭陶冶之事，初名惜薪司，康熙十六年改營造司。"[③]樣式雷負責宫苑建造、繕修工程，自然與營造司關係非常密切。YSL167—0194 中堂諭旨，傳燙樣匠第二天清早進内預備，宫内有燙樣活計需要安排。諭旨落款爲"營造司檔案房公具"。

第二，奉宸苑。奉宸苑管理園囿、河道。根據《清通典》記載："奉宸苑兼管事務内大臣無定員，卿二人，掌總理苑囿事務及本苑職官遷授升除之事，所隸有景山、瀛臺、長河、玉泉山、稻田廠、南苑、圓明園、暢春園、清漪園等處事務。奉宸苑初名尚膳監，所管係景山、瀛臺事務，康熙十年以内務府總管管理，十六年歸并都虞司，二十三年設立奉宸苑，仍以内務府總管管理印信。雍正六年設奉宸苑堂官，定爲三品卿職。"[④]YSL365—0197—02［奉宸苑檔房致雷先生信］，爲奉宸苑檔房告知雷先生預備在上駟院看樣式一事。内容爲："奉宸苑檔房字寄雷先生閣下：今早已請定本苑堂官并總管内務府各位大人，于明日散門前在上駟院衙門大堂閱看樣式，希于明日早爲預備在上駟院堂爲要。"YSL366—0224—03［奉宸苑彭沛泉致雷禹門信］，爲關于兩卷樣式存取情況的説明。内容爲："字寄禹門先生台知，今早聞得兩卷樣式已交出，在奏事處存，明日領取可也，爲此特寄奉宸苑彭沛泉志。"這兩封信都出自奉宸苑，也都與樣式雷的設計圖有關。奉宸苑負責園囿、河道，樣式雷曾負責或參與到清代許多園林、行宫的設計之中，還參與了許多整理河道相關的工程，因此與奉宸苑也多有業務上的往來。

第三，造辦處。造辦處主要負責制作宫廷用品。根據《［光緒］順天府志》記載："内務府造辦處掌成造諸器用之物，康熙三十年以慈寧宫之茶飯房一百五十一楹爲造辦處，四十八年複增白虎殿房百楹所屬玻璃廠，在西安門内蠶池口之西，共房三十有六楹，内務府册舊制，養心殿有造辦處，雍正年間始移今處。"[⑤]YSL062—0031［南北海内檐裝修領用物料禀文］："謹呈南北海上用各殿内檐裝修鑲嵌象牙白檀應行取領用造辦處由本□行印片，以備領用，爲此謹呈計開象牙暫領二百斤，白檀暫領八百斤。同治十三年十二月初一日具呈雷思起。"YSL368—0240—08［致雷輔臣信］爲算房高寶珊寫給雷廷昌的信，其中亦提到，某處陵園工程中的鑰匙牌"應由造辦處辦理"，這與樣式房所説的"由陵□中預備之"産生了分歧，需要向上級確認。由于樣式房的工作涉及到御用物品的製作、修繕，因此涉及到與造辦處的業務往來，上文所引的兩封信函便是其明證。樣式房有時需要從造辦處領取相應用品，而一些具體器物的製作有時也需要與造辦處互相協調。

除了内務府之外，樣式雷還與宗人府有業務上的往來，不過從信函來看，與宗人府的來往相對較少。YSL146—0020—23［宗人府檔房致雷思起信件］，内容爲："適奉鐘憲諭令閣下于廿六日午初赴宗人府本工銀庫，有面交□□□。"落款"廿三日檔房公具"，這封信應來自宗人府檔房。

除了内務府和宗人府等隸屬于帝室部，專門服務于皇室的機構之外，樣式雷也與工部有業務上的聯繫。相關史料也記載，一些較大型的皇家建築工程尤其是陵寢工程，須由内務府會同工部一同辦理。雖然樣式雷信函中并未見到直接出自工部的，但是工部却常常被提及。例如YSL284—0097［關于燙樣事宜信函］，便説道"樣子堂安，務于初六日交給那官伴手，令其送交工部是要"。YSL175—0008［雷廷昌書信］中也提到"工部查驗起單"。除此之外，函件中多次提及的"魁大人"，便是歷任工部左侍郎、工部尚書的魁齡。《清秘述聞續》記載："魁齡，字華峰，工部尚書，滿洲正紅旗人，壬子進士，光緒五年己卯科鄉試。"[⑥] YSL142—0040［與雷大兄郭大兄書信］中説"魁大人初七日請訓上陵菩陀峪東配殿"，YSL368—0245—03［雷廷昌家信］提及："京檔房來信奉魁大人諭，初十日魁大人同寶大人起程赴工查看。"而YSL216—0122［醇王爺致魁大人信底］，即爲醇王爺奕譞與工部尚書魁齡討論陵寢事務的信件。這説明，魁齡在相關陵寢工程中是比較重要的負責人。

上文分析了樣式雷信函中所體現的其與内務府、宗人府、工部的業務往來情況。總的來看，與樣式雷往來最密切的當屬内務府。第一代樣式雷雷金玉的碑記中就記載其曾經"蒙欽賜内務府總理欽工處掌□，賞七品官，食七品俸"[⑦]。劉暢等《清代内務府樣式房機構初探》一文推測："當時内務府堂檔房正是樣房的直屬部門。"[⑧]其論據來自樣式雷圖檔中有大量内務府下發的通知，它們都出自"堂檔房"，劉暢認爲堂檔房便是内務府堂檔房，他由此還提出，雷金玉遺孀張氏在其去世之後曾泣訴于工部，這裏的工部應該是"内工部"，即營造司。

除了這些明確的部門之外，還有許多諭令出自"京檔房"或"工檔房"等機構。例如YSL060—0008［朱桓甫任烈甫致樣子房諸大人信］一函，爲朱桓甫、任烈甫爲監督松老爺傳達指令，請樣式房趕緊繕繪添堆蜿蜒砂山圖樣，送至京檔房，以便檔房轉呈，落款爲"京檔房弟朱桓甫、任烈甫"。除此之外，YSL149—0028函件亦是請雷思起配合京檔房清查燙樣，落款"京檔房公具"。何蓓潔、王其亨《華夏意匠的世界記憶——傳世清代樣式雷建築圖檔源流紀略》一文對于樣式房的隸屬和工作流程進行了詳細考證和表述，具體見下圖[⑨]：

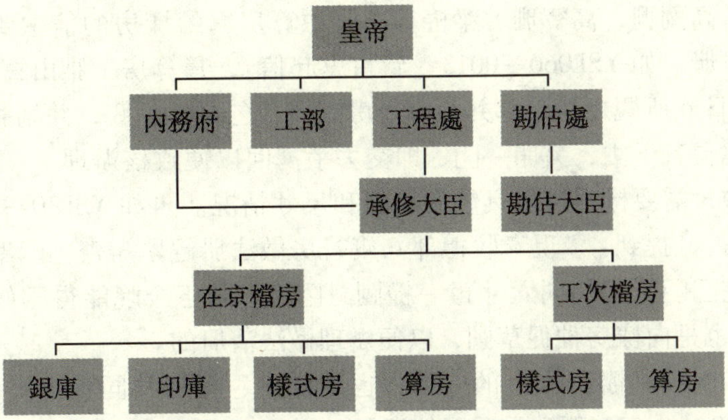

圖 1　清代工官制度的運作情況

由上圖，我們可以較清晰地瞭解清代工官制度的運作情況，也能對于樣式房的隸屬和工作流程有所知曉。而樣式雷信函提供了大量樣式雷家族和檔房、內務府的交流、溝通的第一手資料，有助于我們更加直觀地瞭解樣式房的工作情形。

三、從信函看樣式房的工作流程

除了與上級來往的信函之外，樣式雷圖檔中還有大量與合作單位溝通事宜的信函。合作單位主要涉及兩個方面：算房和木廠，從這些書信中，我們可以大致窺見樣式雷的具體工作情况。

第一，算房。從名稱來看，樣式房和算房應屬同級單位，樣房負責設計、畫稿、勘定尺寸，算房負責核對尺寸、計算工價、製造清册。在工程進行過程中，樣式房和算房都需要全程協同配合，不管是具體的尺寸還是設計方案的問題，都需要多方會同處理。同治初年雷思起的一段禀報大致透露了樣式雷的工作流程：

> 敬禀者，此次遵諭隨同前往普祥峪、菩陀峪萬年吉地當差，爲此謹呈應辦各項丈量尺寸，謹繪圖貼説……再請遵照何陵式樣規制并地官券座，前往詳細勘丈尺寸……此樣繪妥，呈王爺中堂大人台前閱准，有無更改，妥協後恭繪細圖貼説恭呈御覽，請旨遵行。伏候命下。如有更改之處，再爲燙樣呈覽，如蒙先准交下，移文調取工部黄册，按册遵辦。派准算房，再爲會同對準丈尺，造具做法清册，請旨奏派勘估大臣後遺諮勘估處，由勘估處奏明錢糧，然後擇吉文移欽天監，選擇吉日開工。[10]

從此段記録看來，樣式房的設計方案被批准之後，便需要與算房對準丈尺，製造做法清册，接下來工程的開展便會嚴格依據這一做法清册展開。所以，樣房與算房的“對準丈尺”也就成爲二者合作最重要的一環。一旦工程出了問題，便需要核查原本多方對準的尺寸，看是在哪一環節出了差錯。當工程遇到具體情况需要調整時，也須算房、樣房與上級部門共同商議之後，重新勘察工程尺寸、製作做法清册。

從樣式雷信函來看，算房和樣房的來往是非常密切的，樣式雷信函中出現的算房人員有王雅山、高蘭珊、高寶珊、梁椿等。其中算房寫給樣房的信主要是索要工程圖樣以便辦理做法册。如 YSL060—0013［致雷思起信］，爲算房王雅山寫給雷思起的信，信中説道："前日昨所觀之禮工部并八旗營房圖樣，乞再借一觀，并請將四圍大墻東西長若干丈，南北長若干丈，另開一□，即交去手携回以便致核辦理。"這説明算房在製作清册的過程中，需要樣房提供具體的圖樣和尺寸情况。再如 YSL304—0024［算房高寶珊予白六爺信］，提到："現奉收禮部八旗營房做法册趕緊辦齊□□勘估更等語，請即收，現定各院□□街道胡同六寸畫一糙圖，□□□□于今晚能得□好，以便辦理做法册。"這封信也是向樣房催促草圖，以便辦理做法清册的。

除此之外，遇到具體工程上的問題，也須樣房、算房共同核查尺寸，商議辦理。例如 YSL227—0004［高蘭珊致雷禹門信函］："弟今日奉□大爺諭，本工現有應□改做活計，務請閣下見字即刻駕至檔房面談，以便一同呈□目下，□憲現已在署等候。"這説明工程調整需要算房、樣房商議之後，再向上級呈報方案。再如 YSL371—0307—09［寶珊致輔臣有關丹陛等工程信］爲高寶珊寫給雷思起的信："昨日上工，見陛迆南兩旁地面高低不等，水難順流，餙達知閣下，□同恒和、詳茂廠□抄水平，將某處應起，某處應墊定妥，即令該廠□墊，勿遲。"在這封信中，高寶珊提醒雷思起，某處施工出現了問題，請樣式房和工人重新核對、處理。而 YSL367—0234—09［工程信件］爲算房陳□年、王雅山寫給雷思起的信件，其中説道："來諭内詢及橋座并泊岸有無打樁、壓土幾步，查明以便具奉等語，當即核查成案，橋座下俱有打樁，壓土三步，并查殿座衆□打樁至今日在工云云，誤矣，此□似應母□具奉至石□□□地脚下加□大夯壓土□打樁，其河道□樁淺，是否改用石料一節，衆辦有奉底抄録送呈，務請禹兄斟酌辦理。"從這封信看來，雷思起先寫了一封信詢問工程的情况，算房核查之後，告知了雷思起，這説明算房在製作做法清册的過程中，對于各種工程調整的情况都有所記録，因此工程出現問題時，樣式房有時還需要從算房核查案底。

總的來看，樣式房和算房的業務往來非常密切，而從信件的情况來看，兩處人員的私人情誼也較好，YSL227—0010［雷輔臣致郭六伯白六伯白大弟信函］中，便有"六伯代問王雅翁、高蘭亭、廣頭安好"等語。

第二，木廠。樣式房作爲工程的設計方，在工程進行中需要和具體施工單位協同配合，這就是木廠。由于工程一般較大，往往由多家木廠共同合作，因此也需要樣式房在設計圖紙上進行分工。而在實際施工的過程中，也常常需要樣式房、算房、各木廠工頭互相溝通協調，工程出問題時，也需要共同商議明確權責情况。從現有文獻來看，樣式雷涉及的木廠主要有廣恩、三成、聚豐、天富、德源等。

YSL328—0121［廣恩木廠曹桂林致霞峰信］，是正在圓明園課農軒的廣恩木廠曹桂林寫給雷獻彩的信件，信的内容爲傳遞畫樣："霞峰仁兄大人如晤啓者，前懇閣下所畫課農軒底盤樣一張，請交去人之手携回爲感，今隨信送去慎修思永尺寸單一張，望請收到是荷。專此即頌近安不另。"除此之外，樣式雷圖檔中還有一些木廠之間的往來信函，例如 YSL293—0049［東盛廠致寶廠諸位掌櫃信件］，内容爲："各寶廠諸位掌櫃台覽啓者，接到恒源廠來信，云定于初四日準辰刻在方磚廠德豐堂約請算房商辦太和門事件，務須是刻早臨，并祈書知下轉廣恩、三成、聚豐、天富、德源。”這封信反映了多家木廠和算房共同商議太和門工程的情況。

除此之外，從一些信函中我們也可以看到算房、樣房、工廠之間的合作情況，例如 YSL027—0014—01［雷廷昌致誇蘭達信札］：

配殿北臺基至泊岸前口，天和廠奉諭抄平查樣子房原辦高低尺寸，原辦時與天和、祥成兩廠彼此對抄，高低平綫對準，兩邊一樣，請兩邊老爺大人均看明，當面遵諭，在原墩上畫押，寫年月日對準字樣。天和廠奉諭抄平對樣式房原辦之綫，工頭稟綫不對，錯□寸，現在樣子房原辦之綫，工頭自改，并未通知樣式房，又未稟明誇蘭達。現在奉諭着畫樣注明原辦丈尺合溜呈閱。今又奉諭各作究係高起多少，廷昌無究問每天做活之則，叩稟誇蘭達將該廠所做之活高低錯不錯問明，再爲遵諭，在畫樣上分晰做活錯處，注明。

從這封信的内容來看，配殿北臺基至泊岸前口的工程尺寸出現了問題，因此雷廷昌奉命向上級説明情況。此處尺寸原本由天和廠、祥成廠兩邊分別測量、對準數據，并回明上級領導。而天和廠在後來抄平之時，工頭認爲數據有問題，因此擅自更改了樣式雷原本定好的準綫，既没有告知樣房，也没有報告上級領導，才導致後來工程出現問題。雷廷昌由此澄清，并表示自己“無究問每天做活之則”，請誇蘭達具體核查情況之後，樣式房再在圖紙上分析注明出錯的地方。由此我們可以窺見，樣式房不負責具體的勘估和施工，衹負責根據尺寸進行工程的設計，因此，一旦在具體施工中出現問題，工頭需要稟告上級部門，并告知樣式房修改圖紙，而不能擅自進行修改。

我們從樣式雷書信中，也常常能看到涉及具體工作細節的内容，從這些細節看來，樣式雷非常重視工作流程的規範。由于涉及到的合作方較多，爲了避免引起糾紛，樣式雷非常重視工作中的權責分明，往來書信中常常互相叮囑相關事宜。例如 YSL142—0040［與雷大兄郭大兄書信］：

花門兩□進深墻各座均照原擬辦理，每辦一宗，回明住工大人監督再辦，千萬定中生静，咱們差使細心。平子合溜叠落要緊兩處一樣高低，會同各廠走工頭目和氣商量要緊。不可有偏有厚，千萬。

在這封信中，寫信人叮囑對方一切都要按照已經擬定的方案辦理，每項工程辦理之前，都要向住工監督彙報之後再開始辦，而具體辦理之時，也需要和各廠的工頭溝通好，不要出現矛盾。

再比如 YSL227—0001［雷輔臣致東陵樣式房白六伯信函］：

六伯見雅山借分活，八旗單使全圖分出，各廠字號各分各顔色房間大墻。總以雅山所分爲準，千萬諸事會合蘭亭、雅山，不可分别爲上。因六伯一人辦之太難，俟平格一節，官面樣子總按大小圈辦法，千萬毋剩手爲上，其餘各廠着我兄弟與沈二爺畫出，將分色圖各給各廠一張，着各廠各灰各綫，其餘之事不管。灰綫時，六伯將八旗底子代（帶）上，足行給各廠樣凈號臺基院當，其餘主高等不必。千萬將分活在圖上與算房對清房間，不然孔（恐）有分辦，千萬千萬，官面八旗以净（已經）給過，如要，知一知，千萬千萬，六大爺千萬不必隨之各工頭往四下去走抄，教各工頭抄來往樣格子上過準，不然必受大虆。

在這封信中，雷廷昌叮囑在東陵工次的白廷昆，各家木廠活計的分配應該按照算房已經定好的方案來，諸事都要和算房的高蘭亭、王雅山商議，不可自作主張。而在具體施工之時，樣式雷衹負責根據工頭勘定的數據繪畫圖紙，其餘的事情都不要多管，更不要多提意見。而分配木廠活計的時候，樣式房一定要和算房在圖紙上對清楚房間，以免之後出現問題説不清楚。在 YSL227—0008［雷廷昌致白六伯信函］中，雷廷昌也提到“官面之差千萬不多出主意，各活計鈞定準不可改，如有更改，總是回明各位監督，會同算房爲准”。從這封信可以看出，雷廷昌對于樣式房的工作流程和細節，是非常謹慎的。

總的來説，國家圖書館所藏樣式雷信函内容豐富，涉及面廣。從中我們既能瞭解樣式房的工作隸屬、工作流程，探索清代工匠制度的具體運行情況；也能一窺樣式雷家族那些鮮活、有血有肉的生活細節，從而有助于對于樣式雷家族史的研究。樣式雷圖檔中的信函是一個獨特的、有價值的研究領域，值得我們從各個角度進行更深入的挖掘。

注釋：

① 張寶章：《雷動星流》，文物出版社，2004 年，173 頁。下文中以 YSL 編號的樣式雷圖檔皆藏于國家圖書館。

② 清官修《欽定皇朝文獻通考》卷八十三《職官考》，清文淵閣四庫全書本。

③ 清官修《欽定皇朝通志》卷六十六《職官略》，清文淵閣四庫全書本。

④ 清官修《欽定皇朝通典》卷二十九《職官》，清文淵閣四庫全書本。

⑤（清）張之洞：《［光緒］順天府志》卷七《京師志》七，清光緒十二年（1886）刻十五年（1889）重印本。

⑥（清）王家相：《清秘述聞續》卷八，清光緒十四年（1888）刻本。

⑦《雷金玉墓碑》拓片，藏于國家圖書館，文獻編號：北京 6071—1；北京 6072—1。

⑧ 劉暢、張克貴、王時偉：《清代内務府樣式房機構初探》，《故宫博物院院刊》2001 年第 3 期。

⑨ 此圖引自何蓓潔、王其亨：《華夏意匠的世界記憶——傳世清代樣式雷建築圖檔源流紀略》，《建築師》2015 年第 3 期。

⑩ 轉引自劉暢、張克貴、王時偉：《清代内務府樣式房機構初探》，《故宫博物院院刊》2001 年第 3 期。原文并未説明文獻收藏地及編號。

（作者單位：國家圖書館古籍館）

雷氏祖塋墓碑拓片八種考略

翁瑩芳

内容提要： 國家圖書館藏雷氏祖塋墓碑拓片八種，主要涉及分别以雷金玉、雷家璽、雷景修爲首的第二、四、五代樣式雷。拓片内容對瞭解碑主生平、雷氏家族人物關係以及清末喪葬文化和某些社會現象均有幫助。

關鍵詞： 樣式雷　雷氏祖塋　墓碑拓片

國家圖書館館藏宏富，專藏之一有清代皇家建築檔案——樣式雷圖檔。樣式雷圖檔是指"樣式雷"繪製的建築圖樣、建築模型、工程文檔等。由于中國傳統建築技藝過去一直以"傳幫帶"的方式繼承和發展，有關建築設計理念、方法和傳承的文獻記載寥若晨星，幾成失語狀態。樣式雷圖檔的出現打破了這一局面，爲研究中國傳統建築技藝提供了寶貴的資料，因此在 2007 年正式入選《世界記憶名録》。隨之而來的研究方興未艾。在圖檔研究之外，對"樣式雷"的研究也始終在進行中。

"樣式雷"是清代雷氏建築世家的譽稱。雷氏家族自清康熙朝至清末的二百餘年間，共有八代十餘人在清廷樣式房主持各類皇家建築工程，負責建築設計和圖樣繪製等工作。在樣式雷家族研究方面，民國年間中國營造學社的創始人朱啓鈐先生是先驅。他的《樣式雷考》（1933 年，收入《哲匠録》）一文是研究樣式雷家族的開山之作，影響重大且深遠，至今仍被廣泛引用。目前研究樣式雷家族的資料主要可追溯到三個來源：一是原始家族資料，包括各個時期的《雷氏族譜》、雷氏墓碑碑記、雷氏先祖畫像，以及樣式雷圖檔中的《旨意檔》《堂司諭檔》以及雷氏成員的隨工日記、信函等；二是學術文獻資料，主要包括朱啓鈐先生《樣式雷考》一文及其底稿和相關札記等；三是雷家後裔的口述歷史。這當中的雷氏墓碑碑記在國圖有收藏，即雷氏家族墓碑及德政碑拓片八種，是研究樣式雷的重要原始資料之一。

一、拓碑背景

（一）拓碑時間

北京不僅是六朝古都，也是中國歷史上最後一個封建王朝的都城，城内外碑刻種類繁多、數量可觀。新中國成立後，中央和北京市委采取了一系列文物保護措施，并開展文物普查。北京圖書館（今國家圖書館）從 20 世紀 50 年代初期開始系統收集北京地區的石刻拓片。《曾毅公傳略記》[①]一文提及，北圖曾與北京文物調查研究組[②]合作，聘請琉璃廠墨寶齋拓工蘇庚新，拓印并收集京郊墓碑、廟碑等。拓印時，“每碑不論大小，不論碑陽、碑陰、碑例，凡有文字必全部拓出……文物所拓一份，圖書館拓二份……一直到1966年‘文化大革命’時……北京圖書館藏北京郊外碑、志拓本，皆爲蘇庚新所拓”。

國圖金石拓片組藏1954年蘇庚新傳拓檔案記載：“自五月四日起，由拓碑人蘇庚新爲本館拓京郊碑碣，每碑拓二份。”[③]即從1954年5月4日開始，北圖開始對京郊碑刻進行全面拓印，這其中就包括位于京西四季青的雷氏祖塋墓碑。金石組賬本顯示，樣式雷墓碑拓片八種的入藏登記時間是1961年6月8日。因此，這八種拓片的拓印時間當在1954年5月4日至1961年6月8日之間，拓工爲蘇庚新。

（二）拓碑地點

雷金玉係雷家遷居北京之始，但辭世後仍歸葬江寧（今南京）。雷金玉之後，始有雷家人安葬北京。“雷氏祖塋，原係立在乾隆年間遷立之祖塋也。此地二十七畝，原係本支祖恭理之舉。”[④]雷氏墓碑即立于雷氏祖塋中，坐落在“京西聚善村”（今海淀區四季青巨山村）。聚善村又稱聚山村、撅山村、絶山村、覺山村等，依山傍水，歷來被視爲風水寶地。雷氏祖塋位于巨山村東兩條小河之間的平地上，頭頂八大處，尾指玉泉山，形狀似船。據説船行方向對準故鄉江西，象徵不忘祖宗恩德、逝者可以魂歸故里。

同治四年（1865），雷氏祖塋經歷了一次較大規模的修繕。《雷氏族譜》[⑤]記載：“顯考（雷景修）在世時，于同治四年春，恭修雷氏祖塋，向前沿泊岸，并修如意圍屏，栽門槐圍屏松樹，各墓均修改爲寶頂十八座，并由東直門北新倉將祖塋地契二十七畝紅契尊藏祠堂。”根據雷氏後裔及知情者[⑥]的描述來看，雷氏西祖塋陰宅裏有排成八字形的八座墳墓，其中三座寶頂較大。一座是雷金玉的衣冠冢，葬有其妻張氏，旁邊立有雷景修爲其修建的漢白玉石碑（碑1）；一座是雷家璽及妻張氏的墳墓，旁邊立有雷景修爲其修建的漢白玉石碑（碑2）；還有一座是雷景修及其妻尹氏的墳墓，旁邊立有雷思起、雷廷昌爲其修建的石碑兩座（碑3和4）。整個墓地規劃井然，共有石碑四座。

雷氏祖塋在民國年間、在20世紀五六十年代的“大躍進”和“文化大革命”中遭到嚴重破壞，目前已蕩然無存。2002年，張寶章先生《巨山村與樣式雷》一文提及，四石碑之一被海淀區文物保管所收藏，另三座被壓在雷氏祖塋所在地後建廠房辦公室地下。現狀是，公藏石碑——清同治七年《雷景修及其妻尹氏誥封碑》（碑4）被海淀博物館收藏，其餘石碑不知所踪。

二、墓碑内容

（一）碑文

碑1（陽面）：《雷金玉墓碑》[⑦]，清同治四年（1865）二月初一日立，正文拓片縱

125厘米、横51厘米，碑額拓片縱22厘米、横17厘米。

額題：聖旨

皇清勅封□贈奉政大夫，由國學生考授州同，我曾祖考諱金玉字良生，行大，享年七十一壽，生順治己亥年，卒雍正己酉年。恭遇康熙年間修建海淀園庭工程，我曾祖考領楠木作工程。因正殿上梁，得蒙皇恩召見奏對，蒙欽賜内務府總理欽工處掌□（案），賞七品官，食七品俸。又因曾祖考七旬正壽，又得蒙皇恩欽賜，命皇太子書"古稀"二字匾額。此匾供奉原籍大堂。我曾祖考于七十一歲壽終。由内□（務）府傳，仰蒙皇恩，賞盤費壹百餘金，奉旨馳驛歸葬原籍江蘇江寧府江寧縣安德門外西善橋，坤□（山）艮向。查譜碟所載，立有碑誌。今因重修祖塋，敬立此碑，是爲記也。

誥授奉政大夫元孫景修敬書立。

碑1（陰面）:《雷金玉及妻張氏德政碑》，清同治四年（1865）二月初一日立，正文拓片縱127厘米、横50厘米，碑額拓片縱22厘米、横14厘米。

額題：承先啟後

曾祖考原配繼配潘、劉、柏、鈕氏四位太宜人俱歸葬原籍江寧縣西善橋合葬，又繼配吴太□（宜）人另葬西直門外小南庄地方蘇州街大道西立甲。曾祖妣張太宜人，享年七十壽，因葬于此焉。因我祖考字藻亭在及丁時，我曾祖妣苦守清潔，立志扶養我祖成人，清苦之極。得蒙曾祖妣早晚訓誨，依附我曾祖考之舊業至今。子孫滿堂，接我曾祖考一脈相承。奕葉相傳，功昭前烈，慶衍綿綿，實承我曾祖妣張太宜人之德政也。敬沐遺恩，恭撰碑誌。大清同治四年歲次乙丑二月初一日，元孫景修重修雷氏合族祖塋墓頂，燕序一堂，以光千載，并修如意圍屏。恭撰曾祖考妣實政。是爲碑誌也。

誥授奉政大夫元孫景修熏沐敬書，曾孫思起敬立。

碑2（陽面）:《雷家璽及妻張氏墓碑》，清同治四年（1865）二月初一日立，正文拓片縱100厘米、横44厘米，碑額拓片縱17厘米、横17厘米。

額題：遺訓常昭

皇清同治元年□（七）月十九日，恭遇覃恩，貤贈奉直大夫先考諱家璽字國寶雷府君、奉直宜人先妣雷母張氏太宜人之墓。

大清同治四年二月初一日欽加五品職銜、誥授奉政大夫孝男景修奉祀敬立。

碑2（陰面）:《雷家璽及妻張氏德政碑》，清同治六年（1867）正月初七日立，正文拓片縱102厘米、横45厘米，碑額拓片縱24厘米、横18厘米。

額題：祖德宗功

公平生雅量，品正清純，忠厚處世，惠愛存心。一生仗義疏財，利物濟人，光前裕後，和睦宗親鄉里。志行高潔，韻宇宏深，敦行孝悌，同氣連枝，子孫茂盛。誠知積德之深，實行堪讚，永遠可欣。賢哉德配，淑性慈貞，寬明素位，惠信與人。孝悌爲先，勤操自任，閫範最長，恭和敏慎。

大清同治六年正月初七日吉旦，欽賞五品職銜、鹽場大使孝孫思起，孝孫思振，九品職銜孝孫思泰、思森報恩敬撰。

碑3（陽面）：《雷景修及妻尹氏誥封碑》，清同治六年（1867）正月初七日立，正文拓片縱120厘米、横60厘米；碑額拓片縱24厘米、横17厘米。

額題：奉天誥命

奉政大夫諱景修字先文號白璧雷公之碑記。奉天承運，皇帝制曰：考績報循□（良）之最，用獎臣勞；推恩溯積纍之遺，載揚祖澤。爾雷景修廼布政司理問銜加二級，雷廷昌之祖父，錫光有慶，樹德務滋。嗣清白之芳聲，澤留再世；衍弓裘之令緒，篤祜一堂。兹以覃恩，貤封爾爲奉政大夫之職，錫之誥命。於戲！聿修念祖，膺茂典而益勵新猷；有穀貽孫，荷殊恩而式彰舊德。奉天承運，皇帝制曰：册府酬庸，聿著人臣之懋績；德門輯慶，式昭大母之芳徽。爾尹氏廼布政司理問銜加二級，雷廷昌之祖母，箴誡揚芬，珩璜表德。職勤内助，宜家久著其賢聲；澤裕後昆，錫類式承乎嘉命。兹以覃恩，貤封爾爲奉政宜人。播徽音于彤管，壼範彌光；膺异數于紫泥，母儀益懋。

大清同治二年七月初八日敕書。

碑3（陰面）：《雷景修墓碑》，清同治六年（1867）正月初七日立，正文拓片縱121厘米、横61厘米；碑額拓片縱21厘米、横16厘米。

額題：遺恩永慕

誥授奉政大夫晋封朝議大夫先□（文）雷府君碑記。讚曰：公之一生，品行端方，勤和處世，和睦宗族，鄉里所仰。出言端正，存心敦厚，教子義方，德惠于人，無不誠敬。公年始十六，即在圓明園樣式房學習世傳差務，奮力勤勉，不辭勞瘁。忽于道光乙酉年正月十五日，公之先考仙游。謹遵遺言，差務慎重，惟恐辦理失當。因公年幼，事出萬難，隨將掌案名目移與他人承辦。公仍竭盡心力，不分朝夕，兢兢業業二十餘載，辛苦備嘗。復于道光己酉年，旋將世傳掌總差事正廻。足見公志高遠大，移而不遺。光宗耀祖，啓裕子孫，皆公之德也。咸豐八年，遵旨籌餉例報捐，恩賞九品職銜。又因同治二年七月初八日，誥授奉政大夫之職。公之一生德政，同鄉親友公絢路祭。讚曰：仁德永念，忠厚可風，福備齊榮。

欽命賞戴花翎誥授兵部職方司員外郎加二級子婿王多齡，誥授武翼都尉原任京營西便汛守備功服姪雷思立，前選湖南長沙同知現任都察院後廳都事功服姪雷思曾恭撰碑誌仝讚。

大清同治六年歲次丁卯正月初七日吉旦，欽賞五品職銜、鹽場大使孝男思起，孝男思振，九品職銜孝男思泰、思森，布政司理問銜長孫廷昌敬立。

碑4（陽面）：《雷景修及妻尹氏誥封碑》，清同治七年（1868）三月初三日立，正文拓片縱133厘米、横82厘米，碑額拓片縱27厘米、横21厘米。

額題：奉天誥命

奉政大夫諱景修字白壁號先文雷公之碑記。奉天承運，皇帝制曰：考績報循良之最，用獎臣勞；推恩溯積纍之遺，載揚祖澤。雷景修廼布政司理問銜加二級，雷廷昌之祖父，錫光有慶，樹德務滋。嗣清白之芳聲，澤留再世；衍弓裘之令緒，篤祜一堂。兹以覃恩，貤封爾爲奉政大夫之職，錫之誥命。於戲！聿修念祖，膺茂典而益勵新猷；有穀貽孫，荷殊恩而式彰舊德。奉天承運，皇帝制曰：册府酬庸，聿著人臣之懋績；德門輯慶，式昭大母之芳徽。爾尹氏廼布政司理問銜加二級，雷廷昌之祖母，箴誡揚芬，珩璜表德。職勤内助，宜家久著其賢聲；澤裕後昆，錫類式承乎嘉命。兹以覃恩，貤封爾奉政宜人。於戲！播徽音于彤管，壼範彌光；膺异數于紫泥，母儀益懋。

大清同治二年七月初八日敕書。

大清同治七年三月初三日清明節前，孝男思泰、思起、思振、思森，長孫廷昌、廷芳熏沐敬立。

碑4（陰面）:《雷景修及妻尹氏誥封碑》，清光緒七年（1881）四月十九日立，正文拓片縱136厘米、横85厘米，碑額拓片縱26厘米、横20厘米。

額題：奉天誥命

通奉大夫諱景修字白壁號先文雷公、二品夫人雷母尹氏太君之碑記。奉天承運，皇帝制曰：求治在親民之吏，端重循良；教忠勵資敬之忱，聿隆褒獎。爾雷景修廼候選同知加五級雷思起之父，禔躬淳厚，垂訓端嚴。業可開先式穀，乃宣猷之本；澤堪啟後貽謀，裕作牧之方。兹以覃恩，贈爾爲通奉大夫，錫之誥命。於戲！克承清白之風，嘉兹報政；用慰顯揚之志，昭乃遺謨。奉天承運，皇帝制曰：朝廷重民社之司，功推循吏；臣子凜水淵之操，教本慈闈。爾尹氏廼候選同知加五級雷思起之母，淑慎其儀，柔嘉維則。宣訓詞于朝夕，不忘育子之懃；集慶澤于門閭，式被自天之寵。兹以覃恩，封爾爲夫人，錫之誥命。於戲！仰酬顧復之恩，勉思撫字；載焕絲綸之色，用慰劬勞。

大清光緒元年七月十九日敕書。

大清光緒七年四月十九日立夏節後，孝男思泰、思起、思振、思森，孫廷煜、廷芳、廷昌、廷霖、廷秀，曾孫獻彩、獻英熏沐敬立。

（二）碑主

上述八種碑文涉及的主要人物是第二代“樣式雷”雷金玉及夫人張氏，第四代“樣式雷”雷家璽及夫人張氏，第五代“樣式雷”雷景修及夫人尹氏。雷金玉是雷家世代執掌樣式房、主持皇家建築設計事務的真正開創者。雷家璽經歷了“樣式雷”家族的中興時期，是繼往開來的宏業者。雷景修則承前啓後，爲“樣式雷”的家族事業和樣式雷圖檔的留存做出了不可磨滅的貢獻。

雷金玉（1659—1729），字良生，是第一代“樣式雷”雷發達的長子。康熙二十二年（1683）冬，雷發達與堂弟雷發宣以藝應募，爲了參加宫殿營建而奔赴北京。雷金玉隨父進京後，起先作爲國學生在國子監攻讀，隨後順利通過考試取得“州同”銜，聽候補缺。雷金玉同父親一道參加了皇家宫苑的建造，并在其父解役後，接替他領取了楠木作工程。

雷金玉的碑志記載了他一生的榮耀時刻。一是在“康熙年間修建海淀園庭工程”期間，“因正殿上梁，得蒙皇恩召見奏對，蒙欽賜内務府總理欽工處掌案，賞七品官，食七品俸”。二是在七旬正壽時，得到皇上賞賜，獲贈皇太子書寫的“古稀”二字匾額。三是在去世後，得到雍正皇帝賞賜的“百餘金”以及命令各個驛站沿途照料其南下歸葬的一道旨意。

雷家璽（1764—1825），字國寶，上有兄雷家瑋，下有弟雷家瑞。兄弟三人都在様式房當差，彼此協助，完成了大量工程，其中以雷家璽最爲出色。他一方面繼承了様式雷的傳統作業，例如承擔了清漪園、静明園、圓明園、避暑山莊等皇家園林的設計工作，其中寧壽宫花園即後世所稱乾隆花園的修建以及乾隆八旬萬壽慶典自圓明園至紫禁城沿路點景的設計工程均屬經典，還承辦了乾隆晚期至道光初年京城和御苑中燈節挂燈、燃放焰火及演戲布景等工程。另一方面，雷家璽也開闢了一項新業務。乾隆皇帝爲嘉慶皇帝選定了萬年吉地即後來的昌陵後，欽點和珅爲承修大臣，并委任雷家璽擔綱設計及指導施工。由此，在清廷式微的年代裏，設計承辦帝后陵寢工程成爲様式雷得以施展才華的主要舞臺。

雷景修（1803—1866），字先文，號白壁[⑧]，又號鳴遠，是雷家璽的第三子。碑記裏着重記載了雷景修憑借自身努力，掙回様式房掌案一事。從十六歲開始，雷景修跟隨身爲様式房掌案的父親雷家璽學習世傳差務。道光五年（1825），雷家璽因病辭世前，擔心雷景修因缺乏經驗而難以勝任様式房掌案一職，于是將這一職務交由同僚郭九承擔。郭九于道光二十九年（1849）去世後，雷景修纔重新掙回了掌案一職。

雷景修一生遭遇了家國兩方的動蕩。咸豐十年（1860），英法聯軍焚毁并劫掠了圓明園，雷家的様式房差務因此中止。在這場浩劫中，雷家的海淀故宅也被連帶焚毁。不過禍福相依，雷景修對様式雷家族的貢獻也來自兩方面。一是他悉心裒集祖上開始積攢的衆多畫様、燙様，專門建屋庋藏，這纔有了當前數量龐大的様式雷專藏。二是因爲差務中止，雷景修有了更多時間投入家族事務，包括置辦新宅、續修譜録、規劃祖塋等。《族譜》中有評價：“追念先考一生，苦志創成家業，開立生理三座，置産五十餘處，共數拾萬金。家道整齊，皆先考苦志所成。”所以雷景修在家族中聲望頗高。

三、立碑背景

上述八種碑文從内容上看，或記録逝者生平，或宣揚逝者德政，或刻録誥命封賞。這些墓碑都是雷家後輩爲紀念前人功績而立。

（一）同治四年（1865）二月初一日立碑

此次立碑的契機是雷景修重修雷氏祖塋。雷金玉和雷家璽的兩塊墓碑即出自這一時期。《族譜》“第四十七世雷金玉”條下記載：“于同治四年，重孫景修敬立石碑一通（統）于墓左，以表太祖妣之德政也。”雷金玉葬在南京。雷景修在重修祖塋時爲其曾祖修建了衣冠冢，修築了如意石圍屏，并立碑（碑1）一座，意在表彰曾祖妣張氏的德政。所以，此碑碑陽記録了雷金玉生平，碑陰感念了雷金玉之妻張氏的恩德。

《族譜》“第四十九世雷家璽”條下記載：“于同治四年，少男璟（景）修，長孫思起敬立誥封奉直大夫石碑一統。”這是爲了紀念同治元年雷家璽被追封爲奉直大夫、其妻張氏被封爲奉直宜人而立碑（碑2）。《族譜》對張氏獲封的記載是：“同治元年七月十九日恭遇覃恩，貤贈宜人。”

（二）同治六年（1867）正月初七日立碑

此次立碑的契機是雷景修下葬。《族譜》記載：“雷景修，……另立祖，葬于西直門外聚善村祖塋之左。另立石牌樓一座，恭録奉天誥命。又立石碑一統……”雷景修于同治五年十月初二日壽終，同治六年正月初七日安葬。雷景修墓碑（碑3）即出自這一時期。碑陽刻録了同治二年七月初八日的誥命。同治二年七月初七日，雷廷昌遵旨遵例報捐，以布政司理問加二級的頭銜，爲其祖父雷景修及祖母尹氏請封五品封典誥命，雷景修爲奉政大夫，尹氏爲奉政宜人。《族譜》記載，雷廷昌上兑“現銀二百七十六兩、銀票二百七十六兩。七月初八日，由户部捐銅局收訖，换給執照”。碑陰記録了雷景修的生平。同一時期，雷思起及其三位弟弟雷思振、雷思泰和雷思森在碑2陰面刻録了其祖父雷家璽及祖母張氏的德政。

（三）同治七年（1868）三月初三日立碑

同治七年三月初三日清明節前，雷思起及其兄弟和子輩又爲其父雷景修新立了一座墓碑（碑4）。碑陽與碑3陽面相同，也是刻録了同治二年七月初八日的誥命。除了雷景修的字號由此前的“字先文號白璧”變成了“字白璧號先文”，其餘内容基本無异。

（四）光緒七年（1881）四月十九日刻碑

光緒七年四月十九日立夏節後，雷思起一輩四人、雷廷昌一輩五人及雷獻彩一輩二人在碑4陰面刻録了光緒元年七月十九日的誥命。光緒元年九月初七日，雷思起遵旨遵例報捐，以候選同知加五級的頭銜，爲其祖父雷家璽、祖母張氏及其父雷景修、其母尹氏請封二品封典。雷景修和雷家璽因此獲封通奉大夫，尹氏和張氏獲封通奉夫人。《族譜》記載，雷思起上兑“現銀八伯（百）八十八兩、捐米一百七十七石六斗，由户部换給執照收訖”。

四、拓片價值

雷氏祖塋墓碑拓片作爲文獻資料，對研究樣式雷世家、瞭解清代喪葬文化、反映清末社會現象等均有重要作用。

（一）瞭解清末尤其是晚清時期喪葬文化的重要資料

古代中國非常重視喪葬。大約從漢代開始，人死後在其墳前立碑成爲習俗。墓碑上一般記録死者的姓名、籍貫、成就、逝世日期和立碑人的姓名及與死者的關係等。有地位的死者墓碑内容更爲豐富，除了樹碑立傳，更有把誥封、聖旨等刻録于碑上者。本文所涉八種就屬于後述這種情況，可見古人對于皇恩封典的重視。

（二）揭示碑主生平事迹及後人評價的直觀信息

刻碑的目的主要是爲了使逝者的生平事迹澤及後代、流芳百世，讓逝者後人瞭解前人的功績，因此碑文往往記載了死者生前最爲榮耀、重要之事，有時可能成爲某一歷史事件的重要證據。例如，碑 1 陽面文中提及雷金玉"正殿上梁"一事即是一個重要綫索。經學者考證，雷金玉極有可能在暢春園九經三事殿上梁一事中受到康熙皇帝的肯定及青睞⑨。

（三）爲瞭解雷氏家族内部人物關係及往來提供一定綫索

本文所涉四個墓碑八篇碑文基本由墓主的直系子孫撰寫并敬立，惟有碑 3 陰面的雷景修碑志例外。這篇碑志由王多齡、雷思立和雷思曾撰寫。王多齡是雷景修的女婿。雷思立和雷思曾則是雷金玉胞弟雷金鳴的六世孫，與雷思起一脉的血緣關係已經并不親近。但從爲雷景修共同立碑一事來看，他們現實中的關係應當不錯。這一事實爲瞭解雷氏家族又提供了一個信息。

（四）從側面反映了清末的一些社會現象

這裏主要指清中後期盛行的捐納制度。以捐資納粟來换取官職官銜的制度從秦朝開始，歷朝歷代皆有，但是在清朝中期以後尤爲嚴重。根據上文中的墓碑記載，僅雷景修一人就在生前身後各獲封一次，耗費銀錢過千，可見政府爲了彌補財政不足而開設的捐納之泛濫。

注釋：

① 曾毅公（1903—1991），我國著名金石學家、甲骨文研究專家、敦煌學專家，著有《甲骨地名通檢》《甲骨綴存》《甲骨綴合編》《殷虚書契續編校記》《石刻考工録》等。《曾毅公傳略記》作者是曾毅公外孫女婿張德明，此文尚未正式出版，原載于新浪博客，但目前已撤銷，暫無網絡鏈接。

② 彼時應爲 1951 年 7 月 1 日成立的北京市文物調查組，1956 年 3 月劃歸北京市文化局領導，同時更名爲北京市文物調查研究組，1960 年 3 月 31 日撤銷，其工作劃交 1960 年 11 月成立的北京市文物工作隊承擔。

③《曾毅公傳略記》及蘇庚新相關信息由國圖古籍館金石拓片組趙愛學老師提供，在此誠表謝意。

④ 易晴點校，崔勇注釋：《清代建築世家樣式雷族譜校釋》，中國建築工業出版社，2015 年，第 273 頁。

⑤ 本文直接引用的《雷氏族譜》原文均出自易晴點校、崔勇注釋《清代建築世家樣式雷族譜校釋》一書。

⑥ 張寶章：《巨山村與樣式雷》，《建築世家樣式雷》，北京出版社，2002 年，第 26—36 頁。
雷章寶：《關于我的先祖樣式雷》，《建築世家樣式雷》，北京出版社，2002 年，第 397—405 頁。
程若富：《樣式雷墓及其後裔》，《建築世家樣式雷》，北京出版社，2002 年，第 410—418 頁。

⑦ 碑拓題名參考了國圖金石拓片組登記賬本及 1994 年徐自强主編《北京圖書館藏北京石刻拓片目録》。碑拓内容即碑文八種均照録自墓碑拓片，力求再現原樣，當中的异體字、錯别字等情况未作改動；缺損文字用“□”表示，其後括號内爲該處可能的字。

⑧ 雷景修的名及字號有多種記載，《族譜》中曾出現“景修”“璟修”“字先文號白壁”“字白璧”，墓碑上曾出現“字先文號白璧”“字白璧號先文”“字白壁號先文”等多種記載。

⑨ 王其亨、項惠泉：《“樣式雷”世家新證》，《故宫博物院院刊》1987 年第 2 期，第 52—57 頁。

參考文獻：

[1] 朱啓鈐輯本，梁啓雄校補：《哲匠録》，《中國營造學社彙刊》第 4 卷第 1 期，中國營造學社，1933 年。

[2] 王其亨、項惠泉：《“樣式雷”世家新證》，《故宫博物院院刊》1987 年第 2 期。

[3] 張寶章、雷章寶、張威編：《建築世家樣式雷》，北京出版社，2002 年。

[4] 王其亨、何蓓潔：《朱啓鈐〈樣式雷考〉校注——紀念中國營造學社成立兼樣式雷圖檔入藏中國國家圖書館 80 周年》，《建築學報》2010 年第 1 期。

[5] 史箴、何蓓潔：《雷金玉新識》，《故宫博物院院刊》2014 年第 5 期。

[6] 易晴點校，崔勇注釋：《清代建築世家樣式雷族譜校釋》，中國建築工業出版社，2015 年。

[7] 何蓓潔、王其亨：《清代樣式雷世家及其建築圖檔研究史》，中國建築工業出版社，2017 年。

（作者單位：國家圖書館古籍館）

國家圖書館藏清代樣式雷圖檔述要

白鴻葉

内容提要：2007 年“清代樣式雷圖檔”被聯合國教科文組織列入《世界記憶名録》，其不朽價值得到世界的認同和尊重。現存世樣式雷圖檔共計兩萬餘件，國家圖書館是世界上收藏清代樣式雷圖檔最宏富者，占世界藏量的四分之三，圖檔内容涉及範圍涵蓋皇家建築的方方面面，包括皇家宫殿、皇家園林、壇廟、陵寢、王府、行宫等。

關鍵詞：國家圖書館　樣式雷　建築工程圖檔

清代樣式雷圖檔是指中國清代以雷氏家族爲主繪製的建築圖樣及相關檔案文獻，是中國唯一留存下來的系統的、完整的、珍貴的古代建築工程圖檔，是世界獨一無二的珍貴史料，已于 2007 年入選《世界記憶名録》。國家圖書館是世界上收藏清代樣式雷圖檔最宏富者，圖檔涉及範圍涵蓋皇家建築的方方面面，包括皇家宫殿、皇家園林、壇廟、陵寢、王府、行宫等。

一、皇家宫殿

宫殿建築是中國古代帝王專用的居所或者供奉神佛的建築，等級最高。清朝皇家宫殿建築主要有兩處：瀋陽故宫和北京故宫，它們是迄今保存完好的兩座中國古代皇家宫殿建築群，兩者均是世界文化遺産，是全人類共同的物質及精神文化財富。

（一）瀋陽故宫

瀋陽故宫，舊稱盛京宫殿，是清太祖努爾哈赤和清太宗皇太極時期在瀋陽建造的宫殿建築。始建于 1625 年前後，最終形成于 1783 年前後，經過 150 餘年的建造、改建、增建和翻修，形成了今天所見的規模。現存樣式雷圖檔中關于盛京宫殿的圖檔比較少，國家圖書館收藏《盛京宫殿全圖》等九幅。

（二）北京故宫

北京故宫，舊稱紫禁城，是中國明清兩代的皇家宫殿，現爲故宫博物院，是世界上現存規模最大、保存最完整的木結構古建築群。這些古建築以雄偉的外觀、優美的造型、絢麗的色彩、精湛的工藝、有序的構架等特點聞名于世，體現了我國古代工匠高超的技藝及智慧。紫禁城雖不是樣式雷家族設計建造的，但是在有清一代中衹要是紫禁城的改造重修都離不開樣式雷家族的身影。國家圖書館收藏的故宫樣式雷圖檔就是最好的證明，這些圖檔涉及景點有乾清宫、昭仁殿、交泰殿、坤寧宫、御花園、絳雪軒、養性齋、漱芳齋、萬春亭、千秋亭、浮碧亭、澄瑞亭、神武門、奉先殿、毓慶宫、祥旭門、景仁宫、延禧宫、承乾宫、永和宫、鍾粹宫、軍機處、養心門、養心殿、綏履殿、同和殿、永壽宫、長春宫、啓祥宫、體元殿、咸福宫、儲秀宫、静怡軒、錫慶門、寧壽宫、樂壽堂、慈寧宫、雨花閣、壽安宫、萱壽堂等等。

二、皇家園林

（一）三海

三海是位于故宫和景山西側的北海、中海、南海的合稱，明清時期稱爲西苑。它是中國現存歷史悠久、規模宏大、布置精美的宫苑之一。現在整個三海的格局和園林建築，主要是乾隆時期完成的。三海總體布局繼承了中國古代造園藝術的傳統：水中布置島嶼，橋、堤交通，在島上和沿岸布置建築物和景點。以太液池上的兩座石橋劃分爲三個水面：金鰲玉蝀橋以北爲北海，蜈蚣橋以南爲南海，兩橋之間爲中海。“液池衹是一湖水，明季相沿三海分。”由于中海和南海緊密相依，故又合稱中南海。北海是我國乃至全世界延續使用時間最長、遺存格局最完整、文化内涵最豐富的古代皇家園林杰作[①]。

粗略統計，國圖所藏三海圖檔近900件，其中三海相關文檔30餘件，内容涉及三海水道、清淤工程、踏勘丈尺工程、房間略節、裝修記工、内檐用料呈文、免税執照等建築踏勘、設計及施工内容。北海相關圖檔約有60件，涉及景點包括北海全圖、承光殿、瓊島、悦心殿、漪瀾堂、瓊島點景房、濠濮間、畫舫齋、静心齋、快雪堂、澄性堂、大西天、五龍亭、極樂世界及其他，圖樣有各景點地盤畫樣、平樣、準樣、大木立樣等，檔有清淤略節、内檐裝修領用物料稟文、尺寸單、工程作法册等。繪圖年代多爲同治、光緒朝重修期間[②]。

中海相關圖檔近700件，内容涉及河道清淤、攝政王府裝修、儀鑾殿裝修、海晏堂裝修等工程。圖樣爲各景點地盤圖樣、寸樣、平樣、立樣、分樣、内檐裝修圖樣、船塢畫樣、準底等。儘管圖樣很多，但檔却衹有《中海清淤略節》和《中海儀鑾殿喜福堂東西配房裝修略節》兩件。圖樣涉及景點包括海晏堂、儀鑾殿、集靈囿、仿俄館、攝政王府、懷仁堂、福昌殿、大元寶鏡等。其中海晏堂圖檔數量最多，其中又以内檐裝修圖樣爲最。

南海相關圖檔80餘件，内容主要涉及南海清淤工程、丈量工程、内檐裝修等。圖樣多爲各景點地盤全圖糙底、細底、樣底、準底、地盤圖樣、地盤畫樣、内檐裝修立樣等，文檔有丈尺稟文、核計土方銀兩略節、尺寸説帖、清淤略節等。涉及景點包括南海全圖、瀛臺、大元鏡、春耦齋、春及軒、日知閣、牣魚亭、豐澤園、同豫軒、賓竹室、頤年殿、菊香書屋及各配殿、值房。涉及的工程包括同治六年（1867）三海清淤、同治十三年（1874）重修工程及光緒朝修建朝房工程等，主要爲地盤樣及立樣。通過對這些圖檔的整理，彌補了長久以來同治、光緒朝三海檔案文獻挖掘整理工作的缺憾，爲三海的保護與利用提供了扎實的理論及史料基礎[③]。

（二）暢春園

暢春園是清朝在北京西郊興建的第一座“避喧理政”的大型皇家園林，在“三山五園”建造中具有十分重要的開創之功[④]，在中國園林史上占有重要地位[⑤]。其後雍正、乾隆兩朝，都以暢春園爲參照，營建了圓明園和清漪園。暢春園于清咸豐十年（1860）與圓明園、清漪園等同時被英法侵略軍劫掠焚毁，史籍中甚至没有留下一幅完整的平面圖。國家圖書館藏暢春園圖檔共13幅，圖11幅，包括清溪書屋地盤樣、糙底，疏峰地盤樣、平樣、糙底，觀瀾榭地盤畫樣、平樣（兩幅），春暉堂平樣，慈佑寺前戲臺底樣，暢春園東南部挖河尺寸粗底；文檔衹有《暢春園馬廠慈佑寺前戲臺立樣地盤糙尺寸底説帖》和《泉宗廟暢春園裝修説帖糙底》兩種。

（三）香山静宜園

香山静宜園是清代皇家“三山五園”之一，以二十八景著稱。清代于康熙十六年（1677）在此修建行宫，雍正十三年（1735）進行了擴建，乾隆十年（1745）開始營建二十八景，于乾隆十一年（1746）建成，乾隆十二年（1747）命名爲静宜園，成爲乾隆皇帝最爲喜愛的園林之一。據《清實録》統計，乾隆皇帝共在静宜園駐蹕73次，寫下静宜園相關詩作1400多首[⑥]。清末，静宜園與圓明園、清漪園（後頤和園）等皇家園林先後兩次遭英法聯軍和八國聯軍侵略，一代名園毁于一旦。國家圖書館藏香山静宜園圖檔41件，景點涉及梯雲山館、東宫門、勤政殿、致遠齋、雨香館、學古堂、洪光寺等。

（四）玉泉山静明園

清康熙十九年（1680），玉泉山建立行宫，名爲澄心園，康熙三十一年（1692），玉泉山澄心園正式更名爲静明園。此時的静明園構景主要圍繞泉水，是一内向型山水園林。咸豐十年（1860）英法聯軍入侵，西郊園林俱罹浩劫。同治和光緒年間集中進行了兩次涉及静明園的重修工程[⑦]。國圖藏玉泉山静明園圖檔55件，涉及景點包括開錦齋、溪田課耕、涵漪齋、清凉禪窟、西大廟、仁育宫、玉宸寶殿、采香雲徑、雲外鐘聲、風篁清聽、寫琴廊、第一凉、峽雪琴音、華嚴寺、龍王殿等。

（五）圓明園

圓明園作爲清代最重要的皇家園林，既是數千年悠久造園傳統的集大成者，也是清代宫廷文化的主要載體和衆多歷史事件的發生地。在經過雍正、乾隆、嘉慶、道光、咸豐五朝皇帝賡續營建了150年之後，圓明園于清咸豐十年（1860）第二次鴉片戰争中遭到了英法聯軍的摧毁，之後又歷經劫難，最終淪爲廢墟，成爲中國近代史上的一大悲劇。

國圖收藏圓明園樣式雷圖檔已于2016年和2017年影印出版，目前明確圖檔1359件，分别按照圓明園三園順序進行編排，每一景區内部圖樣分别爲：總圖；各部、各路總圖；分建築平、立面圖；裝修平、立樣圖；節慶點景、庭院陳設等圖。其中圓明園四十景景點全部涉及，尤其九州清晏景區圖紙最多，達484張。長春園圖檔涉及景點名稱分别爲長春園大宫門、澹懷堂、玉玲瓏館、茹園、大東門、七孔橋、含經堂、淳化齋、西水車坊、法慧寺、諧奇趣、黄花陣、海晏堂、遠瀛觀、綫法山等。萬春園原名綺春園，同治年間改稱萬春園。園内圖樣能明確認定爲綺春園時期的圖樣，所在景區圖紙確定爲綺春園。如果不能明確認定年代的圖樣，所在景區歸屬爲萬春園。涉及景點包括萬春園大宫門、中和堂、天地一家春、蔚藻堂、鳳麟洲、正覺寺、莊嚴法界、展詩應律、春澤齋、生冬室、暢和堂、含暉樓、清夏堂等。

表1　國家圖書館藏圓明園圖檔統計表

序號	名稱	數量	序號	名稱	數量	序號	名稱	數量
1	總圖	25	17	映水蘭香	3	33	天宇空明	6
2	正大光明	30	18	武陵春色	19	34	方壺勝境	20
3	勤政親賢	37	19	月地雲居	6	35	三潭印月	3
4	洞天深處	54	20	日天琳宇	10	36	平湖秋月	1
5	茹古涵今	13	21	濂溪樂處	20	37	涵虚朗鑒	3
6	坦坦蕩蕩	15	22	文源閣	8	38	别有洞天	7
7	杏花春館	13	23	水木明瑟	2	39	接秀山房	18
8	長春仙館	44	24	廓然大公	20	40	夾鏡鳴琴	4
9	山高水長	17	25	多稼如雲	1	41	曲院風荷	1
10	藻園	4	26	西峰秀色	2	42	魚躍鳶飛	1
11	萬方安和	6	27	滙芳書院	8	43	九州清晏	484
12	上下天光	17	28	鴻慈永祜	27	44	長春園	114
13	慈雲普護	1	29	紫碧山房	13	45	綺春園	103
14	坐石臨流	27	30	北遠山村	10	46	萬春園	120
15	天然圖畫	1	31	四宜書屋	5			
16	澹泊寧静	1	32	若帆之閣	10			

（六）頤和園

頤和園被中外公認爲當代保存最完整、建築規模最大的“世界上最具綜合性的皇家園林博物館”。國圖藏樣式雷圖檔中頤和園圖檔包括清漪園、頤和園以及頤和園東宫門外、西宫門外的圖檔，總計686件，已于2018年6月影印出版。

圖檔從全園總圖到景區分圖，從萬壽山到昆明湖，從萬壽山前山到後山，從東宫門到西宫門，從園内到園外的順序排列。同一景點内即按建築平、立面圖，裝修平、立樣圖，圖樣、文檔的順序排列。宫廷生活區位于東宫門内，收録了仁壽殿、玉瀾堂、夕佳樓、宜芸館、樂壽堂、永壽齋、揚仁風、德和園、壽膳房的圖檔。萬壽山前山景區有雲輝玉宇牌樓、排雲殿建築群、佛香閣、智慧海、轉輪藏、寶雲閣、介壽堂、清華軒、寫秋軒、意遲雲在、無盡意軒、養雲軒、福蔭軒、景福閣、益壽堂、雲松巢、畫中游、聽鸝館、貴壽無極等。西宫門内外景區有西宫門、德興殿、寄瀾堂、西四所、石丈亭、清晏舫、延清賞等。萬壽山後山及後溪河景區有諧趣園、眺遠齋、澹静堂、花承閣、味閑齋、清可軒、賅春園、構虚軒、繪芳堂、後山北船塢、城關、香岩宗印之閣、須彌靈境、北宫門等處的圖檔。昆明湖及東西堤景區爲：昆明湖總圖，南湖島總圖及各景點圖，如鳳凰墩、藻鑒堂、治鏡閣、暢觀堂、西堤、東堤、廓如亭。東宫門外景區總圖、群朝房、大他坦、升平署、堂檔房、步軍統領衙門、養花園、毓春園、電燈局、鑾駕金輦庫、外邊各項下處、御馬圈等圖檔。頤和園至西直門、静明園等處的陸路和水路圖。最後一部分收録了各種御船的圖樣。

三、壇廟

作爲與傳統禮治密切相關的祭祀建築，北京壇廟的歷史非常悠久。老北京民間有“九壇八廟”或“五壇八廟”的説法，指的就是明清以來北京壇廟建築的概稱。九壇包括天壇（内含祈穀壇）、地壇、日壇（又稱朝日壇）、月壇（又稱夕月壇）、先農壇（内含太歲壇）、社稷壇、先蠶壇（位于北海内）。八廟包括太廟、奉先殿（位于故宫内）、傳心殿（位于故宫内）、壽皇殿、雍和宫、堂子（已無存，現址爲貴賓樓）、歷代帝王廟、孔廟（又稱文廟）。這些都是明清帝、后進行各種祭祀活動的地方。

表 2　國家圖書館藏北京壇廟圖檔統計表

序號	壇廟名稱	製作時間	數量	備注
1	天壇	同治、光緒	6	
2	地壇	光緒	2	
3	朝日壇	同治、光緒	3	
4	月壇	光緒	2	
5	先農壇	光緒	6	
6	社稷壇	光緒	3	
7	蠶壇	同治	3	數量已歸入北海
8	太廟	同治、光緒	24	圖包括地盤全圖，值房樣底、圖式畫樣等，檔包括查工簿、五供等銷算工料册。
9	奉先殿	光緒	3	地盤樣和料估册

續表

序號	壇廟名稱	製作時間	數量	備注
10	傳心殿		1	做法册
11	壽皇殿		1	全景圖
12	雍和宫		7	地盤全圖和料估册
13	歷代帝王廟	光緒	3	均爲銷算册
14	孔廟	光緒	1	工程做法册

四、皇家陵寢

（一）關外三陵

關外三陵是指清太祖努爾哈赤的福陵、清太宗皇太極的昭陵以及埋葬清朝遠祖肇、興、景、顯四祖的永陵。在建築風格上，關外三陵對入關後清朝各陵的修建有着深遠的影響。國家圖書館藏關外三陵圖檔主要是涉及永陵的圖檔，共計 27 幅。

（二）清東陵

清東陵位于河北省遵化市，是中國現存規模最宏大、體系最完整、布局最得體的帝王陵墓建築群。清東陵于順治十八年（1661）開始修建，到光緒三十四年（1908）慈禧皇太后的菩陀峪定東陵最後建成爲止，營建活動延續了 247 年。東陵共有帝陵五座：孝陵（順治）、景陵（康熙）、裕陵（乾隆）、定陵（咸豐）、惠陵（同治）。以及后陵四座，妃園寢五座，公主陵一座。埋葬着 5 位皇帝、15 位皇后、136 位妃嬪、3 位阿哥、兩位公主共 161 人。

關于清東陵的圖檔是所有樣式雷圖檔中存量最多的，約計 4000 幅，尤其是定陵和惠陵圖檔最多。

（三）清西陵

清西陵位于河北省保定市易縣梁各莊西，雍正初年，雍正皇帝將他的萬年吉地確定在遵化境内的九鳳朝陽山，雍正七年（1729），雍正皇帝以那裏“規模雖大而形局未全，穴中之土又帶砂石”爲借口而廢之，復于河北省易縣泰寧山下另辟兆域，營建泰陵。自此有“東陵”“西陵”之分。爲了平衡東陵和西陵的關係，嘉慶元年（1796）太上皇弘曆曾諭令以後各帝陵按昭穆次序在東、西兩陵分建。西陵有帝陵四座：泰陵（雍正）、昌陵（嘉慶）、慕陵（道光）、崇陵（光緒）。后陵三座：泰東陵、昌西陵、慕東陵。妃陵三座：泰妃陵、昌妃陵、崇妃陵。此外，還有懷王陵、公主陵、阿哥陵、王爺陵等一共 14 座。

表3　國家圖書館藏清西陵圖檔統計表

序號	陵寢名	墓主人	營建時間	圖檔數量	圖檔内容
1	西陵全圖			7	不同時期
2	泰陵	清世宗雍正帝及其皇后	始建于雍正八年（1730）	5	泰陵全圖、碑樓明縫大木樣
3	泰東陵	乾隆皇帝母孝聖憲皇后。位于泰陵之東，所以稱泰東陵。	乾隆二年（1737）—乾隆八年（1743）	5	地盤畫樣、寶城地盤樣、尺寸略節
4	昌陵	清嘉慶皇帝和孝淑睿皇后喜塔臘氏	嘉慶元年（1796）—嘉慶八年（1803）	13	地盤全圖、地宮平立樣、石像立樣、尺寸略節
5	昌西陵	孝和睿皇后，嘉慶帝第二任皇后	咸豐元年（1851）—咸豐三年（1853）	24	地勢圖、地盤畫樣、地宮地盤樣和立樣、石匾畫樣、尺寸略節
6	昌妃陵	嘉慶帝的恭順皇貴妃等17個妃子		2	地盤畫樣
7	慕陵	道光帝、孝穆成皇后鈕祜禄氏、孝慎成皇后佟佳氏、孝全成皇后鈕祜禄氏	道光十二年（1832）—道光十六年（1836）	70	地勢圖、地盤畫樣、地盤丈尺全圖、地宮地盤樣、立樣、龍鬚溝尺寸樣、立樣、鼎爐立樣、日晷立樣、丈尺略節、做法清册
8	慕東陵	道光皇帝的孝静皇后（清宣宗孝静成皇后）和16位妃嬪	道光十一年（1831）—道光十五年（1835）	68	地盤畫樣、尺寸底、地盤立樣、種樹地盤樣、地宮石券地盤樣、立樣、尺寸略節
9	同治帝擬遺址			25	九龍峪、大岫溝、鳳凰臺、丁家溝、蓮花池、酸棗溝、龍鳳山、洪崖山、栗樹溝地勢丈尺圖、尺寸略節

續表

序號	陵寢名	墓主人	營建時間	圖檔數量	圖檔内容
10	崇陵	光緒皇帝和孝定景皇后葉赫那拉氏	宣統元年（1909）—民國四年（1915）	108	地勢全圖、丈尺全圖、地盤樣、分修樣、出平圖樣、灰土立樣、方城地盤樣、地宫龍鬚溝尺寸樣、立樣、明樓地盤樣、蘆殿立樣、朱砂碑立樣、石五供圖樣、隆恩殿圖樣、龍鳳門立樣、龍鳳石圖樣、龍鳳碑立樣、神厨庫地盤樣、望柱平樣立樣、五孔橋圖樣、牌樓門做法細册、望柱做法細册、崇陵做法簡册
11	崇妃陵	光緒皇帝的瑾妃、珍妃		29	地盤平樣、地盤立樣、分修圖樣、龍鬚溝圖樣、改建石券立樣平樣、券橋便橋做法細册、改建石券收石料尺寸細底
12	各陵營房	泰陵、慕東陵、昌西陵、崇陵			營房尺寸細底、地盤樣、大木裝修做法、工程做法册

五、王公府第

清代宗室的分封除了親王、郡王兩王爵外，還有貝勒、貝子、公等級别，一般均統稱爲“宗室王公”，他們的府第統稱爲王公府邸。宗室親郡王在海淀一般還擁有賜園，而賜園也是王府建築的主要組成之一。公主的加封和建府不在清代封爵體系與王府建築制度的範圍内，但是公主府第與賜園往往和宗室親郡王的府邸與賜園有所重叠，鑒于這種特殊情况，相關建築也包括在此部分内[⑧]。

國圖所藏樣式雷圖檔中涉及王公府第的圖檔近600種，府主涉及40餘位王公，尤其是恭親王府和攝政王府數量最多。恭親王奕訢是咸豐、同治、光緒三朝的重臣，是清末洋務運動的首領。恭親王府位于北京西城區什刹海的柳蔭街，是目前保存最完整、唯一作爲清代王府向社會開放的歷史景點。關于恭王府的樣式雷圖檔百餘張，内容主要是奕訢在咸豐元年分府時府邸與賜園的圖檔，以及同治五年修葺府邸北側花園的圖檔[⑨]。

現存關于王府的樣式雷圖檔的年代基本都在道光朝之後，以目前所存圖檔來看，主要繪製于一處府邸更换主人之時。一是反映查收舊有府邸園寓的狀況，一是添蓋翻新給新主人居住。圖紙和文檔都表現得非常詳盡，體現了從現場勘察、呈報現狀、方案設計、修改變更、核算工程量、出具施工説明、尺寸複核等各階段工作。

六、行宫

明清時的北京城水陸交通十分發達，城内外湖泊毗連，河道縱横，從紫禁城可以直接通航至西郊的昆明湖。爲便于清朝帝后乘船經長河去清漪園（頤和園）中途休憩，在長河沿岸修建多處碼頭和行宫，如樂善園、紫竹院行宫、萬壽寺行宫等。

（一）樂善園行宫

樂善園位于倚虹堂西二里許，地鄰長河岸，爲龍船必經之地。乾隆之母孝聖皇太后長住暢春園，乾隆經常去問安，往返舟行于長河上。康親王别業之樂善園恰值長河岸邊，故乾隆十二年（1747），對頽廢的樂善園進行了修葺，新建樂善園行宫。國家圖書館藏樣式雷圖檔中有樂善園地盤樣、水道圖等 11 幅。

（二）紫竹院行宫

明萬曆五年（1577），慈聖皇太后出巨資，在廣源閘西邊興建萬壽寺，同時也在廣源閘東、南長河南岸興建廟宇，將其并入萬壽寺，成爲萬壽寺下院，即紫竹院的前身。清乾隆年間，萬壽寺下院得以大規模修整，成爲皇家苑囿。其時，河灘上遍植蘆葦，秋末冬初經霜後呈紫黑色，遠望如一片紫竹林。相傳觀世音菩薩的道場在南海紫竹林，而萬壽寺下院中正好供奉觀世音菩薩，遂改廟名爲“紫竹禪院”，此爲“紫竹院”得名之始。清光緒年間，“紫竹禪院”更名爲“福蔭紫竹道院”，光緒皇帝、慈禧太后由水路往返頤和園時多在此落脚小憩，遂成爲“行宫”，官民習慣地稱之爲“紫竹院行宫”或“行宫院”[⑩]。館藏樣式雷圖包括紫竹院地盤全樣和添修門罩碼頭圖樣等七張。

（三）萬壽寺行宫

萬壽寺位于西直門外西北七華里處的蘇州街東北側，即明清時的長河廣源閘西側，是一處清幽、肅穆的皇家廟宇，也是一個集寺廟、行宫、園林于一體的佛教聖地。由于萬壽寺地處水陸交通要道，是去頤和園的必經之地，乾隆年間于此修建行宫和碼頭，供船舶停靠。每當春夏之交，帝王后妃從紫禁城乘船走水路到頤和園避暑消夏，均在此停泊上岸，禮佛進香，稍事休息[⑪]。清光緒二十年（1894），慈禧太后重修萬壽寺行宫，在西跨院增修了千佛閣和梳妝樓，形成現在的格局。萬壽寺是清朝帝后乘船經長河去頤和園中途休憩的皇家寺廟兼行宫，逐漸成爲皇家祝壽慶典的特定場所。國家圖書館藏萬壽寺内行宫殿宇立樣、行宫内檐裝修單等10幅。

（四）海光寺行宫

海光寺位于天津城南，始建于清康熙四十五年（1706），原名普陀寺，康熙帝賜名海光寺。乾隆帝曾多次來此，并相繼留有詩文，海光寺成爲天津著名的佛門聖地。天津海光寺機器局是清末北方第一座兵工廠，它的設計任務應該是樣式雷家族參與的，從清同治五年（1866）奏請建設到1870年初具生産規模，期間的設計可能是由雷思起與雷廷昌父子完成的。所以《海光寺行宫立樣圖》也是天津海光寺機器局平面圖，是樣式雷家族設計的較早的西洋風格的建築之一[12]。

清代圍繞帝王出行（避暑、謁陵、巡視、圍獵）沿途需要興建行宫，行宫的分布大致可分爲東南西北四個方向。比如去塞外避暑和木蘭秋獮，在長城内外建立了北路行宫，爲了謁陵祭祖駐蹕的需要，去清東陵沿途興建了燕郊等東路行宫，去清西陵沿途興建了半壁店等西路行宫。

表4　國家圖書館藏清代行宫圖檔統計表

	名稱	位置	建造年代	館藏數量
北路行宫	密雲行宫劉家莊（行宫）	密雲縣城的東門外	建于康熙二十二年（1683），其建築已不存在	3
	羅家橋行宫	密雲縣城東北35里處	康熙五十年（1711）左右建，乾隆八年（1743）裁撤	1
	熱河行宫	距喀喇河屯40里	康熙四十二年（1703）建，康熙五十年（1711）命名爲避暑山莊	約20
南路行宫	團河行宫		始建于清乾隆三十七年（1772）	約245
	天寧寺行宫	在揚州府拱宸門外	乾隆二十一年（1756）于寺之右興建行殿數室	
東路行宫	燕郊行宫	屬三河縣，距通州交界46里	行宫建自康熙年間，乾隆二十年（1755）移建于舊址迤南	3
	白澗行宫	薊州城西十里，距燕郊行宫72里	乾隆十八年（1753）興建行宫	2
	桃花寺行宫	薊州漁陽桃花山上，薊州南2里。距白澗行宫53里	乾隆九年（1744）奉敕重修，于寺旁興建行宫	3
	隆福寺行宫	薊州東60里，去孝陵一舍而近，距桃花寺行宫32里	乾隆九年（1744）奉敕重修，建行殿于寺之西，寺創于唐初	約30
	盤山行宫	屬薊州，在盤山下玉石莊東盤山南麓	乾隆九年（1744）動工，十九年（1754）竣工。賜名静寄山莊	4

續表

	名稱	位置	建造年代	館藏數量
西路	丫髻山行宮	屬懷柔縣。縣治東南90里有丫髻山，山東四里建行宮一所	建于康熙晚年	約20
	半壁店行宮	屬房山縣。在縣治西南40里。距黄新莊行宮69里	乾隆十三年（1748）建	9
	臺麓寺行宮	臺麓寺旁建行宮	乾隆十六年（1751）建	1
	臺懷鎮行宮	靈鷲峰之麓，距菩薩頂3里	乾隆二十五年（1760）改建	1

七、萬壽慶典

萬壽慶典是指皇太后、皇帝、皇后生日期間舉辦的各種慶祝活動。慈禧六旬慶典時自頤和園還宫到西華門大道兩旁，設有龍樓、經棚、戲臺、牌樓、音樂樓等點景。共60段點景：外城33段，自頤和園至西直門；内城27段，自西直門至西華門。總共需要搭建龍棚18座、經棚48座、經壇16座、經樓四座、彩棚、燈棚、松棚15座、燈樓兩座、戲臺22座、點景罩子門兩座、點景46座、彩牌樓110座、音樂樓67對、燈游廊120段、燈彩影壁17座等。規模龐大、工程繁雜，耗資極爲驚人，按估算共需支銀二百四十萬兩[13]。

國圖所藏關于萬壽慶典圖檔約200件，内容主要包括慈禧六旬萬壽點景圖和慶典時所搭臨時彩棚、彩牌坊、戲臺、音樂樓等立樣，搭建彩棚事宜略節、搭設彩殿簡明做法略節等。

隨着對于樣式雷世家及其建築圖檔研究的逐步深入和系統，樣式雷世家先後八代傳人賡續參役清代皇家建築工程，他們既是卓爾不凡的建築師，同時也是相關裝修陳設方面技藝精湛高超的設計師和承造者[14]。内檐裝修及傢俱陳設的設計和製作一向被認爲是明清建築藝術的重大成就之一[15]。國家圖書館收藏的樣式雷圖檔中就有2000餘件涉及内檐裝修及傢俱陳設設計圖，其内容豐富，涵蓋了宫殿、園林、行宫、陵寢、壇邸王府等衆多領域。這些種類繁多、内容豐富的樣式雷圖檔，集中展現了樣式雷非凡的創作才能和精湛技藝。對這些圖檔展開深入研究必將揭示中國傳統建築和硬木裝修設計的奧秘。

注釋：

① 王其亨：《中國古建築測繪大系：北海》，天津大學出版社，2015年。

② 王其亨、張鳳梧：《清代樣式雷北海圖檔整理述略》，《天津大學學報（社會科學版）》2016年

11月。
③ 同上。
④ 李睿、趙連穩：《三山五園的起始·暢春園》，《北京觀察》2018年第6期。
⑤ 王宋文：《暢春園興廢于何時》，《紫禁城》2002年第3期。
⑥ 傅凡：《香山静宜園文化價值評價》，《中國園林》2018年第10期。
⑦ 楊菁、王其亨：《解讀光緒重修静明園工程——基于樣式雷圖檔和歷史照片的研究》，《中國園林》2012年第11期。
⑧ 耿威：博士論文《清代王府建築及相關樣式雷圖檔研究》，2010年12月。
⑨ 同上。
⑩《北京紫竹院公園的歷史及發展概况世界》，《竹藤通訊》2011年第3期。
⑪ 戴承元、陳良學：《京西萬壽寺》，《尋根》2008年第6期。
⑫ 季宏、徐蘇斌、青木信夫：《樣式雷與天津近代工業建築——以海光寺行宫及機器局爲例》，《建築學報》2011年第2期。
⑬ 劉彤攝影、鵬昊撰文：《慈禧六旬慶典點景》，《紫禁城》1983年第3期。
⑭ 王其亨、何蓓潔：《中國傳統硬木裝修設計製作的不朽哲匠——樣式雷與楠木作》，《建築師》2012年第5期。
⑮ 同上。

参考文獻：

[1] 李丙鑫：《團河行宫的興衰》，《古建園林技術》1985年第2期。
[2] 那鳳英：《梁格莊行宫》，《紫禁城》1994年第2期。
[3] 劉桂林：《清代西陵——一路行宫的興衰》，《紫禁城》1994年第1期。
[4] 楊小燕：《樂善園行宫始末考》，《紫禁城》1996年第4期。
[5] 王宋文：《暢春園興廢于何時》，《紫禁城》2002年第3期。
[6] 孔俊婷、王其亨：《法天則地揭意象——清代行宫園林選址考析》，《清史研究》2005年第4期。
[7] 鄭永華：《九壇八廟 左祖右社 北京的壇廟建築及其文化價值》，《前綫》2017年第12期。
[8] 邵彦：《時空轉换中的行宫圖像——對幾件〈盤山圖〉的研究》，《故宫博物院院刊》2008年第1期。
[9] 董永剛：《清帝巡行及臺山行宫、坐落與尖營分布》，《五臺山研究》2012年第4期。
[10] 陳書硯、朱蕾：《從清末舊照管窺梁格莊行宫工程》，《新建築》2015年第3期。
[11] 陳書硯、朱蕾：《從樣式雷圖檔解讀清西陵梁格莊行宫改造工程》，《建築學報》2014年第2期。
[12] 周乾：《紫禁城古建築燙樣》，《北京檔案》2017年第10期。

（作者單位：國家圖書館古籍館）

樣式雷與近代轉型
——國家圖書館藏晚清樣式雷西洋建築圖檔淺析

李程遠　袁　媛　徐蘇斌　楊　菁

内容提要： 國家圖書館藏晚清樣式雷西洋建築圖檔二百餘件，建築類型涵蓋園林、衙署、軍事等。對這些圖檔進行梳理，解讀近代轉型時期的樣式雷，作爲對中國近代建築史和清代皇家建築史的補充研究。

關鍵詞： 近代建築　樣式雷圖檔　西洋建築

一、概述

1840年鴉片戰爭後，西方用堅船利炮打開了中國的大門，西方文明隨之進入中國，西方科學技術與政治文化逐步向中國滲透。1860年洋務運動爆發，洋務派展開了一場引進西方軍事裝備、先進科學技術的運動。1900年清末新政，開始廣泛學習西方經濟與政治體制。在晚清近代化的社會背景之下，樣式雷創作了一系列西洋建築，國家圖書館所藏樣式雷圖檔中保留了這一時期的部分圖檔，這些圖檔反映了中國與西方文化碰撞、融合的重要内容，同時也展現了當時中國人如何認識、理解與創作西洋建築。

已有相關學者對樣式雷晚清西洋建築的相關圖檔進行個案研究，如《西洋樓相關樣式雷圖檔綜合研究——以海晏堂爲例》系統研究了中海海晏堂建築群的設計過程和建築藝術元素①，如《樣式雷與天津近代工業建築——以海光寺行宫及機器局爲例》②解讀了天津機器局西局的改擴建情況和規劃布局。本文主要是對晚清時期樣式雷所設計的西洋建築進行系統梳理，進行初步整理和斷代，補充相關研究空白。

二、國家圖書館藏晚清西洋建築相關樣式雷圖檔清單

目前已知國家圖書館藏清代西洋建築相關樣式雷圖檔約280餘件，按所屬位址進行分類（表1）。大多數圖檔爲光緒朝二度重修三海期間所繪，且多數圖中都没有注明準確的年代信息，須結合檔案文獻進行推測分析。

表 1　國家圖書館館藏晚清西洋建築相關樣式雷圖檔

<table>
<tr><th></th><th colspan="2">所屬地址</th><th colspan="2">張數</th></tr>
<tr><td>1</td><td colspan="2">圓明園</td><td colspan="2">12 張</td></tr>
<tr><td>2</td><td colspan="2">頤和園</td><td colspan="2">5 張</td></tr>
<tr><td>3</td><td rowspan="2">海晏堂組群</td><td>海晏堂</td><td>76 張</td><td rowspan="2">共 122 張</td></tr>
<tr><td>4</td><td>仿俄館</td><td>46 張</td></tr>
<tr><td>5</td><td colspan="2">集靈囿</td><td colspan="2">38 張</td></tr>
<tr><td>6</td><td colspan="2">海軍部</td><td colspan="2">4 張</td></tr>
<tr><td>7</td><td colspan="2">北京議事堂</td><td colspan="2">3 張</td></tr>
<tr><td>8</td><td colspan="2">東城私宅</td><td colspan="2">3 張</td></tr>
<tr><td>9</td><td colspan="2">天津機器局</td><td colspan="2">2 張</td></tr>
<tr><td>10</td><td colspan="2">廣東機器局</td><td colspan="2">1 張</td></tr>
<tr><td>11</td><td colspan="2">動物園暢觀樓</td><td colspan="2">1 張</td></tr>
<tr><td>12</td><td colspan="2">小鐵路</td><td colspan="2">2 張</td></tr>
<tr><td>13</td><td colspan="2">鐘錶</td><td colspan="2">7 張</td></tr>
<tr><td>14</td><td colspan="2">電燈</td><td colspan="2">2 張</td></tr>
<tr><td>15</td><td colspan="2">中海（具體建築不明）</td><td colspan="2">25 張</td></tr>
<tr><td>16</td><td colspan="2">西洋門（不明出處）</td><td colspan="2">7 張</td></tr>
<tr><td>17</td><td colspan="2">裝修（不明出處）</td><td colspan="2">9 張</td></tr>
<tr><td>總計</td><td colspan="2"></td><td colspan="2">243 張</td></tr>
</table>

三、樣式雷圖檔整理與斷代

經初步整理，將圖檔按照建築類型分爲園林、軍事、衙署、居住四個部分。園林建築的圖檔數量最多，主要包括圓明園、頤和園和中海海晏堂等，軍事建築包括天津機器局和廣東機器局，衙署包括陸軍部主樓、北京議事堂和海軍部，居住建築係北京東城一座私宅。

（一）園林建築

1. 圓明園

樣式雷圖檔中發現圓明園西洋樓的相關圖紙，涵蓋面較廣，主要以平面爲主，另有風扇圖、局部裝修圖等，但是信息表達并不完整，因此猜測有可能是 1860 年英法聯軍將其燒毀後，至同治十三年（1874）重修圓明園時所留下的遺存實物測繪圖。

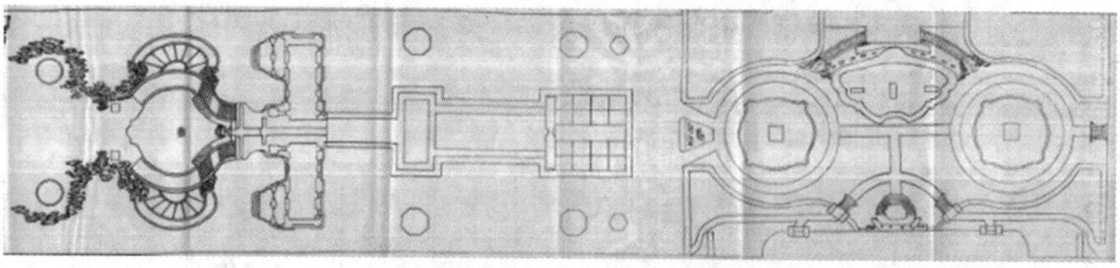

圖 1　國圖 078—001　長春園西洋樓全部地樣中海晏堂與遠瀛觀部分

2．頤和園石舫

頤和園石舫，又名清晏舫，始建于乾隆二十年（1755），原本爲中國傳統建築樣式。光緒十九年（1893），適逢重修頤和園之際，在園内昆明湖西北部萬壽山西麓岸邊，在原有的基礎上將傳統式艙樓改建爲西洋式艙樓，全長 36 米，并在船體兩側添安青白石船輪一對。在國家圖書館館藏樣式雷圖檔中有兩張石舫的設計圖紙（國圖 334—0767 和國圖 357—2040），根據時間推測應爲第七代雷廷昌繪製。

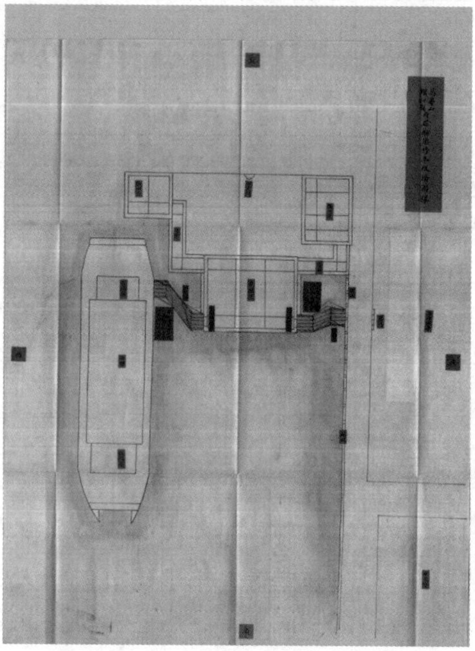

圖 2　國圖 334—0767　頤和園石舫添修木板橋地盤樣（國家圖書館藏）

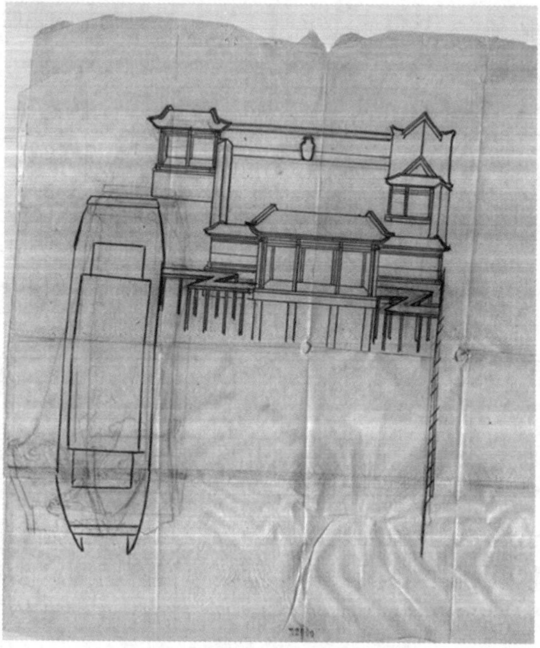

圖 3　國圖 357—2040　頤和園石舫添修木板橋立樣（國家圖書館藏）

3．動物園暢觀樓

始建于光緒二十四年（1898），位于明代皇室御園樂善園中，是慈禧太后去頤和園路途中休息的卧房，爲歐式府邸的建築風格。現存暢觀樓圖檔中有一張透視圖（圖 4），但與測繪圖紙[③]比對之後可以看出，此張樣式雷圖紙并非最終的實施方案，僅僅是一輪過程方案。

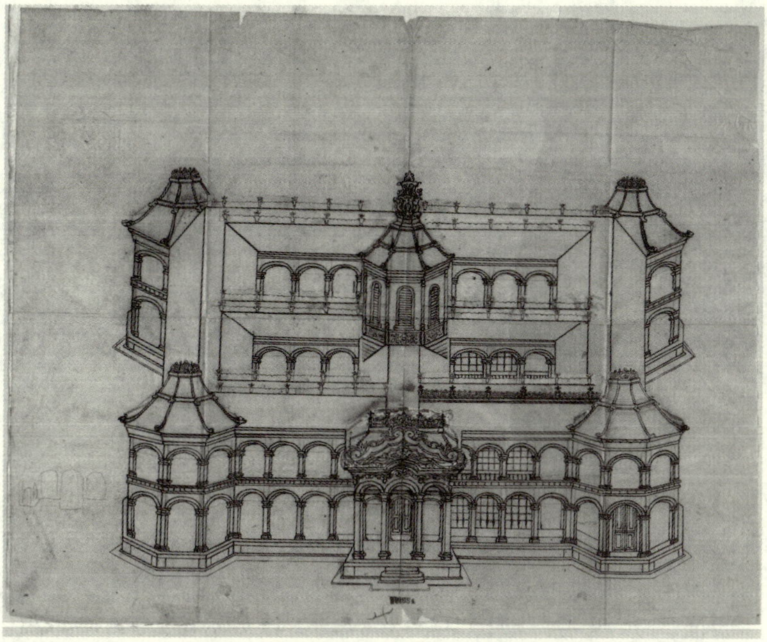

圖4　國圖346—0984　動物園暢觀樓過程方案透視圖（國家圖書館藏）

4．中海海晏堂

始建于光緒二十八年（1902）末，耗時兩年，據《中海修建海晏堂仿俄館核估工料銀兩書目單》[4]記載，此項目耗資五百多萬兩銀，位于中海西岸，紫光閣與豐澤園的中間地帶，曾經是慈禧太后寢宫儀鸞殿的舊址，後被八國聯軍占領，并于1901年毁于火中。同年兩宫回鑾之後，更大規模地實施新政，加强對外開放，中海海晏堂建成後多用于接見外賓。

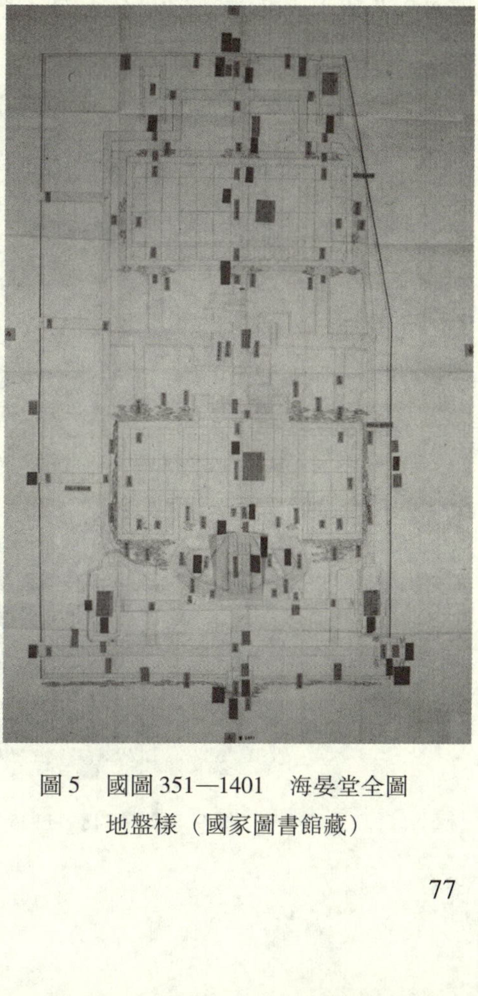

圖5　國圖351—1401　海晏堂全圖地盤樣（國家圖書館藏）

中海海晏堂由雷廷昌擔當設計師，設計圖檔最爲翔實，共計122張。組群以兩棟西洋樓——海晏堂與仿俄館爲中心，前後東西處各四座點景洋樓，共計六座。立面采用洋式墻面抹灰、綫脚、裝修花卉、拱券門窗等西洋式裝修技術，室内傢俱也采用蕃草樣式。雖然中海海晏堂在立面設計與室内裝修方面采用了大量的西洋元素，但是通過樣式雷十餘張關于平面與剖面的圖紙，可以看出其建築結構仍然爲中國傳統的抬梁式木結構，木結構外加做西洋式的裝修墻。

圖6　國圖332—0050　中海海晏堂立樣圖（國家圖書館藏）

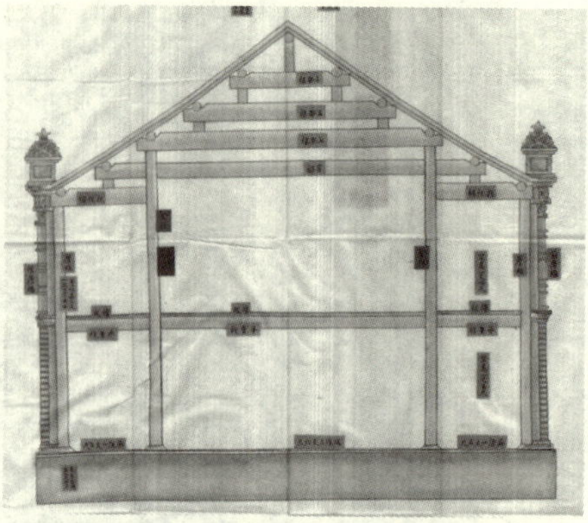

圖7　國圖355—1873　海晏堂明三間大木立樣圖（國家圖書館藏）

仿俄館的樣式雷圖紙中，平面圖共四張：國圖345—0844、345—0847、345—0848、348—1122，除了國圖345—0844是仿俄館二層内檐裝修圖紙外，其餘三張均爲一層地盤樣。剖面圖共四張：國圖345—0843、345—0845、346—0926、348—1121，這四張爲同一種方案，衹是表達重點不同：國圖345—0843與國圖345—0845主要體現洋式墻面的裝修；國圖346—0926則以表達各構件的尺寸爲主，圖上注有珍貴的年代信息：光緒二十九年（1903）七月十四日；國圖348—1121繪圖比較完善、清楚，應爲正式施工圖紙。

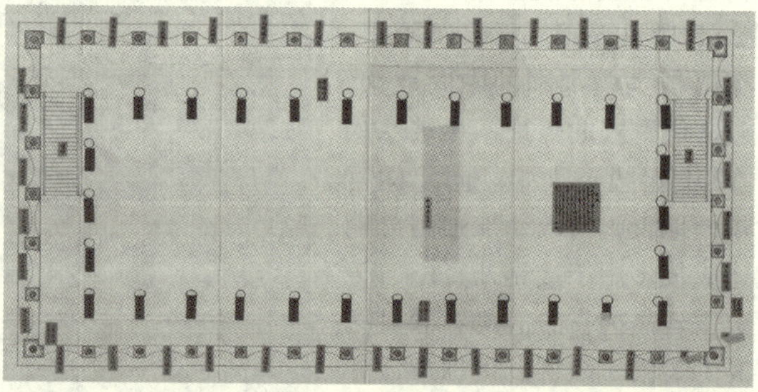

圖8　國圖348—1122　仿俄館一層地盤樣（國家圖書館藏）

圖9　國圖348—1125　仿俄館立樣圖（國家圖書館藏）

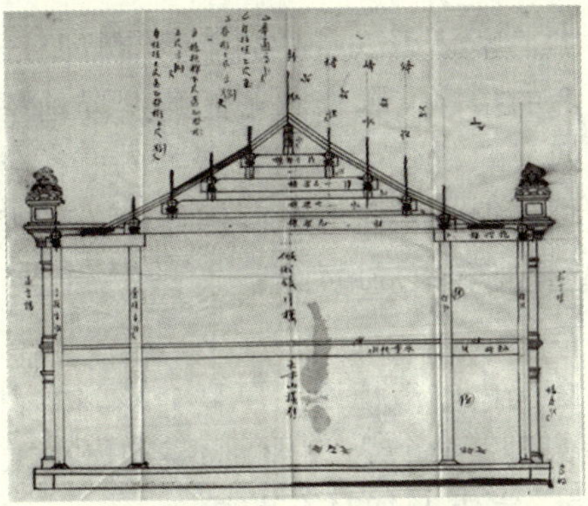

圖10　國圖 346—0926　仿俄館大木立樣尺寸信息圖（國家圖書館藏）

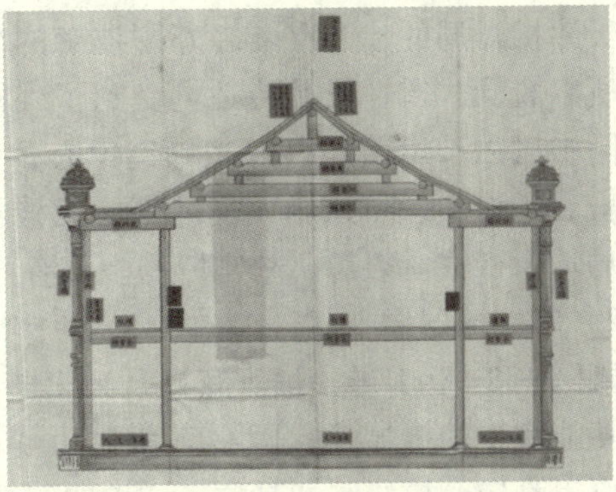

圖 11　國圖 348—1121　仿俄館大木立樣施工圖（國家圖書館藏）

仿俄館的大木結構與海晏堂相比，其在前後廊處采用平屋頂形式，不僅在立面處理上融入西洋元素，在建築結構上更摻雜了西式做法。

（二）軍事建築

1. 天津機器局

天津機器局是晚清北方興辦的第一個軍工產業，1867 年開始營建，歷經三年，于 1870 年初具規模，隨着規模的不斷擴大，天津逐漸成爲清末重要的軍事基地。天津機器局有東西二局，西局依托天津城南三里外的海光寺建設，東局選址于距城東十八里的大直沽賈家沽，東臨賈家沽引河，周圍均爲農田。兩處工廠的定位在于西局生產槍炮和船隻零部件，供應直隸練兵和北洋水師，東局則主要生產火藥、槍炮彈藥，“足補南局所未備”⑤。

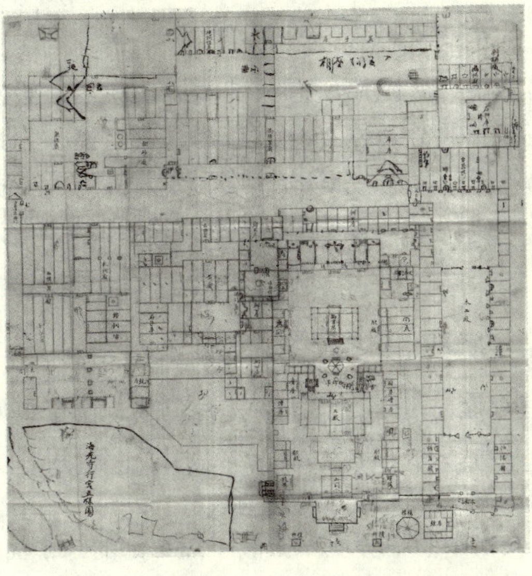

圖 12　國圖 150—010　海光寺行宫及機器廠地盤糙底（國家圖書館藏）

天津機器局的建造有衆多外國技師的參與，工廠必須以産品的工藝流程爲設計依據，所以説樣式雷在設計時必然受到了外國技師的指導。國家圖書館藏西局地盤樣糙底，圖中可以看出西局以海光寺爲中心，東、西、北側建立機器廠房共八間，分别是木工廠、鍋爐廠、熟鐵廠、翻砂廠、後機器廠、軋銅廠、前廠和西機器廠。事實上東西二局均由樣式雷設計，故宫博物院藏有西局立樣圖和東局地盤圖。

2. 廣東機器局

國圖 142—011 過去被誤認爲是天津機器局東局内的造槍廠，事實上該圖繪製的是一座功能完整的機器局，圖右下角注明“以廣東磚瓦式算”。結合檔案和歷史地圖分析，可以斷定圖檔繪製的是位于增埗的製造東局，完成于 1874 年前後。

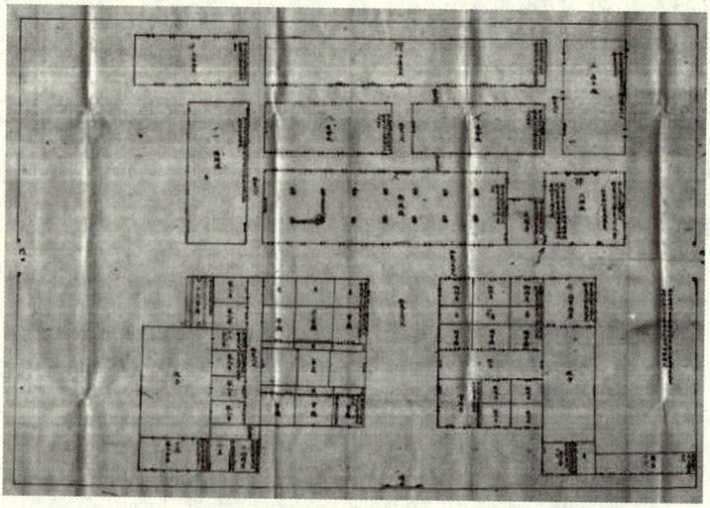

圖 13　國圖 142—011　廣東機器局造槍廠平面準底
（國家圖書館藏）

從圖中看，機器局位于一圈圍墻所圍成的長方形院内，設三處出入口，主入口朝南，東西設次入口。整體布局分爲兩部分，南側爲公務區，包括官廳、辦事廳、家人住房和厨房等，北側爲生産區，包括廠房、工匠住房和厨房。故宫博物院所藏樣式雷圖檔中有一張廣東機器局機器廠的剖面圖，證明其采用的是西式屋架。

（三）衙署建築

1. 陸軍部衙署主樓

始建于 1906 年 4 月，歷時 1 年，于次年 9 月建成，位于東城區張自忠路 3 號，原名爲清末陸軍部南樓，其所建舊址曾經是“承公府”[8]。營建陸軍部時將府内建築全部拆除，由陸軍部軍需司建造科的沈琪先生擔綱設計。

在國家圖書館藏樣式雷圖檔中發現一張關于陸軍部的總平面圖（圖 14），除了組群院落方式與施工方案相同之外，四座建築單體平面均有出入，因此推斷此輪方案有可能是在决定建造陸軍部之始，樣式房給出的一個引導性方案。而最終建成的陸軍部建築組群爲四座樓圍合出的四合院（圖 15）：“南樓一座，共房一百二十八間；東樓一座，共房七十二間；西樓一座，共房七十二間；北樓一座，共房八十間。”⑨主樓有兩層（圖 16），平面呈“王”字形，中部爲一個完整性較强的大空間，一樓可做門廳，二樓可做會議廳或宴會廳；兩翼分割爲許多小空間，可做辦公或小會議室。主樓外設一圈外廊，采用了圓券、半圓券、橢圓券和尖券等西洋拱券形式。

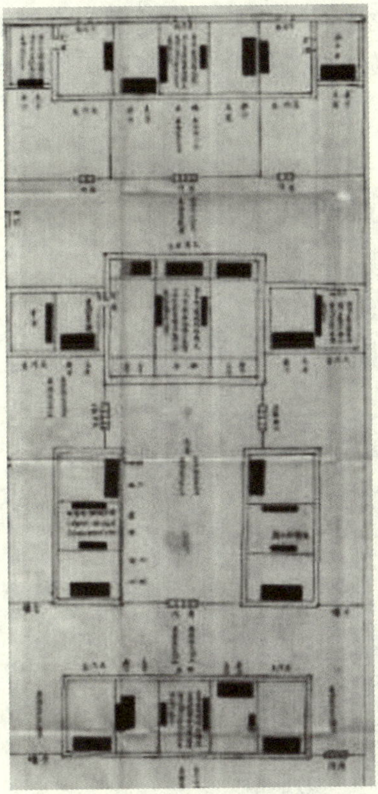

圖 14　國圖 357—2022　陸軍衙門全部地盤平樣（國家圖書館藏）

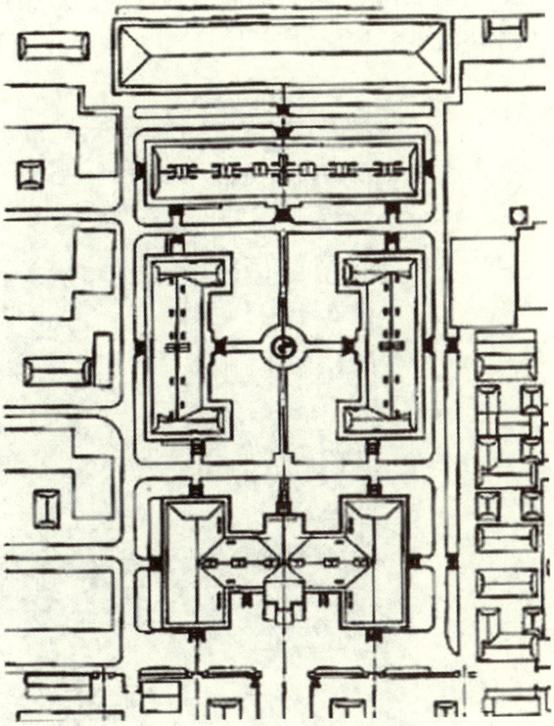

圖 15　陸軍部衙署主體建築總平面圖（張復合《北京近代建築史》）

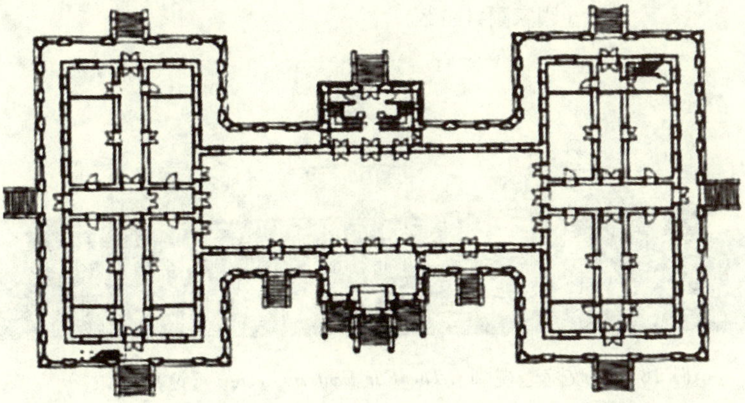

圖 16　陸軍部衙署主樓首層平面圖（張復合《北京近代建築史》）

2. 北京議事堂

北京議事堂，也稱象坊橋議事堂，因其位于宣武門内象南街而得名。宣統二年(1910)，由于一系列新政的延續，清政府自上而下實施改革，政治上引進西方立憲制度。在這個背景下，議事堂（又稱資政院）得以成立。樣式雷設計了一版象坊橋議事堂方案（圖17），雖然在建築中心設一座圓廳作爲議事堂，但總體布局仍是中國傳統建築布局方式。然而這個方案最終由德國建築師羅克格設計，方案恢弘磅礴，立面縱向高四層，横向分爲三段，中間爲議會場，兩側爲衆議與參議兩院，三座屋頂均采用穹頂（圖18）。

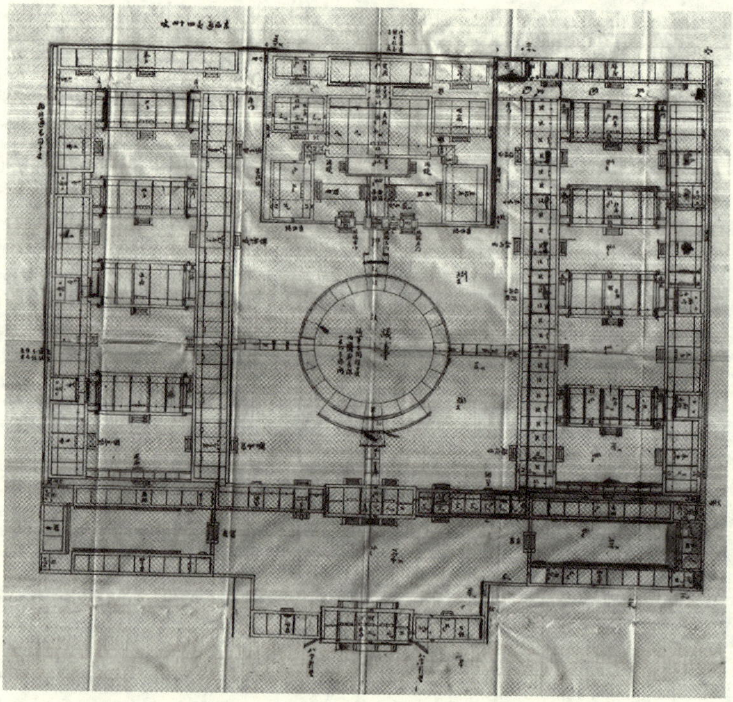

圖17　國圖351—1451　象坊橋参議院舊址地盤平樣
（國家圖書館藏）

圖18　資政院透視圖（*The Far Eastern Review*《遠東時報》）

此項工程從設計到施工，前後耗時近兩年，但强弩之末的清政府已無力支撑如此龐大的皇家項目，終于在辛亥革命前夕，不得不放弃這座已經建好基礎的北京議事堂。

3．海軍部衙署

1906 年，兵部改稱陸軍部，兼管海軍處。1909 年，海軍處從陸軍部獨立出來，改稱籌辦海軍處，仍在原址辦公。1910 年 4 月，籌辦海軍大臣載洵曾向宣統帝奏請劃地新建海軍部衙署⑧。在國家圖書館館藏的樣式雷圖檔中，有一張海軍部衙署大樓立樣圖（圖 19），由樣式雷第八代雷獻彩設計。由于辛亥革命爆發，海軍部衙署一直未能興建，無實物予以驗證。

從立樣圖看，這是一座外廊式建築，立面采用了圓券等西洋建築形式。區别于中海海晏堂的中式結構外加西洋裝修墻的做法，海軍部設計方案開始在平面布局和結構形式上模仿西洋建築。這種外廊式建築適應于南方炎熱氣候，利于通風，最早進入廣東、澳門，而後進入天津、上海等地。

圖 19　國圖 351—1424　海軍部衙署大樓立樣（國家圖書館藏）

（四）居住建築

從樣式雷世家的隨工日記與信函來看，至少從咸豐朝以來開展的一系列設計活動圍繞着北京的親王、宗室、大臣以及各級管理官員。爲了加强與鞏固自己在皇家建築設計中的主導地位，他們經常爲這些官員服務，如選地、建墳、修宅邸。在國家圖書館所藏樣式雷圖檔中，發現三張非官式的西洋私宅（圖 21、圖 22），據推測，這應該是樣式雷世家的個人項目，此圖也是樣式雷家族對晚清社會需求的反應。

這座私宅的總體布局仍是四合院的布局方式，兩進院落，主入口設在東南角，設影壁。院内有一座西洋門，主樓有兩層，東西兩側連接游廊，西側通過游廊與另一座建築相連接，外墻采用了拱券門窗、裝修花卉等西洋式裝修技術，但内部結構未知。

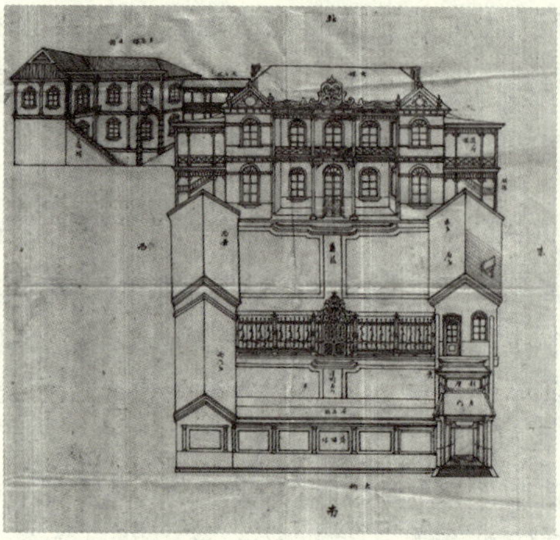

圖 20　國圖 352—1575　東城私宅洋式樓立樣（國家圖書館藏）

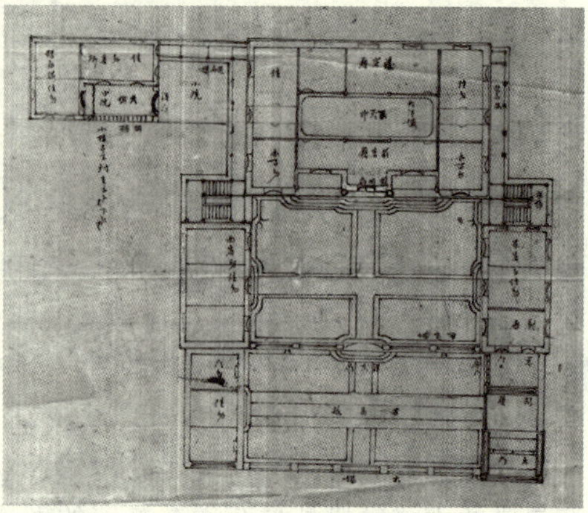

圖 21　國圖 352—1580　東城私宅洋式樓地盤平樣（國家圖書館藏）

四、結語

從國家圖書館藏晚清樣式雷西洋建築圖檔來看，樣式雷是中國近代建築轉型的重要參與者。從中海海晏堂内部中式屋架外貼西洋式外墻，到天津機器局受到外國技師指導設計，再到獨立設計廣東機器局，依據工藝流程設計平面布局并采用西式屋架，可以看出樣式雷爲了順應時代的變化，做出了諸多設計上的嘗試與轉型。但本文提及的動物園暢觀樓、陸軍部衙署主樓、北京議事堂的最終建成方案均没有采用樣式雷的設計，究其原因，樣式雷畢竟没有接受過西方建築教育，主要的設計思想仍是中國傳統建築理念，難以迎合清統治者的需求。在其製圖方式上來看，圖紙與建築没有確立精確的投影關係，依靠文字確定各構件尺寸，依賴對現場施工的把控，這仍是中國傳統工匠的工作模式。

在愈來愈趨于全盤西化的晚清時期，隨着外國建築師和事務所逐步進入中國，加之水泥、鋼鐵、鋼筋混凝土等建築材料的引入與普及，樣式雷便難以勝任近代建築的設計。

本文僅對國家圖書館藏晚清樣式雷西洋建築圖檔的若干個案進行了總體梳理，未涉及個案的深入挖掘與研究，尚屬階段性成果。除此之外還有西洋門、門窗大樣和内檐裝修，以及電燈和鐘錶，有待進一步讀解。

注釋：

① 袁媛：《西洋樓相關樣式雷圖檔綜合研究——以海晏堂爲例》，天津大學碩士學位論文，2013 年。

② 季宏、徐蘇斌、青木信夫：《樣式雷與天津近代工業建築——以海光寺行宫及機器局爲例》，《建築學報》2011 年第 S1 期。

③ 1993 年 4 月實測，測繪圖紙見張復合：《北京近代建築史》，清華大學出版社，2004 年，17 頁。

④ 選自《清代中南海檔案》第二十九册，西苑出版社，2004 年，134 頁。

⑤ 這裏的南局是指城南海光寺機器局，即西局。陳真：《中國近代工業史資料第三輯》，三聯書店，1961 年，184 頁。

⑥ 清世祖福臨第五子恭親王常穎的府第，一直由他的後人居住。乾隆時爲貝勒斐蘇府，道光年間承熙居此，人稱“承公府”。

⑦ 參見中國第一歷史檔案館館藏檔案，第 1233 號。

⑧ 張復合：《北京近代建築史》，清華大學出版社，2004 年，121 頁。

（作者單位：天津大學建築學院樣式雷研究中心、中國文化遺産保護國際研究中心）

養心殿樣式雷圖檔的整理與初步分析

楊新成

内容提要：紫禁城養心殿建築群，是清代處理國家政事的重要場所，自康熙朝始，建築發生了諸多變動，特别是在乾隆朝之後，養心殿建築的變動更加頻繁。國家圖書館收藏的近百幅有關養心殿的樣式雷圖檔，具體而微地呈現了清末養心殿一區建築的變遷情况。系統地分析整理這批珍貴資料，判斷其内容與年代，可以看出影響建築變動的諸多歷史因素，也對養心殿建築的維修和利用有所裨益。

關鍵詞：樣式雷圖檔　養心殿　故宫

明代北京紫禁城布局依照古代禮制進行規劃，分爲前朝後寢：前朝建築以理政爲主，多以殿命名；後寢部分是生活空間，則以宫爲名。宫與殿的用途有嚴格的劃分，但也有例外，如後寢區域存在欽安殿、奉先殿等以殿爲名的建築。這些殿宇自明初已經存在，是皇帝用于祭祖、祀神等特定用途的宫殿。坐落在西六宫南側的養心殿，也位于紫禁城後寢區（圖 1），這一獨特方位决定了其不同于一般宫殿的用途。養心殿建成于明代嘉靖十六年（1537）六月。《萬曆野獲編》載，養心殿一區有嘉靖皇帝煉丹之所，内丹修心，外丹燒煉丹藥，是道教所謂内外兼修之意，這也是明世宗痴迷道教的表現。但明穆宗即位之後，排斥道教，誅殺道士，養心殿這一用途也就隨之消失了。至萬曆朝，養心殿已成爲皇帝居住和接見臣工的地方。

圖 1　紫禁城養心殿平面圖（故宫博物院 2016 年測繪圖）

清室入關，養心殿在康熙朝曾作爲内務府造辦處。自雍正朝始，養心殿成爲處理政事的重要場所。同治皇帝登基後，清朝進入了一個特殊歷史時期——兩宮皇太后垂簾聽政，其地點即在養心殿東暖閣，這導致養心殿發生了异于前代的一系列變動，使其成爲帝后處理政務、居住、祭神、祭祖等集多種功能于一體的建築院落。這些變動，于皇室而言，屬于日常家事瑣事，多不見于正史。既有檔案記載，亦語焉不詳。國家圖書館收藏的近百幅養心殿樣式雷圖檔，彌補了這一缺憾。通過這些珍貴的圖樣，清末養心殿具體而微的改造過程得以呈現。據此可以梳理清末養心殿建築變動的歷史脉絡，探討宫殿變遷與宫廷政治之間的關係。

一、養心殿樣式雷圖檔的收藏情况

清代樣式雷圖檔主要收藏在國家圖書館和故宫博物院，其餘爲國家博物館、清華大學、臺北“故宫博物院”等國内和海外研究機構所收藏[①]。在近兩萬件的藏品中，涉及紫禁城宫殿的約四百餘幅，其中與養心殿有關的圖檔有近百幅。2015 年故宫博物院啓動養心殿研究性保護維修專案，廣泛收集并系統整理了有關養心殿的文獻檔案和歷史圖檔等各類記録。從圖檔年代看，主要集中在清代道光、咸豐和同治三朝。圖檔内容大致分爲三類：一類是檔册，主要是光緒朝養心殿室外拆搭凉棚的用料説明；第二類是養心殿一區各座建築的改造，其中包括養心殿後殿的改建以及養心門外南夾道添建房屋等工程；第三類是建築内檐裝修的調整，涉及養心殿東暖閣、配殿以及後殿東西耳房等處。

這些圖檔的目録詳見附表，表中圖檔編號與名稱均來自國家圖書館和故宫博物院的館藏信息。因部分圖檔名稱并不能準確反映圖檔内容，故增加内容備注一欄，以資參考。年代信息欄的内容，直接録自原圖檔；對于大部分没有年代信息的圖檔，經過下文的分析考證，推斷繪製年代，外加括弧以示區别；無法確認年代者，暫時標以未知年代。限于查詢準則，這些圖檔并非囊括了國家圖書館所收藏有關養心殿的全部，尚有部分未能收入，待以後補充。

附表 1　國家圖書館與故宫博物院藏養心殿樣式雷圖檔清單

圖檔編號	圖檔名稱	内容備注	圖檔年代信息
YSL361—0150	養心殿等處拆卸凉棚八座料估［册］	拆搭凉棚料估	光緒二十一年（1895）
YSL361—0147	養心殿前殿東次間工字殿東西四方院長春宫前殿膳房毓慶宫前院工字殿東西四方院等處搭蓋凉棚八座料估［册］	内容同上	光緒二十一年（1895）
YSL361—0152—01	養心殿前殿東次間并膳房毓慶宫漱芳齋寧壽宫等處搭蓋凉棚七座估料［册］	内容同上	光緒十四年（1888）

續表

圖檔編號	圖檔名稱	内容備注	圖檔年代信息
YSL361—0151	養心殿等處拆卸凉棚照上年呈堂稿謄録底册		光緒九年（1883）
YSL361—0126	養心殿前殿東次間東西四方院後長街長春宫前後殿體元殿静怡軒西廠子翊坤宫鍾翠宫毓慶宫工字殿東西四方院各等處共搭蓋凉棚十五座料估［册］	内容同上	光緒四年（1878）
YSL167—0080	長春宫養心殿戲臺［立様］準底	東暖閣前搭建明瓦木棚彩臺	同治十三年（1874）十一月
YSL175—0010	［養心殿工程略節］	同上	（同治）十三年（1874）冬月
YSL175—0004	［養心殿裝修畫様］	同上	同治十三年（1874）冬月
YSL167—0082	［養心殿地盤準底］	同上	［同治十三年（1874）十一月］
YSL170—0054	養心殿［地盤糙底］	同上	［同治十三年（1874）十一月］
YSL173—0003	養心殿［裝修畫様糙底］	養心門外東、西圍房改造	［同治十三年（1874）二月］
YSL173—0016	［養心門周邊裝修畫様］	同上	［同治十三年（1874）二月］
YSL173—0032	［養心殿地盤様］	東西角門	［同治十三年（1874）十一月之後］
YSL165—0031	養心殿［地盤様］	東西角門	［同治十三年（1874）十一月之後］
YSL282—0051	［養心殿東角門處地盤様］	東西角門	［同治十三年（1874）十一月之後］
YSL328—0152	［養心殿東西配殿裝修物件尺寸單］	東西角門	［同治十三年（1874）十一月之後］
YSL167—0029	養心殿後殿地盤畫様	後殿改造	咸豐六年（1856）十一月
YSL173—0002	養心殿後殿地盤畫様細底	同上	咸豐六年（1856）十一月
YSL300—0014	養心殿後殿添接抱厦旨意［抄件］	同上	咸豐六年（1856）十一月
YSL165—0033	養心殿準底［地盤様］	同上	咸豐六年（1856）十一月
YSL139—0024	［養心殿後殿添接後抱厦略節］	同上	咸豐六年（1856）十一月
YSL063—0015—03	［養心殿後殿添接抱厦等做法］略節	同上	咸豐六年（1856）十一月

續表

圖檔編號	圖檔名稱	内容備注	圖檔年代信息
YSL173—0009	[養心殿地盤樣]	東暖閣	(道光朝之前)
YSL173—0017	養心殿原舊内檐裝修樣	東暖閣	(道光朝之前)
YSL173—0030	養心殿[地盤樣]	東暖閣	[道光六年(1826)]
YSL173—0031	朝内養心殿[平樣]	東暖閣	[道光六年(1826)]
YSL167—0034	[養心殿東暖閣地盤畫樣]	東暖閣	[道光六年(1826)]
YSL282—0047	[養心殿東暖閣地盤樣]	東暖閣仙樓	[道光六年(1826)]
YSL167—0011	養心殿[地盤樣]	東暖閣	[道光六年(1826)]
YSL167—0032	養心殿[改安裝修地盤樣]	東暖閣	[道光六年(1826)]
YSL284—0051	養心殿東暖閣[地盤樣]	東暖閣	[道光六年(1826)]
YSL167—0040	養心殿東暖閣[地盤樣]	東暖閣	(道光十七年—十九年)(1837—1939)
YSL167—0030	養心殿東暖閣[地盤樣]	東暖閣	(道光十七年—十九年)(1837—1939)
YSL167—0026	養心殿白子尺寸準底	東暖閣	(道光十七年—十九年)(1837—1939)
YSL167—0005	養心殿[内檐裝修尺寸準底]	東暖閣	(道光十七年—十九年)(1837—1939)
YSL167—0045	養心殿東暖閣[地盤樣]	東暖閣	道光十九年(1839)八月初九日
YSL172—0014	養心殿東暖房後檐西間前檐響堂炕向北挂面[立樣]	東暖閣炕	道光十九年(1839)八月初九日
YSL173—0021	[養心殿佛堂添安隔扇明間前檐添安小床[平樣]	東暖閣	(道光三十年)(1850)三月初十
YSL165—0023	[養心殿佛堂明間前檐添安裝修地盤樣]	東暖閣	(道光三十年)(1850)三月初十
YSL173—0025	養心殿東暖閣内檐裝修改準[平樣]	東暖閣	道光三十年(1850)三月初十
YSL167—0121	養心殿東次間添搭響堂炕[平樣]	東暖閣	(咸豐二年)(1852)
YSL167—0147	[養心殿漱芳齋地盤糙底]	東暖閣	(咸豐二年)(1852)
YSL167—0145	養心殿[地盤樣]	東暖閣	(咸豐二年)(1852)
YSL165—0004	養心殿全樣	東暖閣	(咸豐六年)(1856)
YSL165—0003	養心殿二寸内檐[平樣]	東暖閣	(咸豐六年)(1856)

續表

圖檔編號	圖檔名稱	内容備注	圖檔年代信息
YSL167—0131	養心殿養性齋延春閣搭響堂炕準底［平立樣］	東暖閣	咸豐七年（1857）十月十七日
YSL167—0044	養心殿［地盤糙底］	東暖閣	［同治六年（1867）二月］
YSL173—0026	養心殿東暖閣添改裝修地盤畫樣	東暖閣	［同治六年（1867）二月］
YSL328—0011	［養心殿東次間内外檐裝修平立樣糙底］	東暖閣	（同治）十二年（1873）七月二十日
YSL058—0067	養心殿撤去仙樓紫松裝修改安通高楠柏木裝修［平樣］	東暖閣	［同治十三年（1874］
YSL065—0012	養心殿［裝修地盤尺寸細底］	東暖閣	（同治）十三年（1874）三月初十日
YSL167—0074	養心殿［地盤樣］	東暖閣	［同治十三年（1874）三月初十日］
YSL167—0024	［養心殿東西間東寢宫裝修略節］	東暖閣	［同治十三年（1874）三月初十日］
YSL173—0051	［踏勘養心殿工程略節］	東暖閣，内容同上	［同治十三年（1874）三月初十日］
YSL063—0015—01	［養心殿東暖閣改做裝修説帖］	東暖閣	［同治十三年（1874）三月初十日］
YSL063—0015—02	［養心殿東暖閣改做裝修説帖］	東暖閣，内容同上	［同治十三年（1874）三月初十日］
YSL058—0013	養心殿碧紗橱［立樣］	東暖閣	［同治十三年（1874）三月初十日］
YSL170—0057	［養心殿長春宫體元殿工程做法等事項略節］	東暖閣	未知年代
YSL110—0023	［養心殿地盤糙底］	東暖閣	未知年代
YSL167—0158	養心殿東暖閣靠南窗響堂炕［立樣］	響堂炕	未知年代
YSL284—0049	養心殿東暖閣前檐改搭響堂炕［立樣］	響堂炕	未知年代
YSL167—0123	養心殿西［搭響堂炕平樣糙底］	響堂炕	未知年代
YSL177—0010	［養心殿東暖閣寢宫慎德堂寢宫裝修略節］	響堂炕	未知年代
YSL165—0028	養心殿東暖閣前檐楠木床［立樣］	響堂炕	未知年代
YSL167—0101	養心殿響堂炕［立樣］	響堂炕	未知年代
YSL167—0020	養心殿東暖閣西間前檐［裝修立樣］	響堂炕	未知年代

續表

圖檔編號	圖檔名稱	內容備注	圖檔年代信息
YSL167—0121	養心殿東次間添搭響堂炕［平樣］	響堂炕	未知年代
YSL172—0017	養心殿東暖閣寢宫糙床略節	響堂炕	未知年代
YSL284—0048	養心殿東暖閣改搭響堂炕［尺寸立樣］	響堂炕	未知年代
YSL165—0022	養心殿東暖閣前檐改搭響堂炕［立樣］	響堂炕	道光二十二年（1842）二月十八日
YSL173—0012	［養心殿裝修略節］	工字廊	［同治十二年（1873）八月］
YSL300—0019	養心工字殿十二年八月廿五日查得［尺寸樣糙底］	工字廊	（同治）十二年（1873）八（月）二十五查，二十六進内下大雨，二十七進内差完。
YSL173—0028	［養心殿内工字殿添建曲尺影壁畫樣］	工字廊	同治十二年（1873）八月
YSL173—0006	養心殿後殿綏履殿舊式［樣］	後殿	［咸豐十一年（1861）八月］
YSL167—0132	養心後殿并平安室綏履殿新舊式糙底	後殿	［咸豐十一年（1861）八月］
YSL167—0050	養心殿後殿［地盤糙樣及準底］	後殿	同治十年（1871）四月
YSL167—0162	養心殿後殿舊式畫樣	後殿	未知年代
YSL284—0053	養心殿東順山殿［地盤樣］	後殿東耳房	未知年代
YSL284—0094	養心殿東順山殿［改安裝修略節］	後殿東耳房	未知年代
YSL170—0021	［養心殿裝修略節］	後殿西耳房	未知年代
YSL172—0010	養心殿後殿西順山西次間［平樣］	後殿西耳房	未知年代
YSL284—0046	養心殿東配殿神龕神牌尺寸樣式準底	東配殿	咸豐十一年（1861）八月初十
YSL284—0095	養心殿東配殿内神龕神牌并歡門略節準底	東配殿	咸豐十一年（1861）八月
YSL284—0044	養心殿東配殿神龕神牌尺寸式樣準底	東配殿	咸豐十一年（1861）
YSL284—0047	養心殿東配殿神龕前神幡尺寸樣式準底	東配殿	咸豐十一年（1861）
YSL284—0045	養心殿東配殿神龕前神幡尺寸樣式準底	東配殿	咸豐十一年（1861）
書00003936	養心殿東佛堂神龕供櫃尺寸立樣小圖	東配殿	［咸豐十一年（1861）］
書00003937	養心殿東佛堂神龕供櫃尺寸立樣糙圖	東配殿	［咸豐十一年（1861）］
YSL165—0015	養心殿配殿［地盤糙底］	東、西配殿	（同治）十二年（1873）七月二十四日

續表

圖檔編號	圖檔名稱	内容備注	圖檔年代信息
YSL173—0034	養心殿東面佛堂改配殿奏准燙樣底盤	東、西配殿	［同治十二年（1873）七月］
YSL284—0092	養心殿東配殿［添安裝修略節］	東、西配殿	［同治十二年（1873）七月］
YSL284—0096	養心殿西配殿［添安裝修略節］	東、西配殿	［同治十二年（1873）七月］

二、樣式雷圖檔内容分析與年代判定

養心殿樣式雷圖檔以圖樣爲主，部分爲略節和説貼，即文字説明。圖樣以糙底居多，字迹潦草，且大部分圖樣没有標注年代，給圖樣辨識造成一定的困難。圖檔内容涉及養心殿前殿、工字廊和後殿，後殿東、西耳殿，東、西配殿，養心門東、西角門以及養心門外東、西圍房等養心殿區域内的所有建築。具體内容包括建築内檐裝修的改動、平面格局的調整以及院内拆搭彩臺和凉棚等臨時性工程。爲行文清晰，兹按圖樣内容分述如下，并嘗試判斷圖檔年代。

（一）養心殿搭建彩臺和凉棚

清代紫禁城每年立夏前後，即四月初，在皇帝居住辦公的室外區域，都需要搭建凉棚，涉及的建築包括養心殿、長春宫、乾清宫、箭亭等處的庭院（圖2），蔽日取蔭，以避盛夏暑氣。另外，皇室成員的生活區域、戲臺前的庭院等室外區域也要搭建凉棚。拆除時間大概在立秋以後，一般爲八月中旬，日期視天氣情況而定，并不統一。相對于夏日凉棚，還有冬天使用的暖棚，搭建時間多是在寒冷季節，目的是爲了室外活動時禦寒保暖。凉棚和暖棚都是便于臨時搭建的建築形式，共同的優點是拆搭較爲方便，部分材料可以重複利用。

圖2　長春宫燙樣（故宫博物院藏）

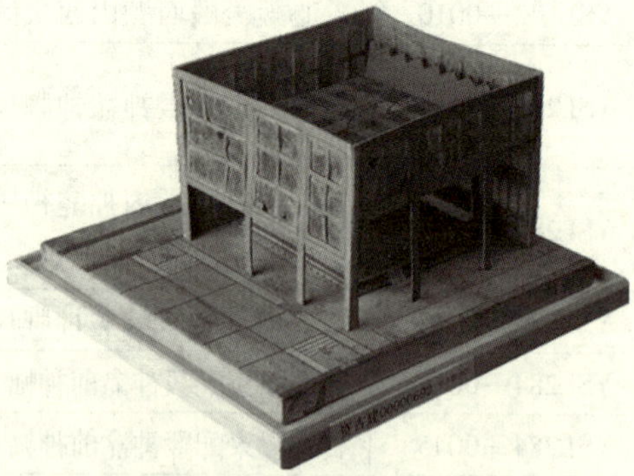

圖3　養心殿東暖閣添搭彩臺與明瓦木棚燙樣（故宫博物院藏）

在這些圖檔中，共有四張地盤圖和一張工程略節，内容涉及養心殿東暖閣前搭建彩臺與木棚，圖檔編號分别是 YSL170—0054、YSL167—0082、YSL167—0080、YSL175—

0010 和 YSL175—0004[②]。這些圖檔都記録了東暖閣前院的四至尺寸，是爲了搭建彩臺而測繪的資料。這與故宫博物院收藏的一件“明喜棚燙様”（圖3）同屬一項工程，時間是同治十三年（1874）十一月，燙様反映的正是搭建在養心殿東暖閣之前的庭院木棚和戲臺式様，是同治皇帝得天花後，宫内爲了祛灾而搭建的[③]。除此之外，另有光緒年間在養心殿等處拆搭凉棚的料估册五本，記録了當時拆搭凉棚所需的物料情况。

（二）養心殿一區的建築改建

建築改建是指建築本體的調整，不包括内檐裝修的變動。主要涉及養心殿兩處區域：一是養心門東、西角門及其南夾道東、西圍房；一是養心殿後殿。

圖様 YSL173—0003 和 YSL173—0016 是養心門外南夾道東、西圍房的改造方案，前者是糙底，後者繪製規整詳細，有做法説明。其方案是在東圍房東、西兩側添加木板門，使得門内庭院爲一封閉空間；在西圍房東側增加周圍游廊，東西中軸上依次增加垂花門、木殿和木平臺，并在養心門外添建一座木亭。清宫檔案記載了這次改造的情况，時間是同治十三年（1874）二月，與長春宫、鍾粹宫、昭仁殿和毓慶宫等處需修繕工程同時進行，後因“工程需款甚巨無項支發”，可能没有實施[④]。此次改造不知出于何種目的，現狀并無此次改造的痕迹。有關養心門東、西角門改造工程，涉及三幅地盤様（YSL165—0031、YSL173—0032、YSL282—0051）和一份略節（YSL328—0152），主要是拆除了進入養心門東、西角門後的第二道角門和木板墻，在曲尺琉璃影壁一側加砌琉璃墻腿。這一改動不知始于何時，而繪于同治十三年十一月的地盤様 YSL167—0082 中仍然是改造前的布局，可知這一改動應在此之後。

咸豐二年（1852），咸豐帝移居養心殿[⑤]。同年，慈禧入宫、得寵，由蘭貴人升懿嬪。咸豐六年（1856）三月，生下同治皇帝，進封懿妃。同年十一月，有養心殿後殿的改造計劃，圖様 YSL167—0029 即是此次改動的最終方案（圖4）。從圖中可以看出，爲擴大後殿進深，衹能將建築後檐墻跨入北側的永壽宫院落，破壞了永壽宫的格局。還有兩幅圖様（YSL173—0002、YSL165—0033）以及三份略節（YSL139—0024、YSL300—0014、YSL063—015—03）與此次改造工程有關。這些圖檔顯示，方案經過了多次調整，但最後并没有實施，後殿仍保持了原有格局。

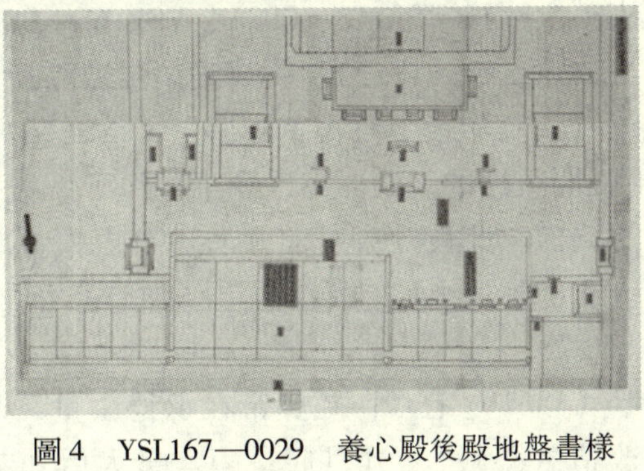

圖4　YSL167—0029　養心殿後殿地盤畫様

（國家圖書館藏）

（三）養心殿各座建築内檐裝修改造

養心殿建築内檐裝修的圖檔，涉及前殿、工字殿、後殿以及後殿東、西耳殿和東、西配殿，其中有關前殿東暖閣的圖檔最多。圖檔内容除涉及各個建築内部空間的調整，槅斷樣式的變化外，還包括部分炕罩的細部設計圖樣，兹梳理分析如下。

1. 前殿之東暖閣

自雍正朝以養心殿爲理政之所，養心殿明間一直是接見臣工、處理政務的所在，而非東暖閣。東暖閣，即養心殿前殿東次間，則用作皇帝寢宫或臨時休息之所。每當新君即位，往往會按照個人習慣對其内檐裝修進行改造。

乾、嘉兩朝　圖樣 YSL173—0009 和 YSL173—0017 顯示，東暖閣内有東西向樓梯一座，後檐墻僅東側寢宫開有後檐窗，前檐空間較爲疏朗簡潔。這兩圖内容基本一致，應是同一時期的圖紙。前圖中標有“元舊内檐裝修”，圖樣没有標明年代，所反映的應是道光朝改造之前乾、嘉兩朝東暖閣的基本格局[⑥]。

道光朝　道光元年（1821）四月，道光帝從咸福宫移居經過初步粘修的養心殿[⑦]。道光六年（1826）始對東暖閣内檐裝修進行改造[⑧]。關于此次工程的具體情况未見明確記載，但從道光十一年（1831）的一份清宫檔案中可知，其時東暖閣仙樓已改稱假仙樓，寢宫的名稱改爲儉齋[⑨]。這與樣式雷圖樣中的内容是一致的，圖樣 YSL167—0011 中標注“拆去舊有仙樓”“嵌扇上假仙樓安檻窗十四扇”等文字，據此判斷該圖應是道光六年改造東暖閣時繪製的圖樣（圖 5）。YSL167—0032、YSL167—0034、YSL173—0030、YSL173—0031、YSL284—0051、YSL282—0047 所繪内容略有差别，但其中東暖閣的布局與 YSL167—0011 基本一致，應屬于同一時期繪製的圖樣。

道光十七年至道光十九年（1837—1839）間，東暖閣内檐裝修又經過多次改動[⑩]。這些改動主要是重做後部的内檐裝修，變换槅扇樣式，改搭響堂炕。圖樣 YSL167—0045 繪于道光十九年八月，即此次改造的方案，YSL172—0014 則是新搭響堂炕的挂面詳圖。此外，YSL167—0030、YSL167—0026、YSL167—0040 和 YSL167—0005 四圖中東暖閣格局基本相同，也與 YSL167—0045 繪製的内容一致，都應是這一時期的圖樣。

咸豐朝　咸豐帝即位初年，即有改造東暖閣之舉措。道光三十年（1850）三月初十日更改東暖閣内檐裝修[⑪]，圖樣 YSL173—0021、YSL165—0023 和 YSL173—0025 反映的是此次改動的情况。咸豐二年（1852），將東暖閣佛樓隔斷及樓上規制恭仿乾隆嘉慶年間舊式修葺，并明確“朕萬年後不可復事更張”[⑫]。YSL167—0121、YSL167—0145 和 YSL167—0147 都是東暖閣後檐的裝修方案，圖中標注了恢復後的仙樓位置，應是此次恢復乾嘉舊制時繪製的圖樣。此後的東暖閣并非不事更張，咸豐六年（1856）繪製的圖樣 YSL165—0003、YSL165—0004 和咸豐七年（1857）繪製的圖樣 YSL167—0131 都顯示内檐裝修仍在進行改動。

同治朝　咸豐十一年（1861）七月，咸豐帝在承德去世，八月二十三日，兩宫皇太后尚未返京，即下旨改造養心殿[⑬]。九月底，兩宫皇太后和恭親王奕訢發動祺祥政變，十一月初一日，同治皇帝奉兩宫皇太后在養心殿東暖閣垂簾聽政。《翁同龢日記》

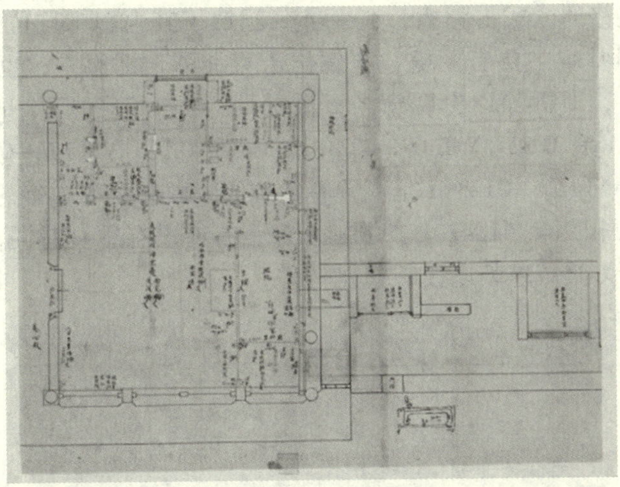

圖5　YSL167—0011　養心殿［地盤樣］（國家圖書館藏）

載："咸豐十一年十一月十一日，是日吏部值日帶引見，入至養心殿丹陛跪安，巳初召見于東暖閣，兩宫皇太后垂簾（簾用黄幔），上坐簾外，恭邸、寶少農帶領入見，對數語出。十一月二十四日，黎明侍大人入内，辰正引見于養心殿，兩宫皇太后垂簾（用紗屏八扇，黄色），皇上在簾前御榻坐，恭邸立于左，醇邸立于右，吏部堂官遞緑頭簽，恭邸接呈案上。"[14]這是對同治朝東暖閣初次改造後的描述，聽政時所用的垂簾或黄幔或紗屏，尚是可以臨時進行更换的。

同治六年（1867）二月，養心殿東暖閣更换内檐裝修[15]。《翁同龢日記》載："同治六年五月二十六日，自本月十七起宫中土木之工繁興，椿杵邪許之聲如海潮音，或云長春宫添造戲臺，無稽之言不敢憑也。"[16]又載："同治六年六月二十二日，今日引見猶在乾清宫，蓋自四月十七日後養心殿工程未畢也。同治六年七月初二日，是日引見始在養心殿，殿工至是始畢。"[17]據此可知此次工程先後持續近三個月，應涉及長春宫和養心殿的改造。關于此次工程的樣式雷圖樣，僅存 YSL167—0044 和 YSL173—0026 兩幅圖樣，記録了同治六年九月東暖閣安裝一座曲尺木影壁的情况[18]。

東暖閣最後一次較大的改動發生在同治十三年（1874），是年爲慈禧太后四十壽辰。繪製于同治十三年三月初十的圖樣 YSL065—0012（圖6）顯示，東暖閣前檐"改做支摘窗，添做萬福萬壽紗屉，照長春宫樣式"，顯然是爲慶祝四十壽辰進行的改造。圖樣 YSL167—0074 中繪製了後檐墻的改動，後墻開玻璃大方窗三座，外面隨安明瓦窗罩三座。圖樣 YSL167—0024 是詳細的改造説明，其中提到"前殿東面仙樓下頂格……仙樓上檻窗"，説明此時東暖閣仙樓尚存。實際上，此次工程已于同治十二年（1873）開始準備，圖樣 YSL328—0011 中有"十二年七月二十日查"字樣，所繪内容即此次改造方案的草圖。YSL058—0067 和 YSL063—0015 也是與此次工程相關的詳圖。經過此次改造，咸豐朝恢復的東暖閣仙樓及樓梯徹底拆除，改造後的格局延續至今，與現有的裝修是一致的[19]。

東暖閣内檐裝修的樣式雷圖檔，有一部分記録了其内響堂炕位置、尺寸和形式的改動。東暖閣内響堂炕主要有兩處，一處位于東北隅，即寢宫，也是皇帝齋戒所在；一處位于前檐窗下，即拆除原有明窗後，沿開間方向改設的響堂炕。YSL172—0017、YSL177—0010、YSL165—0022、YSL165—0028、YSL167—0158、YSL167—0101、YSL167—0020、YSL284—0049 和 YSL167—0123 都是有關響堂炕的圖樣和説明。有的圖樣標明了時間，其中最早爲道光二十二年（1842）二月十八日；有些没有繪製時間，但經過與其他圖樣對照，可以判斷多爲咸豐朝以後所繪製。

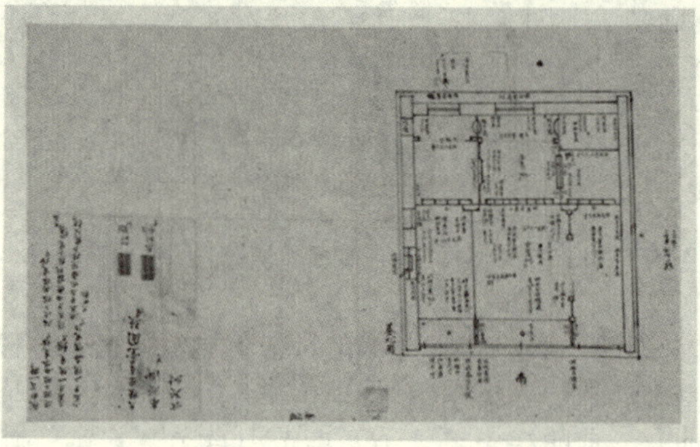

圖 6　YSL065—0012　養心殿［裝修地盤尺寸細底］
（國家圖書館藏）

自道光朝至同治朝，東暖閣内檐裝修的改動可謂頻繁，這些改動主要是因仙樓取捨而引起的。道光朝將乾嘉時期的真仙樓改爲假仙樓，咸豐朝又重新恢復，到同治末年最終拆除仙樓，室内空間尤其是後檐格局也因此發生變化。後檐空間格局與用途的轉變，導致後檐墻窗户數目的變動，由僅開一窗到後來的三個窗户。前檐空間的布置由僅有明窗和寶座床到設置響堂炕和欄杆罩，空間由簡潔趨于複雜。

2．工字殿

在養心殿前、後殿之間，有一段連廊，文獻檔案中稱爲工字廊或工字殿。這種宫殿布局被稱爲工字殿格局，是在明代紫禁城中較爲普遍的一種宫殿類型。養心殿建于明嘉靖朝，清代沿用這一形式，成爲前朝（前殿）後寢（後殿）的過渡空間。有三張圖樣（YSL173—0012、YSL173—0028 和 YSL300—0019）繪製于同治十二年（1873）八月，内容是在工字廊内添安曲尺影壁一座，從時間上看，應是同治皇帝親政之後進行的調整。

3．後殿及東、西耳房

後殿是皇帝和皇后的寢宫所在，樣式雷圖樣中也稱爲皇后殿。緊鄰後殿東、西山墻各有一座耳房，清宫檔案中也稱爲順山殿或耳殿。這兩座建築在咸豐朝之前并未懸匾命名，至遲在咸豐二年，東耳房始稱“綏履殿”，西耳房稱“平安室”，同治九年改“平安室”爲“燕喜堂”，“綏履殿”改“同和殿”，在光緒大婚之際，即光緒十五年（1889）正月之前，“同和殿”更名爲現狀的匾額“體順堂”[20]。咸豐朝以來，慈禧太后和慈安太后曾分别居住在東、西耳房，因而變動主要發生在這一時期。

咸豐十一年（1861）八月，重做養心殿後殿以及平安室、綏履殿内檐裝修，主要是對室内槅斷和床位置的調整。這次改造的歷史背景是英法聯軍入侵北京，咸豐帝被迫北狩承德，于咸豐十一年七月十七日在承德崩逝，慈禧太后與同治皇帝從承德返京之際，于八月二十三日下旨修整養心殿各處[21]。檔案載："行在總管内務府，達成肅順等文稱，奉旨將養心殿殿内應行改做之處已傳知太監等，進京遵旨傳知，……該太監范長禄、賈興、韓雙壽等三名，于八月十四日到京，奴才等當即率領堂郎中文勲、郎中嵩林、綸增，進内至養心殿等處督，同該太監范長禄等，敬謹踏勘，將應行改修及添安活計，并女子太監居住房間，均經該太監等，按款指明應修處所。"[22]檔案清單中記載了詳細的修繕内容，修繕部位涉及養心殿前殿、工字廊後殿以及東、西耳殿等處。YSL173—0006 和 YSL167—0132 即是因這次工程而繪製的圖樣，圖樣所繪與檔案内容是相同的。

同治十年（1871）四月二十五日，養心殿後殿内檐裝修又經過一次改造，圖樣 YSL167—0050 記録的是這次改造的具體情況。另有圖樣 YSL167—0162 繪製的也是後殿的内檐裝修改造方案，但没有標注具體時間。

4．東、西配殿

雍正朝以後，養心殿東、西配殿用于供奉先帝牌位。咸豐十一年七月，咸豐帝去世，八月份總管内務府奉旨製作東配殿内神龕神牌等供奉物品。樣式雷圖樣 YSL284—0095、YSL284—0046、YSL284—0044、YSL284—0045 和 YSL284—0047 都是製作東配殿内神龕的相關圖樣。故宫博物院收藏的兩幅樣式雷圖樣（書 00003936 和書 00003937），是繪製的神龕供櫃。圖中雖未標明年代，與上述圖樣内容對照，應屬同一工程，都是咸豐十一年爲製作咸豐帝牌位繪製的。此外，圖樣 YSL165—0015 顯示在同治十二年七月二十四日，擬更换養心殿配殿内檐裝修，圖樣 YSL173—0034 和裝修略節 YSL284—0092、YSL284—0096 則詳細記載了此次内檐裝修的改造方案。從内容看，可以判斷繪製時間與圖樣 YSL165—0015 相同，即同治十二年七月，計劃將佛堂改造爲居住空間，但最終并没有實施。

三、清末養心殿的變動特點

綜觀這批樣式雷圖檔，以圖樣和文字説明的方式具體而微地呈現了養心殿建築由乾隆、道光、咸豐至同治末年的變遷過程。道光朝對養心殿的改動，主要是東暖閣、養心殿後殿等處内檐裝修的調整，并更换了室内各房間的匾額名稱。咸豐朝則又將之重新恢復爲乾、嘉時期的格局，連同很多匾額也一并恢復乾隆朝的稱謂，改動内容不再局限于東暖閣等處的内檐裝修，而是對養心殿的院落格局進行調整，製訂了一系列改造方案。至同治朝，由于垂簾聽政這一特殊形式的出現，養心殿發生了异于前朝的諸多變動。

導致養心殿發生這些變動的原因比較複雜，根本所在，固然是出于帝后之所好，生活習慣的不同。而不同時期所發生之宫廷歷史事件，可以説對養心殿建築的影響也極大。若説道光朝對養心殿的調整是出于個人偏好，那麽咸豐朝以後養心殿的變動更多的是受到宫廷歷史事件的直接影響。兩宫垂簾聽政、同治大婚與親政、慈禧萬壽慶典等歷史事件都直接導致了養心殿建築的改動。這些改動主要集中在内檐裝修，大到東暖閣仙樓的取捨，小至槅斷花紋的選擇，都是因時因事而設，取决于當時的實用需要。至于爲了擴大養心殿後殿進深，不惜破壞永壽宫格局的規劃，則毫不受建築禮制所限。儘管没有實施，但成爲此後改造長春宫和啓祥宫、破壞西六宫規制的先例。由此可見，咸豐以降紫禁城宫殿的變動盡可依照帝王的意願，不再受故有宫室之制的制約。這些調整，改變了自明朝以來紫禁城後宫嚴整的院落布局，尤其是慈禧太后主政的晚清宫廷，紫禁城宫殿的變動更爲隨意和不加節制，這一點從這些已經實施和未能實施的樣式雷圖樣中可以得到清晰的印證。

注釋：

① 何蓓潔，王其亨：《清代樣式雷世家》，《紫禁城》2019 年第 2 期。

② 據何蓓潔、榮幸《"養心殿東暖閣添搭彩臺與明瓦木棚燙樣" 辨析》（《故宫博物院院刊》2019 年第 9 期）一文，内容涉及養心殿東暖閣添搭彩臺與明瓦木棚燙樣的樣式雷圖檔，共包括三張地盤樣和兩份略節，即：175—004、170—004（經核對，此編號爲 170—0054 之誤）、167—082 和 175—010、170—003—2。文中所引用 YSL170—003—2，名稱爲樣式雷前院尺寸略節糙底，時間爲同治十三年十一月十六日，本文未收録。

③ 参見李越、趙波、劉暢《故宫博物院藏"養心殿喜壽棚" 燙樣著録與勘誤》（《故宫博物院院刊》2016 年第 3 期）和何蓓潔、榮幸《"養心殿東暖閣添搭彩臺與明瓦木棚燙樣" 辨析》。兩文對此件燙樣的命名進行了討論，後文認爲應稱之爲"養心殿東暖閣添搭彩臺與明瓦木棚燙樣"，而不應稱爲"養心殿東暖閣前明瓦喜壽棚燙樣"。從現存的圖檔内容看，後文的命名是合理的。

④ 中國第一歷史檔案館藏，奏案 05—0875—088：奏爲毓慶宫養心殿長春宫等處工程需款甚巨無項支發請由部籌撥銀兩事，同治十三年二月二十三日；奏案 05—0875—089：奏爲長春宫鍾粹宫昭仁殿毓慶宫等處需修繕清單，同治十三年二月二十三日。

⑤《清文宗實録》卷五十九，咸豐二年四月丙申條。

⑥ 張淑嫻：《圖解紫禁城養心殿東暖閣的歷史變遷》，《建築史》第 43 輯，中國建築工業出版社，2019 年。

⑦《清宣宗實録》卷十六，道光元年四月辛卯條。

⑧ 中國第一歷史檔案館藏：内務府活計檔膠片 13，道光六年九月三十日戊申。

⑨ 中國第一歷史檔案館藏：内務府呈稿，道贊 152，道光十一年五月十七日戊辰。

⑩ 中國第一歷史檔案館藏，奏案 05—0696—004：總管内務府呈查得養心殿等處應修數目事，道光十七年八月十一日；内務府活計檔膠片 21：炮槍處等爲養心殿圍房添搭地炕需用火車等呈稿，道光十九年十一月十四日。

⑪ 中國第一歷史檔案館藏，内務府呈稿，道贊 363，道光三十年十二月二十七日。

⑫ 中國第一歷史檔案館編：《咸豐同治兩朝上諭檔》，廣西師大出版社，1998 年。

⑬ 中國第一歷史檔案館藏，奏案 05—0808—054：呈爲養心殿等處工程估需工料銀兩清單，咸豐十一年八月二十三日；奏案 05—0808—053：奏爲踏勘養心殿等處工程估需工料銀兩事，咸豐十一年八月二十三日。

⑭（清）翁同龢：《翁同龢日記》咸豐十一年十一月十一日條，中華書局，1989 年。
⑮ 中國第一歷史檔案館藏：奏銷檔 717—017：奏爲養心殿改换裝修呈覽燙樣事折，同治六年二月十一日。
⑯（清）翁同龢：《翁同龢日記》同治六年五月二十六日條。
⑰（清）翁同龢：《翁同龢日記》同治六年六月二十二日及七月初二日條。
⑱ 同⑥。
⑲ 故宫博物院檔案室藏，報請審閲養心殿改陳計畫草案，編號 19620015z。另，經實測，現狀東暖閣内大花罩尺寸與樣式雷圖樣 YSL328—0011 中標注的尺寸是相同的。
⑳ 周蘇琴：《“大雅齋”匾的所在地點及其使用探析》，《故宫博物院院刊》2008 年第 2 期。
㉑ 中國第一歷史檔案館藏，奏案 05—0808—053：奏爲踏勘養心殿等處工程估需工料銀兩事，咸豐十一年八月二十三日。
㉒ 中國第一歷史檔案館藏，奏案 05—0808—054：呈爲養心殿等處工程估需工料銀兩清單，咸豐十一年八月二十三日。

（作者單位：故宫博物院）

國家圖書館藏瀋陽故宫樣式雷圖檔概述

張煦康　溫淑萍　楊　菁

内容提要： 國家圖書館收藏有 9 張瀋陽故宫樣式雷圖檔。對這批圖檔進行解讀，并與歷史檔案、其他機構所藏瀋陽故宫樣式雷圖檔比對，有助于更加準確地瞭解和研究瀋陽故宫的歷史，解讀不同歷史時期的建築興建或修繕工程，獲知改變或湮没的歷史信息，爲歷史建築發展與人群活動研究提供史料參照。

關鍵詞： 瀋陽故宫　樣式雷圖檔　歷史建築　修繕工程

一、樣式雷圖檔研究概述

中國清代樣式雷建築圖檔，簡稱“樣式雷圖檔”，是清代皇家建築設計機構樣式房的掌案雷氏世家各代傳人繪製或收藏的建築相關設計檔，如畫樣、燙樣、樣式房《旨意檔》、《堂司諭檔》及《隨工日記》等，于 2007 年 6 月 20 日被聯合國教科文組織列入《世界記憶名録》①。因歷史原因，現分藏于不同機構。國家圖書館所藏部分繼承自其前身——北平圖書館，1930 年購自觀音寺胡同雷宅及稍後零星購自書商。這是厘清清朝官修建築工程的重要基礎資料。

通過梳理樣式雷文檔、圖樣、燙樣，并結合實物、歷史照片與測繪圖檔對清代皇家宫殿、陵寢、園林的興建或修繕工程研究已見到較多優秀成果。因樣式雷圖檔涵蓋範圍廣泛、所藏機構不同，針對性研究的切入角度亦有不同。有利用同一工程所有關聯圖檔對該工程的解讀研究，如《清代樣式雷北海圖檔整理述略》②一文對同治六年（1867）清淤，同治十三年（1874）重修及光緒朝修建朝房、北海、圓明園、頤和園、静明園等工程的解讀；《解讀光緒重修静明園工程——基于樣式雷圖檔和歷史照片的研究》③一文對光緒朝部分重修玉泉山静明園工程的解讀；《光緒朝頤和園重修與樣式雷圖檔》④一文對光緒十二年（1886）至光緒二十一年（1895）的頤和園重修工程的解讀。有對某一館藏部分樣式雷圖檔的針對性研究，如《三幅樣式雷圓明園河道全圖辨析》⑤對國家圖書館藏圓明園河道全圖進行斷代與分析。本文試對國家圖書館藏瀋陽故宫相關樣式雷圖檔進行逐個辨析。

目前尚未見到對瀋陽故宫樣式雷圖檔的利用與研究。相比于其他工程，此地的相關圖檔數量較少，僅知藏于國家圖書館的 9 件與藏于故宫博物院的 23 件。但清朝入關後，瀋陽故宫作爲“陪宫”，既用于尊藏先帝實録、聖訓、玉牒等，又用于清帝東巡祭祖，受歷朝皇帝的重視與修繕，具有獨特的歷史地位。對于瀋陽故宫的樣式雷圖檔研究可以窺見皇帝“尊崇古制”與“開拓新規”的取捨之處，是清代皇家建築工程研究不可或缺的重要組成部分。

二、國家圖書館藏瀋陽故宫樣式雷圖檔清單

本文的研究對象主要是中國國家圖書館館藏的9件瀋陽故宫相關圖檔（包括文檔兩件，圖樣7件）[⑥]。這些圖檔均未明確標注歷史年代信息，僅能基于其繪製内容分析和斷代。其編號、名稱與類别[⑦]見下表。

表1　國家圖書館藏瀋陽故宫樣式雷圖檔清單

編號	名稱	類别	編號	名稱	類别
187—2—046	城闕圖	糙底	150—008	盛京宫殿全圖	進程樣
151—001	除抵下存新料根件尺寸單	籍本	151—002	奏樂亭勘察草圖	糙底
151—006	清寧宫平面圖	糙底	151—007	大政殿十王亭形勢圖	糙樣
151—008	盛京宫殿全圖	底樣	151—009	清寧宫與鳳凰樓勘察草圖	糙樣
151—011	鳳凰樓挑換大木頭停并選用新料根件尺寸單	籍本			

三、樣式雷圖檔斷代與淺析

（一）國圖 187—2—046

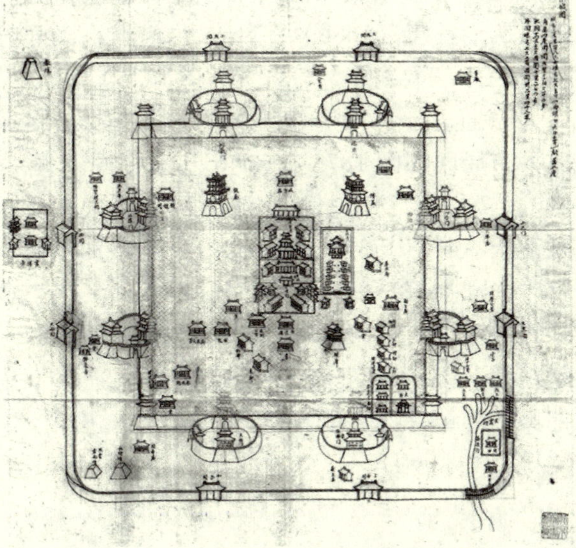

圖1　國圖187—2—046　盛京城圖

國圖 187—2—046 爲糙繪的盛京城圖，圖紙右側有文字描述，記爲：

“城高三丈，厚一丈八尺，女墻高七尺五寸，四面垛口六百五十一，敵婁八座，角婁四座，周圍九里，三百三十二步，池闊十四丈五尺，周圍十里，二百四步。外圍墻高七尺五寸，周圍卅二里四十八步。”

據史料載：康熙十九年（1680）于瀋陽城之外加修關墻。墻高七尺五寸，以土夯築，在原有方城之外形成周長三十二里四十八步的圓形外墻。此後瀋陽城遂有“八門八關”之稱。乾隆十三年（1748），瀋陽故宫中路東西所擴建工程完工。國圖 187—2—046 繪製了瀋陽外城，但未有瀋陽故宫中路東西所建築，因此其繪製時間應不早于康熙十九年，不晚于乾隆十三年。

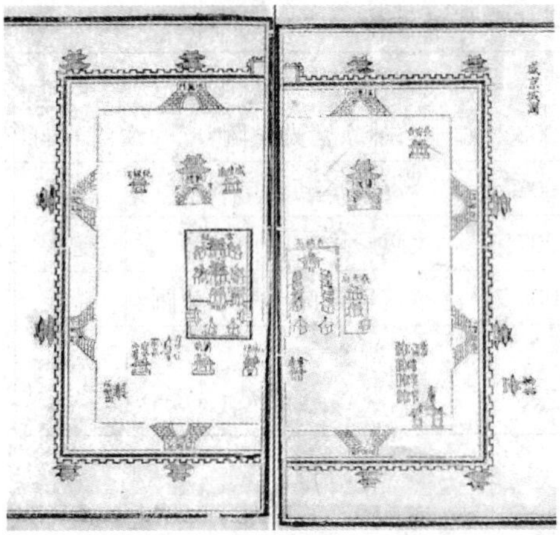

圖 2 《盛京通志》康熙二十三年（1684）本（日本京都大學藏）

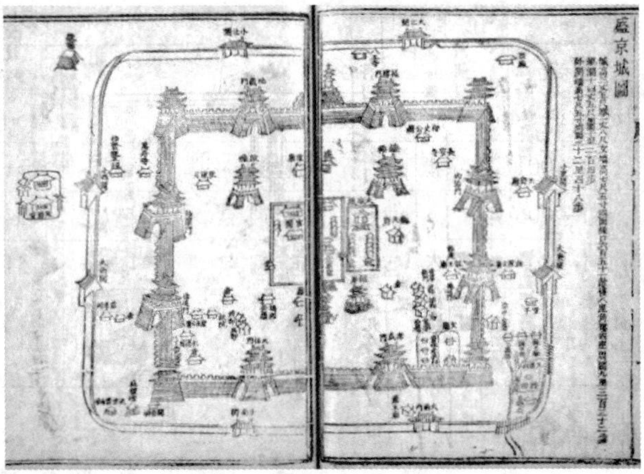

圖 3 《盛京通志》乾隆元年（1736）刻本（日本早稻田大學藏）

這段時間内現存的輿圖有《盛京城闕圖》[8]、《盛京通志》可供參考。《盛京通志》在此範圍内有四版：康熙二十三年（1684）三十二卷刻本，康熙五十年（1711）補刻本，雍正十二年（1734）三十三卷寫本，乾隆元年（1736）四十八卷刻本。

康熙二十三年版《盛京通志》并没有繪製康熙十九年擴建的外墻，而且繪製内容較爲精煉，但城内的建築布局與國圖 187—2—046 基本相同（圖 2）。康熙五十年重刻本沿用的此圖，并未修改。雍正十二年初稿本流傳稀少，未有幸得見。而乾隆元年四十八卷刻本，實際是雍正十三年（1735）再易稿本，雖添加新圖，但同類别下的圖應使用同一張圖。通過對比，國圖 187—2—046 的描述文字與《盛京通志》乾隆元年本[9]（圖 3）所載文字一致。二者的畫法、布局也十分類似，國圖 187—2—046 繪製更爲精細，但謬誤更多。由此判斷，國圖 187—2—046 成圖應在雍正十三年至乾隆十三年間（1735—1748），或可能與乾隆第一次東巡有關。

圖4　甕城的内部（左）與上部（右）（《清盛京城甕城初探》）

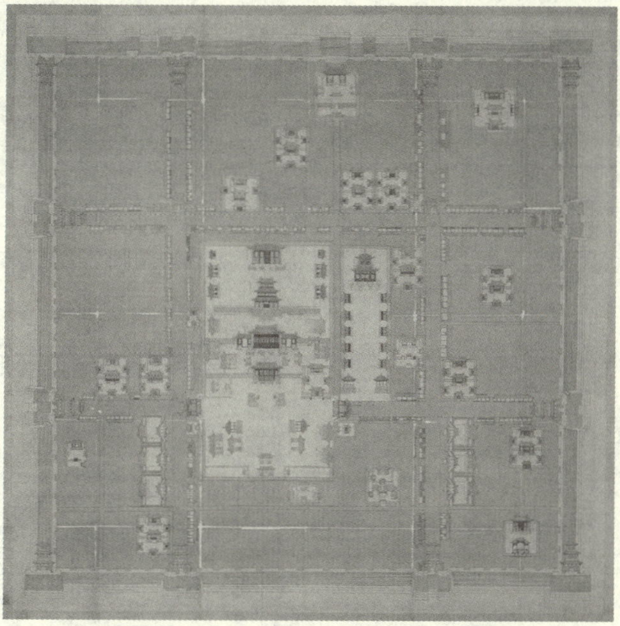

圖5　《盛京城闕圖》（故宫博物院藏）

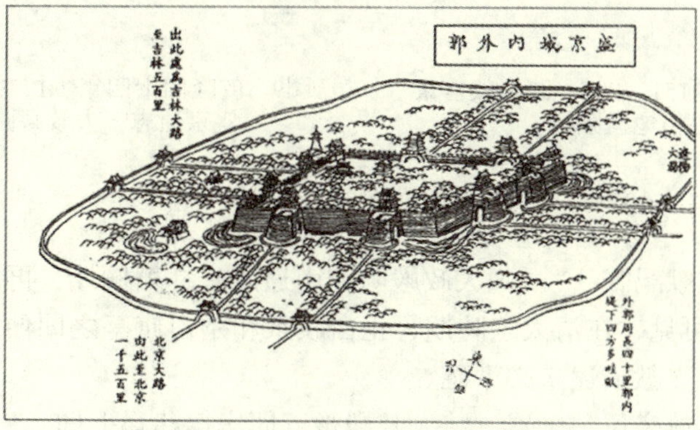

圖6　盛京城内外郭（《北中國
紀行·清國漫游志》）

就瀋陽城而言，圖中繪製了瀋陽城内城門的甕城，平面爲弧形且衹有一側開門（圖1）。而《盛京城闕圖》（圖5）、《盛京通志》乾隆元年刻本（圖3）均將瀋陽的甕城墻壁繪製爲平直的梯形而非圓潤的弧形。另有學者依據老照片（圖4）及史料考證甕城平面是方形而非圓形，前面光滑平直而非圓潤彎曲。唯一一張可以與國圖187—2—046甕城形狀對應的是1874—1876年日本人曾根俊虎考察中國所作的《北中國紀行》中的盛京城内外郭圖（圖5）將甕城繪製爲弧形，但仍然是“左右兩邊有入口”，而非國圖187—2—046中的一個城墻口。此二者將此甕城繪製爲弧形的原因暫不得知。綜上判斷，國圖187—2—046内容存在較多問題，整體表現了雍正十三年至乾隆十三年間瀋陽城的建設情況。

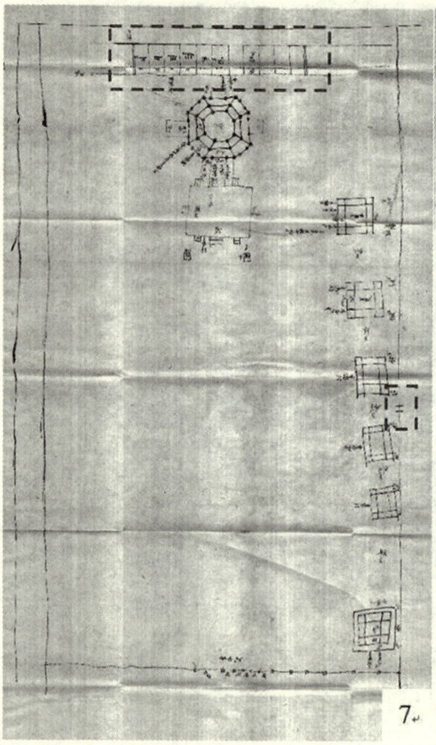
7

圖7 國圖151—007 瀋陽故宫東路堪佑地盤圖樣

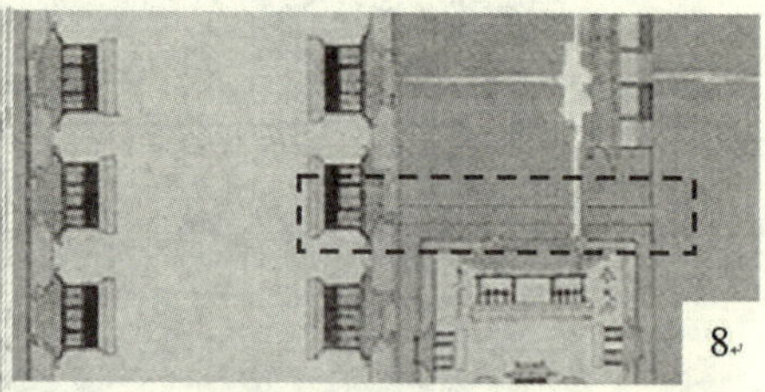
8

圖8《盛京城闕圖》大政殿建築群局部

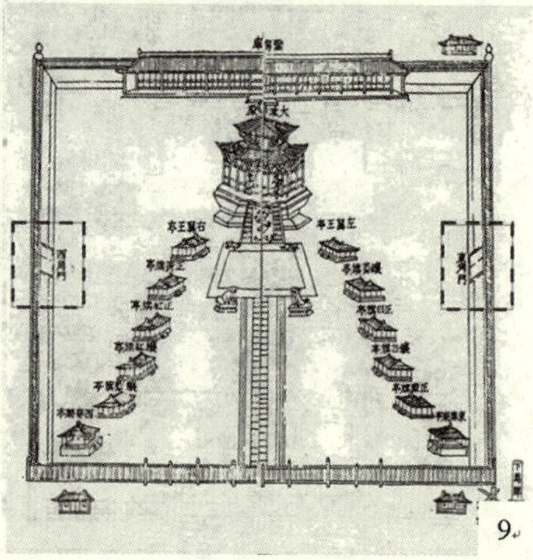
9

圖9 乾隆四十四年（1779）《欽定盛京通志》大政殿圖

（二）國圖151—007

乾隆十年有文獻記載：“……大政殿除在南邊設有紅柵欄外，再無門墻……”[10]

但自圖7—b可見，在清太宗時期，正白旗亭和鑲白旗亭之間便似乎有門向東連通東側街道，判斷此文獻描述未必準確。

乾隆十年爲存放鑾駕、樂器，將大政殿後五間房擴建爲七間：“大政殿後面有寢室五間，并未存放五間，但不够存放鑾駕、樂器等物之用。臣等竊思，在此五間房東西兩邊各修房一間，可永久存放鑾駕、樂器……增建爲七間……”[11]

乾隆十五年，因七間房用于存貯仍然不够，奏請將七間擴建爲十一間：“查得，宫殿内原先并無存放鹵簿之處，經奏准修葺大政殿後面舊有七間房用作存貯之所。乾隆十四年十二月十三日……請准奴才在原有七間房兩側各增建房兩間，恭存堆放之鹵簿剩餘物件。如蒙准行，將增建四間房之處仍諮行盛京工部，照例修建……”[12]

由此判斷，國圖 151—007（圖 7—a）必爲乾隆十五年之後繪製。而圖 7—c 顯示，乾隆四十四年之前，大政殿組群東西兩側均設置門，此二門分别被稱爲“西角門”“東角門”。可判斷國圖 151—007 繪製下限爲乾隆四十四年。該圖并没有建築損壞情况的標注，而是對大政殿建築群所有建築的測繪，推測并非因修繕工程而繪製。

（三）國圖 151—002、國圖 151—006 與國圖 151—009

道光九年（1829），皇帝即將東巡祭祖。時間緊張，本應被勘估修理的清寧宫僅以油飾見新便委以重用。隨後遇到陰雨連綿、年份不利動工、大木難尋、物料遇洪等問題，建築的破壞情形愈發嚴重，于道光二十一年（1841）三月十五日同鳳凰樓外檐一并拆卸修理[13]。此次工程修改了清寧宫梁架，與故宫博物院藏的 18 張瀋陽故宫樣式雷圖密切相關：清寧宫面闊五間，室内共四步梁架。修改前的大部分室内梁架如圖 10—右所示，東次間、梢間之間的特殊形式如圖 10—左所示，兩種梁架在梁柱位置、梁架形式、角背數量及形狀方面均存在較大差异。此次工程擬改做法分别爲圖 11 的兩張圖，即除中柱位置略有不同外，梁架部分改建爲相同形式；今日現狀爲圖 12，可見梁架依照擬改做法進行部分修建。國圖 151—009（圖 13）記録的清寧宫與鳳凰樓平面形式、尺寸與文字與故宫博物院藏該批圖檔記録對應，據此判斷爲該批圖檔的糙底圖，即與道光二十一年的清寧宫、鳳凰樓大修工程有關。

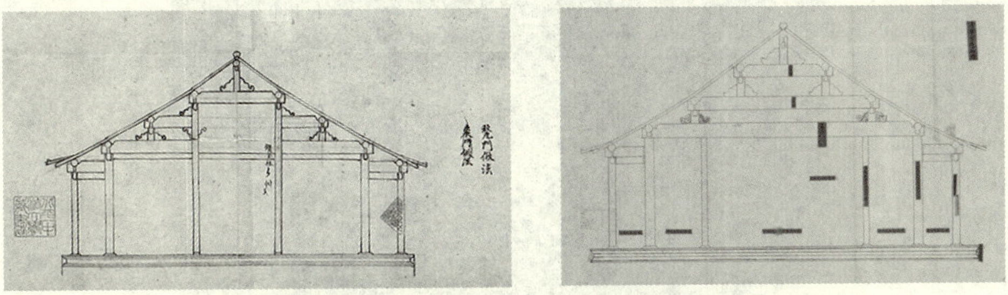

圖 10　左　故宫樣 0998　清寧宫舊山樣；右　故宫樣 0999 甃門做法（故宫博物院藏）

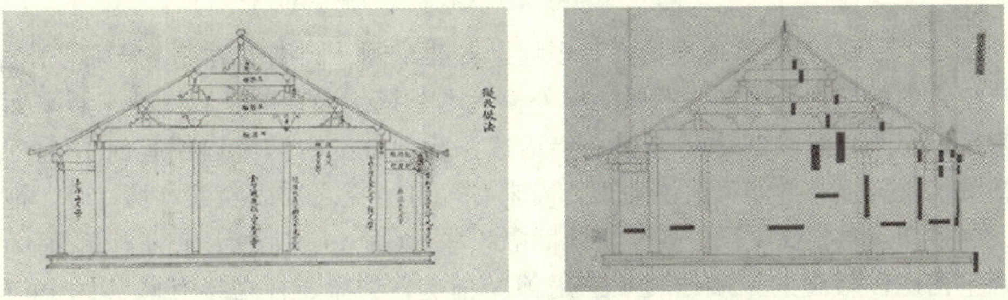

圖 11　左　故宫樣 0997　擬改做法；右　故宫樣 0999　甃門做法（故宫博物院藏）

圖 12　左　清寧宮明間剖面圖；右　清寧宮東梢間剖面圖
（天津大學建築學院藏）

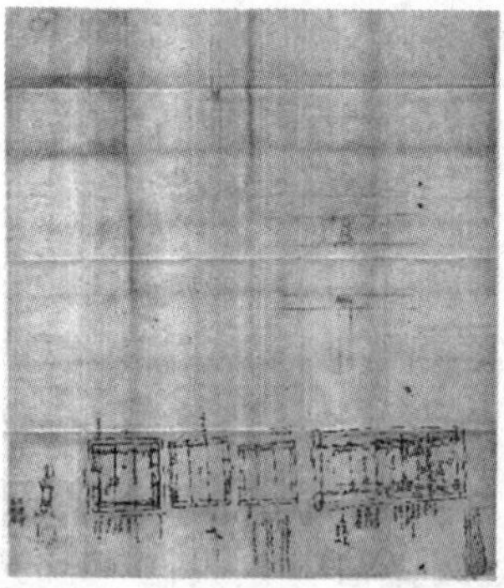

圖 13　國圖 151—009 鳳凰樓與清寧宮勘估圖樣

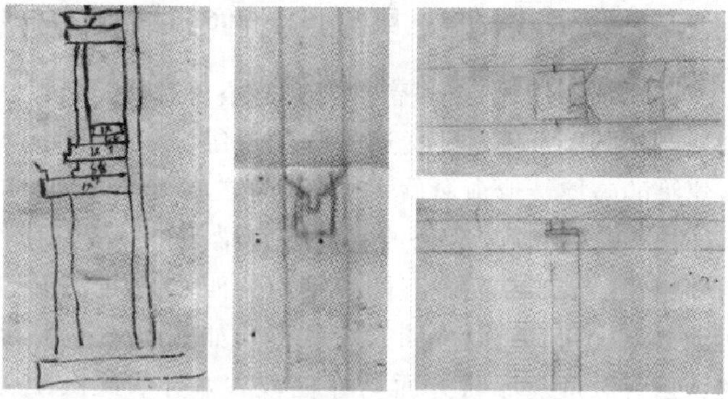

圖 14　國圖 151—009 局部

圖 15　鳳凰樓外檐梁架（自攝）

國圖 151—009 是對鳳凰與清寧宮現場勘查的草圖，圖紙下方從左至右依次繪製了當時清寧宮與鳳凰樓現場勘估的鳳凰樓外檐大木結構剖面草圖、鳳凰樓三層平面草圖、清寧宮平面草圖，配以部分尺寸與文字描述，此部分約占據整幅圖版面 1/4。此時的鳳凰樓外檐梁架僅有抱頭梁與挑尖梁，尚未有今日所見之加固隨梁（圖 15）。抱頭梁、挑尖梁、挑頭承重俱高 1 尺，各自之間間隔 8 寸。（圖 14 左圖）。上方占圖面 3/4 面積的大片空白處以較淺的筆觸繪製了三處節點構造，與梁、柱搭接有關（圖 14 右側三圖）。

國圖 151—009 中對于鳳凰樓有如下描述：鳳凰樓一層各間面闊相等，俱爲一丈零五寸；中柱徑一尺二寸，高一丈三尺二寸五分，後徑高五寸；檐柱徑一尺三寸五分，高一丈零四寸；金柱徑一尺六寸；樓梯長七尺。二層檐柱高八尺二寸五分，外廊寬五尺五寸。三層外廊寬四尺。將尺寸與圖面信息整理得下表 2 與圖 16—19。

表 2　鳳凰樓部分資料與營造尺推斷[14]

位置		古測（尺）	換算（米）	實測（米）	誤差率（丨換算—實測丨/實測）
一層	面闊	10. 5	3. 31	3. 34	0. 008
	中柱徑	1. 2	0. 38	0. 43	0. 116
	中柱高	13. 25	4. 17	4. 35	0. 041
	後徑高	0. 5	0. 16	0. 16	0
	金柱徑	1. 6	0. 50	0. 58	0. 138
	檐柱徑	1. 35	0. 43	0. 48	0. 104
	檐柱高	10. 4	3. 28	3. 32	0. 012
	廊寬	7	2. 20	2. 19	0. 005
二層	檐柱高	8. 25	2. 6	2. 6	0
	廊寬	5. 5	1. 73	1. 69	0. 024
三層	廊寬	4	1. 26	1. 2	0. 05

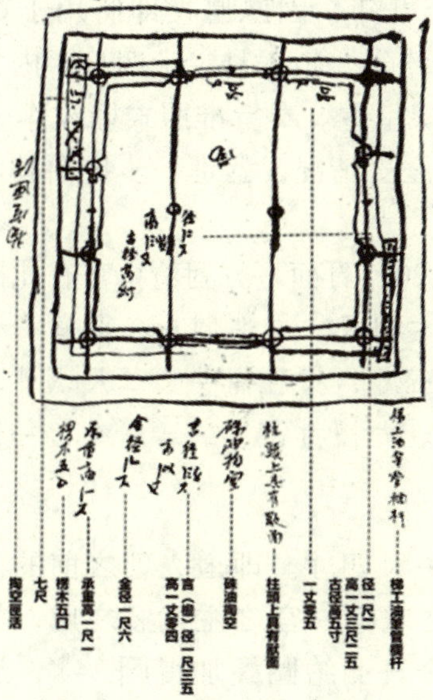

圖 16　國圖 151—009 中鳳凰樓一層平面圖

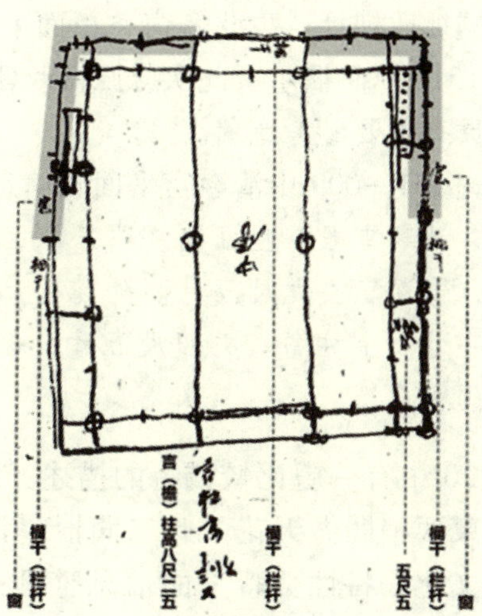

圖 17　國圖 151—009 中鳳凰樓二層平面圖

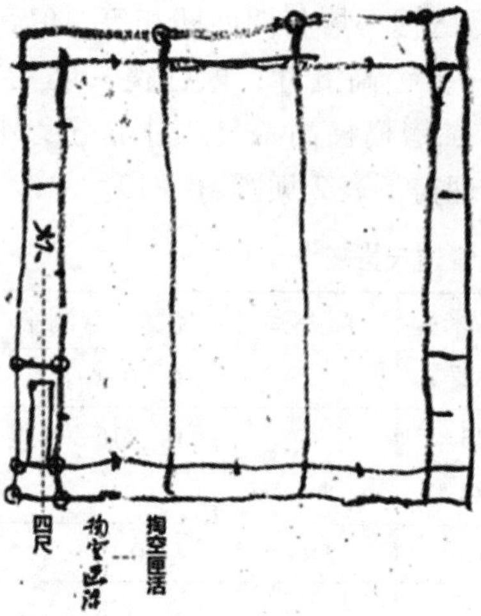

圖 18　國圖 151—009 中鳳凰樓三層平面圖

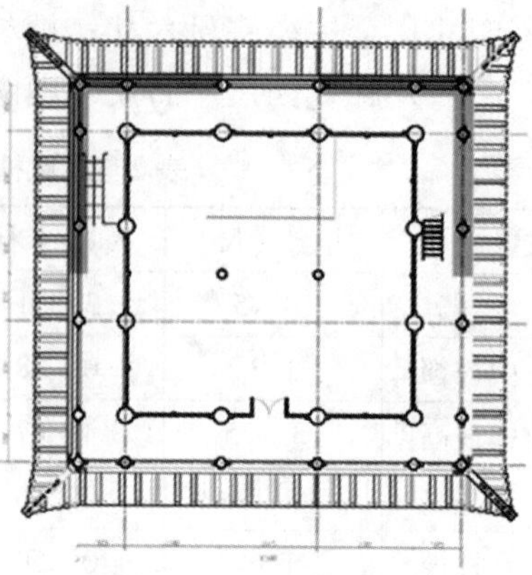

圖 19　鳳凰樓二層平面測繪圖（天津大學建築學院藏）

表中檐柱、金柱、中柱尺寸誤差率介于 0.1—0.15 之間，其他尺寸誤差率維持于 0—0.05 之間，推測柱徑誤差率較高的原因在于：今日柱子相較于往日已油飾了更多層。綜合而論，并無突兀的數據誤差率，是以自繪圖至今應無顛覆性修建。

結合圖表分析，不難發現該圖繪製時的建築與今日現狀存在較明顯的差异：鳳凰樓二層平面東北與西北兩側，圖中標記爲窗（圖 17），而非今日之欄杆（圖 19），這也與乾隆年間的鳳凰樓建築改建工程對應——乾隆九年，因鳳凰樓即將用于尊藏《實録》，大臣海望將其樓梯挪改位置："臣等恭查，乾隆九年正月二十四日，内大臣海望將鳳凰樓挪改樓梯、東北安窗、正面上下開門式樣呈覽。奉旨准照式樣改作……"[15] 即故宫樣 151—009 揭示了此次鳳凰樓改建後的部分歷史情况，對進一步推斷其前清時期的原貌具有重要參考意義。

國圖 151—009 中清寧宫平面圖信息整理爲圖 20，頁面下方對清寧宫有此描述：

> 清寧宫殿一座五間。明三間，各面寬一丈四尺。二進間，各面寬一丈三尺五寸，進深三丈九尺五寸。外前後廊各深五尺五寸，檐柱高一丈二尺八寸，見方一尺一寸。金柱高一丈四尺五寸，徑一尺四寸。九檁排山，二逄鑽金，一逄柁，三逄硬山成造。

圖 20 中有一處比較獨特的描述：露明三間一尺四寸。即道光朝之前的清寧宫僅在室内東西梢間做天花。此二間恰爲滿族祭神之處與一宫之主就寢之處，具有鮮明的滿族文化獨特性。將平面信息整理重繪并與今日測繪圖疊加得圖 24[16]，進一步發現今日與古時差异明顯的特徵有：臺明南北向偏窄、東西向偏長；東西梢間進深略小；室内頂椿柱位置、形狀均不相同；室内隔墻不露柱；窗户、火炕、鍋臺尺寸改變；地磚改變。

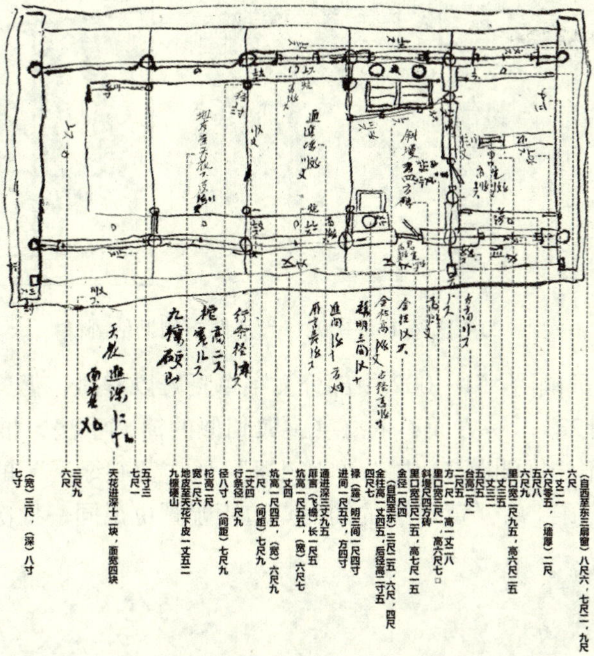

圖 20　國圖 151 中清寧宮平面圖

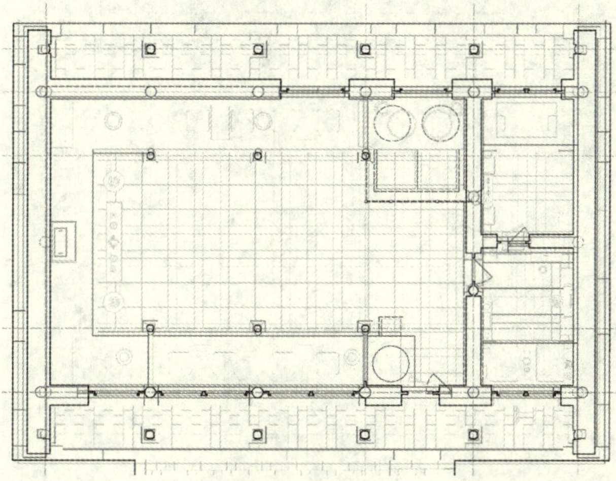

圖 21　清寧宮平面古今疊加示意圖

（自繪。注：虚綫部分表示因信息遺漏導致定位不明）

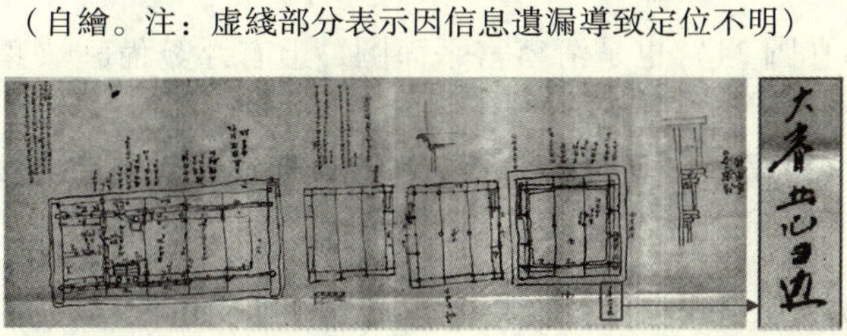

圖 22　國圖 151—009 局部

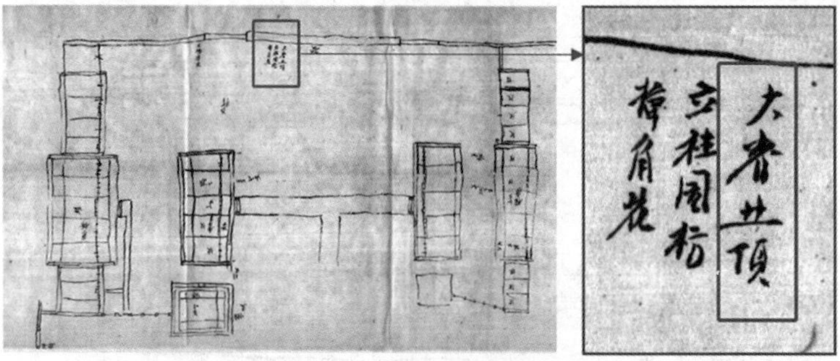

圖 23　國圖 151—002　大清門南側勘估圖樣

國圖 151—009 與國圖 151—002 中部分文字單獨難以辨識，但二圖置于一起則可窺見端倪（圖 22 與圖 23）。一方面，依據字迹與相似的簡寫手法，推測兩張圖應爲同批繪製。另一方面，不難推測圖 22 中“卄心彐邊”爲“黄心绿邊”的簡寫，即黄琉璃绿剪邊；圖 23 中“卄頂”爲“黄頂”的簡寫。這兩幅圖也爲同一批次繪製。

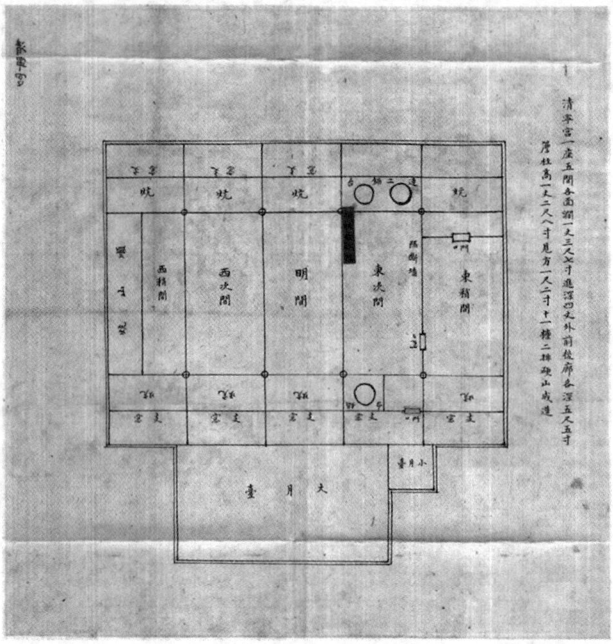

圖 24　國圖 151—006　清寧宮地盤圖樣

國圖 151—006（圖 24）也是清寧宮平面圖，上有浮簽備註“頂樁柱分位”。整圖附以文字尺寸說明：

清寧宮一座五間，各面闊一丈三尺七寸，進深四丈；外前後廊各深五尺五寸，檐柱高一丈二尺八寸，見方一尺二寸；十一檁二排硬山成造。

與國圖 151—009 及現狀相比，除數據略有差异外，頂樁柱截面爲圓、北窗的位置開設于西三間與十一檁的數量存在較明顯的區别。通過對國圖 151—009 及相關聯的故宫藏樣式雷圖的分析，并結合現狀，不難推測自道光二十一年至今，清寧宮室内頂樁柱横截面爲轉角帶折的方形，北面開窗于明間及東二間，同時梁架爲九檩，是以國圖151—006極有可能繪製于道光二十一年之前。考慮到梁架的跨度，此次工程應爲更换頂椿柱而非新加。至于清寧宫北窗位置與檩的數目，仍需要更多資料進行推論。

（四）國圖151—011與國圖151—001

圖25題名爲鳳凰樓挑换大木頭停并選用新料根件尺寸單，内容經匯總可製表3。

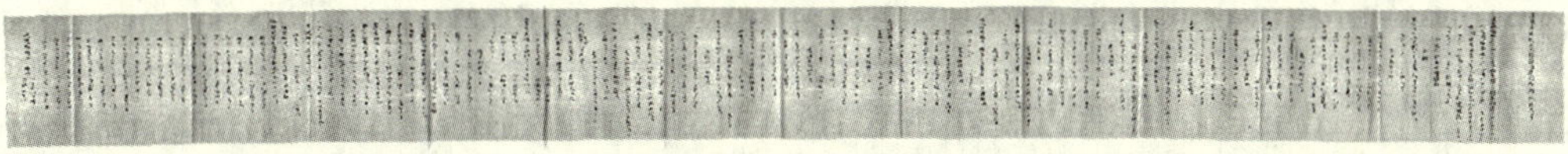

圖25　國圖151—011　鳳凰樓挑换大木頭停并選用新料根件尺寸單

表3　國圖151—011所記鳳凰樓挑换大木頭停并選用新料根件尺寸

構件名稱	綜述	數量×長度	數量×長度	寬	高	替换數量	新料
下檐啞叭挑尖梁	20	4×一丈	16×七尺二寸	一尺四寸	一尺二寸	20	5
承椽枋	20	12×一丈〇五寸	8×五尺五寸	一尺	八寸	10	2
間枋	20	12×一丈〇五寸	8×五尺五寸	八寸	七寸	20	4
承重	20	4×七尺七寸	16×五尺五寸	一尺二寸	一尺	10	1
楞木	20	12×一丈〇五寸	8×三尺	七寸	五寸	10	1
檐柱	20	一丈〇二寸五分		一尺一寸	一尺一寸	12	4
檐枋	20	12×一丈〇五寸	8×五尺五寸	一尺一寸	九寸	6	1
抱頭梁	20	4×九尺七寸	16×六尺八寸	一尺四寸	一尺三寸	10	1
啞叭挑尖梁	20	4×七尺九寸	16×五尺七寸	一尺四寸	一尺二寸	20	5
承椽枋	20	12×一丈〇五寸	8×四尺	一尺	八寸	10	2
間枋	20	12×一丈〇五寸	8×四尺	八寸	七寸	20	4
承重	20	4×五尺六寸	16×四尺	一尺二寸	一尺	10	1
上檐柱	20	一丈〇二寸五分		一尺一寸	一尺一寸	12	4
抱頭梁	20	4×七尺一寸	16×五尺一寸	一尺四寸	一尺二寸	10	1
檐枋	20	12×一丈〇五寸	8×四尺	一尺一寸	九寸	6	1
合頭枋	20	4×五尺六寸	16×四尺	八寸	六寸	0	
上中下檐柱 啞巴桁條	60	36×一丈〇五寸	8×七尺七寸	一尺四寸	七寸	0	
		8×五尺七寸	8×四尺七寸				
上中下言角梁	24	4×一丈二尺五寸	4×一尺八寸	一尺二寸	八寸	未注明	3
		4×九尺五寸	4×七尺五寸				
		4×八尺二寸	4×六尺五寸				

續表

構件名稱	綜述	數量×長度	數量×長度	寬	高	替換數量	新料
兩層樓板		一尺		湊寬十五丈	四寸		
中下檐周圍檐椽	424	四尺三寸		三寸五分	三寸五分		
中下檐翼角椽	120	四尺三寸		三寸五分	三寸五分		
中下檐飛檐翹飛椽	536	頭長一尺一寸		三寸	三寸		
上檐周圍檐椽	168	七尺		三寸五分	三寸五分		
上檐翼角椽	72	七尺		三寸五分	三寸五分		
上檐飛檐翹飛椽	240	頭長一尺一寸		三寸	三寸		20
下花架椽	100	六尺二寸		三寸五分	三寸五分		
上花架椽	100	六尺五分		三寸五分	三寸五分		
腦椽	100	六尺九寸		三寸五分	三寸五分		
山花板	2	各湊寬三丈一尺五寸		中高一丈	厚二寸五分		
博縫板	12	4×八尺	4×七尺	一尺八寸	三寸	6	
橫望板		二十五丈		二十五丈	一寸二分	滿換	

鳳凰樓是三層歇山外廊式建築。此籍本記録了完整的鳳凰樓外廊的構件名稱、工程替換數量，與道光二十一年的鳳凰樓外檐拆修工程照相呼應。而國圖 151—001 除抵下存新料根件尺寸單則記録了本工程用料後剩餘并儲存的新料尺寸。這兩張樣式雷工程籍本具與國圖 151—009 等圖屬于同期繪製。

（五）國圖 150—008 與國圖 151—008

首先看一張故宫博物院藏軍機處檔藏盛京宫殿建築圖（圖 27），該圖當時標注“嘉慶六年軍機處檔藏，乾隆時期宫殿建築圖”。但檔案中，嘉慶六年并無此處修繕的史料記載，而咸豐六年有份檔案記載如下：

奴才承志、善燾跪奏，爲查勘盛京宫殿情形應請修理恭折奏聞仰祈聖鑒事。竊據内務府掌圖記佐領岫雲等呈報，清宣宫院内關雎宫、麟趾宫并東西配宫因連日陰雨俱各倒壞；永福宫後檐墜落，衍慶宫後檐柱脚沉陷亦將墜落；又嘉蔭堂前戲樓亦因陰雨倒壞，呈報前來。奴才等親詣各該處詳細查勘得關雎宫一座五間，中間南縫大梁糟斷以致坍塌北山；東配宫一座三間，頭停坍塌，大木糟斷；麟趾宫一座五間，中間亦係南縫大梁糟斷，頭停坍塌；北山西配宫三間，頭停坍塌，大木糟斷；永福宫後坡椽望糟斷，後檐傾倒，殿内滲漏，地脚沉陷；衍慶宫後檐糟朽，柱脚沉陷，殿内滲漏；嘉蔭堂前戲樓因探海梁糟斷傾倒，與原報均屬相符。奴才等即派該員將琉璃瓦片木植撿出，敬謹堆垛，地面清理，查清宣宫院内係敬謹處所理宜整肅，今經傾倒宜即興修。惟嘉蔭堂于道光九年九月二十四日，經前任將軍公奕顥面奉聖諭：嗣後如遇朕東巡之年，嘉蔭堂前戲樓一座先行拆去，添安值房，并將仰熙齋内戲臺亦即拆去，改作隔斷，欽此欽遵。今經倒壞，或即改修值房，抑或恭竢皇上東巡之年再行奏請添安。奴才等未敢擅擬，謹將各座殿宇倒壞情形合并陳明，恭折奏聞請旨。謹奏。硃批：另有旨。[17]

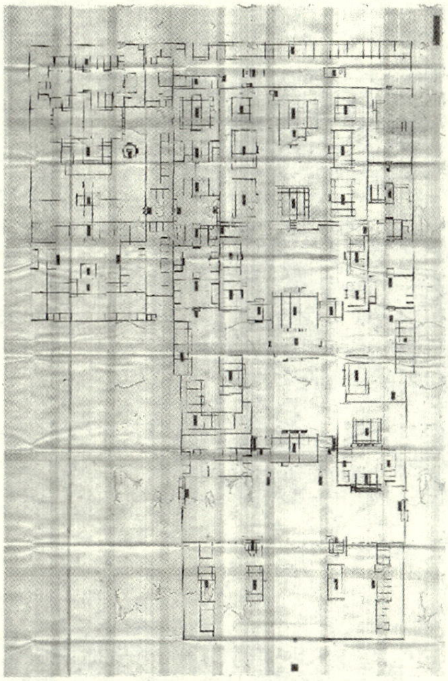

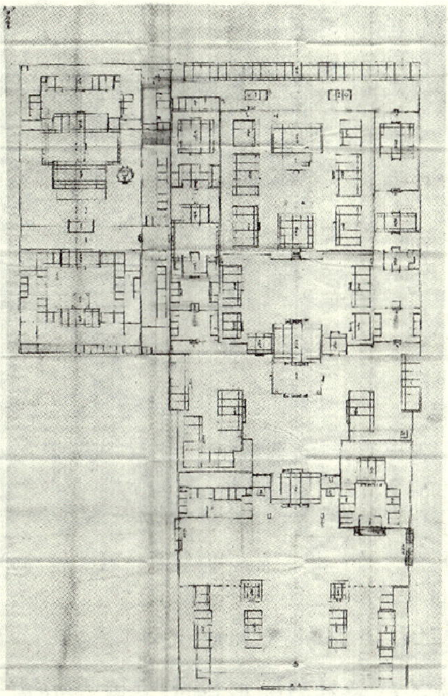

圖 26　左　國圖 151—008　瀋陽故宫中路與西路地盤圖樣 1；
右　國圖 150—008　瀋陽故宫中路與西路地盤圖樣 2

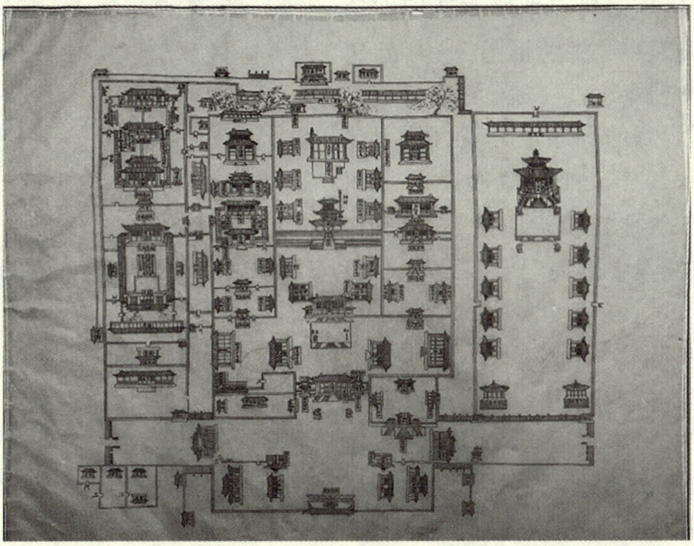

圖 27　軍機處檔藏盛京宫殿建築圖（瀋陽故宫博物院藏，20 世紀 80 年代初描繪）

檔案中可供斷代參考的關鍵信息有三點：指出勘估現狀，即關雎宫、麟趾宫、東西配宫、嘉蔭堂前戲樓坍塌倒壞，衍慶宫後檐墜落、柱脚沉陷，永福宫後檐墜落。第二點，提到道光九年九月二十四日有關于將嘉蔭堂前戲樓與仰熙齋内戲臺拆去、添安值房的檔案。第三點，此處將“清寧宫”稱爲“清宣宫”，應爲避諱道光皇帝名字“旻寧”的“寧”字導致。

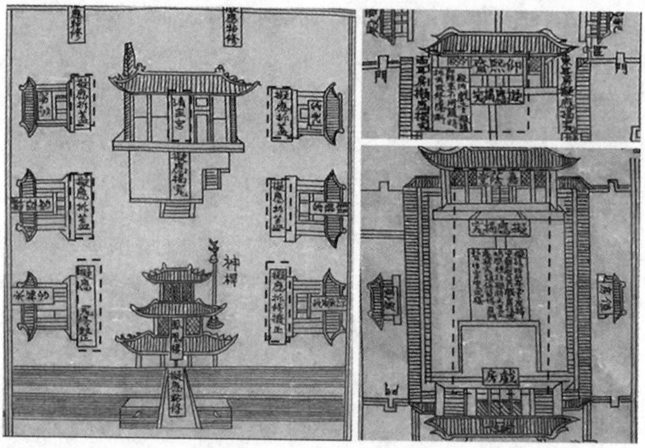

圖 28　軍機處檔藏盛京宫殿建築圖局部

圖 27 中，清寧宫記爲“清寧宫”，關雎宫、麟趾宫及東西配宫標注“擬應拆蓋”，衍慶宫標注“擬應拆修撥正”，永福宫標注“擬應瓦修整”，仰熙齋與嘉蔭堂前建築備註、現狀及擬改措施，另有西所垂花門與琉璃門之間兩值房標注“擬應拆蓋”，其餘建築均爲稍作修理（圖 28）。該圖描述的信息與咸豐六年文檔記録的問題十分契合。因此此圖并非嘉慶六年作，而是咸豐六年。而“寧”字在缺筆書寫之後，與“宣”字相近，這也可能是檔案中出現“清宣宫”一詞的原因。

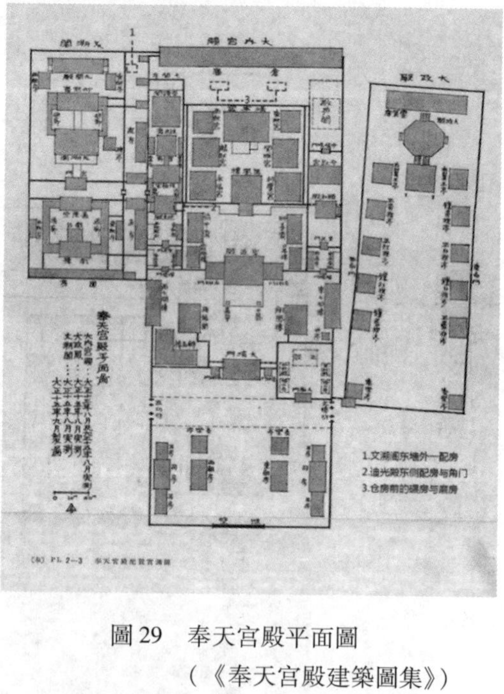

圖 29　奉天宫殿平面圖
（《奉天宫殿建築圖集》）

與圖 27、28 相比，圖 26 的兩張圖中，整個瀋陽故宫建築群西南角、戲房的南側成爲了一片空白區域，更趨近于《奉天宫殿建築圖集》中的瀋陽故宫平面（圖 29）。1926 年時，相對于圖 26，瀋陽故宫已拆除部分建築，包括文溯閣東墻外一配房、迪光殿東側配房與角門、倉房前的碾房與磨房。綜上推斷 國圖 151—008 和國圖 150—008 的繪製時間在咸豐六年（1856）至民國元年（1912）之間。

四、結語

國家圖書館藏的9張瀋陽故宮樣式雷圖檔内容較爲分散，文中通過對其内容的逐個簡要分析，結合史料對其繪製年代進行初步推斷，得到以下階段性結論：

國圖187—2—046，繪製時間不早于康熙十九年（1680），似與乾隆元年（1736）版《盛京通志》有關，但北塔與圍城的繪製方面存在較大的疑點；

國圖151—007糙繪了瀋陽故宫中路南側建築群的平面，記録了尺寸信息，繪製于乾隆十五年至乾隆四十四年（1750—1779）之間；

國圖151—006記録了早于道光年間的清寧宫平面圖，十一檁及西北開窗的示意具有顛覆今人認知的價值，仍需要更多史料進行佐證；

國圖151—001、國圖151—002、國圖151—009與國圖151—011與道光二十一年的清寧宫、鳳凰樓大修工程有關，而國圖151—009又最爲重要，其記録了大修前的清寧宫與鳳凰樓平面，據此可將清寧宫與鳳凰樓的建築研究推演至乾隆年間甚至更早。另一方面，對該圖的研究也體現了綜合利用不同館藏樣式雷圖的必要性；

國圖150—008與國圖151—008繪製了咸豐六年至宣統四年之間的中路、西路情形，對于研究清朝衰亡階段瀋陽故宫的改建具有重要參考價值。

注釋：

①《世界記憶名録》對樣式雷圖檔的詳細説明中并無瀋陽的備註，“…and cover imperial architecture in Beijing, Tianjin, Hebei, Liaoning and Shanxi”，但無論是中國國家圖書館或故宫博物院藏樣式雷圖檔均涉及瀋陽故宫，側面反映了瀋陽故宫相關樣式雷圖檔的數量少與邊緣化。

② 王其亨、徐丹：《清代樣式雷北海圖檔整理述略》，《天津大學學報（社會科學版）》2016年第6期。

③ 楊菁、王其亨：《解讀光緒重修静明園工程——基于樣式雷圖檔和歷史照片的研究》，《中國園林》2012年第11期。

④ 王其亨、張龍：《光緒朝頤和園重修與樣式雷圖檔》，《中國園林》2008年第6期。

⑤ 張鳳梧、王其亨：《三幅樣式雷圓明園河道全圖辨析》，《中國園林》2014年第5期。

⑥ 文中亦涉及故宫博物院藏樣式雷圖檔，以國圖+編號與故宫+編號分别表示國家圖書館藏與故宫博物院藏樣式雷圖檔，如國圖151—001、故宫樣0997。

⑥ 類别分類依據《故宫博物院藏清代樣式房圖文檔案述略》一文對樣式雷圖檔的分類方法，即糙樣、糙底、細底、底樣、進程樣。

⑧ 對于其繪製時間暫無準確定論，但基本認爲其繪製了康熙十三年前瀋陽城的布局情況。參閱王佩環：《從〈盛京城闕圖〉的發現及其價值看滿文研究的必要性》，支運亭主編《清前歷史文化：清前期國際學術研討會文集》，瀋陽：遼寧大學出版社，1998年；《〈盛京城闕圖〉的内容與年代》，王明琦：《〈盛京城闕圖〉的内容與年代》，《社會科學輯刊》1986年第4期。

⑨ 今存七版《盛京通志》，本文共參考三版，分别爲藏于京都大學的康熙二十三年（1684）本、藏于早稻田大學的乾隆元年（1736）本、乾隆四十三年（1778）武英殿本。乾隆元年本與乾隆四十三年本中的盛京城圖基本一致。

⑩ 巡查盛京等處地方給事中增壽保爲請改換大政殿頂瓦等事奏摺，乾隆十年十一月初一日，郭美蘭：《乾隆初年修建瀋陽故宮史料選擇（上）》，《歷史檔案》1997 年第 2 期。

⑪ 盛京禮部侍郎納爾泰等爲改建大政殿後房屋存放鑾駕樂器事奏摺，乾隆十年十一月初一日，郭美蘭：《乾隆初年修建瀋陽故宮史料選擇（上）》，《歷史檔案》1997 年第 2 期。

⑫ 盛京將軍阿蘭泰爲增建大政殿後房屋存放鑾駕事奏摺，乾隆十五年三月二十一日，郭美蘭：《乾隆初年修建瀋陽故宮史料選擇（下）》，《歷史檔案》1997 年第 4 期。

⑬ 開工日期明確："至清寧宫、鳳凰樓工程自三月十五日開工"。廖鴻荃，奏爲恭報永陵清寧宫等各項工程完竣事，道光二十一年六月十一日，宫中檔案 04—01—37—0101—025，中國第一歷史檔案館；完工日期并非準確，僅知基本完竣于六月十一日前："其清寧宫、鳳凰樓應行更換枋檁柁梁及椽望等項，經臣等于備工木植内取用二百五十二件，其餘參用舊料均係覈實辦理。至現在各項要工均已完竣，惟清寧宫山墻後檐墻新經灰砌灌漿……"廖鴻荃，奏爲永陵清寧宫等各項要工均已完竣廖鴻荃端華未便在瀋閑住即日起程回京事，道光二十一年六月十一日，宫中檔案 04—01—37—0101—026，中國第一歷史檔案館；工程量較爲明確："會同臣端華臣耆英敬謹履勘得清寧宫工程大木業經拆卸，正在清刨地基。鳳凰樓周圍廊木已拆卸完竣。"廖鴻荃，奏報廖鴻荃到瀋日期并陳明永陵清寧宫等各工現修情形事，道光二十一年閏三月初九日，宫中檔案 04—01—37—0101—012，中國第一歷史檔案館。

⑭ 營造尺采用 1 尺 =0. 315 米，詳見注釋 16。

⑮ 宫中硃批 04—01—37—8—12，中國第一歷史檔案館，奉天將軍額洛圖等奏爲鳳凰樓請旨折，乾隆九年六月二十八日甲戌。

⑯ 依據明間、次間尺度進行營造尺推斷：今日實測值爲 4. 44 米，圖中標記爲 1 丈 4 尺，經換算後得 1 尺 ≈ 0. 315 米。

⑰ 奏爲查勘盛京宫殿情形應請修理事，承志，咸豐六年九月十二日。《宫中檔咸豐朝奏摺》（複製本）第 18 輯，237 頁。

（作者單位：天津大學建築學院樣式雷研究中心，瀋陽故宫博物院）

國家圖書館藏暢春園樣式雷圖檔整理述略

高 原 楊 菁 田 蕾

内容提要： 暢春園建于康熙年間，是清代第一座大型離宫御苑，曾是西郊皇家園林的核心。雍正朝之後，其功能和地位被圓明園取代，乾隆朝曾作爲皇太后園，之後逐步走向衰落，如今破壞嚴重，遺址無存。國家圖書館收藏的一萬五千餘件樣式雷圖檔中，共有47件相關圖檔，數量不多，却是研究暢春園及其附屬園林的珍貴史料，本文擬通過梳理分析樣式雷圖檔和歷史檔案，對其反映的園林變遷進行簡要解讀。

關鍵詞： 樣式雷圖檔　國家圖書館　暢春園　西花園　泉宗廟

暢春園在乾隆朝之後一直閒置，自嘉慶朝開始逐漸荒廢，僅有個别寺廟仍保留原有功能，園林建築被不斷拆去，木料挪爲他用。至1860年被英法聯軍焚毁之前，暢春園已徹底淪爲廢園。現存圖檔多繪于道光、咸豐兩朝，内容多涉及踏勘丈尺、裝修略節等。本文中所討論的是暢春園及其附屬園林西花園，以及其南側同屬暢春園管轄的聖化寺和泉宗廟等其他周邊寺廟相關的樣式雷圖檔（詳見表1）。

表1　已整理國家圖書館藏暢春園樣式雷圖檔數量表

序號	地點		數量	
1	暢春園	觀瀾榭	3	16
2		清溪書屋	3	
3		疏峰	3	
4		春暉堂	1	
5		無逸齋	1	
6		慈佑寺（永寧寺）	2	
7		其他	3	
8	西花園	總圖	1	6
9		南所	4	
10		北部馬厩	1	
11	泉宗廟	總圖	2	18
12		東園	1	
13		西園	1	
14		其他	14	
15	聖化寺	聖化寺寺廟	5	7
16		寶真觀（永寧觀）	2	
總計			47	

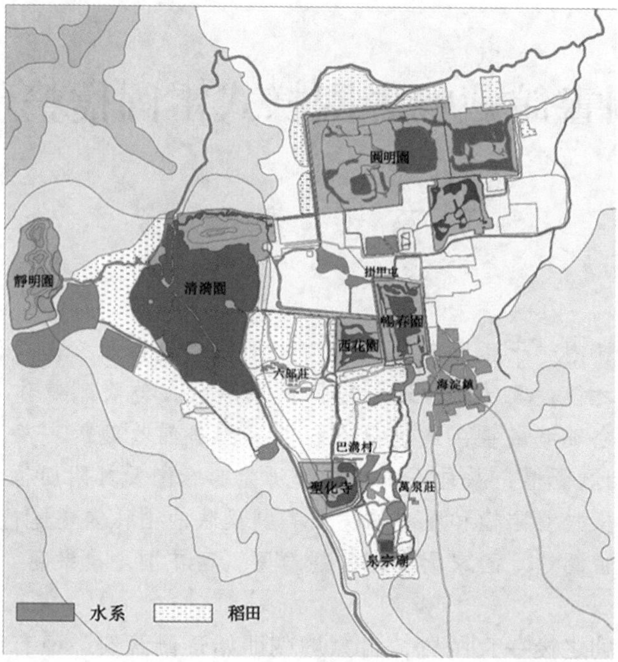

圖1 乾隆朝西郊園林分布示意圖

一、暢春園

暢春園始建于康熙二十三年（1684），是清代第一座大型離宫御苑，開啓了清帝居園理政的模式。正是在暢春園建造過程中，雷金玉上梁立功，被欽命欽工處要職，後名振當時[①]。

暢春園樣式雷圖檔多爲建築平樣和地盤圖，主要涉及清溪書屋、觀瀾榭、疏峰、春暉堂、無逸齋幾個組群。清溪書屋、觀瀾榭、疏峰三者圖檔形式相似，均有一張糙底和一張細底。糙底和細底所繪内容幾無差异，衹是將數據和圖樣整理重繪。圖中繪出了組群的建築布局，標出柱高、開間、進深等數據，貼簽標注各建築名稱，并標出各個單體的屋頂形式，應爲勘查丈尺圖。觀瀾榭和疏峰另各有一張黄底色繪地盤圖，圖中除畫出建築布局外，還將周圍山石和水系，以及内檐裝修一并畫出，貼簽標注房間總數，無尺寸信息。色繪地盤圖中的建築組群更爲完整，國圖343—0667觀瀾榭地盤圖中，西側和北側值房呈“L”形相連，共計23間。而國圖123—018和國圖123—014中，西側和北側值房分成兩段建築，僅剩餘13間；國圖210—074疏峰地盤圖（圖2）共殿宇28間，游廊七間，與周邊山石環境關係和諧。而國圖123—013（圖3）和國圖123—011中的疏峰組群中僅有北半部分建築留存，共計殿宇16間。據《總管内務府暢春園現行則例》記載：“（道光）三年十一月呈准，將園内澹寧居、疏峰、觀瀾榭、大西門并已拆去……”[②]因此疏峰和觀瀾榭圖樣均應繪于道光三年（1823）之前，而色繪地盤圖年代則應更早。國圖130—016爲春暉堂平樣糙底，繪出組群布局、圍墻、門窗位置，標有開間及進深尺寸，主殿位置標有“春暉堂”字樣。

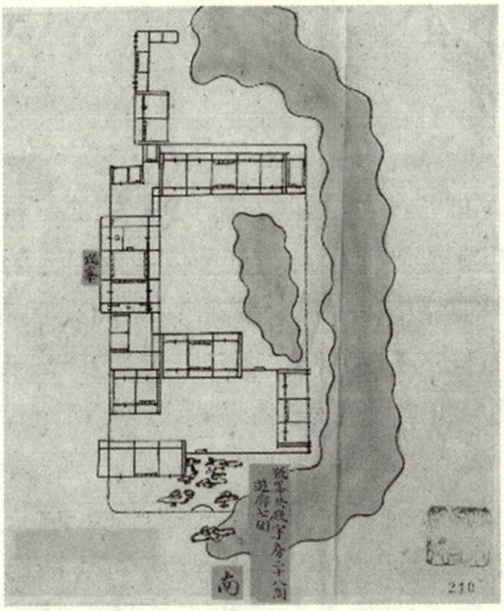

圖 2　國圖 210—074　疏峰地盤圖

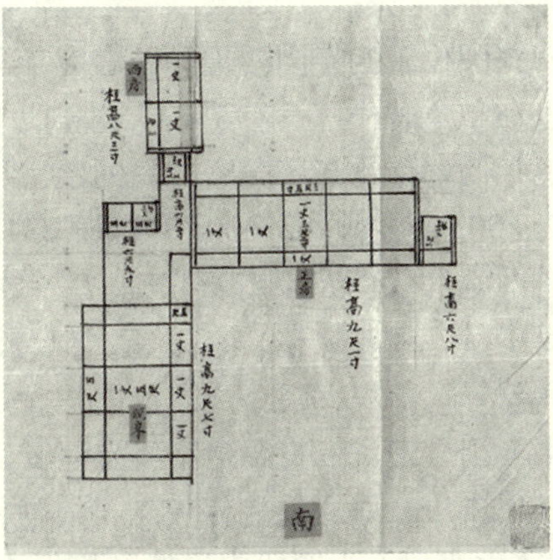

圖 3　國圖 123—013　疏峰平樣

國圖 217—035 是地盤圖，原無題名，根據圖中山石和水體形態，以及貼簽上的文字，如“無逸齋宮門”“松皇深處殿”“對清蔭殿”等建築名稱推斷，應爲無逸齋地盤圖。圖中貼簽有深淺區分：淺色簽貼于外部，上注明建築間數、面闊、進深、柱高等尺寸；深色貼簽則直接貼在建築地盤内，注明拆除後的用途。無逸齋内計大小房 63 間、游廊 66 間、垂花門一座，全部被拆除，抵料修建固倫公主園寢享殿、看守房、茶飯房、宮門及和碩公主園寢享殿、宮門[③]。

國圖 130—002，題名爲暢春園查來内檐裝修尺寸底，草稿，内容爲暢春園清溪書屋和道和堂兩處裝修尺寸，書寫較爲潦草，夾雜裝修立樣草圖，應當是現場踏勘時的記録。另有國圖 065b—007，原無題名，擬題名暢春園裝修抵用略節。文字内容爲：“暢春園清溪書屋道和堂内檐裝修抵在含芳園。各座抵安……共抵用八槽，除抵用餘存……”系暢春園裝修抵用在含芳園的清單[④]。

國圖 338—0170，爲挖河尺寸粗底，圖中標注長寬尺寸、陸地高程。根據水陸布局可判斷所繪内容爲暢春園南部，圖中可辨別出暢春園東南側宮殿區的輪廓。

另國圖 130—006 爲暢春園馬廠慈佑寺前戲臺糙尺寸底説帖，時間爲咸豐六年（1856）正月廿七日，文字内容爲：“現查得戲臺一座，面寬一丈八尺，周圍廊各深六尺，柱高一丈五寸，柱徑一尺一寸，臺明高二尺二寸，下，□二尺五寸，扮戲房三間，明間面寬一丈八尺，二頭間而面寬六尺，進深一丈五尺，柱高八尺□寸，臺明高二尺五寸，大木吴（無）存。”另有國圖 130—009 暢春園慈佑寺前戲臺底樣，墨繪，圖中有戲臺平樣、立樣，有尺寸標注，内容與説帖相吻合。據《總管内務府暢春園現行則例》記載：“道光三年四月奉旨：永寧寺着改爲慈佑寺，永寧觀着改爲寶真觀，嗣後永寧寺四月初八日着停止獻戲，欽此。”[⑤]慈佑寺原爲永寧寺，位于暢春園西北側[⑥]，寺前戲臺于道光三年（1823）停止獻戲後閑置，至咸豐六年（1856）已損毁嚴重，建築局部“大木無存”，遂被拆去。

二、西花園

西花園位于暢春園西墻外，曾是康熙帝未成年皇子在西郊的居所，其具體建設年代官書和私家著作都没有記載。乾隆四十二年（1777）後，西花園與暢春園一同閑置，在嘉道年間曾作爲皇帝薨逝妃嬪的殯宫[7]，相關圖檔共計6張。其中國圖132—001、國圖132—003、國圖132—004和國圖284—0024内容大致相同，描繪對象均爲西花園東南側宫門組群（西花園南所），應爲一次修繕工程的勘察圖。其中以國圖132—001書寫最爲工整，内容完整，有浮簽，似爲進呈樣，題名爲西花園地盤畫樣。圖爲黄底，水岸爲草緑色，現存建築爲黑色墨繪，坍塌部分紅色繪出。圖上浮簽有三種：黄簽標識建築名稱，淺黄簽寫明建築殘損程度，如“頭停滲漏、瓦片脱節、階條走錯”，紅簽爲擬修理辦法，如“擬頭停夾隴，補砌臺幫”（圖4）。另有黄簽標注房間及粘修總數：“共殿宇大小房七十四間内，擬粘修五十三間，現有游廊二十一間。”從樣式雷圖中可以看出，此時西花園已經經歷了長時間的閑置，損毁十分嚴重，南所西側和南側圍墻幾乎全部倒塌，建築瓦片脱落，臺幫坍塌。擬修理部位主要爲中路殿宇及圍墻，游廊和東路值房等不在修補之列，可見本次修補意在維持西花園現狀，并無意將其重新啓用。

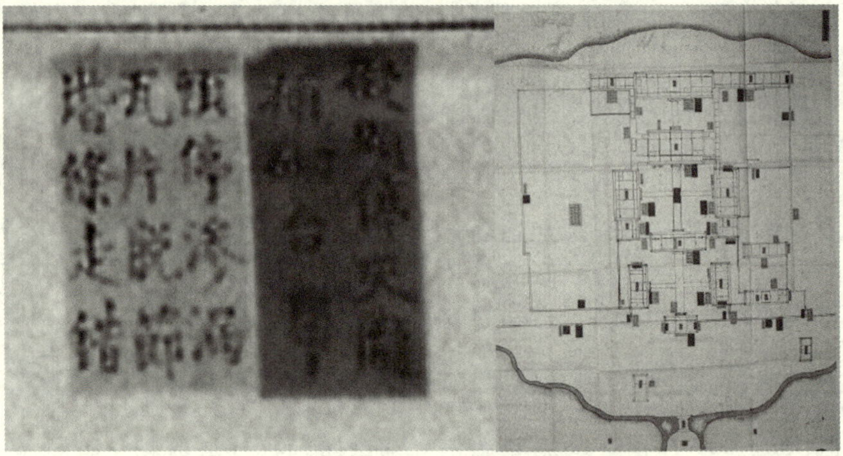

圖4　國圖132—001　西花園地盤畫樣

國圖133—025爲徒手繪製地盤樣，右下角標注“西花園現查情形”。圖面重點表示了西花園整體的水陸布局和山石分布，并標有各片土地面積及尺寸，建築均未繪出，僅框出東南側宫門組群（西花園南所）輪廓，圖中繪出有平格，用于丈量地畝尺寸（圖5）。

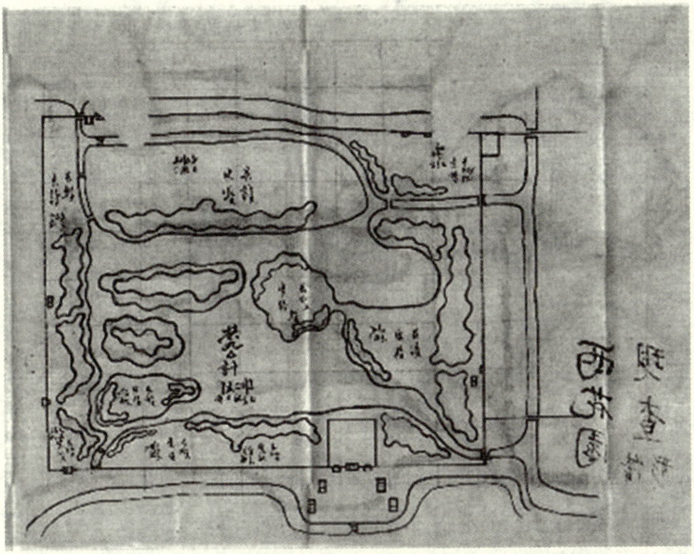

圖5　國圖133—025　西花園現查情形

國圖350—1328爲馬厩地盤樣，根據其周圍環境推測，應位于西花園北側。另有奏摺稱：“（光緒十五年）七月初八日，上駟院今奏爲請旨事。竊查圓明園自在園設有木材衙門郭什哈一圈，現據准諳軍衙門文稱，欽奉懿旨將自在園改建養花園處所得給。因，欽此。奴才等即飭令郭什哈圈厩長文連，將自在園内所養馬匹全數移出，僅將馬王佛像在西花園地方搭蓋席棚，暫爲供奉以待□修。……當經奴才衙門行文圓明園查勘地勢，旋據文稱查得西花園内有空閑地基一塊，共水旱地一頃八十餘畝，……奴才等共同商酌，擬請時西花園空閑地一頃八十餘畝堪以本院建設御馬之厩，……”⑧可知該圖檔繪于光緒十五年（1889）後，原用于飼養御馬的自在園（自得園）被改爲養花園，爲了安置御馬，遂在西花園北側空地添修馬厩。

三、聖化寺及泉宗廟

聖化寺并寶真觀圖檔共7張，繪圖風格各有差异，但所反映的内容基本相同，均爲寺廟區地盤樣，未見園林建築（圖5）。據檔案資料記載：“……經奏准拆卸暢春園聖化寺殿宇房間亭座游廊二百四十間内，亭子四座，游廊一百四十二間，皆甚矮小，修理房間不堪應用，交營造司拆運存貯。”⑨可知聖化寺的園林建築已于嘉慶十二年（1807）拆去，僅剩寺廟部分仍保留原有功能。

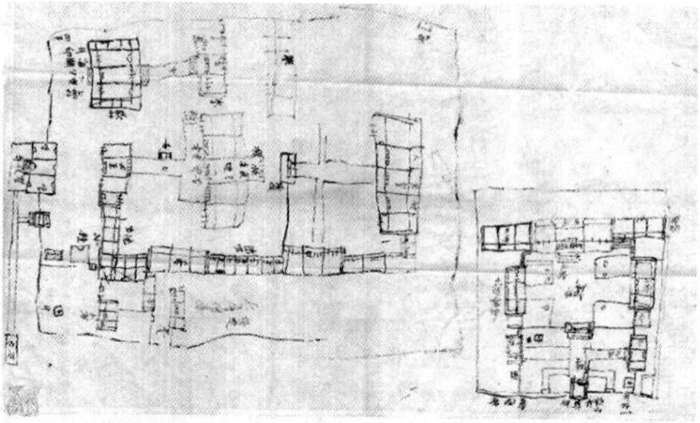

圖6　國圖204—023　聖化寺、寶真觀地盤全圖糙底

泉宗廟圖檔所共8件，其中地盤樣4件、説帖2件、建築平樣1件。國圖123—007泉宗廟底樣，有浮簽標出建築及泉眼名稱，繪製較整齊，整體布局清晰。下方貼簽“泉宗廟共殿宇房計八十四間，游廊二百一十一間，樓四座計十四間，扇面亭一座，八方亭一座，六方亭一座，四方亭二座，碑亭三座，牌樓二座，石牌樓二座”。另一泉宗廟地盤樣爲國圖123—006，有浮簽，標明建築名稱及個别建築坍塌抵用情況，如西路樂清館前簽爲“樂清館坍塌，安佑宫抵用”（圖6）。兩張泉宗廟地盤圖所繪内容略有差异，後者津逮亭被拆去，并津逮亭後土山形狀略有改易。國圖27—012泉宗廟房屋單爲説帖糙底，爲泉宗廟内部分建築抵用情況，涉及建築依緑軒、樂清館、曙觀樓、秀舉樓、挹源書屋等，與國圖123—006所反映内容相吻合。

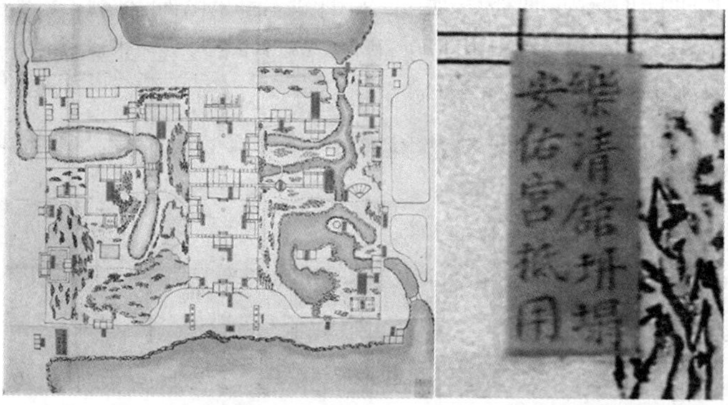

圖7　國圖123—006　泉宗廟地盤樣

國圖227—045和國圖204—025分别爲泉宗廟東西兩苑的地盤糙底，分别反映了東西兩所現存和坍塌的建築。後者圖面題有“點紅點者坍塌、圈紅圈者拆去”字樣。

國圖227—046泉宗廟房屋損壞情況圖樣，無浮簽，爲泉宗廟現存各個建築平樣，有尺寸及建築殘損程度，涉及建築有中路泉宗廟山門、涵澤門、普潤殿、樞光閣及配殿；東路東書房、湛虚樓、主善堂、敞廳、扇淳室、六方亭、向緑軒；西路集遠堂、愛景亭、皇碑亭、西書房、輝淵榭，恰均爲國圖227—045和國圖204—025中所標識的現存建築。其左下角題“咸豐七年九月初三日查”。由此推測，國圖227—045和國圖204—025繪製年代應早于咸豐七年（1857）。

國圖062—007和國圖065b—001内容一致，均爲暢春園和泉宗廟各處拆卸下來的裝修數目清單。國圖065b—006也爲暢春園和泉宗廟各處拆卸下來的裝修數目清單，前者以各類内檐材料爲項統計，後者是以各座單體爲項統計。國圖065b—003與國圖065b—004内容相同，均爲抵用裝修書目清單，後者所列項目較爲詳細，二者總數一致。國圖065b—002和國圖065b—008兩張圖檔内容完全相同，是關于含芳園後所各座抵用裝修略節。國圖048—006題名爲泉宗廟複查準底，爲草圖，有塗改。圖中畫出泉宗廟各座建築的平面及裝修，并標出抵用在含芳園的具體位置，共涉及主善堂、向緑軒、曙觀樓、東書房、挹源書屋、湛虚樓、樂清館、輝淵榭、依緑軒九座建築。國圖123—004，題名爲泉宗廟暢春園等座内檐數目準底，表現手法和國圖048—006相同，但繪製更爲工整，并多出了暢春園清溪書屋和道和堂的平面及其内檐抵用位置⑩。

綜上，咸豐七年（1857）前後對泉宗廟現存建築進行清查，部分建築坍塌，直接拆去，所餘木料抵用在圓明園。内務府派樣式雷修繕含芳園時，也曾拆卸泉宗廟和暢春園内檐抵用。由此可見，泉宗廟和暢春園已經徹底停止使用，不再計劃修繕了。

四、暢春園樣式雷圖檔的意義

暢春園及其附屬寺廟及園林在乾隆朝之後就逐漸走向衰落，圖檔内容較爲零散分散，難以反映設計過程，但在一定程度上爲探討園林原貌提供了可能。圖檔多爲地盤圖，用于勘查丈尺，多反映了清中後期暢春園及其附屬園林、寺廟衰敗後，用以抵料修建其他園林，或改爲他用的情況。暢春園、西花園、聖化寺和泉宗廟幾座園林及寺廟破壞嚴重、遺迹難尋，在反映園林興衰變遷，探討園林藝術及復原研究等方面，這部分樣式雷圖檔是最爲重要的依據，具有極大的價值和作用。

注釋：

① 王其亨，項惠泉：《“樣式雷”世家新證》，《故宫博物院院刊》1987年第2期，52—57頁。

② 中國國家圖書館藏《總管内務府暢春園現行則例》。

③ 王茹茹：《清代宗室、公主園寢及相關樣式雷圖檔研究》，天津大學建築系博士學位論文，2011年，181頁。

④ 耿威：《清代王府建築及相關樣式雷圖檔研究》，天津大學建築系博士學位論文，2011年，150—151頁。

⑤ 中國國家圖書館藏《總管内務府暢春園現行則例》。

⑥《大清一統志》卷七：“永寧寺在暢春園之西北，康熙中建，聖祖御書匾曰：調禦丈夫，皇上御書匾曰：智光普照。”

⑦《爲貴人等位往西花園南所去至莊妃金棺前奠酒畢還圓明園所用引導跟隨等人照例派出預備事等》，嘉慶十六年二月十五日，中國第一歷史檔案館藏，05—13—002—000098—0053。《爲和妃内庭等

位在西花園去看視平貴人入殮奠酒所用引導跟隨關防官員人等照例派出在西南門外預備事》，道光三年三月二十五日，中國第一歷史檔案館藏，05—13—002—000118—0121。

⑧《奏爲圓明園西花園搭建郭什哈（馬廄）請派員踏勘事》，光緒十五年七月初八日，中國第一歷史檔案館藏，03—7157—041。

⑨《爲支領拆卸暢春園聖化寺殿宇房間亭座等項所需拆工運脚銀兩事》，嘉慶十二年六月十八日，中國第一歷史檔案館藏，05—08—006—000398—0003。

⑩ 同④。

參考文獻：

[1] 白鴻葉：《國家圖書館藏圓明園樣式雷圖檔述略》，《北京科技大學學報（社會科學版）》2016 年第 5 期。

[2] 賈珺：《清華大學建築學院藏清樣式雷檔案述略》，《古建園林技術》2004 年第 2 期。

[3] 王其亨、徐丹、張鳳梧：《清代樣式雷北海圖檔整理述略》，《天津大學學報（社會科學版）》2016 年第 11 期。

[4] 王茹茹：《清代宗室、公主園寢及相關樣式雷圖檔研究》，天津大學建築系博士學位論文，2011 年。

[5] 耿威：《清代王府建築及相關樣式雷圖檔研究》，天津大學建築系博士學位論文，2011 年。

[6] 楊菁、高原：《從樣式雷圖檔看北京“三山五園”的水利工程》，《紫禁城》2019 年第 2 期。

[7] 楊菁、王其亨：《解讀光緒重修静明園工程——基于樣式雷圖檔和歷史照片研究》，《風景園林歷史》2012 年第 6 期。

（作者單位：天津大學建築學院、海淀鎮文創）

樣式雷圖檔《静明園内溪田課耕圖樣》與《玉泉山龍王殿圖樣》考略

易弘揚

内容提要： 國家圖書館館藏樣式雷圖檔《静明園内溪田課耕圖樣》與《玉泉山龍王殿圖樣》是研究玉泉山静明園一手資料，這兩份圖樣對於瞭解静明園内溪田課耕和龍王殿的建築布局、建築樣式提供了重要的參考價值和史料價值。

關鍵詞： 玉泉山　静明園　樣式雷　溪田課耕　龍王殿

國家圖書館藏樣式雷圖檔《静明園内溪田課耕圖樣》長65.1厘米，寬49.5厘米，爲彩色工程圖，該圖從宏觀的角度展現静明園内一景溪田課耕各建築的位置和布局特點；《玉泉山龍王殿大木立樣》圖樣長24厘米，寬21厘米，爲單色工程圖，則是從微觀視角展現静明園内龍王殿這一具體單體建築構造。儘管兩幅圖樣角度不同，但却又互爲補充，從兩個不同的視角比較集中地展示了玉泉山静明園的造園特點，因而這兩幅樣式雷圖樣對玉泉山静明園有着比較重要的價值。

一、玉泉山静明園與静明園樣式雷圖檔

（一）玉泉山静明園

玉泉山，位于北京西山東麓支脉，是自康熙朝即開始興建的“三山五園”中“三山”中的一山，同香山、萬壽山并稱；而“五園”中的一園静明園，也坐落于此。《日下舊聞考》卷八十五載：“静明園在玉泉山之陽，園西山勢窈深，靈源浚發，奇徵趵突，是爲玉泉。”[①]静明園中山上山下散布着許多泉眼，而這其中最大的一眼名爲“玉泉”，因而此山也就被稱爲“玉泉山”。

玉泉山南北走嚮長1300米，東西最寬處達450米，大小共六個峰頭。金代時，就有金章宗多次游覽玉泉山的記載，《金史》：“明昌元年（1190）八月，幸玉泉山。”[②]“六年四月，幸玉泉山。”[③]“承安元年（1196）八月，幸玉泉山。”[④]“泰和元年（1201）……壬戌，幸玉泉山。”[⑤]金章宗評定“燕山八景”時，玉泉山的“玉泉垂虹”也在其中。

到了清朝，玉泉山更加受帝王的青睞，尤其是清聖祖康熙。在静明園的前身澄心園建成之前，康熙皇帝曾多次前往玉泉山行閲，“（康熙十二年）厥後行閲，或盧溝橋，或玉泉山，或多倫諾爾，地無一定，時亦不以三年限也。”[⑥]《康熙起居注》

也有記載，在康熙十四年（1675）乙卯閏五月，“初六日癸巳早，上幸玉泉山觀禾”[⑦]。清康熙十九年（1680），康熙帝下旨于玉泉山在原有基礎上擴建、修建行宫。二十一年（1682），擴建的行宫初步告成，最初命名爲澄心園，“澄心”二字爲“心情清静”“静心”之意。《文子·上義》篇載：“老子曰：‘凡學者能明于天人之分，通于治亂之本，澄心清意以存之，見其終始，反于虚無，可謂達矣。’”[⑧]正是康熙皇帝修建此園的初衷。

康熙三十一年（1692），澄心園奉旨更名爲“静明園”，這是清王朝在北京建立的第一座行宫。關于澄心園更名爲静明園，《清史稿》有記載：“玉泉山静明園初爲澄心園，康熙三十一年更名。”[⑨]《宸垣識略》也有記載：“静明園在玉泉山下，康熙十九年建，初名澄心，三十一年更今名。”[⑩]“静明”二字出自《莊子·庚桑楚》篇：“正則静，静則明，明則虚，虚則無爲而無不爲也。”[⑪]這之後，康熙帝又多次游覽玉泉山：“三十一年……九月戊申……上大閲于玉泉山”[⑫]，“三十二年……冬十月壬申……上大閲于玉泉山。”[⑬]由此也可見玉泉山深受皇帝之青睞。乾隆十五年（1750）至十八年（1753）曾對静明園又一次進行大規模擴建，增建了玉峰塔等景觀，并且在擴建過程中引進了江南園林的建築風格，最終形成“静明園十六景”，這時也是静明園最鼎盛時期，欽定的静明園十六景分别爲：廓然大公、芙蓉晴照、玉泉趵突、聖因綜繪、綉壁詩態、清凉禪窟、采香雲徑、峽雪琴音、玉峰塔影、風篁清聽，鏡影函虚、裂帛湖光、雲外鐘聲、碧雲深處、翠雲嘉蔭。

（二）静明園樣式雷圖檔及其價值和影響

作爲唯一留存至今的、系統的有關中國古代的建築工程圖檔，樣式雷圖檔是研究、修繕和復原中國古代建築唯一的第一手資料[⑭]。同樣，静明園樣式雷圖檔也是研究清代静明園營造樣式的重要資料。

静明園的樣式雷圖檔按照功能的不同進行分類，可分爲全圖，如《静明園地盤畫樣全圖》，以全域視角展現全園布局；又如《玉泉山峽雪琴音地盤樣》和《静明園内溪田課耕圖樣》，完整呈現静明園内峽雪琴音或是溪田課耕一景的布局。局部圖，如《玉泉山内第一凉樓房立樣》和《玉泉山龍王殿圖樣》，詳細接受某一局部的、單體建築的構造細節。各類通信、説明、文書往來，如《香山至玉泉山泄水石溝修理册》等。

静明園樣式雷圖樣的價值和影響體現在：

1. 瞭解清代園林的裝修做法

静明園樣式雷圖檔最重要最直接的價值是對清代園林裝修做法的介紹。這些圖檔爲瞭解清代建築的裝修做法留下了豐富翔實、直觀形象的資料。它保留了静明園建築物遺址、設計草案、反複修改過程、最終實施方案等，也記録了静明園建築物形成演變的歷程，是研究静明園建築最直接和最可靠的惟一的第一手資料。

2. 幫助還原園林本來面貌

因戰火、自然灾害之故，清代園林受到了相當大程度的破壞，不少園林建築今僅存其遺址。樣式雷圖檔的存在讓一部分消失或是改建的園林得以恢復其原貌，瞭解園林當時本來的面貌。大多數樣式雷圖檔可以與現存的建築實物進行對照，對中國古代、清代建築史、傳統建築圖學，以及傳統建築的設計思想、理論方法等的研究，有着無法替代的作用[15]。

3. 藝術價值和文物價值

同其他樣式雷圖檔一樣，静明園樣式雷圖檔也是用毛筆蘸取顔料或是使用炭條在宣紙上進行繪製。儘管同現代建築圖紙的繪製方法存在着比較大的差异，但是樣式雷所使用的模數網法、圖層法、透視法、投影法等繪製手法都是比較先進的表現手法。同樣其精細的繪製、斑斕的色彩也擁有比較高的審美藝術價值，是一件件的精美工藝品[16]。

如前文所述，静明園樣式雷圖檔還有着獨一性，它的系統性、完整性及其規模是世界範圍内現存古代建築檔案所僅有的。這種獨一性符合對于文物“在人類社會歷史發展過程中遺留下來、由人類創造或者與人類活動有關的一切有價值的物質遺存”的定義[17]。

二、静明園内溪田課耕圖樣

（一）静明園溪田課耕圖樣

静明園十六景之一的溪田課耕，位于京西玉泉山山麓的西部，在水城關以西的園墻之内，在清朝時，是一片河泡和稻田。這在圖樣中就有所表現：在全圖的左上角，清晰可見黄底黑字的“河泡”二字。這也印證了前文所説的静明園樣式雷的價值之一：與現存建筑進行對照，幫助還原園林的原貌。在河北岸的山麓，則建有一座課耕軒，這裏便是“溪田課耕”一景。

《日下舊聞考》載：“溪田課耕爲十六景之一。園内自垂虹橋以西，瀕河皆水田。”[18]《宸垣識略》同樣記載：“溪田課耕，臨河皆水田。”[19]玉泉山的這片稻田可追溯到明成祖遷都，當時南方遷移而來的農民，在西北郊平原東部多泉眼和沼澤的海淀開闢了一片水田[20]。乾隆帝之所以在玉泉山修建溪田課耕一景，并非是爲了游玩賞景，而是在于表達自己對農事的關心，“每過輒與田翁課晴量雨”[21]，這種行爲反映了當時的社會經濟基礎：在過去數千年時間裏，中國古代社會都是以農業爲基礎，所謂“重農抑商”，農業自然也是歷朝歷代君主所關心的重點。

乾隆十九年（1754），乾隆曾特地爲溪田課耕寫有《課耕軒》詩一首：“疏軒倚秀岩，俯暢名課耕。溪田帶左近，引水藝稻秔。墻外即高田，禾麥千畦呈。向者偶憑窗，欣聞叱犢聲。”[22]對此，《静明園内溪田課耕圖樣》也是這首詩一個鮮明的對證：溪田課耕四周除東嚮外，可謂山石環抱，正對應了“疏軒倚秀岩”；而它的南邊越過花磚宇墻就是一大片河泡。乾隆十九年（1754），園墻外尚且是廣闊的農田。乾隆二十四年（1759）之後，開始從静明園西墻到沼澤地之間修建高水湖，并且在高水湖旁邊修建養水湖，此處的稻田便不復存在了，代之以附近開闢的新稻田地[23]。

圖1　《静明園内溪田課耕圖樣》(國家圖書館藏)

根據相關記載，溪田課耕在清嘉慶、道光年間的内部部分陳設包括：靠東墻紫檀擅案一張；半舫靠西墻紫檀方桌一張；靠北墻設紫檀邊榆木心琴桌一張；真珠船靠東西墻設紫檀邊菠蘿漆心案一對；花藏海殿設石神臺，上面供奉着菩薩等，還有紅油供桌一張，上面供奉着佛尊。也陳列了諸如《御定歷代題畫詩類》《蘭州紀略》《明史本紀》《十二家唐詩》等書册[24]。

除了溪田課耕，《静明園内溪田課耕圖樣》左側位于“山道”和“大山”之間的“迸珠泉”是玉泉山有名的泉流。對此，圖檔所繪依舊可以與相關史籍作爲一個對照。《宸垣識略》載：“（溪田課耕）又西爲迸珠泉。”[25]迸珠泉在課耕軒以西、距河岸不過六尺五寸的距離。乾隆皇帝還爲泉畔一座名爲真珠船的水榭題了一首同名的詩：“青蒲戟戟石磷磷，錯落傾來萬斛珍。最是松風蘿月下，夜深彷佛見鮫人。”[26]據相關資料記載，直至20世紀50年代，迸珠泉的流量依然有0.06至1.15立方米每秒[27]。

（二）溪田课耕圖樣考略

《静明園内溪田課耕圖樣》中采用不同設色繪製出河流、山間小徑、山岩和大山的輪廓，全圖樣居中爲本圖主題溪田課耕，四周環繞花磚宇墻；溪田課耕右方紅底黑字手書：“溪田課耕殿一座三間，各面寬一丈，進深一丈四尺；前後廊深各四尺；小檐柱高一丈；臺明高一尺二寸。”下方黄底黑字手書：“南北院當一丈六尺。”溪田課耕東北方嚮爲值房，值房下方寫有介紹：“值房一座三間，各面寬一丈，進深一丈二尺；高八尺；臺明高一尺二寸。”溪田課耕的西南方嚮則爲平臺值房，值房的西、南兩邊分别寫有“東西四丈五”和“平臺值房一座三間，面寬一丈二，次間各面寬九尺；進深一丈二，尺柱高八尺，臺明高八寸”和“南北地基三丈”字樣；圖樣的上、下、左、右四個方位分别寫有北、南、西、東。黄底黑字爲原有之建築或事物；紅底黑字的内容爲準備擴建的建築。全圖樣風格簡潔、明快，比例真實、準確，體現了繪者較高的繪圖水準和素養。

在樣式雷世家中，繼雷金玉之後，共有子五人，唯獨稚子雷聲澂選擇繼承父業。乾隆十五年（1750），22 歲的雷聲澂可能參與了擴建北京玉泉山静明園的擴建工作。雷聲澂，朱啓鈐先生所著的《樣式雷考》曾有相關記載：

> 雷聲澂，字藻亭，雷金玉幼子。生于雍正七年（1729），卒于乾隆五十七年（1792）。生三日而金玉就木，奉旨歸葬金陵，諸子盡室南行，獨張氏撫幼子留居北京，繼承父業。初，方聲澂之幼孤也，樣式房掌案爲其夥伴所攘奪，其母張氏出而泣訴于工部，迨聲澂成年，乃得嗣業（其母張氏抱子詣工部聲訴，恩准以聲澂嗣業，乃雷氏子孫傳述者，譜中不載）。按其生卒年而定其生存年代，則知彼承值内廷，正在乾隆中葉土木繁興之際。而譜中于聲澂一生機遇及所執藝事，略無記載，亦可异也。惟其孫景修筆記云，同治四年于張氏墓上立石，表揚祖妣盛德，或有所本歟?[28]

可見雷聲澂幼年頗多坎坷，并未受到太良好的教育。成年之後的雷聲澂通過個人的努力成爲楠木作掌班，但《静明園内溪田課耕圖樣》很有可能并不是繪製于乾隆年間。

另外一種很有可能的情况是，静明園曾在咸豐十年（1860）遭受英法聯軍五百人的洗劫和焚毁而變成一片焦土。此後，同治、光緒年間曾分别對静明園部分景觀進行了修復，《静明園内溪田課耕圖樣》中紅色貼簽字樣的值房等建築很有可能是重建期間後添修的建築。

同治六年（1867），曾對北京西郊到城内西苑的水道興修大規模水利工程，其中一項重點工程就是對静明園内的水道、龍王廟和寢宫進行重修和修復，恢復其基本功能。光緒年間對静明園的修復工程則是在重建頤和園的背景下展開的，而主持修復工作的則正是樣式雷世家的雷廷昌[29]。

雷廷昌，生于道光二十五年（1845），字輔臣，又字恩綬。曾參與清定陵及其妃園陵寢等工程。此次他主持對静明園的重修始于光緒十七年（1891）。根據首都博物館所藏《玉泉山静明園全圖》，此次計劃重修的組群占乾隆時期全部組群的六分之五[30]。而實際重修的組群加上同治時期的总共占全部組群的三分之一[31]。根據學者的相關研究來看，溪田課耕可能僅僅是列入修復計劃當中，并没有真正修復。圖樣繪製的時期可能是修復南部水道的光緒年間。

三、玉泉山龍王殿圖樣

（一）玉泉山龍王殿圖樣

玉泉山龍王殿在玉泉山十六景之一的玉泉趵突之上，與西郊黑龍潭龍王廟、覺生寺、清漪園廣潤祠都是皇帝祈雨的場所。乾隆帝曾多次来到龍王庙祈雨，求雨、求雪、求晴的詩作就寫過18首[32]。《宸垣識略》載："玉泉趵突，上爲龍王廟。"[33]《日下舊聞考》同樣載："虚受堂之西，山畔有泉，爲玉泉趵突，其上爲龍王廟。"[34] "玉泉山麓有寺，所謂玉泉寺也。山有吕公洞，稍東爲龍王祠。"[35]

龍王廟的匾額爲乾隆帝御書"永澤皇畿"。乾隆帝還于乾隆十七年（1752）寫了一首《玉泉山天下第一泉龍神祠落成詩》："功德無雙水，名稱第一泉。合教崇廟貌，用以妥神筵。方落臨佳令，肇禋卜吉蠲。瓣香親致敬，清酒命申虔。靈貺時暘雨，鴻庥利潤瀍。黄圖佑千載，壬養紀前年。"[36]表達了他希望修建龍王廟可以年年風調雨順的美好願景，在這一點上，可以説是和溪田課耕有着异曲同工之妙。

（二）龍王殿圖樣考略

相比《静明園内溪田課耕圖樣》對静明園中某一個景觀的宏觀描繪，《玉泉山龍王殿大木立樣》是對一個具體建築的表現。這幅圖樣用黑色筆觸描繪了龍王殿的樣式，在圖樣的右方寫明該建築的樣式：歇山頂樣式。

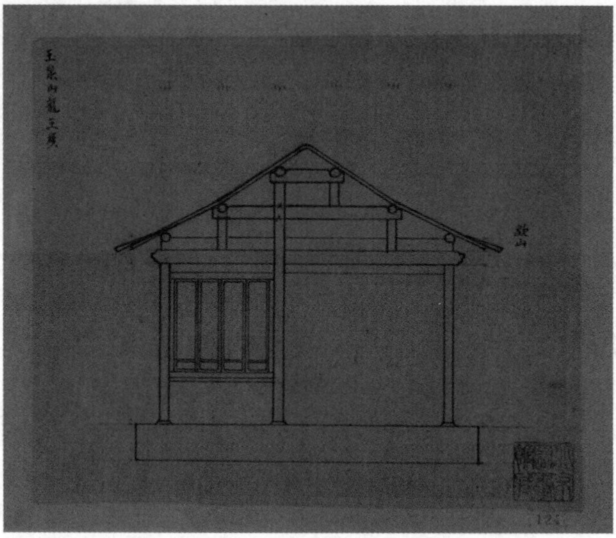

圖2　《玉泉山龍王殿圖樣》（國家圖書館藏）

歇山頂，宋朝時稱之爲九脊頂、九脊殿；清朝時改稱爲歇山頂。由于歇山頂的結構是由屋頂的一條正脊、四條垂脊、四條戧脊構成，一共有九條脊，所以又叫九脊殿。

歇山殿是一種廡殿（屋頂四面有斜坡，有一條正脊和垂脊的建築）和懸山（有前後檐，兩端還有和前後檐尺寸大小相同的檐）相交形成的屋頂結構。歇山在級别上僅次于廡殿。把一個懸山頂加在廡殿上，使懸山的三角形垂直的山，與廡殿山的下半部分契合，就能構成歇山頂[37]。

從形式上分類，歇山可以分爲單檐、重檐和捲棚等多種形式。早期的歇山樣式比較小，直到明、清采用采步金（以承托歇山部分結構的屋梁）及草架柱子（立在踏脚木上的若干柱子），纔出現了大的歇山頂。此外，早期的歇山頂山面透空，衹有懸山的博風板（保護桁的木板），在邊檁（小式大木的圓形橫材）沿處安惹草（木式裝置件，外形似三角形，上刻以雲紋之類的圖案）。清代之後，開始盛行在博風板安山花板，博風板不再用惹草作爲裝飾，改爲在檁的分位裝釘梅花釘[38]。

比對乾隆年間張若澄所繪燕京八景之一的玉泉趵突圖繪，畫中屋宇多數爲一殿一捲歇山顶，同國圖館藏玉泉山龍王殿圖樣中歇山頂的樣式不同。根據相關檔案記載，龍王廟曾在同治年間進行過修復。因爲龍王廟是清朝皇帝在西郊求雨的重要場所，也是玉泉山泉水的象徵，因而成爲同治年間最早重修的項目之一[39]。根據 19 世紀 60 年代之後的影像資料來看，重修之後的龍王殿爲硬山頂，可能是在修復過程中，將歇山頂修復成了硬山頂。因而玉泉山龍王殿的圖樣應當出自同治年間對静明園進行修復時期。

四、總結

《静明園内溪田課耕圖樣》和《玉泉山龍王殿大木立樣》分别從宏觀和微觀兩個不同却又互爲補充的視角展現了静明園樣式雷圖檔，或者説是整個樣式雷圖檔的特點：記録園林的整體布局和個别建築營造樣式的史料價值；在建築圖紙上運用透視法、投影法等方法繪製的藝術價值和文物價值。

《静明園内溪田課耕圖樣》以全域視角展現了静明園溪田課耕一景的園林布局樣式，通過水與園、山與園的結合，溪田課耕形成了一種襟山帶水的景觀意象。同時這一景觀也表現了統治者關心農事的態度。《玉泉山龍王殿大木立樣》表現的是静明園内單體建築龍王殿的具體構建樣式，其繪製手法簡潔，比例精確。

玉泉山静明園自澄心園更名之後，在乾隆年間有較大規模的擴建，又于同治、光緒年間進行過一定程度的修復。綜合各種資料，《静明園内溪田課耕圖樣》與《玉泉山龍王殿大木立樣》應當出自同治、光緒年間對静明園重修的時期。

注釋：

①（清）于敏中等：《日下舊聞考》，北京古籍出版社，1983 年，1412 頁。
②（元）脱脱等：《金史》卷九《本紀第九・章宗一〇》，中華書局，1975 年，215 頁。
③ 同上，235 頁。
④ 同上，239 頁。
⑤（元）脱脱等：《金史》卷十一《本紀第十一・章宗三》，中華書局，1975 年，256 頁。
⑥（清）趙爾巽：《清史稿》卷九十《志六十五・禮九》，中華書局，1976 年，2665 頁。
⑦ 中國第一歷史檔案館整理：《康熙起居注》，中華書局，1984 年，208 頁。
⑧（周）文子：《文子》，《欽定四庫全書會要・子部》，卷下，42 頁。
⑨（清）趙爾巽：《清史稿》卷一百十八《志九十三・職官五》，中華書局，1976 年，3431 頁。
⑩（清）吴長元：《宸垣識略》，北京古籍出版社，1982 年，232 頁。
⑪（清）郭慶藩集釋：《莊子集釋》，中華書局，1961 年，810 頁。
⑫（清）趙爾巽：《清史稿》卷七《本紀七・聖祖本紀二》，中華書局，1976 年，236 頁。

⑬ 同上，238 頁。
⑭ 國家圖書館編：《國家圖書館藏樣式雷圖檔·圓明園卷初編》，國家圖書館出版社，2016 年，16 頁。
⑮ 同上。
⑯ 同上，18 頁。
⑰ 同上，18、19 頁。
⑱（清）于敏中等：《日下舊聞考》，北京古籍出版社，1983 年，1417 頁。
⑲ 同⑩。
⑳ 殷亮：《宜静原同明静理，此山近接彼山親——清代皇家園林静宜園、静明園研究》，天津大學碩士論文，2003 年，113 頁。
㉑ 同⑱。
㉒（清）愛新覺羅·弘曆：《課耕軒》，張寶章著《海淀文史·京西名園》，開明出版社，2005 年，134 頁。
㉓ 張寶章：《海淀文史·京西名園》，開明出版社，2005 年，134 頁。
㉔ 朱賽虹：《清代皇家苑囿藏書尋踪》，《中國典籍與文化》2000 年 1 期，45 頁。
㉕ 同⑲
㉖ 同⑱。
㉗ 吴文濤：《昆明湖水系變遷及其對北京發展的意義》，《北京社會科學》2014 年第 4 期，111 頁。
㉘ 朱啓鈐：《樣式雷考》，王其亨、項惠泉編《“樣式雷”世家新證》，《故宫博物院院刊》1987 年 2 期，55 頁。
㉙ 楊菁、王其亨：《解讀光緒重修静明園工程——基于樣式雷圖檔和歷史照片的研究》，《中國園林》2012 年 11 期，117 頁。
㉚ 同上，118 頁。
㉛ 同上，119 頁。
㉜ 張寶章：《玉泉山静明園》，北京出版社，2018 年，19 頁。
㉝ 同⑲。
㉞（清）于敏中等：《日下舊聞考》，北京古籍出版社，1983 年，1413 頁。
㉟ 同上，1429 頁。
㊱ 同上，1414 頁。
㊲ 吕松雲、劉詩中：《中國古代建築詞典》，中國書店，1992 年，106 頁。
㊳ 同上，107 頁。
㊴ 同㉚。

（作者單位：國家圖書館古籍館）

樣式雷圖檔的製圖特點及其體現的設計原則
——以樣式雷王府圖檔爲主

耿　威

内容提要： 通過對樣式雷圖檔中建築圖紙部分進行梳理辨析，從圖紙的命名、分類、製圖程序、製圖特點等方面對樣子匠的建築製圖方法進行規律性總結，并將其與當下建築行業的製圖方法進行對比，分析兩者理念和手段的异同，力圖描摹清代樣子匠的工作狀况，探究其中的執業原則，爲樣式雷圖檔的梳理、利用以及如何理解和繼承我國傳統建築文化提供一些思考。

關鍵詞： 樣式雷圖檔　製圖特點　設計原則

一、引言

樣式雷圖檔是當之無愧的歷史文化遺産。不僅是我國建築史上珍貴的文獻檔案，也是追溯我國傳統建築藝術理念和營造思想的一份記憶紐帶。我們研究樣式雷圖檔，不能單純以檔案資料視之，還要進一步以圖檔爲綫索還原和重現當時樣子匠的工作場景和工作方法，以從前輩那裏尋回模糊已久的我國傳統匠師的道與藝。

研究樣式雷圖檔面臨的第一個問題是圖檔的辨認和歸類，完成了這一步，它作爲文獻檔案的價值纔能體現。但這衹是第一步的工作，還需要進一步將這些圖檔落實到實際的項目和設計中去體會，這是一個類似“場景還原”的過程。當然時過境遷我們無法知道樣子匠設計工作的具體細節，但我們可以用現代建築師——這一并不相同却由歷史傳遞下來的身份去揣摩這些圖檔，并且和現代建築師的工作思路做比較，更好地認識和反思我們的建築文化傳統。本文從建築製圖角度來談一些粗淺認識，一方面比較我國傳統（樣式雷那個時代）建築製圖方式和現在的同异，另一方面也分享在研究過程中積纍的讀圖經驗。

圖紙拿到手中，首先應該進行一些物理鑒别，比如紙張的材質、圖幅的大小、折叠的方式、用墨的顔色、綫條的筆觸以及判斷所使用的輔助繪圖儀器等。由于樣式雷圖檔是珍貴文物，實物檢閱不易，筆者大多是根據掃描的電子圖檔進行研讀，因此物理方面的探討衹好暫時抱愧，衷心期待未來有幸檢閱圖檔原件。本文從圖紙的命名、類别、繪製程序、繪製特點等幾個方面做一些梳理，希望能有益于未來的工作。

樣式雷圖檔的主體内容大多與建築工程項目有關，因此我們習慣稱呼樣式雷爲

“建築師家族”，但其實樣式雷圖檔也有其他行業的設計圖紙，“樣子匠”這個稱呼更符合他的職業特點。樣式雷圖檔中圍繞建築主題的內容包括三部分：畫樣、燙樣和文字資料（賬册和隨工日記等），本文衹針對圖檔當中主體的畫樣部分展開論述（有一些文字內容的略節、説帖是直接附屬于畫樣，起説明作用的，也是畫樣的組成部分），探討作爲建築師的樣子匠的製圖特點。樣式雷第七代傳人雷廷昌曾在筆記中説“樣式房之差，五行八作之首，案規矩、例制之法繪圖、燙樣……”，這就是説有一套設計和製圖原則的，就是“規矩、例制”。本文就對這些“規矩、例制”進行梳理，并與現行的建築設計進行比較，以資鏡鑒。

二、圖紙的命名與分類

（一）現有圖紙的命名

在叙述傳統中，所有的圖紙都可以稱爲“畫樣”或略稱爲“樣”，如果是草圖，可以稱呼爲“草樣”，過程圖紙也稱呼爲“底樣”或略稱爲“底”。樣式雷圖檔當中有圖名題注的圖紙并不多，作者暫未發現以“草樣”命名的，類似情況一般標注爲“糙底”，“草樣”一詞應該是後來學者研究編目時所用的詞語。在圖檔當中占主體的是過程圖紙，因此以“某底樣”或“某底”命名的占多數。圖檔當中標注項目地點和製圖時間的非常稀少，至于製圖人或相關責任人姓名更是没有標註。

按照現有的有題名圖紙來看，大約有三種題名模式：

第一種，以“樣”字結尾。這種命名多見于正式的圖紙，題名不是直接寫在原圖上，而是寫于貼在圖紙右上方的紅色浮簽上，這種圖在重新編目時大多沿用原有題名。如國圖 114—010 題名爲“春和園地盤畫樣”，內容爲春和園的總平面圖。

第二種，以“底”字結尾。這樣的圖名一般直接寫在圖上，没有固定的位置，題寫在圖紙的正面或反面。具體有糙底、細底、準底等名目，表達製圖過程中不同的圖紙深度。這些圖都屬于工作過程圖。如國圖 282—1—009 題名“府內三所前後院東西配殿內檐糙底”，內容爲恭親王府內三所配殿的內檐裝修平面圖，屬于裝修階段的草圖。

第三種，直接標項目名稱。其中又分兩種情況，一是多見于踏勘草圖，如國圖 281—005，原圖題寫“太平湖鈞貝子府給七爺住頭次查得中所”，記叙時間、地點和事由，但非正規的圖紙命名，這種圖紙有的也標明“探勘糙底”；還有的題寫于圖紙的反面，如國圖 114—029，圖紙內容爲春和園東所殿宇的平面圖，反面題寫爲“慶郡王園”，顯然是圖紙正面朝裏折叠存放時爲了便于查找，簡單標明圖紙所屬的項目，而不是圖紙本身的正式命名。總體來説，這兩種情形也屬于底樣，也就是過程圖。

另外還有一種文字內容的圖紙，題名略節和説帖。略節爲數目單據形式，説帖爲內容描述形式，都服務于相關圖紙，作爲圖紙的補充説明。

（二）圖紙分類的嘗試

目前編寫的樣式雷圖檔目録主要按照不同的工程項目來進行圖紙分類，然後通過分析逐步確定圖紙的繪製時間和雷氏家族相關責任人，除此之外，還有大量尚未辨認或者無法辨認的圖紙不能歸類。爲了給已經辨認的圖紙增加更多的檢索便利，給尚未辨認的圖紙一個頭緒，是否還有其他的圖紙分類方式呢？

現在建築設計行業的圖紙首先按照設計的深度來分類，分爲方案圖紙和施工圖紙，如果是大型項目，還要做擴初設計作爲中間階段的補充。樣式雷圖檔在這方面没有很明確的區别，這應該和我國傳統建築的營造特點有關，即：建築方案一旦確定下來，其施工細節大體上也就不言自明。

現在的建築圖紙其次按照圖紙的專業來分類，通常有建築、結構、暖通、給排水、電氣等五個專業。室内的裝飾設計、室外的景觀設計屬于專項設計，如果不是特别複雜可以歸入建築設計，同時由其他幾個專業進行配合。另外還有專門的造價師對工程的造價進行概預算。這些專業由不同的專業人員完成，建築師衹負責其中建築專業部分，并在與其他專業的協調中起主導作用。按照今天的觀點，樣式雷圖檔當中大多數圖紙屬于建築專業圖紙，包括項目選址（風水圖）、總圖規劃（地盤樣）、單體建築設計（平樣、立樣）、裝修圖（裝修平樣、立樣）。但是也有涉及結構專業的圖紙，如地基邊樁圖；有涉及給排水專業的圖紙，如反映項目陵寢室外排水的龍鬚溝尺寸畫樣；有市政工程專業的圖紙，如道路、橋梁、河道疏浚等畫樣；有屬于景觀專業的圖紙，如山石布置圖、樹木的布置圖、露天陳設分位圖、泊岸宇墻尺寸圖、彩扎點景圖樣、還有涉及田地的地畝圖等。此外，還有涉及概預算專業的木廠賬本；有涉及船轎等交通工具的設計；也有設備的造型設計，如電燈、風扇的樣式設計；還有工藝品的造型及紋樣設計，甚至還有布陣圖。不過這些已經不屬于建築圖紙，不在本文的討論之内。雖然圖紙中有炕的設計，也有電燈樣式的圖紙，但是不能算有暖通和電氣的設計。由于時代的局限，當時的建築營造水平還没有分化出如今的各個專業，衹是初步有了各專業的萌芽，樣子匠在建築設計中完全肩負了設計任務的全域。并且由于樣子匠還有“木廠廠商”的工作性質，會參與到場地清理、材料采買、施工管理甚至工程監理的工作中，其執業内容的豐富遠超過今天的建築師。由于所有這些建築專業的輔助内容在圖檔當中占的份額很少，因此樣式雷圖檔也不能按照圖紙專業分類。

（三）新擬圖名的思考

如上所述，樣式雷圖檔除了按項目分類，總體上很難比照現在的建築圖紙分類，衹能按照畫樣和底樣分成正式圖紙和過程圖紙兩部分（雖然畫樣這個詞廣義上包含底樣），而且原有題名的命名方式并没有有意識進行規範。比如：衹有成圖纔稱爲“樣”或“畫樣”，而中間過程圖稱爲“底”或“底樣”。不過比較完善的“底”和“畫樣”就具體圖面内容來説差距并不大，另外，由樣式雷家族保存的很多“樣”，很可能是没有最終交付出去而保留下來作爲後續工程的資料，也就是作爲“底”來使用的。所以按照畫樣和底樣來分類不僅類目太大，檢索意義也不大。總之，無論是“樣”還是“底”，以現在的眼光來看題名都缺乏統一規範。

樣式雷圖檔當中“留中”的——即留在宫中的圖占成品圖紙的重要比例，這部分圖紙隨相關奏摺或檔案得到保存，保護較好，價值珍貴，其餘的圖紙大都由樣式雷家族保管。根據樣式雷圖檔的收集始末，可知這部分圖紙後來由各房子孫分拆繼承，并未得到系統的歸檔整理，質量參差不齊，也没可以參考的歸檔原則。

過去樣式雷圖檔歷經多位學者多次不同規模的整理，所采用的命名方式和登録條目也不盡相同。1998年底，樣式雷圖檔整理工作重新開始，其中重要的一項就是規範了圖檔的登録條目。從此時開始，樣式雷圖檔的大規模整理和研究纔走上了正軌。在目前的樣式雷圖檔的編目工作中，一般都是依據現有題名擬定新的正式題名，對原命名過度依賴，而原命名本來就不够嚴謹，因此本文建議抛開圖上原有題名的干擾，按照“項目名+風水圖/總平面圖/某平面圖/某立面圖/某剖面圖/某大樣圖”命名，其中項目名以項目最後名稱爲準，立面圖包含軸測圖，平格圖樣、景觀布置圖樣等圖紙特征寫在備注中。另外，在登録圖檔大小的時候，應該以傳統的尺寸爲單位而不用公制單位。当然，怎樣更嚴謹地重新命名以便于未來的檢索和研究，還有進一步思考的空間，在這方面本文謹以提起研究者的注意爲願。

三、製圖程序

（一）踏勘草圖

開始一個新項目的時候，樣子匠繪製的第一張圖一般是現場踏勘草圖。如國圖282—1—008（圖1），内容爲恭王府東所地盤草圖。圖寬約二尺半，長四尺，縱向繪出府第東路草圖。根據墨色染污的痕迹，可以看出圖紙先是左右對折，然後上下叠成六折進行繪製的。地盤樣畫在一側，另一側書寫文字備注并畫後殿的大樣，在此的兩組字的方向是彼此顛倒的，可以想見當時折圖在手隨走隨畫的情景。文字内容爲草寫的東路房間數目和部分裝修清單：“大小房一百四十六間、轉角十間、垂花門一座、樓二十間、灰棚三間。”圖中標出各座建築的開間、進深、柱高、臺明高的尺寸，以及踏步數和甬路的寬度，標出大部分裝修形式。有三處匾額或廳堂名稱：“静含太古”（西洋門）、“延禧堂”（後殿）、“善承繁社”（前殿）。這些文字都具有珍貴的考據價值。

樣式雷圖當中，相當一部分是舊有的建築改造，這些探勘草圖就是對現場的測繪，還有一種情況是爲新建設項目提供參考，也會對準備參考的項目進行踏勘，采集技術資料。這種現場踏勘草圖一般綫條較亂，字迹不整，這是在簡易條件下現場畫出的結果。

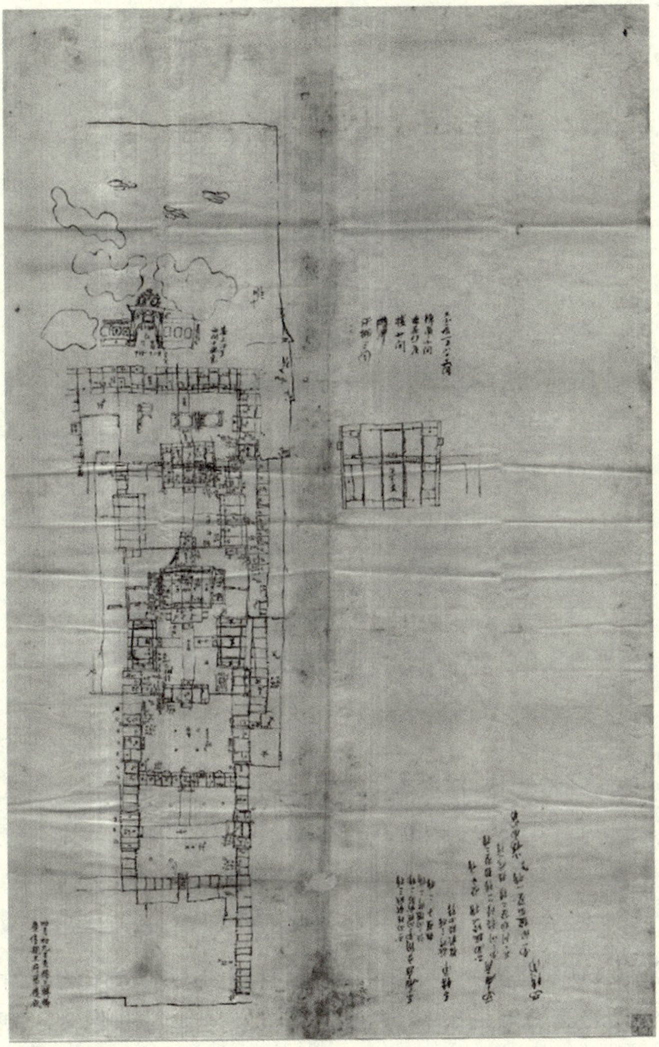

圖1　國圖282—1—008　恭王府東所底盤草圖

（二）風水圖

踏勘完畢，就會繪製成更正式的圖樣。涉及到爲墳塋或廟宇選址的時候則繪製反映項目風水格局的風水圖（圖2）。這種圖着重表現地形和道里經過，標出顯著的樹木山石、周圍環境以及遠山的位置。在圖紙的中心也就是選址的位置附近的場地，表達相對準確，而周圍的地形都是圍繞這個中心構圖，偏重表達在選址位置看到的視覺效果。圖紙會標出方位，但不會按比例繪製。這樣的圖紙類似現在建築師在開始規劃之前做的“場地分析”圖紙。風水圖一般會配有説帖，詳細描述風水形勢及優劣。

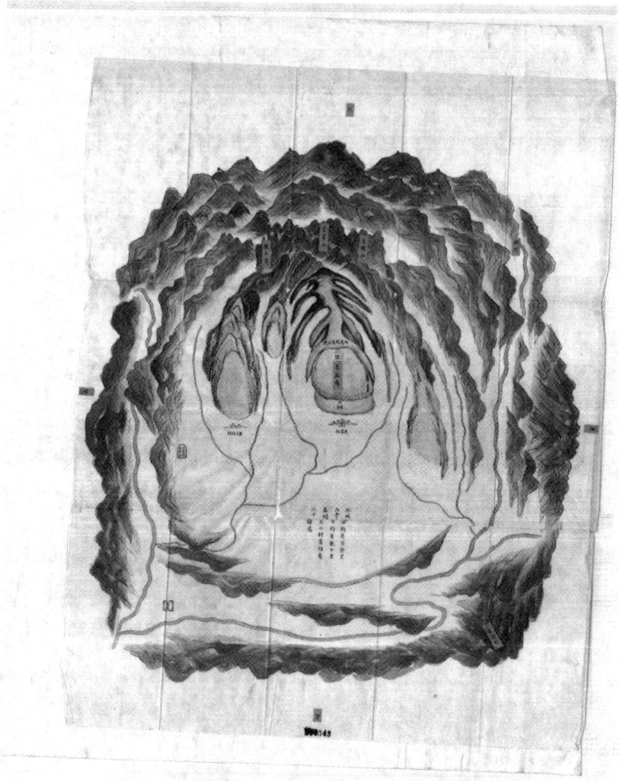

圖2　國圖342—0543　風水地形圖

（三）方案草圖

樣式雷圖檔涉及的項目中，完全由樣子匠憑藉個人創意做的設計不多，一般建築設計多是在原有建築的基礎上進行修改添建，如果是新建的陵寢、廟宇、兵營等，也是按照現有的參考項目或者慣例來進行設計，所以我們往往看到一個項目的圖紙大體上變化不大。在國圖290—295包的樣式雷圖檔中有20多張恭王府花園從無到有的方案設計草圖，就顯得尤其珍貴。基于這些圖紙，我們可以根據其内容和製圖特點分析出這些圖紙由師徒二人分别繪製，筆者曾經對此有專文分析，并且梳理出圖紙繪製的先後順序，以及其中的設計理念。在此衹舉其要點爲例，比如：將花園的範圍以及場地内現有情形探勘清楚之後，進行花園方案設計的第一步，定出“十字中”，這和陵墓選址的“點穴”是同一個道理。這個十字中心不是場地的幾何中心，而是空間的氣場中心。從這套圖紙反映的情况可看出，這個花園的十字中位于南部府邸的中軸延長綫上，之後具體的設計都圍繞這個中心展開（圖3）。

現在的建築設計因爲用地有限，往往執着于土地的利用效率，所以關注的重點經常在場地的四至，除了規範要求的退讓，地面一定要儘量占足纔不吃虧，至于核心建築的位置和出入口的設置，也都從功能主義的角度出發。這種西方現代建築學帶來的工業文明氣質的實用主義精神，和我們中國傳統設計的環境哲學有本質的不同。看起來這是一

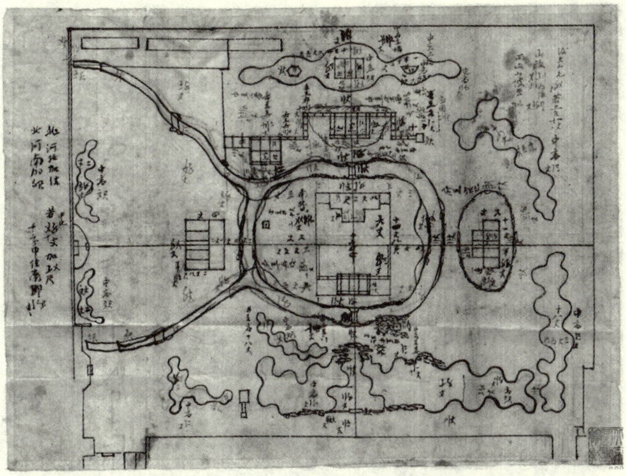

圖3　國圖295—0011　恭王府花園平面圖

個抽象的理念，或者是一種設計繪圖步驟，其實最終完成的空間有着完全不同的人文氣質。類似理念的執着在中國人的文化感情中始終保留着，依然影響到現在的規劃設計。當然，樣式雷圖檔的方案圖中也有反映實用理性設計的一面，比如國圖337—0143，反映的就是用方格網來輔助營房的規劃設計，這種方法現在的建築師依然在使用。

（四）糙底和準底

如果方案設計基本定型，就要繪製成比例準確的底樣，去和項目的業主方溝通，并且選出最優方案，進行進一步調整修改。國圖295—002體現了這一過程，圖紙上在不同的位置貼了浮簽，分别寫着“用第三張游廊抱厦房式樣”“用第五張式樣”“此段水不要”等修改説明，并且此圖的左上角有“一”字，似乎暗示這是一组圖紙中的第一張圖，這也可能是樣式雷圖中唯一原有編號的圖紙（圖4）。這種情形很像我們今天的建築師在提交幾個方案的時候，將方案一作爲主打方案，最終往往便選擇了方案一，不過還要吸取其他方案的優點進行深一步的方案優化。可見古今建築師有很多一樣的工作情形需要面對。可惜的是有編號的其他圖紙尚未發現。這樣工作過程中的圖紙，雖然比例已經準確，但是其上尚有塗改，都可以稱之爲“糙底”。依據最後定準的糙底，就可以繪製“準底”了。

如果是既有建築的改擴建，有了現場踏勘的草圖，將其按照比例尺寸謄正，還需要把圖紙帶到現場，補充第一次的踏勘内容。一般這些圖紙上的建築平面是用尺按照比例端正畫好的，同時也布滿了現場徒手修改和標注。比如標注現有房屋的損壞情況、需要拆改的地方等等，這樣的圖爲“糙底”，一般還會有“某年月日二次查得”，證明這是第二次到現場複勘。這次踏勘和上次的區别是，因爲有了清楚的圖紙，在圖上可以標注得更清楚，也可以核對補查前次漏掉的數據。更關鍵的是，這一次會更清楚地核對業主方的需求，并把它標明在圖紙上。在繪製二次探勘糙底的現場，應該就伴隨着和業主更細緻的交流。

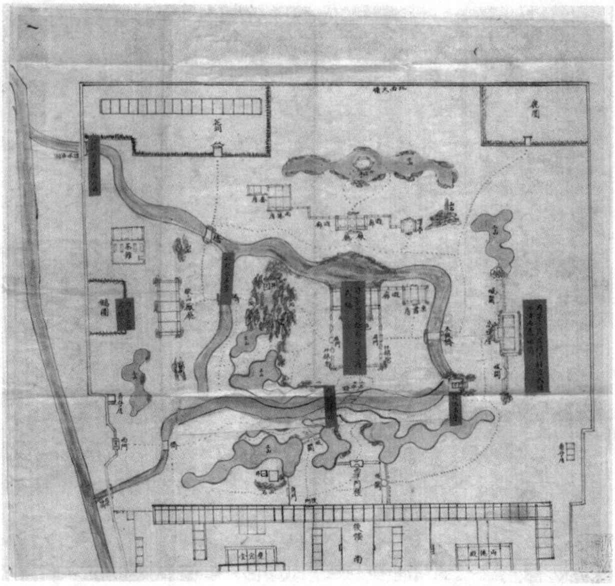

圖4　國圖295—0002　恭王府花園平面圖

因爲樣式雷圖檔記録着幾代人漫長的執業經歷，很多項目都是持續服務，有的項目會留有以前的圖紙，比如過去富餘的或因爲種種原因而没有交出去的圖樣，可以參考這些圖樣描出新的工作底圖，會極大地減輕第一次探勘的勞動强度。

根據二次探勘得到的糙底，進行設計，畫出新的圖紙，同時和項目的業主溝通，如果有修改直接標注在圖上，或者用白粉塗掉綫條進行修改，面積大的用小紙片進行貼改。這些過程圖紙都可以算糙底。將修改進行完畢，將最終的設計成果畫出，大的尺寸和重要内容標注完全，就得到了“準底”。“準底”除了“準確”，應該還有“定準”的意思。也有圖紙稱作“細底”，這是和“糙底”對應的詞。

在這些圖紙中可以發現一個現象，不僅大量的項目是利用舊有的建築翻新改建添建而來，就是内部的裝修也常用舊有裝修構件修補見新。有的地方會寫明“新作某罩”，或者“添安碧紗橱”，能够看出是完全新作，但這恰恰意味着還有不少是舊有的。根據圖檔資料綜合判斷，清代皇家的一處建築如果閑置不用，會將内部裝修拆下統一保存，當不用的建築重新投入使用時，又會將這些裝修發回找補見新以重新使用，但不一定是原物發回，會有拆除閑置房屋裝修，給另一處新修項目使用的情況。在圖檔中“新修”一詞常見，而“新建”一詞不常見。這些都充分反映了我國傳統營建哲學中比今天提倡的“環保、可持續”更爲質樸的惜物之心。

（五）成果圖紙

將準底進行再次謄抄，會得到最終的成品畫樣，如果這是皇家工程，這些圖樣最終要進呈御覽。除了用紙和筆墨更加正規以外，所有的文字會用紅紙貼簽標示出來，一般會標出圖名、各殿宇的名稱和房間數目（圖5）。爲了看起來更加明瞭，平立面圖紙都會用顔色渲染來輔助表達。除去畫法的區别，畫樣和準底的區别還在于没有詳細的尺寸和做法標注，畫樣更主要的目的不是工程施工中應用，而是向“甲方”報告，更類似于我們今天建築設計中的彙報效果圖。今天的建築師在彙報方案時，除了提供彩色的外觀效果圖，也會在平面圖紙上色，以加强圖紙的表現力。對于現在的建築師來説，用方案説服業主衹是項目的第一步，更多的技術細節要在接下來的施工圖設計中解决。不過對于樣子匠來説，他們的圖紙可能已經基本畫完了。他們在繪製最後一版畫樣之前定準的“準底”和“細底”，再輔助以材料數目、做法内容的略節、説帖、做法册等文件，差不多就可以備料施工了。

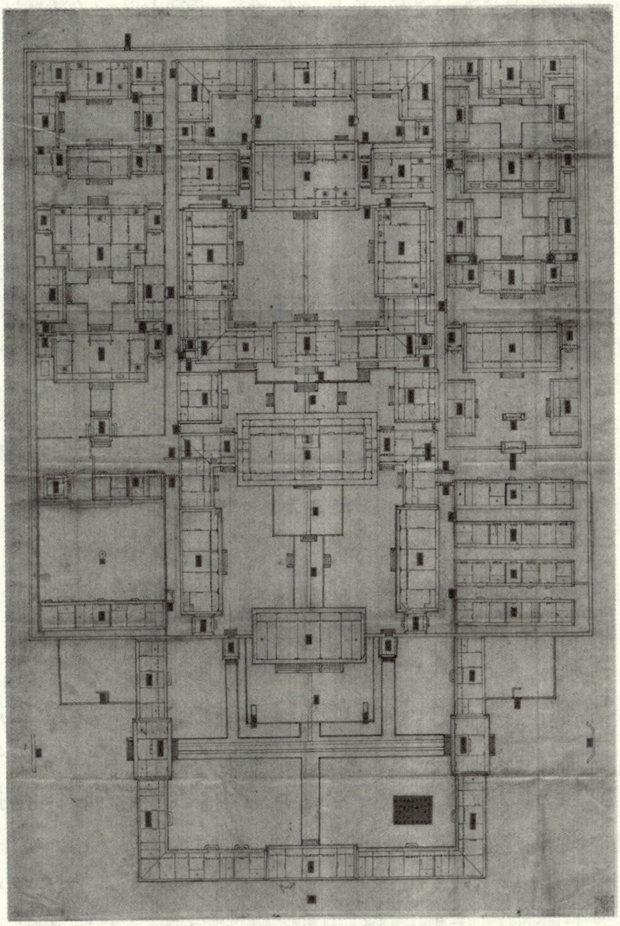

圖5　國圖281—002　醇親王南府總平面圖

我國傳統建築的分工已經達到了這樣一種境界：除了大的原則和數據需要給定，除了特别指定説明，專業工匠可以按照默認做法確定自己負責範圍内的一切細節。即使具體到裝修這一步，也是有慣例的做法的，比如“松竹梅落地罩”，其實不需要出具圖紙，但如果業主着意花樣要新穎、“要玲瓏”（這種明顯是業主囑托的詞語有時會標注在圖紙上），那麽樣子匠就會爲之特意繪製畫樣，内容主要是作爲内檐裝修隔斷的各種小木作。比如各種罩——欄杆罩、幾腿罩、天然罩等等，還有真假門口方窗和碧紗橱。這些圖的表現重點在于裝飾性的花紋。爲了做好這些隔斷精緻的細節，樣子匠會畫出隔斷的立樣，很多這種畫樣畫在紙板上，然後把門洞鏤空的部分挖掉，以給觀者更直觀的感受。除了裝修隔斷，一些彩扎點景建築、石碑、陳設物件等圖樣，重點都是在表現裝飾性的花紋，或者説花樣。

相比之下，對于現在的建築師而言，畫施工圖是一個費力不討好的體力活，甚至分化出一部分建築師專門畫施工圖，因爲有大量的細節需要確定。不同的地區有不同的做法，可以去購買當地的通用圖集來引用。如果是新材料和新做法，不一定有參考圖集，必須依靠和建材廠家與施工單位溝通，進行詳細設計。由于材料和技術的迅速發展，建築師在畫施工圖這方面總是在追趕時代。這個問題在仿古傳統建築的設計中尤爲突出——建築師按照現在的施工圖慣例標注得很細緻，然而在工匠那裏却没有太大用處。這就是傳統建築營造和當前製圖規則的裂痕，這個裂痕在文化的深處。

樣子匠的圖紙，不僅方案圖和施工圖之間的界限不是很明晰，總圖、單體建築圖、裝修圖之間也不是截然分開的。現在的建築設計圖紙，一般分爲三個部分，分别爲總平面圖、建築單體設計圖、室内裝修設計圖，分别解决群體、單體和内部的設計表達。從樣式雷圖檔看，樣子匠更加傾向于將三者不分開。樣式雷圖檔中，在總平面上，我們能看到建築單體的平面；而在建築的單體平面上，我們能看到裝修設計。現在的建築師大概早已體會到將這三者分開“各管一段”的設計劃分帶來的弊病，所以現在建築設計的趨勢也是朝向室内外設計同步和一體化。很多新的建築，在建築完成的時候室内裝飾也就完成了，這些是由于材料、技術的進步，也是由于觀念的進步。其實這個觀念在我們的建築文化傳統中一直有基礎。

四、製圖特點

（一）圖紙的圖幅

從現存的圖檔看，圖紙的大小并没有一定之規。圖幅的寬高根據圖面内容的大小確定，即使是同一個項目的圖紙也看不出追求圖幅整齊的意圖。一般情况下，單張圖紙的最大面積受限于所用紙的規格，但是這不妨礙樣子匠把紙張粘接起來畫成更大的圖。圖檔當中圖紙的最小尺寸也没有具體規格，當然，有一些很小的表現局部的紙片，一直被視爲獨立的圖紙編目，它們往往是其他圖紙上掉下來的貼簽或者小便條，并不是獨立的圖紙。不管怎麽説，這些圖檔的圖幅非常自由。大約衹有草圖的用紙保留了紙張本來尺寸的一些綫索，其他的圖都按照圖内容的大小對紙張進行了剪裁。所以，像現在的建築師爲了盡量統一圖幅在一張圖内安排幾個内容而産生的布圖問題，在樣子匠那裏是不存在的。但這也不是説樣子匠不把圖紙組合起來畫。有時候，他會把幾個圖畫在同一張紙上：比如按照邏輯關係把相似的幾套東西廂房都畫在一張圖上，或者按照位置關係把前後殿宇畫在一張圖上，或者爲了便于對照理解把平面和立面畫在一張圖上。但是大多數圖都是單獨内容。

（二）製圖方向

樣式雷圖檔的踏勘草圖有些是從兩個甚至兩個以上方向畫的，這和現場將圖紙折叠起來拿在手裏做記録的情形有關，并不是一種常規。大多數圖紙都是向着一個方向畫的。具體到圖紙上的南北方位，并没有統一規定。平面圖的繪製方向一般遵從看圖人面對建築物的方向，也就是建築物的入口在圖紙的下方。因爲我國傳統建築的整體朝向大多是朝南，所以很多圖紙的方向和現在的作圖規則一樣是“上北下南、左西右東”。但是如果大朝向并不朝南，如北京西山附近的建築群經常朝東，或者正房之外其他單體建築的單獨平面圖，這些圖還是按照建築的正面朝向位于圖紙下方的原則，那麽就完全根據各自的朝向來决定，而不再“上北下南”。通常在圖紙的四邊寫下“東、南、西、北”四個字樣來説明圖紙的方向。方向一般標注在平面圖上，不過有的隔扇立面圖也在兩側標出了方向，來表示該隔扇的安裝方向。

在建築群的總平面上，文字標注經常會根據單體建築的方向書寫。所以有的一張圖上竟然有四個方向的文字，比如國圖338—0179—03（圖6）。這類圖上有的“東、南、西、北”四個字也朝向各自的方向，各自靠近自己的圖邊爲下方。有的一張總平面圖上有兩個建築群，則分别按照兩個建築群各自的朝向書寫，如國圖341—0467。可以想像，在讀這種圖的時候，關注其中一個建築群時最好把圖紙按照它的方向轉動，或者將圖紙放在桌子上，人圍着桌子轉動，以方便讀圖。

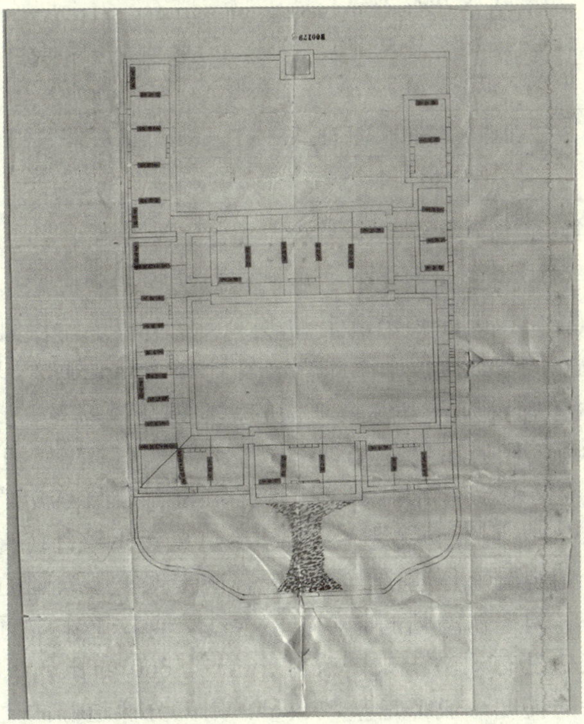

圖6　國圖338—0179—03　玉泉山峽雪琴音
内部装修圖的文字標注方向

前面提到，在陵寢的圖紙中，有把平面圖和立面圖畫在同一張圖上的情况，如國圖 280—042。其中，平面圖還是以正面爲下方，立面圖則是和平面圖畫成對應的形式。因爲這是一個側立面，所以立面圖的水平在圖中于平面圖是垂直的，立面圖上的標注也根據自己的地坪方向轉了九十度。這和平面圖中衹變化文字方向不同，圖的方向也改變了。不過這樣轉了九十度，在製圖時有不少參照的便利，在讀圖時也便于理解。

（三）製圖比例

除了現場踏勘時候的草圖之外，建築圖紙都是按照一定的比例繪製的。少數圖紙還在圖名中寫明比例。樣式雷圖檔的比例有分樣和寸樣。分樣有一分樣、二分樣、三分樣、五分樣，寸樣有一寸樣、二寸樣、四寸樣等。以五分樣爲例，意爲圖面上五分代表實際的一丈，即 5：1000。换算成現在建築工程製圖中的比例就是 1：200。根據現存的樣式雷圖檔，我們可以知道，一般包括多棟建築的總圖都是分樣，而單體建築、裝修圖和大樣圖多爲寸樣。如下所示（括號中折算成現代作圖比例）：

表 1　樣式雷建築圖檔中的比例

樣式雷圖檔		現代建築製圖	
總圖	分樣（即 1：1000）	總圖	1：1000
	二分樣（2：1000 即 1：500）		1：500
	三分樣（3：1000 約等于 1：333）	單體建築	1：300
	五分樣（5：1000 即 1：200）		1：200
單體建築	寸樣（即 1：100）		1：100
	二寸樣（2：100 即 1：50）	内部裝修	1：50
局部大樣	1：10　1：5		1：10　1：5

（説明：本次關于比例的探討主要是關于平面圖）

與現代建築製圖通用的比例相比較，我們可以發現一些問題。樣式雷製圖比例側重點在現實中的整數單位，因此約定圖上的多少長度可以表示現實中的一丈；現代的建築製圖側重點在圖上的整數單位，因此約定圖上的一毫米相當于現實中的多少長度。在常用的比例上，兩種約定方式看似是一樣的，比如分樣就是 1：1000，二分樣就是 1：500，但是在三分樣的時候出現了差别——三分樣是 1：333，和現代建築製圖的 1：300 有一定的區别。舉例來説，如果一段 10 米的長度，按照三分樣在圖紙上畫 3 厘米就可以了，按照 1：300 在圖紙上就是 3. 33 厘米。這樣比較，在實際的製圖當中，哪個方法更方便建築師的製圖就很明白。在今天普遍實現電腦繪圖的情况下，製圖上的這點不便已經不存在，但是在讀圖的時候依然存在。實際工作中面對已經打印出來的圖紙，需要量一下某個没有標注出來的尺寸，在 1：300 的比例下，計算是比較費力的。因爲實際工程中的長度一般都是整數數量，用三分樣這樣的比例，保證了反映在圖紙上也是整數。而 1：300 這樣的比例，現實中整數數量體現在圖紙上就不一定是整數。

除去比例中帶有3這種不易整除的特殊情況，其他的比例看似差异不大，但實際上在手工製圖中，樣子匠的比例計算方式有着更大的優勢。因爲樣子匠在製圖中計算尺寸用到的是乘法，比如：五分樣，畫出三丈，需要三個五分，是十五分；如果按照現代建築製圖比例原則手工繪圖的話，建築師需要算除法——同樣是五分樣，也就是1：200，如果畫出3米，需要3米除以200得到15毫米。對于一般人來説，顯然樣子匠所用的乘法計算要比除法計算要省力得多，而且所涉及的數量級也小得多。因爲算乘法不必統一單位，而除法必須統一單位，要將3米换成3000毫米再除以200，無疑增加了心算的複雜程度。雖然是一樣的計算，思維的出發點却是不一樣的。在電腦製圖尚未普及的時候，傳統樣子匠的比例計算方式可以説比現代建築工程製圖的理念方便很多。

另一方面，和現在的建築製圖慣例來比，我們可以發現樣子匠的圖紙所采用的比例普遍比現在的製圖比例大。這可能有兩個原因，一是我們前面提到過的，樣式雷的總平面圖會表現單體建築的平面，單體建築平面圖會表現裝修的内容，同時也没有現在意義上的裝修平面圖。雖然有題名爲“裝修樣”的平面圖，但是和現在的裝修圖不是一個深度，衹是現在建築平面圖的水平。因爲要負責包含下一個層次的一定内容，所以圖紙要畫得大一點。另外，由于繪圖工具的原因，標注的文字不可能像現在寫得那麼小，也需要畫寬鬆一點，留出書寫的位置。

（四）繪製特點

1. 平樣的繪製

凡是平面圖都稱爲平樣，包括地盤樣（總平面）、平樣（建築平面）、裝修平樣（裝修布置平面圖）。無論在哪種平面圖上，最關鍵的信息都是用方格網表達的建築開間和進深。在總平面圖上可以看到建築的群體關係，柱子可以不畫出來，用一點表示開門的中位。用兩端封閉的雙綫來表示墻體，爲了便于讀圖有時會在其中填色。在比例比較大的建築單體平面中，門、隔斷和炕的位置用簡約的符號標出，會注上“碧紗橱”這樣的裝修做法。不過在比例最大的裝修平面圖中也没有更多的内容，頂多是寫下更多字來描述裝修的名目，比如“荷蓮瑞草碧紗橱”。平面圖本質上也是一種水平剖面圖，現在建築製圖默認這個剖面位于普通窗臺稍上一些的位置，并且同時看到這個高度以下的臺階鋪地等内容，這一點樣子匠的圖紙也是一樣，可以説樣子匠的平面圖和今天的建築平面圖没什麼大的差别。

2. 立樣的繪製

立面圖、剖面圖、軸測圖等在樣子匠的工作中都算作立樣，因爲都是表達垂直方向的内容，并且在製圖的特點上，三者也不是完全分開的。比如樣子匠的立面圖其實是正透視的效果，比現在建築製圖中正投影的立面圖顯得更立體。這種立面圖還有和平面圖結合起來的畫法，用來表現院落的效果——各建築都按照平面圖上的位置分布，如果以表現南北向的建築爲主，所有的建築都向上倒，來展示南立面（圖7）；如果東西向的建築也需要看正面，那麼南北向的建築立面向上倒，東西建築的立面向左右倒。

以上是以大門外爲視覺起點看過去的組合立面圖。如果是以當中的主要院落爲視覺中心的話，則院子四周的立面要向四面倒下，這樣核心院落中四面的情形就一覽無餘了。這種立面組合方式非常靈活，也非常方便表達中國傳統院落的立面效果。當下建築製圖的立面圖畫法，則更便于表達近代以來作爲建築綜合體的單體建築。也會有建築側面的組合圖，即平行于院落縱深方向的立面圖組合，用來表現進深方向上各層建築的地坪高度，這種立面圖的組合和現在的建築總體立面圖是相似的。

剖面圖畫法則是體現内部的構造。特别是陵寢項目，爲了表達清楚會在不同的位置做多幅剖面圖。軸測圖則相當于轉動了角度的兩個立面圖和屋頂的組合。也有室内的軸測圖用來表達内部裝修。由于時代的局限，這些圖在透視的細節上并不是特别準確，但在表達上完全没有問題。

總體上講，可能和繪圖工具的限制有一定關係，以上圖紙繪製的綫條基本都是一樣的，没有現在建築製圖中“剖斷綫”和“看綫”的綫形區别。但會用不同顔色的墨綫表示不同的含義，也會用彩色渲染的辦法來加强圖紙的表現力。

圖7　國圖338—0199　山色湖光共一樓迤北坐落房圖樣

3. 尺寸的標注

樣式雷圖檔建築圖紙的標注重點在于開間進深，并不標出建築之間彼此的相對距離，而是通過控制院落的大小來使各建築各安其位。或者將更詳細的尺寸寫在説帖和作法册中作爲圖紙的補充。在陵寢設計中，用沿着和拱脚垂直的邊畫弧綫表示起拱的方向，然後會寫明起拱的高度和拱高。有的時候會寫明尺寸參考的範例，比如國圖280—0168中的一座橋梁，衹標注出通寬和通長，寫明“三孔石券橋一座，係按照定陵三孔石券橋，定陵河桶深一丈，今河桶深九尺，今因河桶較淺橋座較高，今謹將如意石落矮五寸，外添青白石三路、牙石一路”。如果降低橋梁如意石的高度，肯定其他的技術數字也有相應改變，但是這些并不反映在圖紙中。另如裝修隔斷的尺寸也是標注總高和總寬，具體每個構件的寬高厚度都留在具體的施工中由匠人去把握。

4. 特色方法

在樣式雷圖中會使用浮簽或貼頁。文字內容的浮簽，一般標示圖名，標注方向，標明殿宇或者裝修的名稱。貼頁則是局部的圖紙，貼在相應的位置，用來表現樓上的平面、修改後的平面，或者兩個不同的供選擇的方案。

圖紙中也已看到用網格來輔助設計的情形。如在規劃兵營的時候用一定大小的網格爲底，來控制空間的尺度。在設計裝修的時候用網格法來給花紋放樣。這兩種手法在現在的建築製圖中也有應用。非常重要的是平格網的使用，這是一種在方格的交點上記録與起始點的相對高差，用來標志地坪高度、計算土石方或控制施工成果的方法，尤其在山地項目和涉及到土方工程的項目中作用很大，可以説是非常先進的製圖技術。

在樣式雷圖檔中使用了相當于現在建築圖例的表現方法，最普遍的是裝修圖例，用簡筆來表示各種不同形式的門窗和畫罩，這些內容有研究者專門整理過。不過這些符號的抽象化還不够，尤其是各種花罩，其實是用一個壓扁的罩的形狀來表示。在圖示附近一般都會寫明花罩的名稱，所以這種圖例的指代作用不是最主要的，標注文字纔是關鍵。符號化程度比較高的是炕的標示，用一個句號一樣的小圈來表示炕所在的位置。總體來説，樣式雷圖中已經發展出了一定的符號系統，雖然不多但已够用。

在樣式雷圖檔的草圖當中使用碼子字來記數，在較爲正式的圖紙中則用正體字書寫數字。碼子字又叫蘇州碼子，是阿拉伯數字普及之前我國各行業都使用的一種由中國古代算籌發展出來的計數數碼。有人認爲樣子匠使用碼子字和保護行業秘密有關，這個説法并不準確，因爲當時社會上使用和認識碼子字的人并不稀有，清末民初部隊徽章上的番號就用碼子字書寫，近年又發現京張鐵路沿綫有碼子字標注的里程碑，碼子字衹是通行的計數符號。

五、總結

通過以上分析，將樣式雷圖檔中建築圖紙的製圖特點和現代建築圖紙的製圖特點進行分析和比較，我們可以得出如下體會：

過去的樣子匠還没有明確的圖紙的歸檔保存意識，因此在圖紙的規格、命名、存儲等方面没有清晰的系統。這其中不乏規模宏大、垂範後世的項目，實在難以想象設計工作期間的圖紙管理狀況。同時，也不得不慶幸樣式雷家族將這些圖紙保存下來的那冥冥中的預見。可以肯定地說，雖然當時没有幾個家族能像雷家一樣取得這麼卓越的成績，但是從事樣子匠這份職業，能畫出類似模樣圖紙的人絶對是大有人在的，但是他們的圖紙都没有保存下來，雖説不排除在樣式雷圖檔收集過程中將個别其他人的圖紙一起收進來的情況，但幾乎可以忽略不計。樣式雷圖檔的保存是一個命運的奇迹，樣子匠們的圖紙本來注定無法保留，這和他們没有圖紙管理意識有密切關係。

樣式雷圖檔中的建築圖紙，反映了在傳統營建中樣子匠所起到的關鍵作用，從工程選址到項目結算都浸透了樣子匠的專業勞作。其中反映出來的中國傳統風水理念、對場地環境的尊重、對舊建築和舊材料的愛惜、對建築格局空間層次的熟練把握以及對設計細節的疏放、對精巧紋樣的追求，都體現出那個時代我國傳統建築的營造水平已經非常發達。首先，這和整個社會從上到下各階層對建築文化的理解和欣賞水平密不可分。其次，和整個營建行業上下游産業的高效率社會協作、和五行八作工匠的高度專業化都是有不可分割的關係。衹有在這樣的時代，纔能産生樣式雷家族這樣的傳奇。

樣式雷圖檔所達到的圖學成就，是我國傳統建築文化留下的珍貴遺産，圖紙中群體、單體與室内的整體把握，圖紙深度的簡約節制，表現手法的靈活，實用的樣板工程借鑒等，在今天看來依舊很有意義。

現在，對樣式雷圖檔的研究和解讀還有很多工作要做，但其中最基礎的就是一直在進行的整理和編目工作，希望這項工作能愈加的趨向完善，這對于過去、現在和未來的建築師都有重要的意義。

參考文獻：

[1] 天津大學：《清代陵寢建築工程樣式雷圖檔的整理研究》，清代宫史研究會編《清代皇宫陵寢》，1995 年。

[2] 夏仁虎：《巢枝四記　舊京瑣記》，遼寧教育出版社，1998 年。

[3] 王其亨：《清代陵寢風水：陵寢建築設計原理及藝術成就鈎沉》，《風水理論研究》（第 2 版），天津大學出版社，2005 年。

[4] 耿威、王其亨：《樣式雷圖檔中的恭王府花園》，《中國園林》2010 第 9 期。

[5] 耿威：《清代王府建築及相關樣式雷圖檔研究》，天津大學建築學院博士學位論文，2010 年。

[6] 何蓓潔、王其亨：《清代樣式雷世家及其建築圖檔研究史》，中國建築工業出版社，2017 年。

（作者單位：天津大學建築學院樣式雷研究中心）

國家圖書館藏清西陵樣式雷圖檔述略

吴碧華

内容提要：國家圖書館收藏與清西陵建築有關的樣式雷圖檔有400多件（册），既有清西陵全域的圖樣文檔，也有各帝陵、皇后陵、妃園寢、王爺園寢、公主園寢及管理護衛陵寢的營房建築圖檔。這些圖檔詳實地反映了清代陵寢建築從選址、規劃、設計、施工以至管理等各方面的詳情細節，對清代陵寢建築的設計、施工、修復等多方面的研究具有其他文獻無法替代的價值，是研究傳統陵寢建築的重要史料。

關鍵詞：國家圖書館　樣式雷圖檔　清西陵

陵寢建築是清代皇家建築中最重要、最複雜的建築工程之一。"樣式雷"作爲清代皇家建築設計的樣子匠師，完成了清代大多數陵寢建築的設計。

清西陵是我國最後的封建帝王陵墓群，也是我國當今保存最完整的古代陵墓群之一，位于河北省保定市易縣城西15公里處的永寧山下。歷史上的清西陵陵區涉及清代的易州、淶源、淶水一州兩縣，如今的清西陵保護區位于易縣。整個陵區群山拱衛、碧水環流，紅墻黄瓦，蒼松如蓋，具有極高的文物價值、藝術價值和歷史價值。

國家圖書館收藏與清西陵建築有關的樣式雷圖檔有400多件（册）。既有清西陵全域的圖樣文檔，也有各帝陵、皇后陵、妃園寢、王爺園寢、公主園寢以及管理護衛陵寢的營房建築圖檔。既有進呈御覽之作的副品"準底"圖，也有設計施工過程中不同階段的各式原始設計草圖，以及各種有關工程的做法册、略節，等等。

一、清西陵全域圖檔

清西陵是清代自雍正起四位皇帝的陵寢之地。自雍正八年（1730）首建泰陵，至1915年光緒的崇陵建成，歷經186年，共建有皇帝陵四座，即雍正帝的泰陵、嘉慶帝的昌陵、道光帝的慕陵和光緒帝的崇陵，皇后陵三座，分别爲孝聖憲皇后的泰東陵、孝和睿皇后的昌西陵、孝静成皇后的慕東陵，還有三座妃園寢、兩座王爺園寢、一座公主園寢和一座阿哥園寢，共14座陵墓。在陵區東端還建造了藏傳佛教寺院永福寺和行宫。

國家圖書館藏涉及清西陵全域的圖檔相對較少，目前發現有12件。這些圖檔既有反映清西陵整體流脉風水的山形地勢圖，如342—0548號"西陵白玉山流脉風水圖"，也有反映清西陵各帝陵及皇后陵、妃陵布局的清西陵全圖，也有稱爲萬年吉地總圖或總樣，如194—0005號題爲“萬年吉地總樣”，194—0006號題爲“萬年吉地總圖”。從圖樣中包含的陵寢來看，342—0548號衹包含泰陵、昌陵及其后妃陵寢，應爲較早繪製的西陵山形地勢圖；237—0001號“西陵全圖”包含有泰陵、昌陵及其后妃陵和慕陵陵寢；194—0005號“西陵萬年吉地總樣”、194—0006號“西陵萬年吉地總圖”、341—0406號“西陵全圖”和221—0002號“西陵全圖底”則包含有泰陵、昌陵、慕陵及其后妃陵寢；在崇陵修建後，爲維護清西陵的完整統一，需添修一些風水墻、口子門、御路、橋座等而繪製的圖樣中則包含有泰、昌、慕、崇四帝陵及其后妃陵寢的布局，如342—0524號“西陵全圖”和193—0003號“謹擬崇陵添修口子門御路橋座全圖準底”。

此外，還有一些與清西陵全域相關的附屬建築圖檔，如341—0407號和341—0411號爲清西陵因修建崇陵而添建“風水”圍墻的圖樣。“風水”圍墻的建設是隨着陵寢的逐步營建而不斷進行，早在雍正年間，清西陵的“風水”圍墻就修了40多公里，隨着入葬的帝王后妃不斷增多，清西陵的界域不斷擴大。陵區的“風水”圍墻相當于整個清西陵的一個大院墻，把每座陵寢都包在裏面，這個圍墻裏邊是禁區，一般人是不可以進入的。358—0035—02號則是慕陵、慕東陵、泰陵皇貴妃園寢、昌陵皇貴妃園寢等處工程經由道路丈尺的做法清冊。

從這些圖檔中可以看出，清西陵陵區内各陵園共用祖山、石牌坊、大紅門、火焰牌樓。陵寢布局有主有從，皇后陵和妃園寢均以本朝帝陵爲中心，分建左右，自成一區，體現了附屬關係，表明陪葬之意。整個清西陵陵區以清世宗雍正帝的泰陵爲中心，西面有清仁宗昌陵、清宣宗慕陵和懷親王園寢，東面有清德宗崇陵以及端親王、阿哥、公主園寢和永福寺等建築。

二、雍正帝泰陵及其后妃陵寢圖檔

（一）泰陵

泰陵是清世宗雍正帝的陵墓，是清西陵的首陵，位于易縣泰寧山下的太平峪。

雍正帝的陵寢最初選擇的是清東陵的九鳳朝陽山，但破土興工後，發現穴中之土含有沙石。古代帝王陵寢的穴中之土要求很嚴，要求土質純潔、顏色純正、土層深厚，穴中之土含有沙石乃建陵大忌。雍正帝遂命精通風水的大臣對九鳳朝陽山吉地再次詳加相度，發現九鳳朝陽山吉地“規模雖大而形局未全，穴中之土又帶砂石，實不可用”①。雍正帝不得不廢弃九鳳朝陽山吉地，另擇他處。

雍正帝重新相度萬年吉地時，相度的範圍很廣，甚至派大臣到東北盛京一帶踏勘卜擇，經過篩選，最後認爲易縣泰寧山下的太平峪一帶最爲理想。乾隆元年（1736），雍正帝陵定名爲泰陵後，泰寧山改名爲永寧山。

泰陵是清西陵的主陵，并仿照清東陵的孝陵而建，是清西陵諸陵中營建最早、規模最大、格局最完整的陵寢。不過雍正帝生前曾下詔，決定不爲自己的陵墓修建石像生。因此，泰陵初建時没有石像生，泰陵的石像生是他的兒子乾隆帝后來補建的。

國家圖書館藏與泰陵相關的圖檔也比較少，目前衹發現5件。從這些圖檔的貼簽圖名來看，它們并非泰陵修建時所繪，應是後來的複勘繪製圖，是爲後來的陵寢建築規劃設計作參考用的圖紙。其中194—0002號與194—0003號“泰陵樣式”爲貼簽繪製的泰陵從三路三孔券橋至後寶山地盤樣；195—0006號爲複勘泰陵時查得、繪製的泰陵從神厨庫至寶城寶頂的地盤尺寸糙底，注有“二年十二月十五日查得”；195—0007號則是從五孔券橋至三路三孔券橋的泰陵地盤尺寸糙底；195—0008號“泰陵碑樓明縫大木樣”爲泰陵碑樓大木立樣。

（二）泰東陵

泰東陵爲雍正帝孝聖憲皇后的陵寢，位于泰陵東1.5公里的東正峪，是一個標準規制的皇后陵，其神道與泰陵神道相接。

國家圖書館藏與泰東陵相關的圖檔也比較少，目前衹發現5件，其中203—0001號“泰東陵地盤畫樣”爲泰東陵從三孔券橋至寶城寶頂的主要建築及栽植樹池的地盤畫樣；195—0005號“泰東陵寶城”繪製的是泰東陵寶城、明樓的地盤樣。此外，還有三件爲涉及泰東陵、昌陵、昌西陵、慕陵建築尺寸的字檔略節，即216—0009號“泰東陵昌陵略節底”、221—0026號“泰東陵昌西陵昌陵尺寸”和142—0019號“泰東陵昌陵慕陵丈尺略節”，這些圖檔也應是爲後來的其他陵寢建築設計作參考用的。

（三）泰陵妃園寢

妃園寢原稱妃衙門，雍正五年（1727）尊爲妃園寢。泰陵妃園寢是安葬雍正帝衆妃的陵寢，位于泰陵東南1公里處的楊樹溝。妃園寢的建築規模不如帝陵和皇后陵。

國家圖書館所藏樣式雷圖檔資料中没有發現專門繪製泰陵妃園寢及其相關建築的圖檔，僅從西陵全圖中可以窺見泰陵妃園寢所在的位置。

三、嘉慶帝昌陵及其后妃陵寢圖檔

（一）昌陵

昌陵爲清仁宗嘉慶帝的陵墓，位于泰陵之西的太平峪。太平峪原是乾隆爲自己選定的萬年吉地，但後來乾隆皇帝擔心“萬萬年後，我子孫亦思近依祖父，俱選吉京西，則與東路孝陵、景陵日遠日疏，不足以展孝思而申愛慕”[②]，所以乾隆又在東陵另選了吉地，把西陵太平峪賜給了兒子嘉慶，并旨諭：“嗣後萬年吉地，當各依昭穆次序，在東陵、西陵界内分建，不必另卜他處。”[③]意思是父子兩代皇帝不可在同一陵區建陵。

昌陵的神道在泰陵聖德神功碑亭南與之相接，是唯一與清西陵主神道相接的帝陵。昌陵最初設計時，仿照泰陵，衹是七孔券橋改成了五孔券橋。有諭旨説：“大碑樓將來在七孔橋之北建蓋。”[④]或許嘉慶帝確實是這麽説的，或許這是記録者筆誤。按清朝陵制，大碑樓均建在橋南，後來的事實也是將大碑樓建在了橋南，194—0001號“昌陵萬年吉地後寶山地盤樣”記録的大碑樓也是在五孔券橋南。不過，陵寢在修建過程中，不斷變更原擬規制和做法的事情也經常發生。

國家圖書館藏與昌陵相關的圖檔相對多一點，有“昌陵萬年吉地後寶山地盤樣”“昌陵地盤畫樣”“昌陵大殿尺寸平樣”等13件。除了一些昌陵的地盤畫樣和一些地面可見建築物的尺寸測繪圖樣之外，開始可見一些地宫的立樣和地盤畫樣，如221—0005號“昌陵地宫券座地盤畫樣”、221—0006號“昌陵地宫券座立樣”、221—0007號“昌陵地宫立樣”等。儘管昌陵的地宫尚未發掘，但透過這些地宫圖樣可瞭解昌陵地宫的設計結構，尤其是221—0007號“昌陵地宫立樣”詳細繪製了從明樓至寶城、寶頂和地宫的結構樣式和尺寸。

昌陵是清西陵建有石像生的兩座陵寢之一，昌陵圖檔中也有兩件石像立樣圖，即207—0027號和344—0733號。這兩件石像立樣圖，儘管没有注明是哪一座陵寢的石像樣，但其繪製的鐫刻圖飾與昌陵的石像實物相同，從而可推其爲昌陵的石像立樣。

有關昌陵的文字檔還有一件説明“昌陵吉地空當”的略節。

（二）昌西陵

昌西陵爲嘉慶帝孝和睿皇后的陵寢，位于昌陵迤西的望仙山，是清代第四座皇后陵，也是清西陵的第二座皇后陵。

昌西陵建于道光年間，因時局内外交困，也受到道光帝慕陵改制的很大影響，建築規制遠較前期各皇后陵簡約。昌西陵未建方城和明樓，隆恩門和東西配殿也由傳統的五間縮減爲三間，隆恩殿雖然爲五間，但體量比其他皇后陵都要小，且屋頂改爲單檐歇山頂。由于昌西陵未建方城和明樓，注有滿蒙漢三種文字的“昌西陵”牌匾是鐫刻在陵寢門中門的嵌石石匾上。

不過，由于昌西陵的隆恩殿與陵寢門之間有一條玉帶河，與其他的皇后陵相比，昌西陵在隆恩殿與陵寢門之間多修了三座三孔平橋。

國家圖書館藏與昌西陵相關的圖檔，與昌陵相比又多了一些，計有25件。既有“昌西陵陵寢地盤畫樣全圖”“望仙山陵寢地盤畫樣”等昌西陵的地盤畫樣，又有反映昌西陵從望仙山寶頂至隆恩門中路地面落矮尺寸的立樣。既有“昌西陵地宫券座地盤尺寸”“昌西陵地宫地盤”“昌西陵地宫大金券内安設册寶石幾圖式”“昌西陵地宫立樣”等地宫的地盤樣和立樣，也有“昌西陵大殿準底”“昌西陵東西朝房省牲亭地盤樣”“昌西陵石匾畫樣”“琉璃花門石匾畫樣”等地面單體建築的畫樣。此外，還有“荷玉溝地勢圖”“望仙山現在地式”等昌西陵地形風水勘測圖。

另外，走進清西陵，可以看到好多參天古松。其實，這些參天古松多數都是當時建陵時移栽的。清代修建陵寢時因爲“陵寢以風水爲重，蔭護以樹木爲先”⑤，所以把樹木的栽植也納入到陵寢規制當中。在前面的泰東陵地盤畫樣中就已看到有栽植樹池的畫樣，而昌西陵的圖檔中則有一件專門繪製栽植樹木的圖樣，題爲“後寶山擬種松樹樣”。

與昌西陵有關的字檔略節有四件，221—0018 號爲“昌西陵琉璃花門尺寸略節”，其他三件還涉及泰東陵、昌陵、慕陵、慕東陵。

（三）昌陵妃園寢

昌陵妃園寢是安葬嘉慶帝衆妃的陵寢，位于昌陵與昌西陵之間。昌陵妃園寢是清西陵境内營建的第二座妃園寢。據清宫檔案記載，其規制俱仿泰陵妃園寢規制建蓋，但也有與泰陵妃園寢不一致的地方。兩座園寢門建在大殿兩側，且爲無門樓的隨墻門，享殿後院内就是埋葬嘉慶帝 17 位妃嬪的 17 座寶頂群，分成前後四排。

國家圖書館藏與昌陵妃園寢相關的圖檔有兩件。這兩件昌陵妃園寢畫樣中的寶頂祇有三座，由此可以看出，這 17 座地宫并不是在初建園寢時同時建齊的，而是隨着皇帝妃嬪的增加、地位的變化等因素隨時營建的。

四、道光帝慕陵及其后妃陵寢圖檔

（一）慕陵

慕陵爲清宣宗道光帝的陵墓，位于昌陵西 15 公里處的龍泉峪。

道光帝的慕陵選址及其營建并不是一帆風順的。根據乾隆的旨意，嘉慶的兒子道光帝本應該埋葬在東陵。起初道光帝的陵寢確實選在清東陵景陵皇貴妃園寢以東的繞斗峪，後改名爲寶華峪。但是，寶華峪萬年吉地建好後，却出現了地宫積水的情況，道光帝認爲不吉利，就廢弃了寶華峪吉地。道光帝廢弃東陵寶華峪陵寢後，曾派出了許多大臣分頭到包括東陵和西陵在内的京城周邊各地相度萬年吉地，最後相中的是西陵的龍泉峪。

慕陵與清其他帝陵建制多有不同，不僅裁撤了大碑樓、石像生、華表、二柱門、方城、明樓等建築，而且縮減了一些建制，如隆恩殿由重檐五間改爲單檐歇山五開間周圍廊、陵寢門由傳統的三座琉璃花門形式改爲四柱三門三樓形式的石牌坊等。

在營建龍泉峪陵寢時，道光帝曾兩次下諭承修大臣撤去方城、明樓，但道光帝臨終前却留下一條刊刻明樓碑的遺諭。203—0006 號“慕陵添修寶城準底”墨繪地盤圖上朱綫繪添修寶城方案，203—0007 號“慕陵明樓底立樣”和 203—0008 號“慕陵寶城立樣”則爲慕陵擬添修明樓的立樣底。不過，慕陵添建方城明樓的方案最後并未付諸實施，但它們對清代陵寢研究具有彌補其他史料闕如的重要意義。

國家圖書館藏與慕陵相關的圖檔就比較多了，計有 70 多件。既有“龍泉峪準尺寸地盤”“龍泉峪畫樣”“慕陵地盤丈尺全圖”“慕陵地盤畫樣”等慕陵的地盤樣，也有説明慕陵從方城至五孔石券橋中路地面落矮尺寸的立樣、單體建築設計打樁添灰土的“前段牌樓門神厨神庫撤去打樁續添灰土立樣”、反映慕陵周邊地形狀態的“龍泉峪總樣”和爲滿足中國傳統風水理論需要的“慕陵風水加堆土山”地盤樣。單體建築陳設物件圖樣有“慕陵鼎爐樣”“慕陵日晷圖樣”。此外，在大量的慕陵地宫圖樣中，首次出現了地宫龍鬚溝的設計畫樣，這應是汲取寶華峪陵寢地宫積水教訓而修建的，也是第一個有明確記載地宫安設龍鬚溝的陵寢。

在慕陵的圖檔中，還有許多各種尺寸説明的略節，如："慕陵地宫五道券座丈尺略節""慕陵擬改周邊河道規制尺寸略節""慕陵通進深尺寸略節""慕陵各座進深面寬院當尺寸略節""慕陵較比定陵各款不同略節"，等等。

此外還有 3 件修建其他陵寢時參照慕陵地宫的圖樣，即：188—0001—25 號"遵照慕陵地宫立樣"、341—0456 號"遵照慕陵地宫券座立樣"、195—0003 號"遵照慕陵地宫券座立樣"。188—0001—25 號圖上還有"明樓方城遵照孝東陵尺寸"的明樓立樣，341—0456 號圖紙上有"遵照定陵寶城長元式"字樣。

（二）慕東陵

慕東陵爲道光帝孝静成皇后的陵寢，位于慕陵東北方的雙峰岫。慕東陵是皇后與妃子合葬在一個陵寢之中，與標準的皇后陵相比，慕東陵規制遜色了許多，其規制介于皇后陵與妃園寢制度之間。

慕東陵原本是道光十五年（1835）建成的妃園寢，初建時稱爲雙峰岫妃衙門。由于孝静成皇后原爲道光帝的貴妃，是在道光帝去世後，被咸豐帝尊爲皇太后，咸豐帝因她在道光帝時是一個妃子，由先皇帝欽定了園寢位置，不便更改，所以没有另建皇后陵，衹是將原來的妃園寢升級改成了皇后陵寢，在皇后寶頂的周圍築了一道内羅圈墻，將皇后寶頂圍起來，與其他妃嬪的寶頂相隔離，形成一個單獨的小院，以示對皇太后的尊崇。

國家圖書館藏與慕東陵相關的圖檔有將近 90 件。既有慕東陵地盤全圖畫樣，也有慕東陵大殿、東西朝房、省牲亭、神厨庫、琉璃花門等單體建築的畫樣，還有各種地宫和添修龍鬚溝的畫樣。

慕東陵是由妃園寢升級爲皇后陵寢的。在慕東陵圖檔中，既有升級改制前的衆多"雙峰岫妃園寢地盤畫樣""龍泉峪妃衙門地盤畫樣"，也有升級爲皇后陵的各種"慕東陵地盤畫樣"，如 188—0002—04 號"慕東陵細尺寸準底"、188—0002—05 號"慕東陵細尺寸準底"、188—0002—06 號"慕東陵改橋準底"和 188—0002—07 號"慕東陵地盤畫樣"朱筆繪製，即升級爲皇后陵寢後添建的内羅圈墻、琉璃花門、東西朝房、省牲亭的地盤和尺寸底樣，而 188—0003—10 號"雙峰岫中座石券立樣"則通過貼頁揭示了慕東陵升級爲皇后陵前後的狀況，寶頂貼頁爲慕東陵改修圖，貼頁下爲原慕陵妃園寢中座石券寶頂，前臺石五供以紅綫繪出，爲增修。還有體現寶城昭位變化的比較畫樣，如 202—0001 號爲道光二十九年（1849）繪製的"雙峰岫妃衙門中一座添寶城昭位添修石券準尺寸樣"，是圖爲光緒帝祖母莊順皇貴妃的寶城添修圖樣，位于前排，居孝静成皇后寶城左側，這是因爲莊順皇貴妃于道光二十五年（1845）晉封爲琳貴妃，地位僅次于當時爲皇貴妃的孝静成皇后。

由于慕東陵是皇后與妃子合葬在一個陵寢，按照清朝陵制，妃園寢的每個妃嬪都有各自的地宫，衹是形制不一，級别高的皇貴妃、貴妃、妃用石券，嬪、貴人用磚券，常在、答應衹能用磚池。因此，慕東陵的圖檔有許多對皇后和不同地位妃嬪的地宫畫樣，如正券昭位券樣、頭層石券樣、次座地宫樣、中座石券樣、前層石券樣、中層石券樣、後層磚池樣，等等。

依照規制慣例，隨着陵寢的建成，都要栽植儀行樹，慕東陵圖檔中也有不少栽種樹木的圖樣，如“慕東陵種樹地盤畫樣”“慕東陵栽種樹株地盤畫樣”。

慕東陵的各種尺寸説明略節有：“慕東陵尺寸略節”“慕陵妃園寢券座尺寸”“慕東陵寶城券内尺寸”“慕東陵琉璃花門尺寸略節”“琉璃花門内外尺寸”，等等。

五、同治帝西陵吉地踏勘圖檔

按照乾隆皇帝爲協調平衡東西兩陵定制的“東西陵昭穆制度”，同治帝陵寢本應建在西陵。然而同治帝的陵寢惠陵最終建在了東陵，位于景陵東南約三公里處的雙山峪。不過，同治帝的陵寢也曾在西陵選址過。

由于同治帝死時才 19 歲，生前并没有爲他選擇萬年吉地。同治帝逝世以後，慈禧太后旨派醇親王奕譞、魁齡、榮禄、翁同龢，于東、西兩陵附近地方察看形勢敬謹相度。醇親王奕譞等一行先赴東陵踏勘，看過東陵的成子峪、松樹溝、寶椅山、雙山峪、侯家嶺、長梁子等五個地點。後又赴西陵踏勘，看過西陵的九龍峪、酸棗溝、丁家溝、蓮花池、荷玉溝、鳳凰臺、張格莊、五公山、洪崖山等九個地點。

國家圖書館藏與同治帝有關的西陵吉地踏勘圖檔也不少，計有 25 件，包括九龍峪、大岫溝、鳳凰臺、丁家溝、蓮花池、酸棗溝、龍鳳山、栗樹溝、洪崖山等地的地勢踏勘圖，如：“九龍峪現定山向標志地勢尺寸圖準底”“九龍峪吉壤形勢圖”“九龍峪地勢丈尺圖”“九龍峪現定標志山向尺寸略節”“九龍峪園寢部位東地勢一段地勢尺寸略節”“西賢德村迤西大岫溝畫樣”“鳳凰臺地勢圖”“蓮花池丁家溝地勢畫樣糙底”“蓮花池地勢圖”“酸棗溝樣底”“酸棗溝地勢丈尺圖”“龍鳳山地勢丈尺圖”“洪崖山地勢丈尺圖”“西陵栗樹溝地勢糙底”。除九龍峪繪有詳細的山向標志地勢尺寸圖準底和略節之外，其他地方的都衹是一些地勢畫樣糙底。

從這些圖檔也可以看出，九龍峪曾是同治帝陵寢選址的上吉佳壤之一，已繪有“九龍峪吉壤形勢圖”、山向標志地勢尺寸圖準底及略節等。而大岫溝、鳳凰臺、丁家溝、蓮花池、酸棗溝、洪崖山等處因氣局不佳，不適合建陵，都未定穴向，衹繪製了一些踏勘草圖。

六、光緒帝崇陵及其妃園寢圖檔

（一）崇陵

崇陵爲清德宗光緒帝的陵墓，也是我國最後一座帝王陵墓，位于泰陵東北約四公里處的金龍峪。金龍峪原名魏家溝，同治年間改名爲九龍峪，光緒十三年（1887）又改名爲金龍峪。

在國家圖書館所藏有關清西陵各陵的圖檔資料中，與崇陵有關的圖檔最多，總計有 109 件。除了常見的“金龍峪地勢圖樣”“西陵金龍峪山圖”“金龍峪崇陵志樁圖”等風水勘測地勢圖；“崇陵出平圖樣”“崇陵灰綫測量抄平圖”“崇陵寶城方城灰土立樣”“崇陵方城土襯埋深灰土立樣”等陵地設計方案圖；“崇陵全部地盤樣準底”“崇陵地盤圖”等各種地盤全圖；“崇陵明樓地盤圖樣過活準底”“崇陵明樓地盤圖樣”“崇陵明樓内朱砂碑立樣”“崇陵石臺五供圖樣”“崇陵隆恩殿龍鳳石圖樣”“崇陵碑亭内石碑立樣”“崇陵神厨庫地盤樣”“望柱挪修丹陛上丈尺畫樣”“望柱地盤畫樣”“望柱立樣”“崇陵望柱須彌座圖樣”“崇陵五孔便橋圖樣”等單體建築和陳設物件的畫樣之外，又出現了各段分修地盤樣，如“崇陵頭段分修圖樣”“崇陵四段分修平樣”，等等。這是因爲這些規模大、工期長的陵寢建築工程，通常是由多家廠商分包承修，爲便于組織管理，對各專案及相應地段就需要繪製所謂的分修地盤圖。

崇陵金龍峪風水形勢固佳，然地下的土層却不甚理想，不是巨石，就是砂石積水，“自碑亭、牌樓門前，依次地勢愈低，多有砂石積水”[⑥]。因此，崇陵圖檔中除了有各種地宫龍鬚溝的設計畫樣之外，還有各種添修擋水壩和引河的圖樣，如“崇陵擬修擋水壩并引河橋座圖樣”“崇陵引河圖樣”“崇陵水道做法平樣”“崇陵妃園寢橋座河道全圖”，等等。

在崇陵圖檔中還有一些工程做法册，如“崇陵做法簡册”1 册、“崇陵牌樓門一座五間做法細册”1 册、“崇陵望柱做法細册”1 册以及一套共有 34 册 128 卷的“崇陵工程做法册”。

崇陵的許多建築也是參照或參考以前的陵寢規制而建，因此有些圖檔背面貼簽説明是崇陵的某建築圖樣，正面却會注明踏勘其他陵寢的字樣，如 346—0949 號背面貼簽爲“崇陵頭段分修地盤圖樣”，正面則注明“宣統三年（1911）三月十六日在惠陵勘丈”；349—1216 號背面貼簽爲“崇陵隆恩殿龍鳳石圖樣”，正面則注明“宣統三年（1911）三月十六日查得惠陵龍鳳石畫樣準底”。

（二）崇陵妃園寢

崇陵妃園寢是安葬光緒帝兩位貴妃珍妃、謹妃的陵寢，位于崇陵東約 1 公里處。

國家圖書館藏與崇陵妃園寢有關的圖檔也不少，有 26 件，主要是崇妃陵的地盤全圖，如“崇妃陵立樣後擬過活準底”“妃園寢地盤圖樣”“崇陵妃園寢地盤全圖”；各段分修地盤樣，如“崇陵妃園寢頭段分修地盤圖樣”“妃園寢貳段分修圖樣”“妃園寢四段分修地盤圖樣”；以及其地宫設計圖樣，如“妃園寢龍鬚溝圖樣”“惠陵崇陵妃園寢改建石券全圖立樣”“惠陵崇陵妃園寢改建石券地平樣”“惠陵崇陵妃園寢改建石券券門樣”。

在崇陵妃園寢圖檔中也有一些工程做法册，即“崇陵妃園寢改建石券收石料尺寸細底”1 册、“妃園寢工程做法册”8 册以及“妃園寢做法簡册”1 册。

七、西陵營房建築圖檔

營房是管陵衙門辦公與護陵士兵居住的地方，與陵寢同時興建。清西陵的泰陵陵寢興工後，于雍正八年（1730）至乾隆元年（1736）先後在陵區周圍設立陵寢管理機構，負責陵寢的工程管理、祭祀、防護、守衛等各項事務。

西陵界内共有營房幾十所。國家圖書館藏與清西陵營房建築有關的圖檔總計有66件，涵蓋了内務府、禮部、工部、八旗和绿營各管理機構營房建築圖檔。

從這些圖檔可看出，各營房的規模大小、房舍多少雖然不盡相同，但建築形式是相似的。營房圍墻内房舍整齊有序，等級排列分明。官員住所爲三合院或四合院，前面有大門，門内有影壁；士兵、僕役住所較爲簡單，一般是三間房。每所營房有主街一至兩條，主街兩側又有小巷若干。每條主街有水井一至二眼。從布局上看，户户相對，巷巷相通，建築形式大體如一。

八、西陵親王、阿哥、公主等園寢圖檔

在清西陵陵園境内，有兩座王爺園寢，即端親王園寢和懷親王園寢。端親王園寢坐落在崇陵附近的張各莊，懷親王園寢坐落在太平峪境内的王各莊。

在張各莊端親王園寢西側不足1公里處有一座阿哥園寢，裏邊所葬爲雍正皇帝的第三子弘時及其兒子永坤。

在張各莊端親王園寢東南約1公里處還有一座公主園寢，内安葬嘉慶帝的皇五女慧安和碩公主與皇九女慧滑固倫公主。

國家圖書館所藏樣式雷圖檔中，有兩件關于清西陵境内的王爺、阿哥、公主園寢圖檔，即342—0544號“張各莊福地圖”和333—0066—06號“懷親王端王并惠安惠閔公主園寢地盤全樣”。

不過，333—0066—06號“懷親王端王并惠安惠閔公主園寢地盤全樣”中，疑樣式雷誤把“阿哥園寢”錯認爲是“懷親王園寢”。因爲是圖所繪應是張各莊王爺、公主園寢的位置圖，圖中上、下爲山形、河道狀況圖，中間有六個方框示意王爺、公主園寢及其營房位置。端親王園寢西側實際是一座阿哥園寢，但是圖中“端王園寢”左側方框内所注爲“懷親王園寢”，而懷親王園寢的實際位置是在清西陵西邊太平峪境内的王各莊，靠近昌西陵。

《欽定大清會典事例·禮部·喪禮》載：“乾隆三年（1738），黄花山端親王金棺，皇三子金棺，于十月二十二日移送。東直門外懷親王金棺，于二十六日移送。陳設儀衛隨行，沿途各蓋蘆棚，咸于十一月初五日安葬。”[⑦]端親王園寢、阿哥園寢、懷親王園寢應是同時營建的，因此，也有可能阿哥園寢所在的地方初建時本爲懷親王園寢而建，後來因爲某些原因而改爲阿哥園寢，但目前還没發現其他的文獻資料可以佐證。而國家圖書館藏的西陵全圖、崇陵金龍峪地勢畫樣中也有一些有親王、阿哥和公主園寢的

信息，如342—0548號“西陵白玉山流脉風水圖”、194—0005號“西陵萬年吉地總樣”、349—1203號“金龍峪崇陵志樁圖”、232—0022號“金龍峪金星寶蓋地勢畫樣準底”，這些圖樣中却是端親王園寢、阿哥園寢、公主園寢，而不是懷親王園寢。

九、西陵永福寺與梁格莊行宫圖檔

清西陵除了上述建築之外，在陵區的東端還建造了藏傳佛教寺院永福寺和供皇帝、后妃謁陵時休息、駐蹕的行宫。

清西陵的永福寺是仿照清東陵的隆福寺而建，但隆福寺歷經時代的變遷毁壞殆盡，已找不到它的踪迹了，而永福寺却非常幸運地完好保存下來，堪稱陵寢御用寺廟的孤品。

清西陵行宫也是位于梁格莊村，是皇帝謁西陵的下榻之所。乾隆帝爲了展謁西陵方便，特在京城到西陵的沿途營建了四座行宫，即黄新莊行宫、半壁店行宫、秋瀾行宫、梁格莊行宫。據史料記載，在清代的關内帝陵中，一共建有八座行宫，清東陵四座，清西陵四座，而這八座謁陵行宫中，衹有清西陵的梁格莊行宫還保存下來，其餘七座行宫隨着年代的變遷僅存模糊的遺址。

國家圖書館所藏樣式雷圖檔中，有兩件關于永福寺的工程做法册，即387—0005號“圓明園永福寺風水圍墻工程做法細册”和387—0011號“崇陵永福寺以西添修三孔石平橋一座做法細册”。還有1件西陵行宫的賬單，即367—0233號“上西路查行宫四處出入賬”。

十、資料價值

樣式雷清西陵圖檔資料的價值是多方面的，除了具有文物價值、歷史價值和藝術價值之外，還有重要的研究利用價值。

樣式雷圖檔中的陵寢建築圖檔資料既是皇家浩繁祭祀的檔案資料，又是研究陵寢建築的重要史料。這些圖檔翔實地反映了清代陵寢建築從選址、規劃、設計、施工以至管理等各方面的詳情細節，真實記録了樣式雷爲清代皇室陵寢建築的設計及營建活動，不僅對于中國古代建築史和傳統建築圖學有重要意義，而且對清代陵寢建築設計、施工技術和工官制度以及清代陵寢文物的建築保護和復原等多方面的研究，均具有其他文獻無法替代的價值。

在清代陵寢建築的研究中，有些建築實物因年代久遠而受到損毁，甚或僅留廢址，有些則因無法深入内部而存在研究困難。在這方面，有關的樣式雷圖檔能够提供準確可靠的原始設計圖檔，借助這些圖檔，就可以使這些困難得到較好解决。大量尚未發掘開放的地宫内部層次研究，都曾得力于有關樣式雷圖檔，取得了豐碩的成果。

同時，這些圖稿也是一種思想傳媒的中介，既包括設計者的思想，也必然要反映建築物主人的思想。事實上，樣式雷圖檔的信息含量極大，不僅反映了中國古代建築理念、建築美學、建築哲學等思想，其内還隱含有大量中國清代社會、政治、經濟、文化等方面的信息，爲研究清代歷史提供了珍貴的史料。清代陵寢建築，歷時二百餘年沿革，各個陵寢的建築規制都有或多或少的差异。樣式雷有關清西陵的許多畫樣，不僅留下了西陵内諸多建築設計的真實細緻記録，可以從中找到歷朝變易的情形。還有許多相同的建築物包含有多份圖稿的情况，包括各種方案的構思、比較設計圖稿，有一些却是注明"廢的""不用了"等字樣的廢弃稿。陵寢建築的設計受風水理論、宗法禮制等等方面因素的影響，綜合分析研究這些圖檔，便可以更客觀地揭示不同帝王對陵寢建築的獨特思想理念。

注釋：

①《清實録》第八册，中華書局，1985年，190頁。
②《清實録》第二七册，中華書局，1986年，1023頁。
③ 同上，1034頁。
④ 清宫檔案《内務府來文》陵寢事務，第2930包。
⑤ 王其亨主編：《風水理論研究》，天津大學出版社，1992年，156頁。
⑥《清實録》第六〇册，中華書局，1987年，582頁。
⑦（清）昆岡等修：《欽定大清會典事例》卷四九六。

参考文獻：

[1] 王其亨主編：《風水理論研究》，天津大學出版社，1992年。
[2] 王其亨：《中國建築藝術全集·清代陵墓建築》，中國建築工業出版社，2003年。
[3] 耿左車、邢宏偉、那鳳英：《清西陵檔案解密》，中國工人出版社，2015年。
[4] 徐廣源：《清西陵史話》，重慶出版社，2017年。

（作者單位：國家圖書館古籍館）

日本東京大學東洋文化研究所藏樣式雷圖檔中清代崇陵工程史料的重要發現

陳書硯

内容提要：日本東京大學東洋文化研究所（東文研）藏樣式雷圖檔中，涉及清末崇陵工程者甚多。崇陵是中國古代最後一個皇家工程，因清末民初社會動蕩、政權交割，導致工程易主，本應緣前朝慣例匯集編纂的工程檔案星散各處。東文研所藏圖紙、籍本與照片，輔以國內相關藏品和近年研究成果，對崇陵系列工程如選址設計、人員組織、工程進度、工藝做法等内容有關鍵作用，并給予雷氏家族在該項目中的參與者及其職能、光緒十三年（1887）吉地勘選等重大歷史懸案以妥善解釋。

關鍵詞：樣式雷　崇陵　東洋文化研究所

清代樣式雷圖檔是涉及建築理論與工程實踐的重要研究資料，多數存藏于國内若干家大型圖書館、檔案館、博物館及各類教學科研機構，歷經積纍，成果甚多。由于歷史原因，有大量樣式雷圖紙、燙樣、文獻等星散海外，難以集中研究整理。

日本東京大學東洋文化研究所（後文簡稱東文研）藏有50餘張樣式雷圖檔，内容多爲清代皇家陵寢與園林，其中有近20張直接涉及崇陵系列工程。另外，東文研還藏有數量近萬頁的《崇陵工程報告》《崇陵暨妃園寢做法册》《風水圍墻做法册》等工程籍本，以及竣工後由日本學者關野貞等人拍攝的25張照片，這一系列史料現已成爲研究清代崇陵工程的重要資料。

通過對圖檔和工程報告的系統整理，輔以國内相關清代官方檔案，并參照天津大學建築歷史與理論研究所對清代慕、定、惠陵的研究方法與成果，可以逐一明確東文研所藏樣式雷圖檔的繪製時間與用途，詳細還原光緒三十四年（1908）至宣統三年（1911）末的工程進展，真實再現皇家工程的浩大規模以及進程中的諸多變故，見事見人，甚爲生動。同時也能够克服崇陵工程因時局艱窘未能如定、惠二陵系統保存“工程備要”“工程紀略”“銷算黄/青册”等自全局至微毫的官刊工程檔案所造成的研究困難，進而較爲完整地展示中國古代建築史上最後一個皇家工程的面貌，及其在工程管理、人員組織、新興材料技術應用、危機公關處理等方面的諸多亮點。

東文研所藏樣式雷圖檔中，包括：光宣時期的清西陵兆域總平面，德宗萬年吉地選址立向，崇陵暨妃園寢建築組群設計總立樣、地盤，擋水壩及引河平面，風水圍墻御路橋座，梁格莊暫安處改擴建平面以及崇陵附屬各部營房地盤圖樣。與國内藏品相比數量雖少，却已涵蓋崇陵系列工程的所有子項。經過研究，圖檔繪製時間爲光緒三十四年末至宣統二年，正是崇陵系列工程規劃設計最爲緊張的階段。同時，東文研還藏有定惠二陵的多張地盤畫樣，且均涉及選址和建築設計與工程活計，推斷是崇陵工程的備用參考資料。

清崇陵是德宗景皇帝愛新覺羅·載湉與孝定景皇后葉赫那拉氏合葬之陵，爲滿洲皇族的最後一次國家級工程活動，開工于宣統元年閏二月十七日（1909 年 4 月 7 日），因辛亥革命停工一年，後由民國政府派員和遜清皇室接續，完成于 1915 年。該工程由崇陵、崇陵妃園寢、梁格莊暫安處、營房、風水圍墻改擴建多個分項組成，最後一項爲妃園寢内端康皇貴太妃吉地改修石券，1924 年竣工，流傳至今，列入世界文化遺産。

圖 1　自五孔石平橋北望崇陵（笔者加），關野貞攝，
（日本東京大學東洋文化研究所藏）

一、崇陵選址——兩件史實

清德宗載湉于光緒三十四年遇害[①]薨逝瀛臺，當年旋即展開的帝陵選址工作在諭旨、奏折等史料有明確記載；唯光緒十三年初的選址經過顯得頗爲隱晦，因爲缺乏官方文獻佐證，光緒帝奉慈禧皇太后恭謁西陵的具體行程不甚明確，僅能依據諸位扈從官員的筆記進行邏輯推斷[②]。幸而在東文研所藏工程報告中發現堪輿官呈奏行文，提供了確鑿的證據，對是年選址并確定爲萬年吉地一事給予極爲有力的史料支撑，殊爲珍貴。

王其亨教授認定光緒十三年德宗陵寢選址爲不可辯駁的史實之前，幾乎所有相關論著皆以《宣統政紀》或上諭檔中德宗“生前并未擇有陵寢”[③]爲定論。官方檔案如《德宗實録》《光緒朝東華録》和《清史稿》多記述十三年謁陵，却未言選地一事。由于帝后謁陵隨從甚衆，而且這是涉及國家典章的重要事件，有幸参與的近臣對此事有詳盡記述，可窺其一斑，其中首推翁同龢的《翁文恭公日記》，而後是孫鼎烈的《永甯山扈從紀程》和潘祖蔭的《西陵日記》。

（一）光緒十三年相地

新君登極後即行選擇萬年吉地，已是國家定制④。光緒十三年正月十五日，德宗親政大典如期舉行，三月十二日，借清明節展謁西陵之機，慈禧皇太后與光緒帝親往閱視九龍峪，潘祖蔭對此記述最爲簡省："上未刻自九龍峪還宫。侍班。……上到，時僅一刻……上侍皇太后九龍峪。申初，上先歸。……"⑤而孫鼎烈的記録則更爲切中要害：

> 上還自慕陵，徑詣寺，奉太后至九龍峪，度萬年吉地工程。九龍峪在永福寺西北東圍墻外。吉地已定，更名金龍峪。未正，車駕還宫。以翌日啓蹕還京。⑥

翁同龢的日記中對三月十二日和十三日的行程記述可謂詳盡。三月十二日：

> 途遇醇邸⑦，知今日皇太后、皇上皆詣九龍峪相度吉地。…邸亦往。未初，上回；未正，上還行宫…申正，皇太后還行宫。…戈什愛班傳邸諭云，奉懿旨：明日著醇親王、翁同龢帶同看風水英年奏事官，前往九龍峪相地。過訪醇邸帳房，定明日辰初到彼，容貴、懷塔布同往。⑧
>
> 三月十三日：寅正起束裝，俟上起鑾後，乘馬帶道官張姓赴九龍峪，五里許抵山麓，容澤圃與英年菊儕、圖畫官慶寬嘯山，……醇邸、懷公先後來。
>
> 乘馬下山，至第七節過峽處，有二石，太后昨日命置此，俟風水官商酌。余看實不可用，因令英年細酌，亦云不可用。下山看前十三年所定立穴處⑨，有磚砌小臺，未免太低。⑩

當日未時至申時帝后的行程非常明確：清明節，光緒帝和慈禧皇太后在展謁諸陵回程途中，由醇王陪同經行九龍峪并相度吉地，定下德宗的萬年吉地并更名金龍峪。而後又奉懿旨，著醇王、翁同龢并風水官于次日複往相度。十三日，翁同龢與醇王約定辰時出發，并帶榮貴和懷塔布二人同行，步行登山查勘山水形勢。

三月十四日，在相度吉地之後，金龍峪穴址上立有金星寶蓋一樁。這一綫索正是俞進化先生在中國第一歷史檔案館的重要發現，即《金龍峪圖》中的金星寶蓋旁注有"石柱係光緒十三年三月十四日立"⑪，這是皇帝太后二人謁陵選址并由樞臣勘度的明證。至此光緒十三年的謁陵選址告一段落。

（二）光緒十九年（1893）的佐證

光緒十九年六月有上諭："命直省擇保通曉天文、醫理、卜筮、數學及嫻于堪輿者"⑫，與此呼應，國圖藏樣式雷圖檔中，有一份《金龍峪金星寶蓋圖》背後題注："西陵，魏家溝改，同治改九龍峪又改，光緒改金龍溝。此圖懷大人十九年與譚郎中要過一份。"因此在光緒十九年朝廷不僅曾招募過堪輿人士，還曾命樣式雷重繪金龍峪的風水形勢圖紙，而"懷大人"應是光緒十三年三月十三日隨往查勘德宗吉地的懷塔布⑬。另外，在光緒三十四年爲德宗選址的奏摺中，亦對西陵境内兩處備選的穴址，稱爲"丁家溝"和"金龍峪"，可知九龍峪已更名金龍峪一事已爲後人所共知。

圖2　YSL221—001　金龍峪風水地勢圖（國家圖書館藏）

（三）光緒三十四年（1908）選址披露的重要證據

待光緒皇帝遇害崩逝，溥儀繼統，其後三日即有上諭：

大行皇帝尚未擇有陵寢。著派溥倫、陳壁，帶領堪輿人員馳往東西陵，敬謹查勘地勢，繪圖貼説，奏明請旨辦理，欽此。⑭

溥倫、陳壁⑮等四人勘選吉地，據後期所呈奏本，歷時49天，是除宣統帝外清代帝陵選址周期最短者。其赴東西陵查勘，共擇得四處穴址備選，即東陵境内的興隆臺和長龍嶺，西陵境内的丁家溝和金龍峪。

圖3　陳壁（郵傳部尚書）

圖4　溥倫（資政院總裁）

光緒三十四年十二月十二日，内廷得溥倫等人上呈所勘四處地勢情形及圖紙[16]，于同日降旨著内閣撰擬陵名[17]，并在十二月十四日降旨欽准，即行派員承修。

前經降旨，派貝子溥倫等于東陵、西陵附近地方，敬謹相度皇考德宗景皇帝山陵，昨據溥倫等奏稱，謹看得附近西陵之金龍峪，地勢寬平，係屬上吉之地等語。

金龍峪謹定爲崇陵，即行擇吉興工，著派載洵、溥倫、載澤、鹿傳霖，敬謹承修，并著慶親王奕劻會同辦理一切事宜，欽此。[18]

堪輿官對東西陵四處地方均有詳細描述，并分析其優劣，金龍峪因"有雄峙一方之概"，諸多風水要素一應俱全、幾無瑕疵，脱穎而出；而另外三處有明顯的風水、地形與尺度缺陷，因此金龍峪是德宗萬年吉地的不二之選。

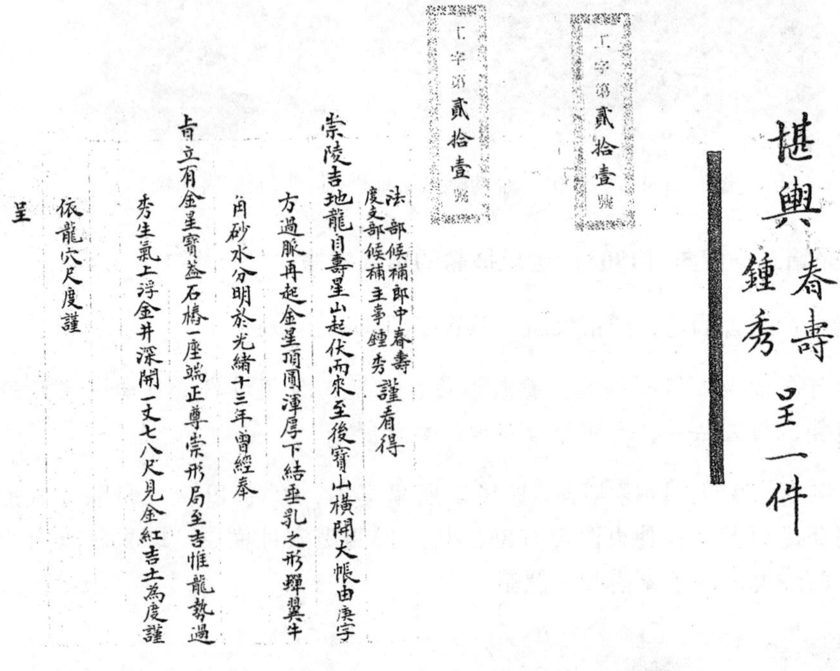
工字第貳拾壹號

工字第貳拾壹號

堪輿 春壽 鍾秀 呈一件

法部候補郎中春壽
度支部候補主事鍾秀 謹看得
崇陵吉地龍自壽星山起伏而來至後寶山橫開大帳由庚字方過脉再起金星頂圓渾厚下結垂乳之形蟬翼牛角砂水分明於光緒十三年曾經奉旨立有金星寶蓋石樁一座端正尊崇形局至吉惟龍勢過秀生氣上浮金井深開一丈七八尺見金紅吉土爲度謹依龍穴尺度謹呈

圖5　130004，工字第貳拾壹號　崇陵工程報告（日本東洋文化研究所藏）

崇陵吉地，龍自壽星山起伏而來，至後寶山橫開大帳，由庚字方過脉再起金星，頂圓混厚，下結垂乳之形，蟬翼牛角，砂水分明。于光緒十三年，曾經奉旨立有金星寶蓋石樁一座，端正尊崇，形局至吉，惟龍勢過秀，生氣上浮。金井深開一丈七八尺，見金紅吉土爲度，謹依龍穴尺度。謹呈。[19]

從上諭檔及堪輿官奏摺中，對德宗吉地的稱謂均用"金龍峪"一詞。雖然光緒十三年選址改名一事未見更多的官方文獻記載，但這一風水寶地從九龍峪改爲金龍峪已廣爲接受，并作爲正式名稱所用。

目前所掌握的有關金龍峪選址的樣式雷圖紙共 11 幅，大部分由國家圖書館收藏，三幅藏于東文研。按已經確定的同光兩朝帝陵選址中的山形水勢繪法，很容易分辨出與其相近的圖紙，而在崇陵選址的過程中，有兩幅明顯是以國圖藏 221—001 爲藍本描繪出，而且與前朝圖紙也有非常顯著的聯繫，即在山口處均明確繪有兩座小丘，并貼簽或注明“日”“月”；另外一組，根據東文研的“軸物 41”，明確劃出朝對紅綫并貼紅簽爲崇陵山向，與相關檔案吻合，這幅應爲其他三幅草圖的成品，在穴址處繪出“金星寶蓋”石樁，且與“軸物 42”皆在此處貼有同名標籤，是對前述檔案極爲有力的回應。

上述圖紙中，國圖藏 349—1203 兼備前後兩次選址繪法的特點，不僅清晰描繪金龍峪周圍山形水勢，而且遠近若干組建築群亦貼簽繪出，包括數個園寢、營房、風水墻和各處村莊等，在山口處還有日月小丘。

但最引人注目的是，在穴址處不僅有金星寶蓋石樁，還在其西側繪有一座二層叠落的臺座。石樁無疑是光緒十三年選址時所立，而臺座則與翁同龢在十三年扈從日記中所述選址時“下山看前十三年所定立穴處，有磚砌小臺，未免太低”的叙述驚人一致。也就是皇室爲載淳、載湉兄弟二人在金龍峪萬年吉地選址時所立的標識物，被同時完整地繪製在這幅光緒三十四年末再次勘度的圖紙上。

此幅圖檔雖然尺寸不大，并僅關注金龍峪一地，但將吉地與周圍自然景物和相關建築群的關係表述得極爲清晰，縱使上述幾處標志物在畫面中甚爲細小，但如果仔細觀察，并聯繫史料，在一幅樣式雷圖紙中可見道光至宣統五朝在同一處風水佳壤選址查勘過程的諸多史實，極富價值。它也是俞進化先生和王其亨先生對光緒十三年選址一事的研究的重要補充。

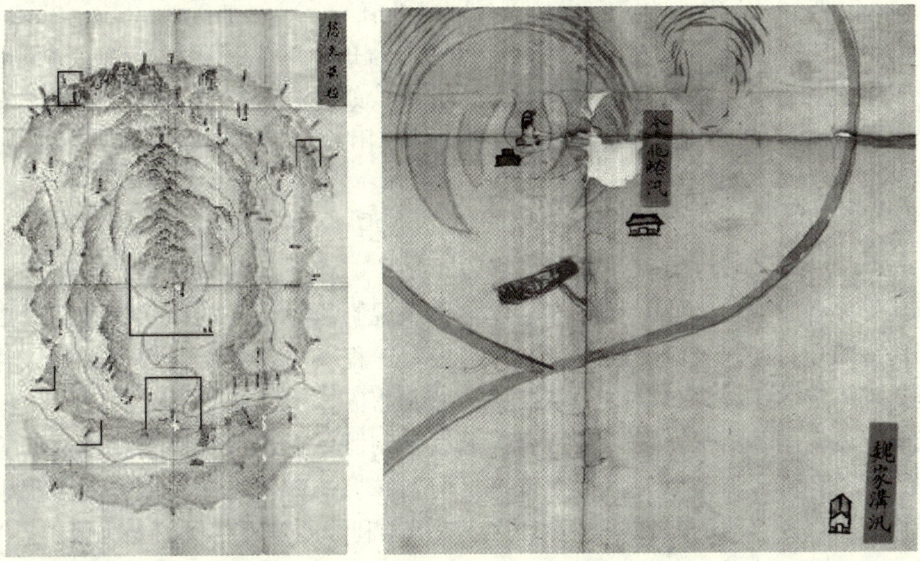

圖 6　國圖 349—1203　金龍峪崇陵志樁圖（國家圖書館藏）

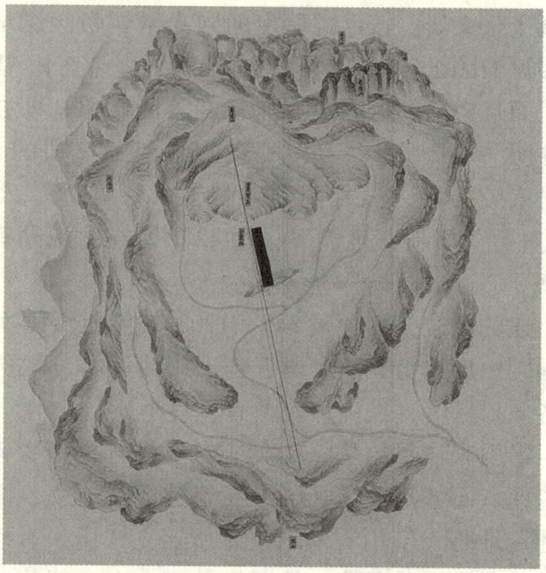

圖7　軸物41　清光緒崇陵地勢圖（日本東洋文化研究所藏）

通過以上史料，關于崇陵吉地選址一事，可知：

1. 光緒十三年三月十二日，德宗奉慈禧太后親閱九龍峪，擇定萬年吉地，并更名金龍峪；

2. 光緒三十四年爲期兩月的選址過程，雖歷時不長，但時隔11年之後經多處采看且奏呈詳盡，并非敷衍行事；同時堪輿官據實呈報“光緒十三年曾經奉旨立有金星寶蓋石樁”，使十三年鄭重的定穴行爲更爲確鑿可信。

3. 帝后二人閱視金龍峪，又派曾主持惠陵工程的光緒生父醇王、帝師翁同龢等宗室近臣，且有内務府大臣以及風水官員同往查勘，如此高規格的選址陣容絶非有所遲疑、僅爲備選，對確定德宗萬年吉地具有决定性作用。

二、崇陵工程——雷氏絶響

清代皇家各營建項目的工程處内，包含承擔規劃設計任務的樣式房和負責勘估錢糧的算房，隨項目的起竣而添置或裁撤，直接對工程負責，專業化程度極强，并且供事人員具備一定的承襲傳統，雷氏家族便是絶好例證。

崇陵工程伊始，由于光宣二朝對清代國家官制體系做出巨大調整，樣式房等相關機構亦因裁并各部司衙署而失去存在依據，但其掌握的獨特專業技能、對工程事務嫻熟的操作能力以及存藏的海量工程檔案，是陵工順利開展無可替代的先决條件。

據目前掌握的史料，雖遠不及定、定東、惠陵等工程時期地位顯赫、升遷頻繁[20]，但在崇陵工程的測繪勘丈[21]、方案設計[22]、繪圖燙樣[23]、工程做法等諸多重要環節，皆有樣式房及雷氏傳人的身影出現，足見其價值所在。

載洵于光緒三十四年十二月廿五日，得旨崇陵以惠陵規制仿建，同期揀選得力人員組建欽工處。其第一要務即是派官員四處搜尋惠陵檔案，并聯絡東陵衙署以備前往測繪。不料，在工程處監修調取檔案的過程中，因晚清官制改革，工部裁撤"案無可查"[24]，又轉而諮行内務府。

通過是月二十九日、三十日的連續兩次工程處會議，確定前往東陵承辦事務衙門調取檔案和入陵測繪的盤費與公文事宜[25]。宣統元年正月初三日，崇陵工程處又奉旨趕修西陵梁格莊行宫，用作德宗梓宫暫安處，載洵疲于奔命，衹得先赴行宫察驗，正月十三日確定暫安處改建方案後請旨出京，首次正式履勘西陵金龍峪。五日後，載洵不僅上奏彙報崇陵工程情形，更將妃園寢的初步方案進呈御覽[26]。

根據清代皇家陵寢設計流程，選址確定後的再次履勘，應由承修大臣帶領樣式房、堪輿官等人同往。但由于工部已然裁撤，原來樣式房的位置頗爲尷尬，承修大臣載澤權衡其中利害，一語道破癥結并爲涉世尚淺的載洵提點權宜之計[27]：

> 六弟（按，載洵）如見來函均悉，堂諭尚未送盡兄意，陵寢規制不可不令廠商一見，昨已派商人馬文連隨李毓芬前往，□敘□□亦擬派廠商隨往。至于算樣兩房既經奉裁，總以不露明爲妙，仍不妨飭令其隨往也。

所言主旨，即崇陵建築設計必令廠商參與其中，而算房、樣式房兩者雖不能露明，但可以假借廠商之名帶同前往，以盡其職。其中所指其商人，即爲全工承包商中最具實力的興隆木廠商人馬文連、馬文藏兄弟，而李毓芬[28]則是欽工處監修。

木廠在皇家工程中一般被動承接施工任務，樣式房、算房本屬皇家欽派的工程機構，但此次與以往不同的是，官家需要其發揮以往職能，充分參與建築方案設計，甚至是全工全程負責，但官制改革後其身份衹得隱于廠商之中，以避口實。

誠如監修呈遞的另一封信中所言，雷氏不僅爲崇陵工程提供前案燙樣以供參考，更爲重要的是："此次赴工請□傳見，屏左右詳詢之，并聞伊家存（惠）陵工案卷甚夥，譚次能向之索觀尤妙，此君樸實精核老練并熟悉工程，鄙人遠愧不如也，勿等閒視之。"[29]因此在崇陵工程中，最終形成一個以官方和廠商共同組成的辦事團隊，以往負責專業事務的算房、樣式房，在形式上則由欽工處堂諭經廠商（興隆木廠）轉飭帶同工作，并在各個技術環節參與其中，所發揮的功用基本没有改變。

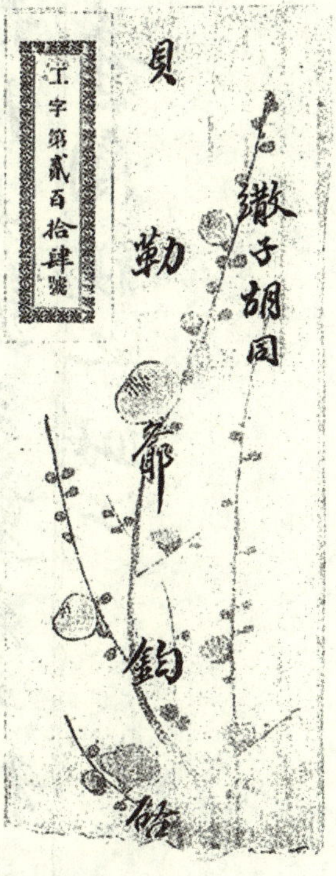

圖8　130150，工字第貳佰三拾號　崇陵工程報告
（日本東洋文化研究所藏）

嗣後樣式房及廠商經常前往東陵進行測繪，根據工程各個不同階段的需求詳加踏勘。在設計與建设過程中，針

對各環節需求往復測量，有時還要配合現場拍攝的照片[30]，回到工程處後製作成册，發交督修備案存查。在崇陵工程早期，即由工程處派出官員、廠商和様式房匠人等，前往東陵收集調閲成案，并對各建築展開測繪，記録主要做法。在宣統元年的測繪中，明確記録派出雷氏家族成員——雷獻祥，而這也成爲雷氏在清代皇家工程中留下的最後的名字。

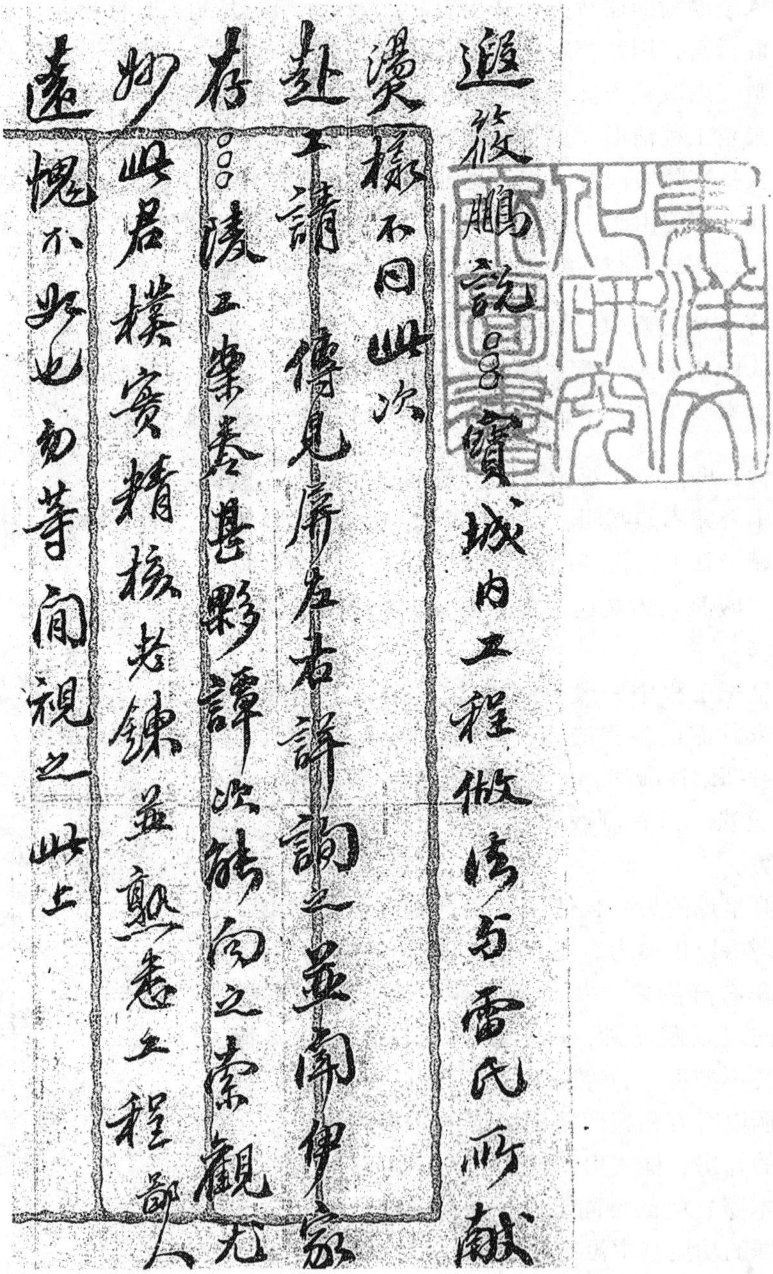
遐筱鵬說。。寶城内工程做法乃雷氏所獻
燙樣不日此次
赴工請　傳見房左右詳詢之並聞伊家
存。。陵工案卷甚夥譚此能向之崇觀尤
妙此君樸實精核老鍊並熟悉工程部人
遠愧不如也另等聞視之此上

圖9　140021，工字第貳佰拾肆號　崇陵工程報告（日本東洋文化研究所藏）

圖10　左　國圖349—1216　惠陵龍鳳石畫樣準底（測繪圖）（國家圖書館藏）
　　　右　國圖345—0885　崇陵龍鳳石立樣糙底（方案圖）（國家圖書館藏）

三、崇陵施工——權益變通

宣統元年（1909）正月廿八日，載洵自西陵歸來，上奏崇陵暨妃園寢建築設計的初步方案，并同時請旨于二月初八日[31]擇吉動土。由于廠商分段抓活也要在此期内分配完成，此時主要任務就是按照所有收集到的資料，將初步設計深化，同時與算房、廠商等共同商定做法工料，以便承修大臣所派各廠商根據所分工程總量進行籌備。二月三十日，載洵將崇陵全分燙樣上呈御覽，同摺請飭欽天監于閏二月内擇吉開工[32]。

崇陵及妃園寢建築的整體方案仿惠陵規模，但各段建築的具體方案還要根據實際所選地形地質等自然條件，做出具體設計，并非絲毫不差地完全照搬惠陵。這種在保證祖法形制得以傳承的前提下，因地制宜做出一定變化的做法，是建築師與工程處權衡整體效果和工程總量後的理性選擇，也體現出清代雖有嚴密的工官制度保障工程品質，但同時也爲便于實施留足靈活變通的餘地。

崇陵工程奉旨于宣統元年閏二月十七日興工，開工伊始即平整場地，梳理用地内的河道山體，其中有礙施工的要予以及時調整，并依據崇陵建築規模加以設計。正所謂“陵制當與山水相稱，難概同”[33]。

根據現在所掌握的樣式雷圖檔，雖然尚未發現直接指向這個時間段的圖紙，但有一套崇陵暨妃園寢工程的挑挖引河圖紙，共計六幅，其中國圖藏圖有背題：“崇陵（暨）妃園寢橋座河道全圖，宣統元年閏二月二十五日呈堂。”而東文研藏同期圖“軸物44”中，引河橋座等均在崇陵建築總平面下，用紅綫特别繪製。由此可知，對于工程的逐次細化設計延續至興工吉期之後仍在進行。

崇陵的河道形態與橋座位置等與惠陵具有顯著差异，尤以五孔石券橋、五孔石平橋和妃園寢的一孔石券橋與一孔石平橋兩組最爲突出，這種現象是在施工初期發生的設計變更，樣式雷圖檔345—0887的題注與之對應。崇陵河道與橋座的方案變更同期進行，而方案設計的整體時間至遲不晚于上述題注的宣統元年閏二月廿五日。考慮到首篇記録崇陵工程的進展報告上呈于開工後十日（宣統元年閏二月廿六日），開工後陵、寢兩處施工便已全面展開，引河設計就在此時間内。又考慮到，工程報告中首次記録開挖引河的時間爲宣統元年三月十六日[34]，于後四日内崇陵全工四段同時起挖引河，并在是年六月十五日開始由各段廠商向監督監修呈報引河内的水深尺寸，宣統二年全段引河擋水壩等工程已基本完成。

引河開挖事關工程全域，需要從規劃設計層面加以控制。由于在金龍峪選址時，不僅要關注四周山勢的朝對環護與建築組群間的規模和視綫等關係，還要充分利用由北邊源頭流入用地内的河道水勢，及其在“明堂”内交匯環繞的形態與去向，從而達到地臻全美、山環水繞的優美自然條件與人工建築的有機結合。

針對金龍峪吉地内的水勢現狀以及組織利用，堪輿官已在設計之初詳加説明：

> 法部候補郎中春壽　度支部候補主事鍾秀　僅勘得
>
> 崇陵後祖山自白玉山落脈跌斷起伏，未到壽星山之先由過峽處中脊平分一路，携帶群山之水，左右雙流，俱會于金井堂局之前。雖云形勢天然，而與殿座朝房終似有礙。謹擬稍施工作，順性挑引，使左來之水自三孔橋東入西流，與右邊西北南流之水相會于向道西南午字方，并流南下再入五孔橋，東出南折，形局之流仍不失天然之勢，且能永固無疆。僅此上呈。
>
> 又勘得，妃園寢由左邊碼槽溝引水南流，至一孔橋折而向西，出向道西南坤字方，與西面河流會游南去甚吉。僅此又呈。[35]

金龍峪内的河道水勢，雖在風水選址時獲得較高評價，如果考慮基地内的建設行爲，則其所經之處正在隆恩殿院内并延至三路三孔橋一帶，其流域南段却已繞過建築群最前端的五孔石券橋分位，另外自妃園寢基地東南角匯入崇陵軸綫的旱溝，亦對整體布局有所影響，需要加以挑改；另外，崇陵地勢相對低窪，其北部山體上若有水泄下，對將要持續數年的工程勢必形成威脅。據此，堪輿官建議合理組織現狀河道，壽星山左右三處水源，利用擋水壩和順水壩整合爲兩股，自崇陵東西兩側馬槽溝外向南平行梳理，匯聚于三孔券橋所在河桶内，再合爲一股，自碑亭海墁丹陛迤西平行南流至五孔石券橋河桶，折而向東，最終自用地東南角匯入梁格莊方向地表徑流。

此法以金龍峪歷經五朝篩選的完美風水格局爲基礎，充分結合待建組群的縱深格局，將三座五孔石橋、五座三孔石橋與河道巧妙組合，并挑改影響地表建築的部分，同時減少徑流長度，疏導得更爲合理順暢，成爲建築群的有機組成，并完全符合清代帝陵祖制。

清代崇陵工程，雖處于中國近代最爲混亂的歷史時期，而由于較好地保證營造制度和管理方法，前朝案例文獻豐富，技術人員依舊活躍，才得以最終較爲圓滿地竣工。日本東文研所藏圖檔籍本，與相應的國内資料相互佐證，共同推動着世界文化與記憶遺産的解讀，使其向着可信、可用的目標穩步邁進。

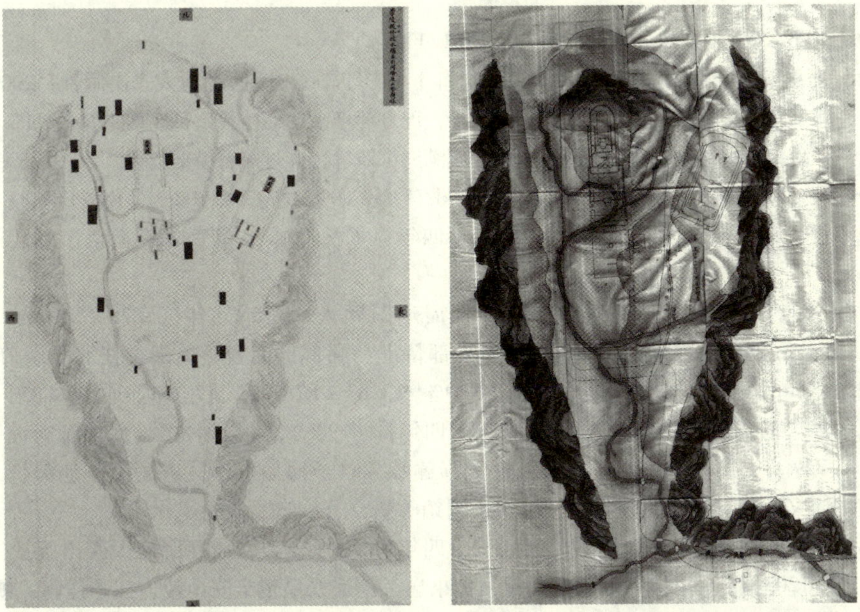

圖 11　軸物 44　崇陵擬修擋水壩并引河橋座山勢圖樣（日本東文研藏）

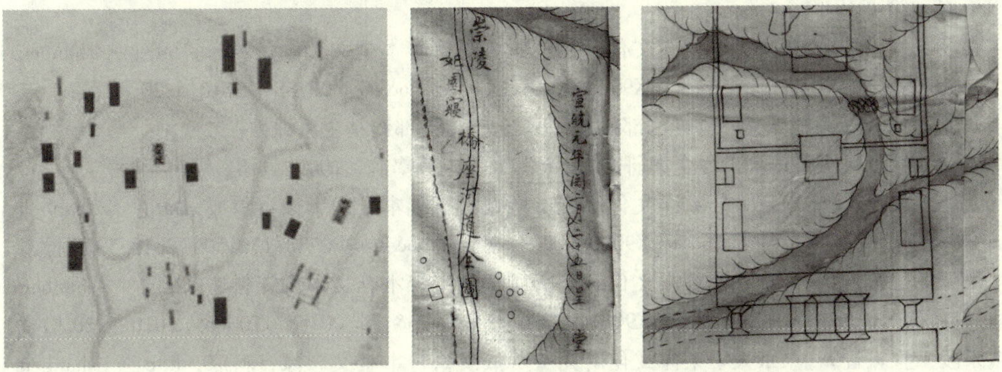

圖 12　國圖 345—0887　崇陵—妃園寢橋座河道全圖單色圖（國家圖書館藏）

注釋：

① 鍾里满等：《國家清史纂修工程重大學術問題研究專項課題成果：清光緒帝死因研究工作報告》，《清史研究》2008 年第 4 期。

② 王其亨：《光緒生前擇定金龍峪萬年吉地的史實》，《故宫博物院院刊》，1989 年 1 期。

③ 中國第一歷史檔案館編：《光緒宣統兩朝上論檔》，廣西師範大學出版社，2000 年，255 頁。

④《清實録·宣宗成皇帝實録》（影印本），中華書局，1985 年 23 卷，道光元年九月己酉："國家定制，登極後即應選擇萬年吉地。"

⑤ 同②。

⑥ 同②。

⑦ 醇邸，指醇親王奕譞。

⑧ 翁同龢：《西陵隨扈小記》，《翁同龢日記》，中西書局，2012 年。

⑨ 前十三年，指光緒元年爲穆宗勘選九龍峪一事。

⑩ 同⑧。

⑪ 俞進化：《清東陵與西陵》，北京出版社，1981 年。

⑫ 中國第一歷史檔案館編：《上論檔：光緒十九年》（影印本），廣西師範大學出版社，2000 年。

⑬ 懷塔布，那拉氏，满洲正藍旗人，大學士瑞麟子，1900 年卒。由蔭生授刑部主事，晋員外郎，曾任内務府大臣，光緒二十六年，授理藩院尚書、鑲紅旗满洲都統等，九月兼署禮部尚書，十一月卒，贈太子少保，謚恪勤。來源：http：//zh. wikipedia. org/wiki/%E6%80%80%E5%A1%94%E5%B8%83。

⑭ 中國第一歷史檔案館編：《上論檔：光緒三十四年》（影印本），廣西師範大學出版社，2000 年，255 頁。

⑮ 陳璧，字玉蒼，號雨蒼，1852 至 1928 年，福建閩縣人，光緒元年（1875）舉人，光緒三年（1877）進士，歷任監察御史、順天府尹、户部侍郎、郵傳部尚書，民國後任北洋政府参政院参政。來源：http：//zh. wikipedia. org/wiki/%E9%99%B3%E7%92%A7_(%E6%B8%85)。

⑯ 中國第一歷史檔案館編：《上論檔：光緒三十四年》（1908），（影印本），廣西師範大學出版社，2000 年，329 頁，第 1204 條。"軍機大臣欽奉諭旨，貝子溥倫等奏，查勘陵寢地勢折，知道了。圖説留中。又片奏，所用川資等項，請作正開銷等語，著依議，欽此。"

⑰ 中國第一歷史檔案館編：《上論檔：光緒三十四年》（影印本），廣西師範大學出版社，2000 年，329 頁，第 1203 條。"軍機大臣欽奉諭旨，將來皇考德宗景皇帝奉安山陵，擇定佳壤，應擬陵名字樣，著内閣敬謹撰擬，進呈請旨，欽此。"

⑱ 中國第一歷史檔案館編：《上論檔：光緒三十四年》（影印本），廣西師範大學出版社，2000 年，336 頁，第 1219 條。

⑲《崇陵工程報告》，東京大學東洋文化研究所所藏漢籍善本全文影像資料庫，http：//shanben. ioc. u-tokyo. ac. jp/main_p. php？ nu = BX9000600&order = rn_no&no = 00788 （2010. 5. 20 檢索），工字第 021 號。堪輿春壽鍾秀呈一件：法部候補郎中春壽 度支部候補主事鍾秀。

⑳ 汪江華：《清代惠陵建築工程全案研究》，天津大學建築學院，2005，118。

㉑《崇陵工程報告》，東京大學東洋文化研究所所藏漢籍善本全文影像資料庫，http：//shanben. ioc. u-tokyo. ac. jp/main_p. php？ nu = BX9000600&order = rn_no&no = 00788. 130150 （2010. 5. 20 檢索）。

㉒《崇陵工程報告》，東京大學東洋文化研究所所藏漢籍善本全文影像資料庫，http：//shanben. ioc. u-tokyo. ac. jp/main_p. php？ nu = BX9000600&order = rn_no&no = 00788. 110066 （2010. 5. 20 檢索）。

㉓《崇陵工程報告》，東京大學東洋文化研究所所藏漢籍善本全文影像資料庫，http：//shanben. ioc. u-tokyo. ac. jp/main_p. php？ nu = BX9000600&order = rn_no&no = 00788. 140021 （2010. 5. 20 檢索）。

㉔ 清西陵檔案，中國第一歷史檔案館，掃描 4（二），25-100：53。崇陵工程處爲咨行事竊以本處承修崇陵工程已欽奉諭旨恭照惠陵規制惟查陵工各案多係工部及内務府存儲現工部已裁案無可查應向内務府檢查成案藉資考核相應咨行貴府查明惠陵成案存有若干件并燙樣圖説等項即日咨送工程處以便查照辦理倘惠陵成案以外尚有存儲歷届山陵工程案據并燙樣圖説亦請一并檢送事關欽工幸勿稍遲可也須至咨者　右咨内務府　監修　李，光緒三十四年十二月三十日。

㉕《崇陵工程報告》，東京大學東洋文化研究所所藏漢籍善本全文影像資料庫，http：//shanben. ioc. u-tokyo. ac. jp/main_p. php？nu = BX9000600&order = rn_no&no = 00788. 140027（2010. 5. 20 檢索），工字第貳佰拾柒號。"一、派人至□陵應繪公事并將路費加入堂諭□當請示倫貝子鹿中堂□派人隨往否度支部向章每人路費五十金"；崇陵工程報告，東京大學東洋文化研究所所藏漢籍善本全文影像資料庫，http：//shanben. ioc. u-tokyo. ac. jp/main_p. php？nu = BX9000600&order = rn_no&no = 00788. 140029（2010. 5. 20 檢索），工字第貳佰拾捌號。"一、辦派人赴□陵知照東陵事承辦事務衙門文稿一件"。

㉖ 中國第一歷史檔案館．上諭檔：宣統元年，影印本，廣西師範大學出版社，2000 年，40 頁。宣統元年正月二十八日"崇陵工程情形一折，知道了；又奏，查看妃園寢地勢繪圖貼説一片知道了，圖二件留覽，欽此。"

㉗《崇陵工程報告》，東京大學東洋文化研究所所藏漢籍善本全文影像資料庫，http：//shanben. ioc. u-tokyo. ac. jp/main_p. php？nu = BX9000600&order = rn_no&no = 00788. 110067（2010. 5. 20 檢索）。

㉘ 李毓芬，字秀榆，花翎四品銜記名道府農工商部郎中，充任崇陵工程監修。

㉙《崇陵工程報告》，東京大學東洋文化研究所所藏漢籍善本全文影像資料庫，http：//shanben. ioc. u-tokyo. ac. jp/main_p. php？nu = BX9000600&order = rn_no&no = 00788. 140021（2010. 5. 20 檢索）。

㉚《崇陵工程報告》，東京大學東洋文化研究所所藏漢籍善本全文影像資料庫，http：//shanben. ioc. u-tokyo. ac. jp/main_p. php？nu = BX9000600&order = rn_no&no = 00788. 130058（2010. 5. 20 檢索）。工字第壹佰柒拾號，"崇陵工程處謹稟，敬稟者拍照惠陵天看立看圖二十分。四堂各呈一分，監督八員，擬各發給一分。西陵工程處謹存四分，以上備駐工人員隨時恭閱，京工程處存四分，謹此稟"。

㉛ 中國第一歷史檔案館編：《上諭檔：宣統元年》（影印本），廣西師範大學出版社，2000 年，43 頁。

㉜ 中國第一歷史檔案館編：《上諭檔：宣統元年》（影印本），廣西師範大學出版社，2000 年，80 頁。

㉝《明世宗實録》（嘉靖朝），工部尚書趙璜。

㉞《崇陵工程報告》，東京大學東洋文化研究所所藏漢籍善本全文影像資料庫，http：//shanben. ioc. u-tokyo. ac. jp/main_p. php？nu = BX9000600&order = rn_no&no = 00788. 110005（2010. 5. 20 檢索）。

㉟《崇陵工程報告》，東京大學東洋文化研究所所藏漢籍善本全文影像資料庫，http：//shanben. ioc. u-tokyo. ac. jp/main_p. php？nu = BX9000600&order = rn_no&no = 00788. 130006（2010. 5. 20 檢索）。

（作者單位：天津大學仁愛學院，天津大學建築學院樣式雷研究中心）

樣式雷圖檔中的團河行宫

成二麗

内容提要： 團河行宫是清乾隆年間在南苑修建的大型皇家行宫，也是南苑四座行宫中規模最大、裝飾最奢華的一處。因團河行宫特殊的政治地位，在行宫建成之後，又曾經進行過增建、改建和重新裝修等工程。國家圖書館藏團河行宫的樣式雷圖檔資料共計60餘件。這些圖檔彙集了不同時期團河行宫的各種工程用圖及文字記録，直觀地展現了團河行宫的宫殿布局、景觀構建、裝修陳設、改建變化等方面的信息。本文就團河行宫相關圖檔進行整理分析，希望爲團河行宫的研究復原工作提供有效參考。

關鍵詞： 團河　樣式雷　南苑

團河行宫位于南苑西南角，乾隆四十二年（1777）建成，是清王朝在南苑修建的四座行宫中面積最大一處行宫，因離京城较近，又規模宏大、精緻秀美，被譽爲“皇都第一行宫”。從清末開始，團河行宫不斷遭到破壞，先是八國聯軍洗劫珍寶，搗毀建築，後是侵華日軍大規模拆毁團河行宫，建築大多被拆，樹木被砍伐。2012年，團河行宫修復項目正式立項，以復原團河行宫全景，再現宫殿湖泊格局。

從團河行宫修建之日起，雷家就開始參與團河行宫的圖紙設計，後來團河行宫修繕改建，雷家也繼續跟進，并留下了各種設計圖、文字檔案。國家圖書館藏樣式雷圖檔中，關于團河行宫的有60餘件，包括總平面圖、局部建築設計圖；各類平樣、立樣；河道地勢圖；内外檐裝修圖；略節清單等等。這些樣式雷圖檔多維度地展示了團河行宫的各個方面，也爲團河行宫的修復工程提供了可靠的依據。

一、位置

《南苑營盤圖式》（110—0052）和《南苑地盤全樣糙底》（110—0046）中，團河行宫位于南苑西南角，西邊不遠爲黄村門，沿御路往北是新衙門行宫，往東爲晾鷹臺，往南通南衙門行宫，與這兩座行宫之間的距離大致相等。南苑四座行宫中，新衙門行宫位于西北，舊衙門行宫位于東北，南衙門行宫位于東南，團河行宫位于西南，且都靠近南苑的宫門，既方便帝王出入，也最小程度地對苑内的生態環境進行干預。

團河行宫大致呈正方形，四周圍有宫牆，宫牆外爲土山，團河行宫北側有一“北泡子”，又稱“後泡子”，北泡子的水經進水閘流入團泊，然後向南穿過行宫，河旁邊標注“鳳河源”，團河行宮東側有“兵房”和“官房公所”。

團河行宮之名源于團河，團河爲南苑内兩大水源之一，另一爲新衙門行宮北的一畝泉。《日下舊聞考》記載“團河行宮之源，舊稱團泊，在黄村内六里許”[①]。泊之水流入鳳河，鳳河又經晾鷹臺南過南紅門，五海子水自北注之後向東南流，在回城門附近流出南苑，之後鳳河“東流歷東安、武清境，至天津之雙口，與永定河匯，渾水藉此蕩漾，乃成清流，又東至韓家樹，入大清河，又東至西沽入運”[②]。乾隆皇帝認爲鳳河是治理永定河的關鍵，因此乾隆三十七年對永定河進行大規模治理時，由内務府出資挑浚鳳河及其上游團河。在疏浚團河的基礎上，因地制宜修建了團河行宫。《乾隆四十七年御製團河行宮作》也有記載：“近歲因南苑水源未暢，命加疏浚，以期通流濟運，其團河一支則醴爲鳳河，又東南流，資以滌永定河之濁，復又大清河歸海，疏治既成，因于其旁構築行館，以供臨憩”[③]，可見團河行宮的興建與其地理位置有着極大的關係。

二、布局

國家圖書館藏團河行宮樣式雷圖檔中，有多幅總平面圖，有勘察糙底，有修改設計細樣，圖上有説明及紅黄簽標注，修改設計用不同的顏色繪製或是用貼頁來表示。這些總平面圖展現了團河行宮的總平面布局、房間數量，以及添修記録。

《南苑團河糙樣底》（110—0051）爲團河行宮勘察糙底，圖中草繪行宮内各建築輪廓，并用蘇州碼標識各建築尺寸，雖然繪製粗糙，但繪製内容全面，并在圖左下角有説明“現查團河内外行宮共計大小房門三百五十四間，内游廊六十七間，外游廊十五間，亭子五座，山門一座，如意門一座，内堆撥房十一間，閘軍房二間”。《團河地盤畫樣》（149—0001）圖中有説明“宮門外東西茶膳房東西朝房倒座堆撥閘軍房等共三十七間，統計内外殿宇房間共三百五十四間，石壁一座”。《南苑團河行宮殿座圖樣》（337—0142）則詳細繪製了團河行宮内房屋建築，湖泊河流，橋梁亭閣等等，圖中用黄簽標注各建築名稱，白簽標注修改設計。

從圖中看，團河行宮呈長方形，東西略寬，四周建有宮牆，宮牆外有土山環繞。來自北邊“北泡子”的水通過北側的進水閘進入團河，一東一南兩處出水閘，水流從東牆出水閘流出，向南沿宮牆後又向西，形成護宮河，“東出水口河寬八尺，東西河長六丈”[④]。後與南牆出水閘流出的水匯合，一起流入鳳河，南出水閘處“過河廳河寬一丈二尺”[⑤]，整座行宮開門兩座，一座爲東南側的大宮門，一座爲北邊的後如意門。

團河行宮仍然沿襲了清代皇家御苑“宮苑分置”的方式進行總體布局。行宮東南角爲宮廷區，苑林區根據地形分爲東湖、西湖兩大景區，中間有橋相通，宮廷區與東湖在東半部分，西半部分的西湖占據了行宮的約三分之二面積。

宮廷區分東西兩所，西所爲三進院落，首先是大宮門，大宮門外左右兩側分布着朝房、壽膳房和御茶房，宮門口分立兩尊鐵獅子。與大宮門并排兩側爲軍機處，大宮門内院兩側是值房。接着進二宫門，迎面爲叠石假山“雲岫”，正殿爲“瓊源堂”，殿内額曰“時與天游”。出瓊源堂北是“涵道齋”，爲皇帝的寢殿。東所爲寢宫，也是三進院落，從西所大宫門内向東進入，東所二宫門内大殿爲“清懷堂”，後殿是後妃的住所，因後殿有九楹，所以又稱九楹殿，前檐内懸乾隆帝御題“風月清華”巨匾，東西兩側又有東西配殿，東配殿東側爲女子房。這兩所宫殿雖自成院落格局，但有許多游廊、屏門互相連接，又可通往東西湖區各景點。

團河行宫東湖水面較小，有的圖中標注爲“小河泡”“山石泊岸”。“小河泡周圓長一百六十二丈，水深二尺五寸，泥深二尺五寸”⑥。東湖由人工開挖而成，用挖湖的泥土在湖中堆築了一座島嶼，島上建一座爲翠潤軒，可由木板橋達。東湖沿岸建有涵道齋、漪鑒軒、鑒止書屋、群玉山房、鏡虹亭、四方亭、石板房、釣魚臺、卷書牆。西湖水面較大，是原有天然的團泊，有的圖中標爲“大河泡”，幾乎爲正圓形，“大河泡周圍圓長二百二十九丈五尺，河泊岸周圓後寬一丈，河泡中水深二尺，泥深三尺”⑦，湖邊叠石爲岸，環繞西湖沿岸布有過河廳、船塢、點景抱廈房、濯月漪、捲書牆、狎鷗舫、歸雲岫、四方碑亭、珠源寺、兩卷臨河抱廈房、碼頭、雲隨亭等。東湖和西湖之間有木板橋一座，“長三丈，寬一丈二尺”⑧。

團河行宫中，除了湖和宫殿樓閣以外，《南苑團河行宫殿座圖樣》（337—0142）及《南苑團河行宫全部地盤樣》（339—0214）中都可見團河行宫中無處不在的土山，團河宫牆外是土山，宫牆和湖之間是土山，東湖和西湖之間也隔有土山，土山蜿蜒起伏，呈環抱之勢將團河行宫圍繞，不僅將行宫進行内外分割，又形成很好的景觀效果，湖光山色相映成趣。乾隆皇帝《御製團河行宫作》中也寫道：“其團河前後新開水泊泉源暢達，清流演漾，水匯而爲湖，土積而爲山，利用既宜，登覽尤勝。”⑨

三、規制

團河行宫仿江南園林建造，共有20多處景點，其中瓊源堂、涵道齋、歸雲岫、珠源寺、鏡虹亭、狎鷗舫、漪鑒軒、清懷堂爲團河行宫八景，乾隆皇帝曾作御制詩。《團河地盤畫樣》（149—0001）與《團河［行宫地盤］樣底》（323—0009）兩張樣式雷圖紙，前者爲繪製行宫東半部分，後者繪製行宫西半部分，兩圖合起來爲整個團河行宫圖。兩幅圖中均用墨綫繪出東側宫殿區及北側各建築平面，用蘇州碼標識各建築尺寸，用紅色和白色表示修改方案，圖中標有建築物名稱以及修改説明。雖然此圖繪製較爲粗糙，但各種標注非常詳細，連“朝房”“石獅子”“海墁”都標注了出來，這兩幅圖與《南苑團河行宫座圖樣》（337—0142）一起，將團河行宫各處景點的建築樣式及規制非常詳細地描繪出來。《團河宫内院落面寬進深及河泡尺丈數目略節》（377—0454）則將團河行宫除建築以外的院落、橋梁、湖泊的尺寸數目一一記録。

瓊源堂

瓊源堂是位于宫殿區東所的一座大殿，這裏最初是乾隆皇帝的書堂，他經常在這裏接見大臣，處理事務。宫内大殿前檐額曰“璿源堂”，殿内額曰“時與天游”。大殿五楹，殿西爲寢宫套殿，殿東爲妙明圓覺殿，往東有一白山石水法池。庭院内有青石假山曰“雲岫”，假山内有山洞，院内種柏樹，“璿源堂前東西寬十三丈二尺，南北長十二丈”[10]，院東西各有配殿五間，“東配殿後東西寬四丈五尺，南北長十三丈一尺”[11]，璿源堂院落内四周有游廊相連。

涵道齋

涵道齋位于璿源堂北，房屋五楹，後接抱廈，西有游廊可通往漪鑒軒然後至西湖，穿過抱廈房則爲東湖。庭院東西兩側皆爲游廊，院内種有海棠樹[12]。“後殿涵道齋前東西寬十三丈二尺，南北長六丈六尺五寸”[13]。

清懷堂

清懷堂位于宫殿區東所，是太后巡幸時的寢宫。宫殿區東所進二宫門後，迎面爲一座木影壁，影壁後爲清懷堂，院内十字甬路，清懷堂大殿五楹，兩側爲净房，“清懷堂前東西寬十三丈，南北長十二丈五尺”[14]，院内東側一排值房七間，在《團河地盤畫樣》（149—0001）中，院内東側的房間標爲“阿哥房”，“阿哥房前南北長十丈，東西寬三丈五尺”[15]。

九間殿

穿過清懷堂就到了九間殿，九間殿爲後妃的寢宫，懸乾隆帝御題“風月清華”巨匾。院内種海棠樹，有十字甬路通東西配殿和清懷堂。“九間殿前東西寬十三丈，南北長六丈九尺。”[16]

鑒止書屋

鑒止書屋位于東西湖相接處的北側，背靠北邊土山，“書屋臨碧沼，向名曰鑒止”[17]。書屋共三楹，東西兩側各一小門通茶房和套殿，小門樣式爲“瓶式門”和“圓光門”。書屋後有庭院，院牆爲“荷葉牆”。“硬山鑒止書屋二卷，三間各面寬一丈，進深一丈二，主高九尺，臺高一尺六，廊深四尺，下出二尺二。”[18]

珠源寺

珠源寺位于西湖北岸土山上，原爲明代修建的龍王廟。珠源寺三面環山，南面臨水，從湖邊沿“雲布山石”登階而上，進入山門，“硬山大脊珠源寺三間，明間面寬一丈二，次間面寬一丈九寸，進深一丈二，廊四尺”[19]，設丹陛。

翠潤軒

翠潤軒，位于東湖島上，由兩木板橋連接，爲三間敞軒，周圍一圈甬路，“翠潤軒左右木板橋二座各寬八尺長二丈五尺”[20]。

四、變化

將國家圖書館藏的團河行宮樣式雷圖檔進行對比，可以看出各圖檔中團河行宮的布局和主體建築并無太大的變化，僅有些建築的名稱在不同時期有不同的叫法，另外有少數添修的房屋，本文在將各圖檔對比的基礎上，選取比較有代表性的《南苑團河行宮座圖樣》（337—0142）及《團河地盤畫樣》（149—0001）、《團河［行宮地盤］樣底》（323—0009），將對比結果製表如下。將對比結果結合《日下舊聞考》來看，《團河地盤畫樣》（149—0001）、《團河［行宮地盤］樣底》（323—0009）中標注的建築名稱與《日下舊聞考》一致，如“水柱房”“石板亭”，在《日下舊聞考》中記載爲“石板房三楹，石亭一，水柱房二楹”，可見《南苑團河行宮座圖樣》（337—0142）中“群玉山房”“四方亭”應爲後來的叫法。

表 1　團河行宮建築對比

區域	建築	《南苑團河行宮座圖樣》	《團河地盤畫樣》《團河［行宮地盤］樣底》
宮殿區	大宫門外朝房	題爲“東朝房”“西朝房”	題爲“朝房”
	大宫門外茶房	題爲“御茶房”	題爲“茶”
	大宫門外膳房	題爲“壽膳房”	題爲“膳”
	大宫門軍機處	題爲“軍機處”	未題名
	璿源堂	無抱廈房	擬建抱廈房
	涵道齋		
	清懷堂		
	清懷堂東房屋	題爲“值房”	題爲“阿哥房”
	九間殿		
	九間殿東房屋	題爲“女子房”	未繪製
東湖區	翠潤軒		
	魚樂汀	題爲“山石碼頭”	題爲“魚樂汀”
	漪鑒軒		
	鑒止書屋		
	群玉山房	題爲“群玉山房”	題爲“水柱房”
	鏡虹亭		
	四方亭	題爲“四方亭”	題爲“石板亭”
	石板房		
	釣魚臺		
	卷書牆		

續表

區域	建築	《南苑團河行宫座圖樣》	《團河地盤畫樣》 《團河［行宫地盤］樣底》
西湖區	過河廳		
	船塢		
	十字房	題爲“點景抱廈房”	題爲“桃山十字房”
	濯月漪		
	捲書牆		
	四方亭	題爲“點景四方亭”	題爲“四方亭”
	狎鷗舫		
	歸雲岫		
	四方碑亭	題爲“四方碑亭”	題爲“碑亭”
	珠源寺		
	兩卷臨河抱廈房	題爲“兩卷臨河抱廈房”	題爲“臨河房”
	碼頭		
	雲隨亭		

在團河行宫樣式雷圖檔上，還可以看到擬做修改的設計方案。《團河地盤畫樣》（149—0001）中，有一處用紅色繪製的修改設計，即在璿源堂後接建三間抱廈，圖上標“同治十三年正月十日奏旨准”，不過在其他圖紙中并未看到；圖中九間殿處原標有“皇后寢殿”的被改爲“太后寢殿”，這處修改在《南苑團河行宫殿宇房間擬修略節》（359—0083）中也有體現，内寫“原皇后主位寢殿九間殿一座九間擬揭瓦”。《南苑團河行宫殿座圖樣》（337—0142）中也有多處修改設計，在宫殿區西所大宫門和二宫門中間的院落裏原爲槐樹16棵，後擬建四座房屋，每座五間，紅綫繪製房屋樣式，黄簽標注了房屋尺寸；在宫門外，東朝房東擬建兩座茶膳房；在宫殿區東側的護宫河上擬修多座石橋。《［團河宫内添修船塢圖樣］》（392—0154）繪製了團河行宫擬添修的船塢的圖樣，圖中黄簽標注“謹擬船塢一座七間，各面寬一丈一尺，進深二丈，柱高一丈二尺，金剛牆寬四尺，單雁翅斜長一丈五尺”，不過在各圖中僅有一座五間的船塢，未見此七間的船塢。

五、裝修

團河行宫是南苑四座行宫中最豪華的一座，修建團河行宫花費了大量的銀兩，以至于乾隆皇帝每每來此，都“撫景不能不引以爲愧”[21]。《内務府來文·巡幸及行宫》（乾隆四十一年）中記載：“上年四月内，經奴才和劉節次將前後殿座房間等十一座内裏裝修燙樣呈覽，奉旨照樣准作欽此欽遵，按例估計得中所前大殿一座，東西套間房二座，後殿一座，四面抱廈殿一座，東所前殿一座，後殿一座，點景兩卷房一座，東山耳房一座，半山房一座，西臨河房一座，以上殿宇十一座，五十九間。裏裝修照依奏准燙樣，共應安裝落地罩二十二座，飛罩十六座，欄杆罩九座，開闢罩一座，漢文式罩三座，水紋式罩一座，板牆上二面雕松樹罩一座，碧紗橱五槽，坎窗六槽，方窗一扇，鑲圓光門口三座……計需銀七千八百二十二兩三分二厘一。”[22]可見團河行宫修建及裝修費用不菲。關于團河行宫的裝修，樣式雷圖檔可以給出更直觀的描述。

《南苑團河行宫璿源堂寢宫套殿［妙明圓覺内檐裝修細］樣》（339—0210）中，璿源堂進門爲玻璃窩風格，殿内一寶座，寶座後是屏風，屏風後用玻璃窩風格與後門相隔，殿兩側爲碧紗橱，西側寢宫北邊一張落地罩床，南邊一張前檐床，殿最東側爲如意床，前有几腿罩分隔。圖中白簽標注“此處均安洋玻璃紗屜”。璿源堂東側的妙明圓覺殿三間，通過松竹梅圓光罩進入東側兩間，其内四周爲山石，北邊玉佛一尊，西側寶座一座，東側爲水法池。

《南苑團河行宫清懷堂［内檐裝修樣］》（338—0186）中，清懷堂進門爲玻璃窩風格，殿内一寶座，寶座後是屏風，屏風後用玻璃窩風格與後門相隔，殿兩側爲碧紗橱，西側爲寢宫北邊一張落地罩床，南邊一張前檐床，殿最東側放一張順山床，前有几腿罩分隔。圖中白簽標注“此處均安洋玻璃紗屜”。

《南苑團河［行宫］涵道齋内部裝修樣》（339—0213）中，涵道齋進門爲玻璃窩風格，殿内一寶座，寶座後是屏風，殿兩側爲飛罩，西側爲寢宫北邊一張落地罩床，南邊一張前檐床，殿最東側放一張順山床，前有欄杆罩分隔，後有一圍屏。圖中白簽標注“此處均安洋玻璃紗屜”。涵道齋與璿源堂、清懷堂相比，後接有抱廈，抱廈内裝設寶座、順山床、後檐床，用欄杆罩、落地罩、碧紗橱、玻璃窩風格進行分隔。

從這些樣式雷圖檔可以看出，團河行宫殿宇寢宫室内設計和裝修風格基本一致，前後門安放玻璃窩風格，既做裝飾，又增加殿内的隱蔽性，殿内中間置寶座，左右兩側室内空間用隔斷隔開，多用碧紗橱、几腿罩、欄杆罩等等。寢殿内安順山床、如意床、落地罩床、前檐床等。這些裝修設計形成了自由流通、層層伸展的空間效果。

除了裝修設計圖以外，《謹擬改清懷堂明間東西縫進深碧紗橱［立樣］》（338—0192）、《南苑團河行宫璿源堂［東次間几腿罩畫］樣》（339—0209）、《［南苑團河行宫内檐裝修落地罩立樣］》（353—1653）、《［南苑團河行宫内檐窩風格廉架立樣］》（353—1664）、《［南苑團河行宫内檐欄杆罩立樣］》（353—1688）、《［南苑團河行宫内檐裝修落地罩床立樣］》（353—1666）等樣式雷圖檔則詳細繪製團河行宫内外檐裝修構件的樣式及圖案。樣式雷圖檔中裝修構件上的圖案都有吉祥如意、福壽綿長等寓意，有花卉水果、萬福流雲、子孫萬代、靈仙祝壽、蝙蝠仙鶴、福緣善慶等等圖案。從團河行宫裝修構件的圖檔看，各種罩、欄杆、橱上設計風格統一，雕刻繪製圖案爲花卉仙草，但圖案繁複精美，令人嘆爲觀止。

六、總結

團河行宫是南苑四座行宫中規模最大、最豪華的一座。宫内“亭臺多點綴，山水盡清澄”，既有江南園林的精緻典雅，又有皇家園林的大氣宏偉。不過經過幾百年的變遷，團河行宫大多已經損毁，僅剩幾處遺址。團河行宫樣式雷圖檔則彌補了這種缺憾，完整地再現了團河行宫盛景，其對于團河行宫的修復，對于清代皇家園林的研究都有着極高的價值。

注釋：

① 王晶：《緑絲臨池弄清蔭，麋鹿野鴨相爲友》，天津大學建築學院碩士學位論文，2004 年，第 112 頁。

② 同上，第 90 頁。

③（清）于敏中等：《欽定日下舊聞考》卷七十四，《乾隆三十六年御制海子行》。

④《團河宫内院落面寬進深及河泡尺丈數目略節》（377—0454）。

⑤ 同上。

⑥ 同上。

⑦ 同上。

⑧ 同上。

⑨ 王晶：《緑絲臨池弄清蔭，麋鹿野鴨相爲友》，天津大學建築學院碩士學位論文，2004 年，第 120 頁。

⑩ 同④。

⑪ 同上。

⑫《團河地盤畫樣》（149—0001）。

⑬ 同④。

⑭ 同上。

⑮ 同上。

⑯ 同上。

⑰（清）于敏中等：《欽定日下舊聞考》卷七十五，《乾隆御製鑒止書屋詩》。

⑱《團河［行宫地盤］樣底》（323—0009）。

⑲ 同上。

⑳ 同④。

㉑ 王晶：《緑絲臨池弄清蔭，麋鹿野鴨相爲友》，天津大學建築學院碩士學位論文，2004 年，第 27 頁。

㉒ 同上，第 124 頁。

參考文獻：

[1] 李丙鑫：《團河行宫的興衰》，《古建園林技術》1985 年第 2 期。

[2] 王晶：《緑絲臨池弄清蔭，麋鹿野鴨相爲友——清南苑研究》，天津大學碩士學位論文，2004 年。

（作者單位：國家圖書館古籍館）

樣式雷圖檔中的静寄山莊

朱　蕾　張慶宏

内容提要： 静寄山莊作爲京外第二大行宫，在清代宫廷史中占有一席之地。然而清末民初戰亂波及，山莊逐年消失，如今爲農家樂雲集之所。現已採明十張静寄山莊樣式雷圖存世，清代檔案、文獻和書畫也多有述及。史料的拼圖中可探尋静寄山莊當年盛况，管窺樣式雷家族設計皇家建築的技藝與智慧。

關鍵詞： 樣式雷圖檔　静寄山莊　盤山行宫

静寄山莊又名盤山行宫，山莊之名常見于詩文書畫，行宫之名常見于清宫檔案。静寄山莊始建于乾隆九年（1744），是乾隆朝建設高峰的早期行宫園林作品，在清廷中的地位和藝術價值僅次于避暑山莊，堪稱其姊妹篇。近代戰亂中，山莊經盗賣成廢墟，如今爲現代村莊所更替。對照以樣式雷圖檔爲核心的清宫檔案、文獻及書畫，仍能于遺址中辨識山莊山形水系，勾勒乾隆朝之盛况。

一、静寄山莊樣式雷圖檔綜述

現所採明的與静寄山莊相關圖檔數量很少，總計十張圖樣，與之相似的是熱河行宫避暑山莊的圖檔也非常之少，和兩處行宫的地位很不相稱。推測因兩處行宫均設有自己的檔案房，皇帝駐蹕時間較長，圖檔現場保存的可能性較大。隨着清朝衰落，圖檔就地散佚。

静寄山莊十張圖樣内容包括三張全圖：一張平樣兩張立樣；四張前宫圖；兩張中宫；一張後宫。

（一）圖檔分布

中國國家圖書館存四張：《盤山行宫中宫地盤樣》（348—1109）、《盤山行宫前宫地盤樣》（348—1110）、《盤山行宫盤山前宫地盤畫樣》（355—1812）、《盤山行宫前宫地盤圖樣》（356—1966）。

中國第一歷史檔案館存五張：兩張静寄山莊總圖，還有一函《盤山行宫内三宫地盤畫樣》，包括《盤山行宫内外地盤總繪全圖》（輿 1360）、《盤山行宫内外立樣總繪全圖》（輿 1359）、《盤山行宫内前宫地盤畫樣》（輿 1362）、《盤山行宫内中宫地盤畫樣》（輿 1361）、《盤山行宫内後宫地盤畫樣》（輿 1363）。

河北大學圖書館藏一張，内容爲盤山行宫立樣總繪。

（二）圖檔鑒定

這十張圖樣因未注年份以及研究空白，相關年代與責任者的信息相對簡略。國家圖書館藏四張圖樣原目録標記爲清光緒間繪本，責任者爲樣式雷，源自五洲書局。然而光緒年間静寄山莊已衰落，并無工程，亦無勘修記録，所以年代存疑。

第一歷史檔案館藏圖無年代與責任人，《盤山行宫内三宫地盤畫様》爲一函，根據其中《盤山行宫内中宫地盤畫樣》（輿 1361）上“延春堂咸豐九年拆卸”的貼簽判斷其繪于咸豐九年（1859）後。此後内務府檔案中僅在同治初年有静寄山莊大修的記録，因此這套圖定爲同治朝勘修圖樣爲妥。另《盤山行宫内外地盤總繪全圖》（輿 1360）、《盤山行宫内外立樣總繪全圖》（輿 1359）與《盤山行宫内三宫地盤畫樣》繪製内容、畫法、原始裝幀、新舊程度基本一致，應爲同一套圖。

比對兩處所藏前宫與中宫的圖樣，可發現，《盤山行宫中宫地盤樣》（348—1109）、《盤山行宫前宫地盤樣》（348—1110）分别與《盤山行宫内前宫地盤畫樣》（輿 1362）、《盤山行宫内中宫地盤畫樣》（輿 1362）幾乎一致，可以判斷兩處藏圖爲同一套，國圖藏圖爲樣式房留底版本，一檔所藏爲恭呈御覽的版本。

河北大學圖書館藏圖上雖然繪製延春堂與接要樓，但貼簽上書延春堂地基與接要樓地基，與國圖、一檔藏圖一致。

同治初年樣式房掌案正是雷思起。

（三）圖樣信息

八幅地盤圖繪有與名稱相應的建築柱網平面圖，按比例繪製，可度量换算建築尺寸。立樣圖反映建築之間的相對位置關係。除《盤山行宫盤山前宫地盤畫樣》（355—1812），《盤山行宫前宫地盤圖樣》（356—1966）之外，圖面均有貼簽，標注建築名稱、河桶、大墻、山石、御路、閘、橋等信息。通過讀圖可知建築名稱、開間、進深數及尺寸，建築間的相對位置關係，周邊環境及構築物。借助相關史料可分析交通流綫、房間使用功能、使用者、管理者等信息，隨着史料挖掘整理，對圖樣解讀的深度和廣度也同步增加。

（四）相關檔案信息類型

銷算銀錢類：日用的銷算包括果品、稻米變價的進項和日常維護包括修理果樹、雇工、置買笤掃物件、耕種水旱稻地、餵養仙鶴鹿袛、熏炕木柴、值宿蠟斤的出項。反映静寄山莊日常維護管理的狀況，如兩岸所藏奏銷檔。

任命類：此類檔案爲管理看守盤山的總管、千總的人事更迭，反映出静寄山莊管理體系的人事制度，從中看出隨着行宫的逐漸成熟，投入的人力物力隨之增加。機構規模日益龐大，人員亦趨精良，如軍機處録副奏摺。

陳設類：陳設册由看守盤山千總與委署千總呈造，統計各殿宇房間中匾、書畫、傢俱、文房四寶、工藝品、書籍、氈墊等項陳設鋪墊的樣式及位置，通過各年度比較可發現陳設相對穩定，在道光朝以後增加因朽破疏于管理而挪至京城的項目。一般分爲庫貯、智仁樂處等處、太古雲嵐等處、池上居等處、養虛齋等處分別成册呈遞。

案件類：行宫中發生的盜竊、貪污、盜伐樹木等案件的奏報與偵破過程。反映出行宫管理問題、行宫與周邊平民之間的關係、宫廷對于行宫周邊樹木環境的管理措施等信息，見于軍機處録副奏摺。

巡幸類：反映皇帝出巡經歷的路綫，人與物的準備（勘修、歲修、粘修等準備列在工程類中），見于内務府來文。

工程類：静寄山莊歲修、粘修、新建、添建等項工程勘修、核算用工用料銷算錢糧等事宜。反映出負責工程人員、組群與單體名稱、建築尺度、構件尺寸、用料等信息。是從建築史角度解讀圖樣的重要依據。例如：

> 聞報銷銀兩數目事，據原監督劉浩報銷自乾隆二十八年至三十三年節次奉旨修理得盤山半天樓東邊改修平臺書房，原估工料銀一千四十五兩二錢七分五厘，今改修理平臺書房一座計二間，曲尺平臺游廊一座，計四間，拆改納天籟一座，計二間，院墻一道，并油飾裱糊内檐裝修，氈竹簾雨搭，以及出運渣土，自京拉運物料脚價等項工程按例銷算銀一千七十兩三錢二分七厘。奴才等派員外郎誠保，趙琦，并工程總檔房查核，核減銀二百十二兩四錢六分九厘，净准銷銀八百五十七兩八錢五分八厘，除准銷銀外，餘存銀一百八十七兩四錢一分七厘……[①]

這些檔案是深入解讀樣式雷圖檔的必要條件。

（五）相關詩畫

描繪静寄山莊的詩畫作品是用以解讀樣式雷圖檔的重要史料。與文字檔案分布規律類似，盤山御制詩文乾隆朝最多，有1531首，嘉慶朝爲246首，道光朝以後就很罕見。盤山詩的統計範圍包括乾隆在盤山駐蹕時所作，路過盤山所作，在宫中所作，爲文臣繪畫題詩。御制詩在寫實與寫意之間記述了大量信息，内容包括盤山山水、動物、植物、天氣、建築、記事、心情等。

現存盤山繪畫乾隆朝作品較完整細緻，寫實程度高。嘉慶朝以後的多爲盤山全圖，比例小而且畫法寫意，信息模糊。所以選擇乾隆朝清高宗御制《盤山圖》、董邦達繪《田盤勝概圖》、《欽定盤山志》卷一《圖考》、姚文瀚與袁瑛合筆《盤山圖》等繪畫作爲進一步探尋静寄山莊樣式雷圖檔記載的歷史信息的工具。

圖 1　圖中諸景及首題詩位置，底圖爲清高宗御筆《盤山圖》（局部）（故宫博物院藏）

圖2　董邦達繪浮石舫，《田盤勝概圖》，上有年款（《古代書畫精品圖録（一）》）

圖3　層岩飛翠（《欽定盤山志》卷一《圖考》）

圖4　姚文瀚、袁瑛合筆《盤山圖》（局部）（臺北“故宮博物院”藏）

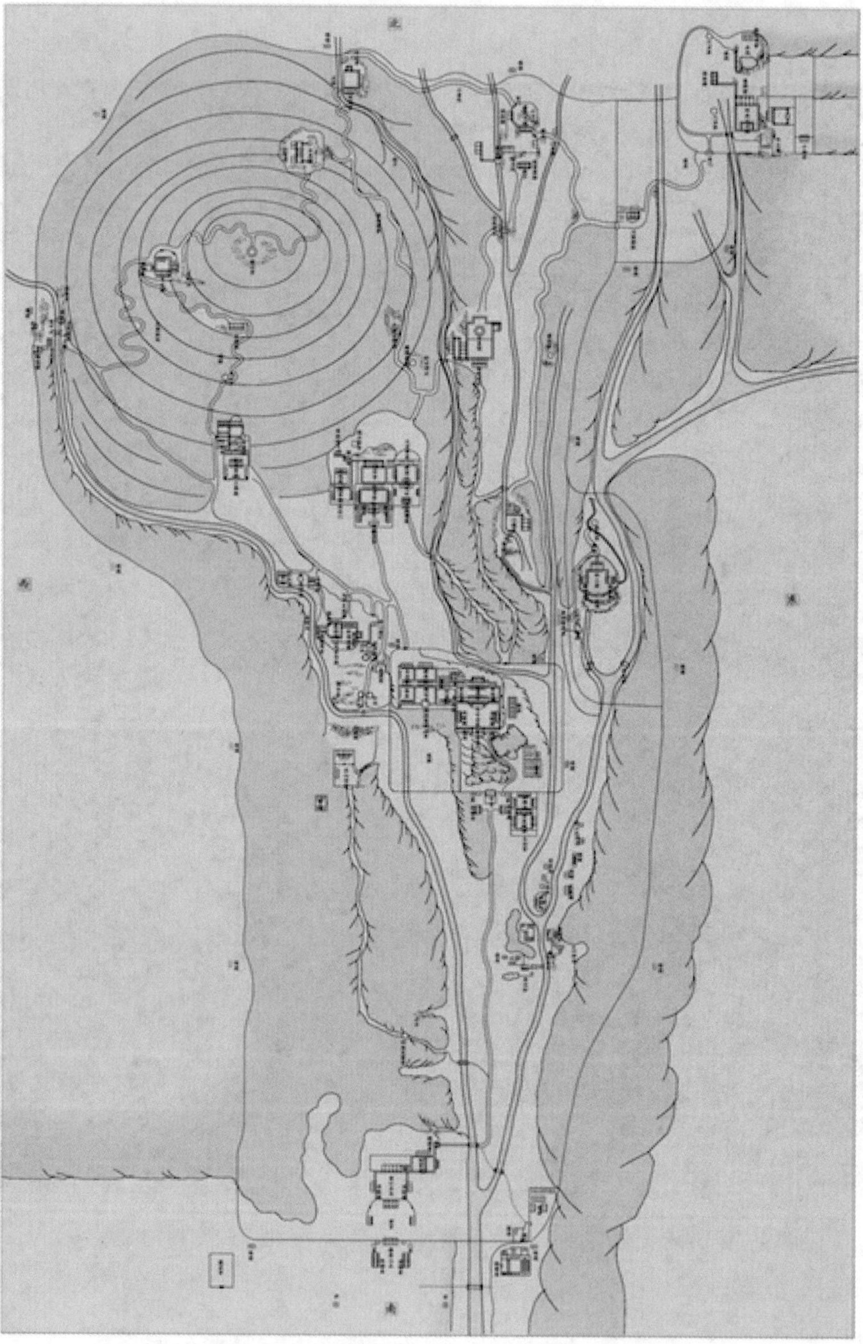

圖5　輿1360　根據陳宇琳、許瀅、朱蕾于第一歷史檔案館的抄録内容整理

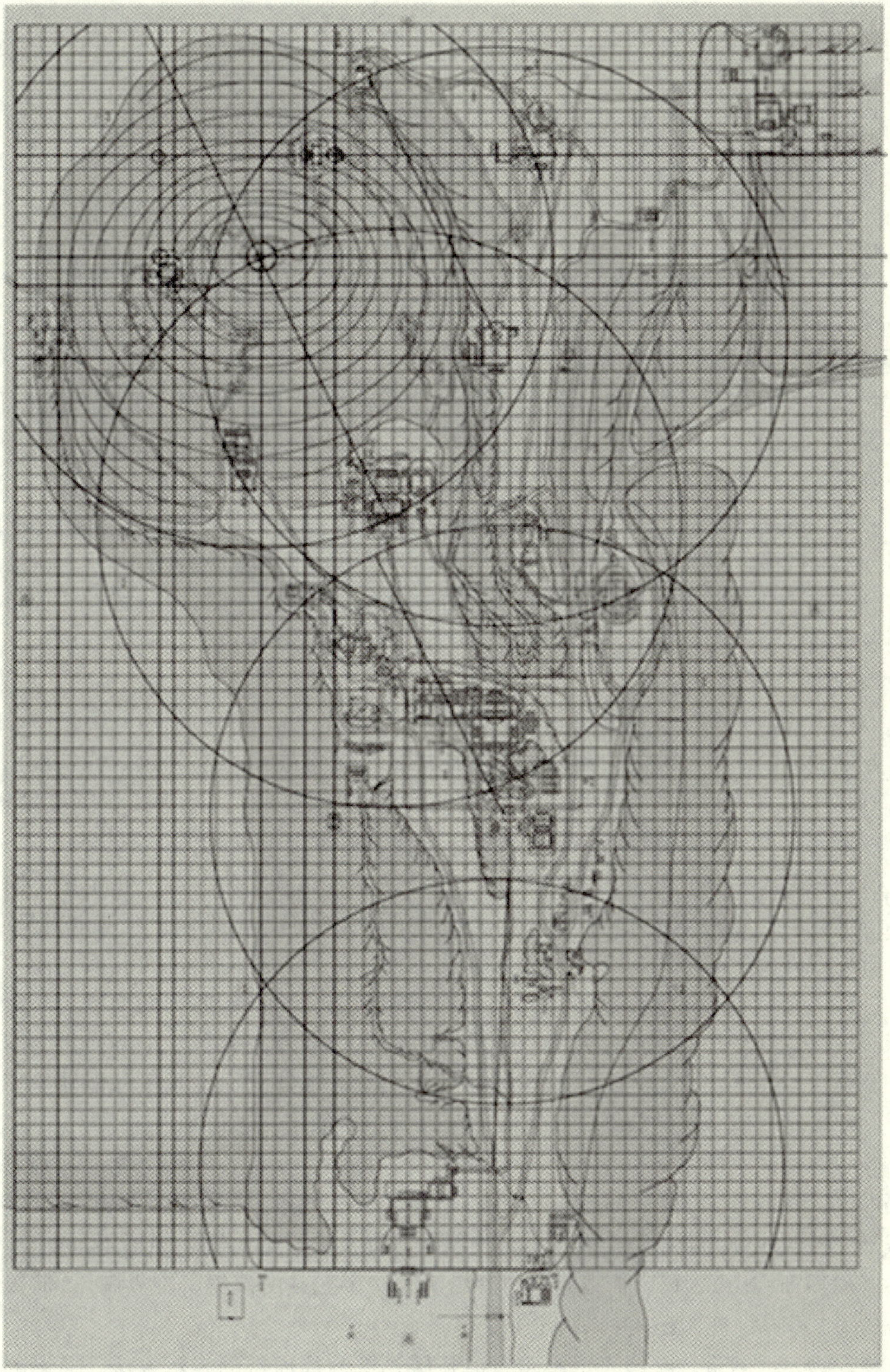

圖 6　與 1360 平格網分析

二、静寄山莊總繪全圖

静寄山莊總繪全圖包括《盤山行宫内外地盤總繪全圖》（輿1360）和《盤山行宫内外立樣總繪全圖》（輿1359），存于中國第一歷史檔案館。

（一）圖面信息

《盤山行宫内外地盤總繪全圖》（輿1360），圖幅110×175厘米，竪幅滿裱，函裝；綫描建築平面，貼黄簽，河桶着緑色，山坡、土坡用赭石色退暈；品相完好。背簽爲《盤山行宫内外地盤總繪全圖》，與圖面内容一致。

上貼194個貼簽（根據抄録圖統計），其中包括東南西北四個方位簽，上北下南；組群名稱，如前宫、中宫、後宫等；建築單體名稱如智仁樂處、東配殿等；刻石、點景松名稱，如丹梯勝處、盤泉石、千頭松等。

圖中以墨綫繪有山形水系、殿宇建築、山石、水池、宫墻、圍墻、道路、橋梁與涵洞，北寬南窄。西北角爲圓環虚綫表示的山丘一座。圓弧虚綫表示山丘，在樣式雷圖檔中非常罕見。現代測量的地形圖中，等高綫形態與圖中圓弧虚綫相近，量得攓雲亭到層岩飛翠高差約爲164.6米，約合50丈，在輿1360中以十道圓弧綫表示，合等高距爲五丈。

山丘東西兩側爲縱貫南北的山坡，有赭石色渲染，邊界深中部淺，短弧綫表示邊界，各自坡向中部。山坡的繪製方法與同期樣式雷圖檔表示方法一致。特别指出，在前宫西北角的山體邊界没有短弧綫，根據其形態、位置以及其他樣式雷圖檔的畫法，可以判斷此處表示人工培補的砂山。農樂軒、池上居等處也有此法表達的砂山。

山丘和山坡圍合的低窪處爲水系，渲染爲緑色。北側支流共計大小十處，向南彙集爲一處。山丘北側行宫大墻横貫東西。西側沿山坡中部向南延伸，至南山脚折向東，抵西山坡坡脚後折向東北，至坡頂後向正北延伸。至河谷折向西再向北與北側大墻相交。行宫大墻東北角處繪有嘉慶年間添蓋的兩組建築，川源挹勝與四面雲山，兩處大墻依次相接，直至千相寺止。大墻圍合區域内繪有全部建築組群。中部密集，南北稀疏。建築以軸綫形式繪製，可以讀出開間進深數量，根據圖面度量尺寸能够换算相應尺寸。此圖是目前掌握的資料中，宫殿部分以外組群的唯一一份平面記録。

圖中包括文字檔案記載的大部分建築組群、山石、水池、宫墻、圍墻、道路、涵洞等内容，并補充了刻石的位置、名稱，值房、膳房的數量、位置與規模等文字檔案記載不完善的地方。圖中還記録了其他史料未曾提及的壺中天地（屬極望澄鮮）、物我同春（屬四面雲山）、買賣街東北角的盤山汛。文字記載的農樂軒交界牌[②]、河東點景草房二間、草亭一座[③]圖中并未繪出。

雙實綫表示御路，虚綫表示小路，這是樣式雷圖檔通常的表示方法。通過圖面所示道路，結合相關史料可分析行宫内的交通流綫，從一個側面反映出行宫使用的狀况。

《盤山行宫内外立樣總繪全圖》（輿1359），圖幅141×228厘米，圖心128×198厘米，新裱立軸；彩繪貼黄簽；品相完好。背簽爲《盤山行宫内外立樣總繪全圖》與圖面内容一致；圖面繪製有建築組群立樣，上貼名簽，與輿1360名簽互有補充。延春堂、接要樓、澹懷堂和清音齋處標明“地基”。東南角檔案房處加貼“南房”簽，前宫宫門東西朝房南側繪有東西兩組3×4的樹木。立面反映屋頂形式，正朝向的建築反映開間，并以飛鳥投影法表示進深；小普陀、鏡瀾亭、農樂軒樓等處重檐殿宇均繪爲單檐；廟宇的墻塗成紅色爲標識。并繪有山石、水池、宫墻、圍墻、道路、涵洞等内容。

（二）道路交通體系

輿1360中繪道路有三種畫法。雙實綫、點狀虛綫、弧形短綫刻畫的山體邊界同時作爲道路邊界。

參考輿1361、輿1362、輿1363及乾隆朝《盤山志》可考證出御路位于前宫至中宫，池上居院墻内，中宫内，以雙實綫表示。目前尚未找到關于這些御路的檔案記載。

檔案中已發現的道路種類有山石道路、土道、溜沙山道三種。

山石道路主要位于山丘。以攓雲亭爲中心，周邊各條道路均爲山石道路，以雙實綫和山體邊界表示[④]。

土道有兩種，一種築有本山石宇墻，一種爲山石泊岸，三種圖示方法都有[⑤]：

溜沙山道見于川源挹勝、貯清書屋、四面雲山、樂山書室處[⑥]。

山石道路爲山地游覽路綫，溜沙山道是較平緩處的游覽路綫，土道作爲輔助道路，御道是皇帝乘輿專用的道路。可見道路的類别與圖面表達方式没有關聯。

道路穿過水系的位置修有橋座，橋有三種，山石橋（輿1360圖上貼簽）、石平橋[⑦]、木板橋[⑧]。大多數橋是石平橋。山石橋是與周圍環境相搭配的處理方式。木板橋是簡易做法，在輔助道路使用。

（三）平格網復原

以平格的方法繪製地盤圖，是樣式雷圖檔的一大特色，從陵寢到園林都有實例。輿1360作爲大型園林的地盤圖，如果不依賴平格網的控制則難以繪製。雖然圖中没有表示出平格，也無相關的文字檔案記載。但是不妨按照這種方法追溯這幅大型地盤圖的繪製過程。

輿1360圖幅110厘米×175厘米，約爲3．5尺×5．5尺。以中宫太古雲嵐組群正殿軸綫爲中心[⑨]，以五丈見方平格網覆蓋于等比放大的輿1360上。能够發現大多數組群都與這樣的平格網有相應的對位關係，中軸綫或者圍墻綫落在整數或者半數格網上。

用現代方法實測的地形圖與輿1360叠合，可發現圖面的平格比實際用地東西方向略窄，而南北方向近似吻合。建築組群遺址的測量點與圖中的組群位置有較大出入。圖中正方向的建築在實際複雜地形中因地制宜有不同朝對方向。可見與輿1360相符的五丈見方平格網，與實際地形并不吻合。由此推論平格在輿1360中的作用是爲控制圖面中各部分的相對位置關係，與實際的地形呈拓撲變化的關係。

三、静寄山莊前宫地盤圖

静寄山莊前宫地盤畫樣共四張，中國國家圖書館存有三張，編號爲348—1110、355—1812、356—1966。中國第一歷史檔案館藏一張，爲《盤山行宫内三宫地盤畫樣》函中《盤山行宫内前宫地盤畫樣》（輿1362）。其中國圖藏356—1966僅見于登録目録。

三份圖樣尺寸相近，構圖一致。輿1362繪製裝幀最精緻，圖幅最小（108×123厘米）。348—1110與輿1362相差無幾（122.6×135.5厘米），355—1812圖幅最大(129.7×136.5厘米)，墨綫與渲染粗糙，無貼簽，未托裱。其圖紙尺寸與全幅宣紙尺寸大小近似。而其他兩幅圖有托裱和裝幀，經過裁邊，畫幅較小。由此判斷三幅前宫地盤圖355—1812爲草稿，348—1110爲樣式房留底，輿1362爲宫中呈覽圖樣。348—1110爲掃描檔，信息保留最完整，以其爲主要研究對象，其他兩幅作爲對照繼續深入剖析。

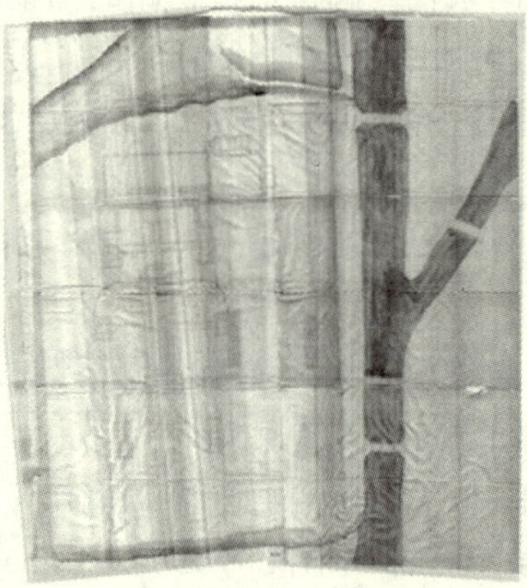

圖7　355—1812　静寄山莊前宫地盤樣
（國家圖書館藏）

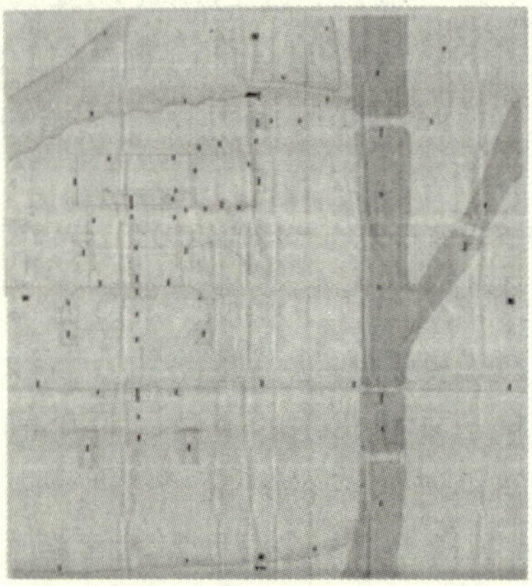

圖8　348—1110　静寄山莊前宫地盤樣
（國家圖書館藏）

348—1110圖面墨繪彩渲，貼黄簽，五分代一丈，即1：200。圖面所記録的信息包括景觀格局、殿宇建築、宫墻、圍墻、道路和橋梁等。上貼68個小黄簽，四個方位簽。河桶、山坡、土坡渲染。由于色彩信息缺失，參考輿1362，河桶爲緑色，山坡、土坡爲赭石退暈。1362上貼60個小黄簽，較348—1110少八枚。

構圖右邊三分之一的區域繪有南北向的“丫”形河桶，緑色渲染。宫殿組群則位于圖面左邊三分之二部分，包括一座五間宫門，門前鋪設海墁，兩邊隨外大墻有罩門各一間，東西朝房兩座各五間。第一進院落有穿堂宫門一座五間，門後有木影壁一座，宫門前後鋪設海墁，兩邊出弧形花瓦墻，上開隨墻角門，連接東西朝房各三間，前鋪丁字甬路。第二進院落包括智仁樂處正殿一座七間，前後有廊，前鋪海墁，前廊東西兩側出抄手游廊各八間，與東西配殿相連，兩配殿各五間，前後廊，南側山墻出圍墻與花瓦墻相接。

智仁樂處西抄手游廊西側出院墻，折向北并向東，至東跨院游廊止，圍合成後院，面西院墻開圓光門一座。大殿后廊東側出游廊七間，東山有值房一座三間，值房南有圍墻一堵上開隨墻角門一座，連接東抄手游廊與東跨院游廊西南角。

東跨院正殿爲延賞齋，五間前後有廊，前廊東西出抄手游廊，西山游廊北側有净房一間。東部有東配殿三間，帶前廊；南入口處爲垂花門一座均以抄手廊連接，其中西抄手廊22間，東抄手廊15間，由東抄手廊東北角向北接游廊六間，通向鏡瀾亭（周圍廊四方亭）。東側鋪海墁連接御路通五孔石平橋，跨河向東接御路向北折。亭西北角出圍墻一堵，與北側山坡角點景石相連。

自五孔石平橋沿河桶向南至外大墻，墻下有九孔出水涵洞，再南又有五孔石平橋。出水涵洞北側有自東北向西南的河桶匯入，上架另一座五孔石平橋。

圖上共繪有殿宇房間15座，59間，門六座，游廊66間，九孔出水涵洞一座，五孔石平橋三座，木影壁一座。

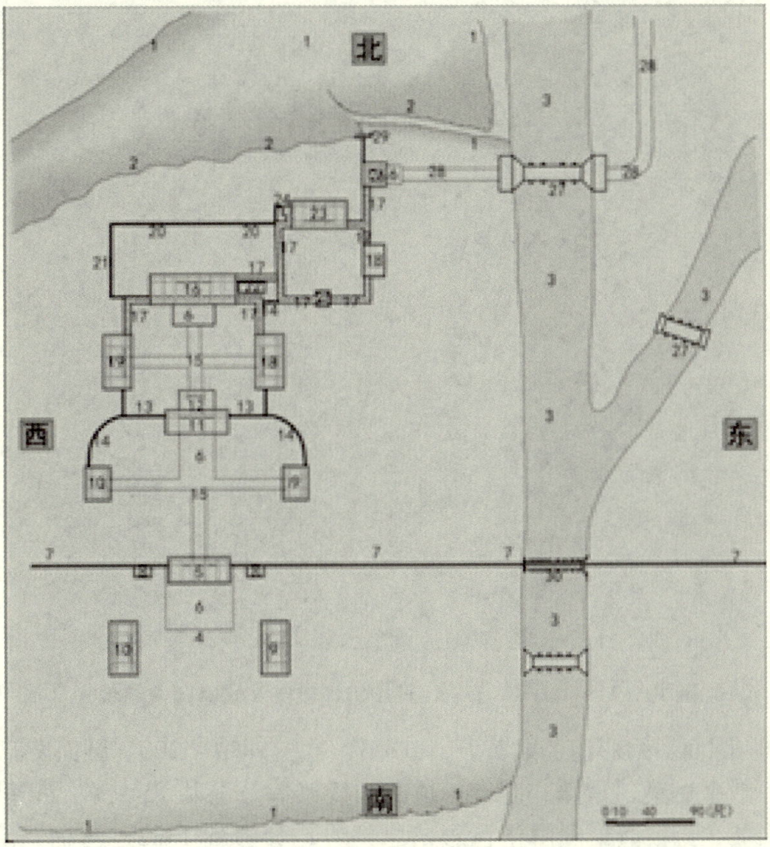

1. 山　2. 山坡　3. 河桶　4. 前宫　5. 静寄山莊宫門　6. 海墁
7. 外大墻　8. 門罩　9. 東朝房　10. 西朝房　11. 穿堂宫門　12. 木影壁
13. 花瓦墻　14. 角門　15. 甬路　16. 智仁樂處正殿　17. 游廊　18. 東配殿
19. 西配殿　20. 院墻　21. 圓光門　22. 值房　23. 延賞齋　24. 净房
25. 垂花門　26. 鏡瀾亭　27. 五孔平石橋　28. 御路　29. 點景山石
30. 九孔出水涵洞

圖9　静寄山莊前宫地盤畫樣，根據相關圖檔整理

四、静寄山莊中宫地盤圖

静寄山莊中宫地盤畫樣共兩張，中國國家圖書館、中國第一歷史檔案館各有一張。《盤山行宫内三宫地盤畫樣》函中《盤山行宫内中宫地盤畫樣》（輿 1361）。中國國家圖書館藏 348—1109。

輿 1361 繪製裝幀較精緻，圖幅 129×134 厘米。348—1109，圖幅 136．5×138 厘米，約合四尺見方。同 348—1110 一樣應爲樣式房留底，輿 1361 與輿 1362、1363 一樣爲進呈圖樣。以國圖藏 348—1109 爲主要研究對象，輿 1361 作爲對照。

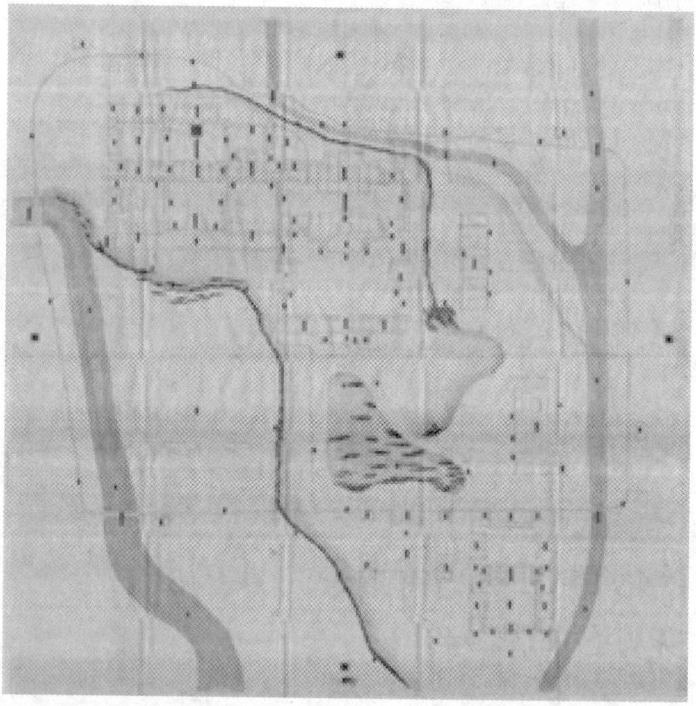

圖 10　348—1109　静寄山莊中宫地盤樣（國家圖書館藏）

348—1109 圖面墨繪彩渲，貼黄簽，五分代一丈，即 1：200。圖面所記録的信息包括景觀格局、殿宇建築、宫墻、圍墻、道路和橋梁等。上貼 154 個小黄簽，四個方位簽。河桶、山坡、土坡渲染。由于色彩信息缺失，參考輿 1362，河桶爲緑色，山坡、土坡爲赭石退暈。

該圖構圖方正，上北下南。中間爲大墻圍合的中宫主體建築群。東、南大墻爲正方向垂直相連，西、北大墻向西北方向延伸，圍合成西北略凸、東南平直的形狀。東南角處接有一組兩進院落爲壽萱堂。東西兩側各有一條河桶，東側爲 Y 形，兩條支流由北向南穿過北大墻匯合于圖上三分之一處，穿過南大墻後略向西折。西側河桶自西穿西大墻南折沿墻至南墻出呈平緩的 S 形。由西側河桶進入大墻的涵洞起有山石表示的陡坎向東南方向彎折，北部沿東側河桶支流西岸也有一道陡坎。兩陡坎之間的 7 形高地上爲中宫主體組群——太古雲嵐組群。東側陡坎下至河桶西岸爲兩組值房，西側陡坎下至河桶東岸爲鹿圈。并有圍欄與中宫建築部分相隔。太古雲嵐組群穿堂宫門與大宫門之間爲山石。大宫門位于南大墻中部偏東的位置，門前爲東西朝房與壽萱堂，布滿西陡坎與東河桶圍合成的相對平敞的臺地。門前御路順着陡坎的走向由南而來，聯繫壽萱堂與大宫門。

御路從西側通向壽萱堂組群入口月臺，南側爲宇墻，北側爲卡墻。卡牆中部是壽萱堂入口垂花門。垂花門正對壽萱堂主體建築，壽萱堂大殿，圖中名簽標識爲浮嵐暖翠，陳設册中所示壽萱堂爲殿外匾額，浮嵐暖翠匾挂于殿内[10]。浮嵐暖翠正殿五間前後廊，東西耳房爲净房。前廊出抄手游廊連接東西配殿（三間前廊）南抄手游廊連至垂花門。浮嵐暖翠正殿後檐東西出圍墻并開隨墻角門。通向後進院落。後院正殿名爲後照殿（五間前廊）。東西耳房爲净房。東西有兩配殿。後照殿后檐墻與中宫大墻相接。

御路經壽萱堂折向西北至東西朝房轉寬，聯繫兩座朝房（三間前廊）與大宫門前海墁。海墁北端爲大宫門，三間後金門殿，後金位置連大墻，東西各有一間門罩。進大宫門爲山石，圍合成的開闊地進深約爲三丈，闊約爲十丈。場地東御路折而北上，繞山石通向太古雲嵐穿堂宫門月臺東踏跺。穿堂宫門爲三間前後廊。左右爲倒座值房（五間前廊），前院正殿就是太古雲嵐大殿，是静寄山莊等級最高的大殿，七間前後廊，前有月臺。東西各有三間值房，前廊出東西抄手游廊，并叠落至東西配殿北山墻，東西配殿爲三間前後廊，南接游廊與穿堂宫門旁的倒座值房相連。

太古雲嵐大殿北側院落正殿爲延春堂，是前後出抱廈的七間大殿，東邊是含遠樓。西邊爲皇后殿，爲兩座三間前廊建築。皇后殿後檐墻接弧形圍墻，内有女子房兩座，東邊爲南北向，三間，西邊爲東西向，四間。

太古雲嵐殿往西爲三個并置的院落。三個院落南墻與太古雲嵐殿平齊。東邊院落正殿爲引勝軒三捲殿，前後共九間，并有前後廊，後捲東西分别爲净房與套殿。前捲東側是兩間值房。前廊左右出抄手游廊作爲與東西跨院落的分隔，并聯繫南側倒座值房。引勝軒殿後院墻上有圓光門爲組群北出口。中間院落有兩進，擁煙鬟四方亭（周圍廊）爲入口，前院正殿是暢遠齋五間前後廊，東西耳房爲净房，前後廊均出抄手游廊與擁煙鬟四方亭和接要樓相連，東側游廊與引勝軒西廊共用，西側游廊與西跨院共用。西跨院南側爲倒座值房（五間前廊）前院西部爲三間值房。北部有穿堂三間，前後廊，西出耳房净房。前廊東西出游廊。後廊東出游廊與中跨院游廊相連。後院西部同樣是三間值房，正殿爲太后殿（五間前廊），東西出耳房净房。太后殿北中宫大墻上有角門一座通往爲中宫西北出口。三跨院落的南入口處有長街，可爲交通與觀景之用。西端爲三間叠落游廊，并連圍墻向北與大墻相接。

東陡坎下的兩組值房北邊一組爲南北排列的五座三間值房，東西山墻之間有圍墻連接，中座西北有净房一間。南邊一組也是五座，由北至南分别爲三間、三間北出抱廈一間、三座五間，南座東出耳房净房一間。圍墻將南三座值房圍成兩院，西墻各開角門一個，北面兩座值房成一個院落。圍墻外東北方向有兩間堆撥一座。

大墻周邊東側偏南、南側偏西河桶東岸、北側東河桶西岸、北側偏西四處各有一座兩間堆撥。河桶穿越大墻處爲涵洞，從北偏西起順時針方向依次是入水一孔涵洞、入水五孔涵洞、出水三孔涵洞、出水五孔涵洞、入水五孔涵洞。在北側的兩個入水涵洞之間有一角門。作爲東陡坎下部的出入口，并在正對河桶架設一孔石橋。

共繪有殿宇房間62座，門12座，共215間，游廊138間。涵洞五座，橋一座。

另外，該圖有三個特殊的貼簽，兩個貼在接要樓院落，一個貼在延春堂院落。分别寫有“接要樓道光十六年拆卸移修髻山”，“院内游廊同時拆卸”，“延春堂咸豐九年拆卸”這三個貼簽記録了行宫衰落後的拆卸工程。因爲標明了年份所以成爲鑒定圖樣的重要依據。拆卸接要樓游廊的記録表明：在道光十一年（1831）拆去延賞齋、太古雲嵐、暢遠齋、接要樓、雨花室、澹懷堂、擷翠樓、池上居等處游廊共35間[11]。348—1109圖中接要樓一處便有22間游廊，可見道光十一年（1831）應當是局部拆卸。關于兩次拆卸的詳細文字記載尚未收集到。可以肯定的是，道光九年（1829）時這兩處已經出現嚴重的殘損。

延春堂三捲殿一座後抱厦三間，中捲七間，均無滲漏情形。前檐抱厦五間，東次間天溝滲漏沉重，柁枋檁木糟朽檐椽脱落。接要樓五間，上層明間後檐東縫檐柱糟朽一根，下脚跨空，西縫檐柱一根，北面外皮糟朽。[12]

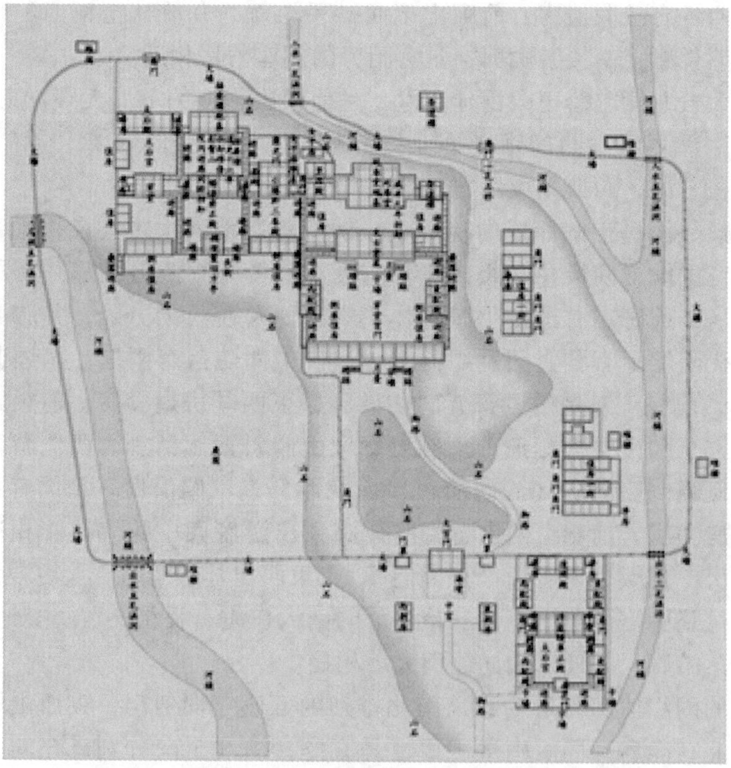

圖11　静寄山莊中宫地盤圖（根據相關圖檔整理）

五、小結

從樣式雷圖檔中可以發現，静寄山莊的宮殿，無論前宮的“班朝聽政之位”還是中宮負責日常起居的寢宮，遠不如紫禁城的規模，也比不上避暑山莊。符合乾隆帝對静寄山莊“尚樸素屏，文繪適可而止，容膝亦安”[13]的定位。但是周邊“喬林交蔭，希見曦景”，“臨大澗，澗中水石蕩激，常作殷雷聲”[14]以及背依群山的諸多景觀環境要素毋庸置疑地宣示出帝王氣度，體現出借自然環境展現氣勢，建築與山水相稱的訴求。

注釋：

①《内務府檔案：奏銷檔》，中央歷史語言研究所，303 微捲册，149—157 頁。

② 嘉慶帝、慶惠：《宫中各處檔案：漢文朱批奏摺》，中國第一歷史檔案館，清嘉慶二十一年（1816），第 3 卷，481 件。

③《内務府黄册》，中國第一歷史檔案館，清嘉慶四年（1799），293 卷。

④ 慶惠：《宫中各處檔案：漢文朱批奏摺》，中國第一歷史檔案館，清嘉慶二十四年（1819），第 3 卷，990 頁。

⑤ 同上。

⑥ 同上。

⑦ 慶惠：《内務府黄册》，中國第一歷史檔案館，清嘉慶二十四年（1819），288 卷。

⑧ 慶惠：《宫中各處檔案：漢文朱批奏摺》，中國第一歷史檔案館，清嘉慶二十一年（1816），第 3 卷，608 頁。

⑨ 因乾隆十年（1745）清高宗繪製的《盤山圖》中將太古雲嵐組群題名爲静寄山莊，静寄山莊于乾隆九年（1744）初始建至十月清高宗便駐蹕，故推測寢殿太古雲嵐爲首期完工組群，因而將平格中心設置于此。

⑩ 李廷柱：《内務府陳設册》，中國第一歷史檔案館，2113 卷。

⑪ 黄文煜：《宫中各處檔案：漢文朱批奏摺》，中國第一歷史檔案館，清道光十一年（1831），第 3 卷，2422 頁。

⑫《内務府來文：巡幸與行宫》，中國第一歷史檔案館，清道光九年（1829），第 454 包。

⑬《静寄山莊十六景記》，《清高宗（乾隆）御製詩文全集》第 10 册，中國人民大學出版社，1993 年，349 頁。

⑭ 蔣溥、汪由敦、董邦達：《盤山志》，上海古籍出版社，1993 年，57 頁。

（作者單位：天津大學建築學院樣式雷研究中心）

石路與萬壽點景

——《頤和園至西直門路程圖》解析

任昳霏

内容提要：《頤和園至西直門路程圖》是清代晚期典型的道路交通地圖。國家圖書館藏樣式雷圖檔保存了一批與《頤和園至西直門路程圖》有關的圖畫和文字資料。梳理這些資料，可以還原《頤和園至西直門路程圖》的繪製過程。在此基礎之上，結合相關文獻記載，可以了解光緒十九年（1893）頤和園至西直門石路的修建始末，以及慈禧太后六旬萬壽點景的籌備工作。

關鍵詞：地圖　樣式雷　石路　點景

一、《頤和園至西直門路程圖》概況

國家圖書館藏《頤和園至西直門路程圖》是清代光緒年間彩繪本。地圖詳細繪製了從頤和園東宫門牌樓到西直門内海墁的道路全程。圖中每段道路都明確記載了丈尺數，并標注了沿途重要建築、橋梁。這幅地圖是清代後期典型的道路工程地圖，代表了光緒年間交通地圖的繪製水平。

《頤和園至西直門路程圖》遵循以上爲北的圖向，全圖尺幅縱向長 91 厘米，横向寬 109 厘米。整幅地圖除標繪道路和沿途重要建築之外，幾乎没有畫出任何其他内容。如此清晰專注地描繪一條道路，在傳統古代地圖中是不多見的。圖上道路用土黄色表示，土路和石路用不同畫法區分。土路用單純的土黄色繪製，道路的兩側没有用黑色雙綫勾邊。石路是在土黄色的底色之上，塗繪斑駁的黑色代表石板。道路的兩側用黑色雙綫勾邊。道路兩側重要的標志性建築用立體形象的畫法繪出，并塗以顔色。建築周邊用绿色點綴，代表植物。沿途重要建築用貼黄簽的方式標注地名，所經石橋、西直門城樓區域也都采用形象畫法繪製。倚虹堂附近，用淡青色畫出長河和護城河河道。圖上道路分爲十四段，用貼黄簽的方式標注每段道路首尾標志物及精確丈尺距離。這十四段路程包括："頤和園東宫門迤東牌樓到馬廠門土道，計三百三十一丈五尺；馬廠門土道至虹橋石路，計二百八十三丈；虹橋至海甸街西栅欄石路，計四百零六丈二尺；海甸街西栅欄至龍鳳橋石路，計一百丈；龍鳳橋至雙關帝廟石路，計二百九十丈；雙關帝廟至藥王廟石路，計一百四十丈；藥王廟至百祥庵石路，計五百八十丈；百祥庵至駱駝脖石路，計三百三十五丈；駱駝脖至大柳樹石路，計二百十丈；大柳樹至廣通寺石路，計三百七十丈；廣通寺至倚虹堂石路，計八十一丈二尺；倚虹堂至十字街石路，計一百零六丈；十字街至高橋石路，計四十一丈一尺；高橋至西直門内海墁石路，計八十九丈。”原圖右下方另貼簽總説：“謹查自頤和園東宫門迤東牌樓起，至西直門内海墁止，土道一段，石路十三段，共長十八里六分八厘，計長三千三百六十三丈。”

《頤和園至西直門路程圖》對道路的繪製做到極簡，但對道路分段和每段道路距離的測量又做到極細。地圖上没有標注方向，也没有比例。圖上道路完全根據實際道路的走勢和沿途景色繪製。圖畫無法精確表達的丈尺和分段信息，用貼簽説明來作補充。道路兩側的建築位置與實際有一定差距，但這些建築對應的路段和建築之間的相對位置是準確的。行人走在路上，可以根據沿途建築的相對位置來確定人所在的位置。注重相對位置的準確性和用貼簽補充説明文字，是道路交通圖的特點。與傳統道路交通圖不同的是，這幅地圖對道路的分段和距離測量過于細緻。這種細緻程度比現在的交通圖都要精確。精確測量意味着這條路的重要程度，也意味着這條路的特殊功用。

頤和園的前身清漪園，在第二次鴉片戰争中被英法聯軍燒毁。光緒十四年（1888），在清漪園原址重建皇家園林，改稱頤和園。頤和園建成之後，成爲慈禧太后和光緒皇帝避喧聽政的場所。從此，往來頤和園和紫禁城成爲光緒朝政治生活的重要組成部分。往來頤和園與紫禁城，并不意味着一定要修石路。實際上，從頤和園建成到石路的翻修間隔了五年。如此，修建石路和繪製《頤和園至西直門路程圖》的直接動因是什麽呢？光緒二十年（1894）是慈禧太后六旬萬壽，萬壽慶典才是修建石路和繪製地圖的直接原因。《清實録》記載了光緒皇帝下旨爲慈禧太后籌辦萬壽慶典一事。“上親詣行禮，諭内閣，據總辦萬壽慶典王大臣世鐸等，會同禮部奏稱，明歲皇太后六旬萬壽，自頤和園還宫金輦由何處乘御，及蹕路經由之處，請旨遵行一折，朕欽奉。”[①]也就是説在光緒十九年二月，萬壽慶典的籌備工作已經提上日程。總辦大臣世鐸等人督辦，確定頤和園還宫的道路及經停地點。實際上，萬壽慶典由頤和園回宫的路綫和經停地點是慈禧太后自己規劃的。《清實録》記載慈禧太后懿旨：“還宫日，由頤和園東宫門外彩殿乘輦，經由石路，至倚虹堂少坐。進西直門、地安門，至西華門内咸安門外彩殿降輦。乘轎還宫。皇帝于是日，由東宫門外率王公百官跪送，撫掖金輦。至牌樓乘騎導引。至石路乘轎先行。在西華門内跪迎。王公百官，在西華門外跪迎。所有一切應辦事宜，著各該衙門先期敬謹預備，以昭慎重。”[②]從這段記載可以看出，萬壽慶典還宫路綫分爲城外頤和園至西直門段和城内西直門至西華門段。期間，在倚虹堂停輦駐蹕，在咸安門處下輦乘轎。《頤和園至西直門路程圖》反映的是慈禧太后萬壽慶典回宫路綫的城外路段。圖上頤和園東宫門外牌樓、土路與石路嚴格區分，顯然具有非常明確的指示意義。牌樓是光緒皇帝由撫掖金輦到乘騎導引的地點。土路是皇帝需要導引的路段。土路和石路交界處是皇帝由騎馬改乘轎的地點。地圖上對道路關鍵地點的標繪十分準確。

既然萬壽慶典的還宫路綫是慈禧太后精心規劃的，那麽負責萬壽慶典的大臣自然不敢怠慢。光緒十九年，轟轟烈烈的萬壽慶典籌備工作全面展開。繪製準確的萬壽慶典還宫路綫圖是籌備工作的重要部分。

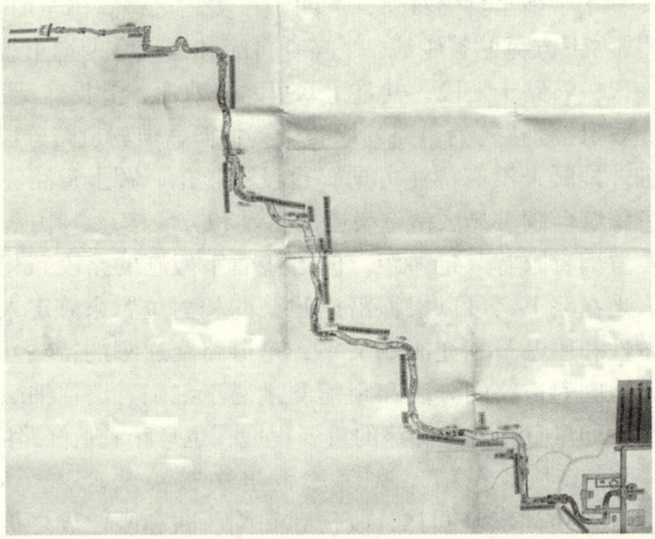

圖 1 《頤和園至西直門路程圖》

二、《頤和園至西直門路程圖》的草圖和文字説明

《清實録》記載的慈禧太后懿旨提供給我們一個有效信息。光緒十九年，頤和園至西直門的石路已經存在了，而且土路和石路也已經嚴格區分。這與我們印象中石路是爲萬壽慶典專門修建的認識有一定偏差。其實，萬壽慶典之前，需要做的工作就是對石路的修繕和沿途建築的整修裝點。如此重要的工程由誰來設計施工是工程負責人首先要考慮的。顯然，具有豐富清宫建築設計經驗的樣式雷世家是最可信賴的人選。

在國家圖書館藏樣式雷圖檔中保存着《頤和園至西直門路程圖》的草圖。根據草圖上標繪的各種信息，我們可以大致還原彩繪圖完成之前的繪製過程。這兩幅草圖是《頤和園東門外至西直門路程圖》（藏品號 014—0009，爲行文方便，下文稱爲草圖 1）和《西直門至頤和園東宫門路程圖》（藏品號 144—0007，爲行文方便，下文稱爲草圖 2）。將兩幅路程草圖對比發現，草圖 1 綫條草率，草圖 2 綫條規矩，推測草圖 1 可能是較早繪製的石路工程草圖。

草圖 1 在頤和園東宫門區域，標繪東宫門、東宫門外兩側朝房、影壁及牌樓。道路用簡單的雙綫表示。其中，牌樓至馬廠門土路用紅綫表示，馬廠門至西直門石路用黑綫表示。沿途的標志性建築采用方框加文字注記表示，石橋用簡單的平面符號表示。除道路和建築之外，倚虹堂附近的長河和護城河河道用簡單的綫條畫出。出頤和園東宫門牌樓，沿途標繪地點有石橋、二道馬廠門、石橋、馬廠門、扇子河、土山、南園、圓明園、園寓、八旗印房、大紅橋、暢春園、恩佑寺、恩慈寺、大神廟、清梵寺、西栅欄、龍鳳橋、龍鳳橋至暢春園石路、官廳、洩水湖、三角地、雙關廟、黄莊官、關帝廟、藥王廟、石橋、白祥庵、關帝廟、五堆、壽福禪林、駱駝灣、橋、四堆撥、三堆撥、大柳樹、二堆、慈獻寺、頭堆、廣通寺、樓房、娘娘廟、關帝廟、官廳、井、五聖庵、倚虹堂、樓房、長河、高梁橋、轉角樓、石路、十字街、官廳、轉角樓、守府衙門、吊橋、護城河、西直門外門洞。草圖對西直門區域標繪十分詳細，不但標繪了西直門城樓、城墻，還標繪了瓮城的形制及相關附屬設施。這幅圖上的分段道路用黑綫分界。與《頤和園至西直門路程圖》彩繪本相比，這幅草圖没有采用形象畫法，没有彩繪，也没有貼簽，但圖上對道路沿途建築的標繪更加詳細，對頤和園東宫門和西直門區域的標注也更加細緻。黑綫分段的方式，與彩繪圖上貼簽標注各段路程信息的作用相同。

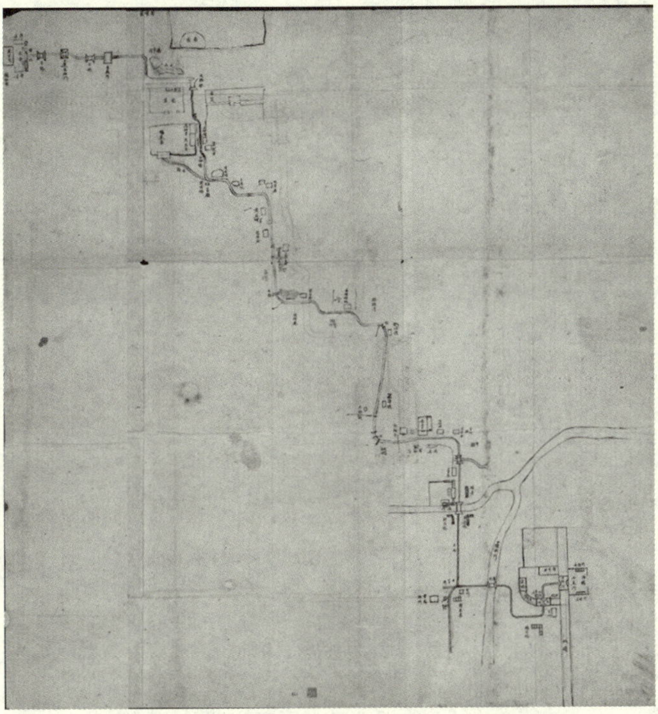

圖2　《頤和園東門外至西直門路程圖》

草圖2對頤和園東宫門區域的繪製比草圖1要詳細。東宫門及宫門外搭建彩棚區域用方框畫出。從宫門過影壁至牌樓的道路，以及影壁兩側的石橋也全都畫出。道路用黑紅兩色綫條區分石路和土路。東宫門到牌樓的道路，在草圖1和彩繪圖上都没有畫出。圖上道路用雙綫表示，同樣用紅綫和黑綫區分土路和石路。沿途建築也是采用方框加文字注記的方式表示。沿途標繪地點有堆、馬廠門、娘娘廟、五聖祠、扇面河、樓門、八旗印房、堆、小南園、圓明園、大紅橋、堆、恩慕寺、堆、暢春園、火神廟、清梵寺、北廳、西栅欄、南廳、十堆、九堆、衙門、官廳、關帝廟、蔡廠廟、藥王廟、八堆、七堆、衙門、六堆、關帝廟、五堆、壽福禪林、四堆、大柳樹、三堆、二堆、慈現寺、關帝廟、頭堆、廣通寺、娘娘廟、關帝廟、倚虹堂、高亮橋、雁翅樓、白衣庵、樓房。最後畫出西直門城樓及瓮城。草圖2與草圖1有多處不同之處。第一，草圖2標注圖向和方位。在畫面的最上方和最下方分别標注“北”“南”來確定圖向。第二，沿途建築的標注明顯少于草圖1，但對沿途堆撥③的標注明顯增多。第三，對頤和園東宫門區域繪製詳細，但對西直門區域的繪製比草圖1簡略。第四，沿途石橋基本畫出，但大都没有標注。第五，圖上没有畫出長河和護城河河道。第六，整條道路没有用黑綫分段。這幾處不同説明兩幅草圖的側重點不同。草圖1特別重視沿途建築的標繪和道路分段。草圖2更重視道路沿途安保警務設施的標繪，道路分段不是這幅圖考慮的重點。

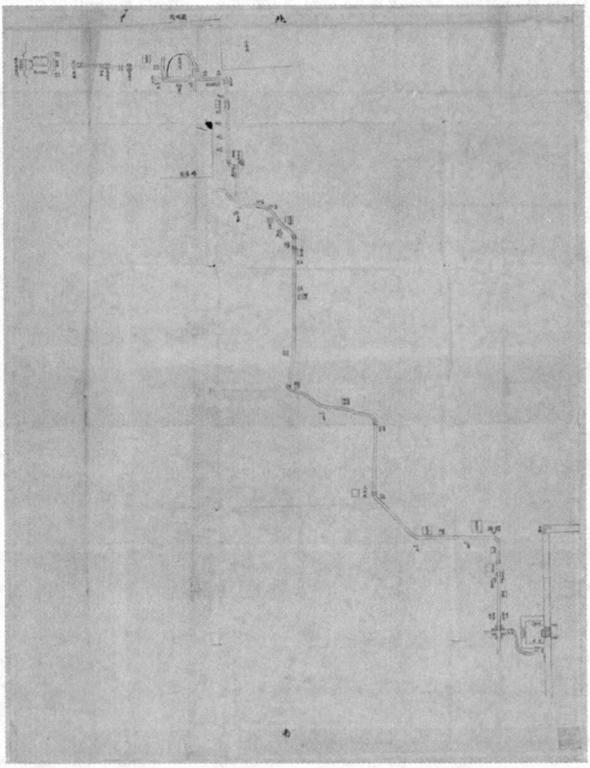

圖3　《西直門至頤和園東宫門路程圖》

最終，彩繪本《頤和園至西直門路程圖》綜合了兩幅草圖的重要信息。彩繪圖中的路綫，從東宫門外牌樓開始，省去了東宫門到牌樓之間的建築和道路。土路和石路的繪製沿用了草圖的方法，將土路和石路區分開來。道路兩側僅畫出特別重要的標志建築，標注的地點少于草圖。幾處貼簽地名都是道路分段的標志。彩繪圖對西直門的畫法更接近草圖2，但對長河和護城河的畫法與草圖1相似。用紅綫區分道路分段的畫法僅在西栅欄一處出現，這種畫法與草圖1相同。道路沿途經過的皇家園林，在彩繪圖上都没有標繪。草圖1和草圖2没有用文字標注道路分段信息，但在彩繪圖上却用貼簽的方式明確標注。

道路分段貼簽没有在草圖上出現，却在彩繪圖上占據非常重要的位置。貼簽圖説在彩繪圖之前是如何演變的，還需查找綫索。《西直門至頤和園影壁東宫門各段石路丈尺圖糙底》（藏品號058—0075）對石路的繪製非常潦草，但圖上保留了道路分段和各段里程丈尺。彩繪圖上貼簽標注道路分段的信息在這幅圖上找到了綫索。這幅草圖繪製了西直門到倚虹堂北側關帝廟的一段道路，并在整頁紙上先後畫了兩次。道路、沿途建築、河道、城門都可以在圖上辨識出來。這幅草圖的圖向明顯與之前幾幅草圖不同。在兩次畫出的道路草圖之間，有一段簡略的文字説明，記録了頤和園東宫門影壁至西直門城樓之間的道路分段信息，并用蘇州碼子標注每段丈尺。根據這段文字説明，道路被分成19段。這與彩繪圖上貼簽將道路分成14段有所區别。顯然在石路工程翻修設計階段，道路分段曾做過不小的調整。

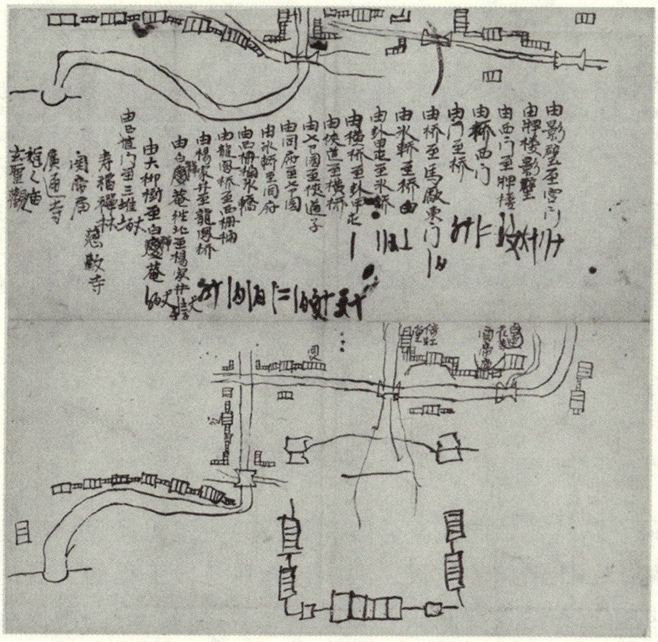

圖4　《西直門至頤和園影壁東宫門各段石路丈尺圖糙底》

《萬壽盛典路段丈尺略節》（藏品號063—0016—03）記録了從頤和園東宫門彩棚至西直門城樓的道路分段及每段丈尺。因爲這段略節不是最終稿，所以字迹潦草。增字减字和塗改痕迹非常明顯。通過這些修改痕迹，我們可以瞭解，在石路工程開工前，僅道路分段一項都曾多次修改，頗費周折。經過修改後的道路，總長度是3670丈，劃分成53段。

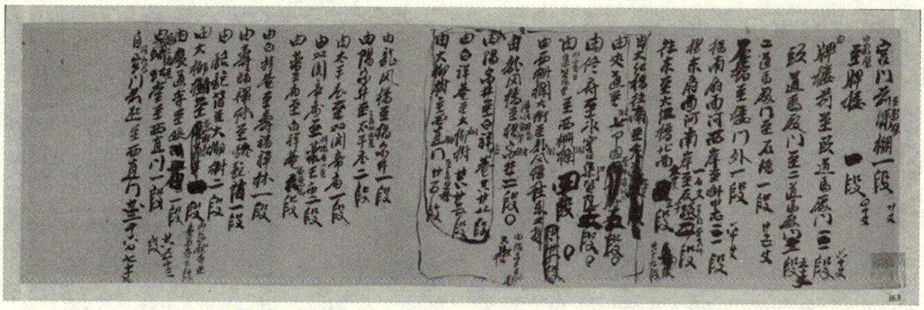

圖5　《萬壽盛典路段丈尺略節》

《由頤和園宫門前至西直門段落丈尺單》（藏品號063—0016—02）是《萬壽盛典路段丈尺略節》的修正版。這份丈尺單不僅有題名、總説，還有道路分段及每段丈尺。這份丈尺單與《萬壽盛典路段丈尺略節》記録的内容基本一致，少了修改和删除的痕迹，推測應該是道路分段和丈尺測繪的確定版。最後確定丈尺記録“謹查由頤和園宫門前起至西直門臉，共約長三千六百七十丈，共五十三段”。這與《萬壽盛典路段丈尺略節》記録的丈尺和分段相同，但與彩繪圖貼簽“計長三千三百六十三丈”還有一定差别。道路分段，丈尺單的53段和彩繪圖的14段差距很大。顯然在畫彩繪圖時，對道路的測量更精確了，道路分段又有變化。

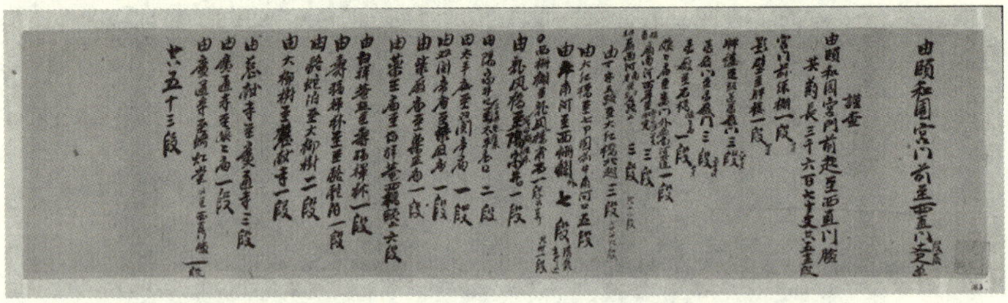

圖6　《由頤和園宫門前至西直門段落丈尺單》

三、石路翻修與萬壽點景

爲什麽在翻修石路時要如此强調分段和每段的精確丈尺呢？修建石路是爲了籌備慈禧太后六旬萬壽，如此精確的丈尺，與承包修建各段工程的人員物料分配有關，也與石路完成之後搭建萬壽點景有關。上文提到《清實録》有關籌備慈禧太后萬壽慶典的還宫路綫及翻修石路的記載。根據石路工程負責人翁同龢的日記，我們可以梳理出萬壽慶典之前修建石路的大致過程。

光緒十九年二月，由光緒皇帝下旨督辦慈禧太后萬壽慶典一事。也就是説籌備萬壽慶典的時間大約是一年零九個月[4]。此時，萬壽慶典由頤和園還宫的計劃被提上日程。點景、彩棚成爲籌備慶典的重要工作。《清實録》記載“皇太后六旬萬壽，自頤和園還宫，應備彩殿。頤和園東宫門外一座，倚虹堂一座，咸安門外一座。著工部敬謹辦理”[5]。同年五月十六日，指派福錕、翁同龢兩人負責承修西直門至頤和園石路工程。石路工程采取分段承包的形式。因此，道路分段在開工前要首先確定。此時，翁同龢主管户部。在選定承修廠商時，很多人找到翁同龢“走後門”，令翁同龢十分厭惡[6]。六月初四是石路開工的日子。這一天早上，福錕、翁同龢、李高陽、敬子齋等工程負責人齊聚西直門官廳，參加石路開工儀式。在開工儀式前一日，翁同龢已查看過石路圖樣。開工當日，李高陽又送給翁同龢一幅精繪本石路圖樣[7]。上文提到的《頤和園至西直門路程圖》不知是否是翁同龢在日記中提到的圖樣。根據日記記載，當時查看的圖樣很可能與彩繪本《頤和園至西直門路程圖》有關。開工三日後，六月初七，福錕與翁同龢一同查看石路全部工程。巡查工作從西直門起，至頤和園東宫門止。通過踏查，翁同龢得出石路工程時間緊、運料難、聚集工匠難的結論。在踏查工程進度當天，翁同龢還查看了内務府所繪經棚、牌樓圖樣[⑧]。這些圖樣應該與國家圖書館藏樣式雷圖檔中的萬壽慶典類圖樣有一定關聯。七月二十五日，在石路修建期間，爲瞭解工程進度，翁同龢還曾閲看石路分段圖樣。分段圖樣字迹太小，令翁同龢感到疲憊[⑨]。顯然，這些石路分段圖與開工前後繪製的石路圖樣相比，較爲粗糙。在修建石路的同時，其他慶典籌備工作也陸續展開。訂製慈禧太后乘坐的金輦就是其中的重要環節。有意思的是訂製的金輦尺寸大于以往。如此造成金輦在通過西直門外門洞時，很可能出現卡住的情況。慈禧太后親下懿旨追問此事[⑩]。九月二十七日，福錕與翁同龢再次查看石路工程，并驗收圓明園八旗營房工程。在這個時間前後，原來不屬于石路工程的頤和園宫門東西如意橋接至牌樓前一段，也交由福、翁二人負責[⑪]。上文提到幾幅路程圖，都將石路與土路分開。據此推測，這幾幅圖的繪製時間要在福、翁接手土路工程之前。也就是説《頤和園至西直門路程圖》的繪製時間應該集中在從石路工程指派給福、翁二人，到福、翁二人接手土路工程之前的範圍内，即光緒十九年五月十六日至九月二十七日之間。此時，石路工程仍未完成。日記中也没有明確記載石路完工時間。十一月初六，萬壽慶典金輦還宫儀式進行彩排[⑫]。彩排能够順利進行，説明石路工程已完成。由此推測石路工程的工期大概是六個月。

石路工程完成之後，沿途萬壽點景的籌備工作馬上進行。十一月三十日，點景分段劃分完成。點景一共分爲 60 段，其中，城内 27 段，由内務府及 13 個負責人分别籌辦。點景花費由國庫出資，預算共計 120 萬兩[⑬]。城外 33 段，由内務府大臣五人籌辦。點景花費由王公大臣及各省出資，没有固定預算。大約預計花費八九十萬兩。顯然，城外點景的重視程度和預算都不如城内。臘月二十七日，在西華門關防衙門，負責籌辦點景的王公大臣們采用抽籤的方式確定每人負責的兩段點景[⑭]。光緒二十年正月二十七日，翁同龢親自摹繪點景圖樣[⑮]。五月十二日，翁同龢在給光緒帝上課的時候，聽説萬壽慶典由頤和園還宫的計劃被叫停。此時，根據各類圖樣預估花費已達六百萬兩[⑯]。七月十四日，福錕、翁同龢奏請之前興辦的工程一律停止[⑰]。至此，萬壽慶典籌備經過石路工程、還宫彩排和興辦點景三個階段，最終因爲甲午海戰，徹底放弃。光緒二十年十一月二十七日，慈禧太后六旬萬壽慶典在紫禁城内舉行。光緒皇帝率王公百官賀壽行禮[⑱]。經過一年多的慶典籌備，以紫禁城的虚假繁榮做結。本來應該安排的宫廷筵宴，也被慈禧太后取消。

《翁同龢日記》記録的石路修建過程和點景籌備工作非常清晰明確。期間提到的畫樣大部分可以在國家圖書館藏樣式雷圖檔中找到綫索。首先是石路工程開工之日，日記中提到的石路圖樣，很可能就是我們現在看到的彩繪本路程圖。其次，翁同龢踏查石路工程進度時，查看内務府所繪經棚、牌樓圖樣，很可能就是樣式雷圖檔中留存的萬壽點景圖樣。最後，翁同龢在光緒十九年七月二十五日閲看的石路分段圖樣，很可能就是樣式雷圖檔中保存的石路分段圖樣。例如《由黄莊至慈獻寺萬壽慶典典意圖立樣（局部）》（藏品號 136—0005—01）一圖，反映了黄莊至慈獻寺的分段石路及道路兩側點景設計方案。精確的石路丈尺和分段是點景分段的基礎。這幅石路分段圖樣采用對景法畫出石路兩側的點景設計。點景建築用立體形象的畫法畫出，并用文字標注。圖上有明確的圖向注記區分南北。雖然這幅石路分段圖對沿途點景繪製清晰，但是圖上缺少上色和貼簽。文字標注也較爲隨意潦草，且字迹較小。這幅圖顯然不是石路分段圖的最終成稿，却與翁同龢在日記中提到的石路分段圖樣有很高的相似性。

通過《翁同龢日記》對石路工程的記載以及相關圖樣的使用過程，我們可以大致瞭解國家圖書館藏樣式雷圖檔，與石路修建和萬壽點景有關圖檔的來源、種類、使用情況和繪圖背景。

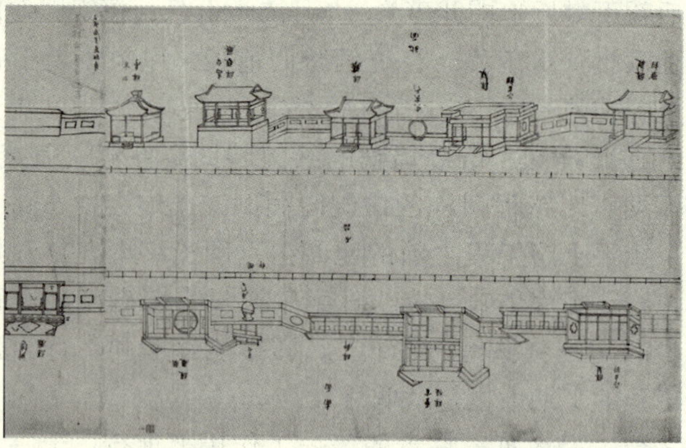

圖7　《由黄莊至慈獻寺萬壽慶典典意圖立樣》（局部）

四、一點啓示

（一）注重地圖與相關圖畫資料的對應。想真正讀懂一幅圖畫，首先要瞭解這幅圖畫的繪製過程。《頤和園至西直門路程圖》爲我們提供了一個很好的例證。通過查找相似的圖畫資料，筆者把分别收藏在地圖和樣式雷圖檔中的同類圖畫對應起來，從而找到了《頤和園至西直門路程圖》的繪製過程。同類圖畫從早到晚的發展脉絡，給我們提供了清晰的時間綫索。根據時間綫索，我們梳理同一類圖畫的淵源和流向。這對于我們瞭解圖畫的歷史背景是非常有效的方法。

（二）注重圖畫與相關文字資料的對應。本文將地圖和樣式雷圖檔資料與《清實録》《翁同龢日記》相對應，試圖找到圖畫資料背後的畫圖原因和歷史背景。現代圖書館對收集和保存圖畫資料有十分積極的意義。但與傳統圖籍收藏相比，也存在一些難以避免的問題。近代以來，圖書館是從西方引入的概念，圖書館對文獻資料的分類方法與傳統中國的文獻分類大相徑庭。魏晉南北朝時期確立的四部分類法，在《隋書·經籍志》正式確定爲經史子集。從此，四部分類法成爲中國古代圖書分類的基本方法。四部分類法之下，傳統的圖畫資料與文字資料是存放在一起的。比如，地圖作爲重要的圖畫資料，屬于史部地理類。地圖作爲史書的重要參考，地圖的收藏分類方式正好符合左圖右史的讀書傳統。西方圖書館的概念引入之後，圖書館藏文獻按照藏品類型分類。用這套分類方法去管理中國傳統典籍，原來屬于四部的古籍被人爲地割裂開了。

我們想還原圖畫與文字之間的聯繫就變得非常困難了。這種圖文分離的狀態給我們帶來挑戰，同時也帶來機會。整理研究必須從還原圖畫和文字資料開始。

（三）注重圖畫歷史背景的考察。將同一類圖畫資料相對應，將圖畫資料與文字資料相對應，都是爲了還原圖畫當時的歷史背景。衹有將圖畫資料和文字資料置于相應的歷史背景之下，我們纔能真正讀懂圖畫。我們對圖畫的研究才更有意義。

注釋：

①《清實録·德宗景皇帝實録》第56册，中華書局，1987年，159頁。

② 同上。

③ 堆，就是堆撥。用滿語發音標注地名。漢語中就是“駐兵之所”“崗哨”的意思。堆撥是清代警務機構，内有器械及勤務人員，負責應付突發事件。

④ 同①。

⑤《清實録·德宗景皇帝實録》第56册，中華書局，1987年，159—160頁。

⑥ 陳義杰整理：《翁同龢日記》第5册，中華書局，1997年，2610頁。

⑦ 同上，2613—2614頁。

⑧ 同上，2614—2615頁。

⑨ 同上，2629頁。

⑩ 同上，2637頁。

⑪ 同上，2638頁。

⑫ 同上，2647—2648頁。

⑬ 同上，2653頁。

⑭ 同上，2661頁。

⑮ 同上，2671頁。

⑯ 同上，2699頁。

⑰ 同上，2718頁。

⑱ 同上，2762頁。

（作者單位：國家圖書館古籍館）

樣式雷圖檔《頤和園曇花閣地盤圖定準樣》的檢測與修復

——關于檢測方法的思考與探索

宋　暉　郭志新

内容提要：樣式雷圖檔多爲未曾托裱過的單張文獻。根據其性質特點，修復人員和檢測人員運用外觀、物化、微觀三大類檢測手段，綜合考慮修復方案後制定了對應的檢測方案，對樣式雷文獻進行調整與改進，最終達到保護文獻、提高效率的目的。

關鍵詞：樣式雷　紙張檢測　文獻修復

《頤和園曇花閣地盤圖定準樣》爲我館所藏樣式雷圖檔之一，藏品號392—0501，數量1件，文獻尺寸47×43.5厘米。

一、樣式雷圖檔檢測方法分析

樣式雷圖檔作爲一種特殊類型的文獻，有着鮮明的特點。因此，進行樣式雷圖檔的檢測，需要根據文獻特點將常規文獻檢測手法做一些改進，以適應樣式雷圖檔的修復需要，避免拖延修復時間。

（一）文獻檢測手段的最小干預原則

“最小干預”是文獻修復的基本原則之一，指對文獻進行的任何干預都必須是必要的最小幅度的。文獻檢測作爲文獻修復所必需的重要環節，直接作用于文獻，也應遵循“最小干預”原則。因此，針對古籍文獻的檢測手段一般都選擇無損檢測，必要時采用微損檢測。

古籍文獻涉及的無損檢測主要包括物理檢測、化學檢測和微觀檢測，常用檢測手段有面積測量、簾紋測量、厚度測量、白度測量、表面pH值檢測、表面顯微分析和分散纖維顯微分析等。其中分散纖維分析又包括纖維原料、纖維配比、纖維長度、纖維寬度等常見檢測内容，除嚴格的纖維配比測量爲微損檢測外，其餘檢測都可以做到無損檢測。

（二）樣式雷圖檔的特點及檢測方法

樣式雷圖檔具有版幅較大、色彩豐富、手寫手繪、貼簽較多等特點。樣式雷圖檔多爲未曾托裱過的單張文獻，折叠存放，紙質較薄、較軟、較脆，匀度較好，手感較爲細膩光滑。

針對樣式雷圖檔的特點，有些項目的檢測方法也有别于一般册裝文獻。

1. 表面顯微分析

文獻用紙的表面顯微分析是顯微分析的一種，屬于微觀檢測手段。可以看到肉眼看不到的纖維走向、表面塗布、墨迹與印章微觀形態等。對于特殊文獻而言，這是一種比較重要的檢測手段。由于樣式雷文獻版幅往往比較巨大，而顯微鏡的載物檯則比較窄小，因此在檢測該類文獻時，修復人員須借外物將文獻托平，以便進行檢測。由于鏡臂限制，圖紙中心部位一般情況下是無法觀察的。而部分樣式雷圖檔在修復前是折叠狀態，加上紙張比較柔軟，其中心部位也可以進行表面顯微觀測，這是樣式雷圖檔的特點之一。

2. 測量位置與測量點數量

由于版幅較大，輿圖類文獻的測量位置與册頁裝文獻有着較大的差异。輿圖類文獻普遍以卷裝方式存放，除四周邊緣外都是“中心部位”。而大部分樣式雷圖檔在修復前處于折叠狀態，四周邊緣和折痕處與空氣接觸較多，而它們之間的位置則爲“中心部位”。邊緣部位與中心部位因老化程度不同，在許多物理化學性質上有較大差别，因此須分别檢測。

根據文獻的面積不同，測量點的數量也要相應地增加。具體點數須根據文獻的特點、面積和破損老化情況來定。

3. 修復後檢測

文獻修復後的檢測數據，可以與修復前數據進行對比，以檢驗修復的效果，有着較爲重要的意義。但修復完畢後再進行檢測，如果檢測過程中某個環節没有處理好，會對修復效果産生不良影響。對于樣式雷圖檔而言，在外觀物理檢測環節，需要注意保持文獻安全和平整；化學檢測環節，要注意避開易暈色的筆迹處，這一點在修復前檢測也同樣，同時要注意水份的及時吸除和後續壓干。

（三）“樣式雷”文獻修復與檢測間的協調

文獻修復不同環節與各種檢測手段對文獻均存在的不同程度的影響，需要時間也各异，因此在文獻修復與檢測之間以及不同檢測方法之間存在着一定的矛盾。如何協調二者之間的矛盾關係，是提高修復效率的重要途徑之一。

1. 在一般情況下，文獻各項檢測與修復環節之間以下圖所列步驟統籌，能够很好地協調推進并提高工作效率。其中，外觀性質檢測包括紙張匀度、紙張雜質與纖維束含量、紙張顔色、紙張粗糙程度、紙張抗水性等内容，物理性質包括面積、簾紋、厚度、重量等内容，化學性質包括紙張表面 pH 值等内容。

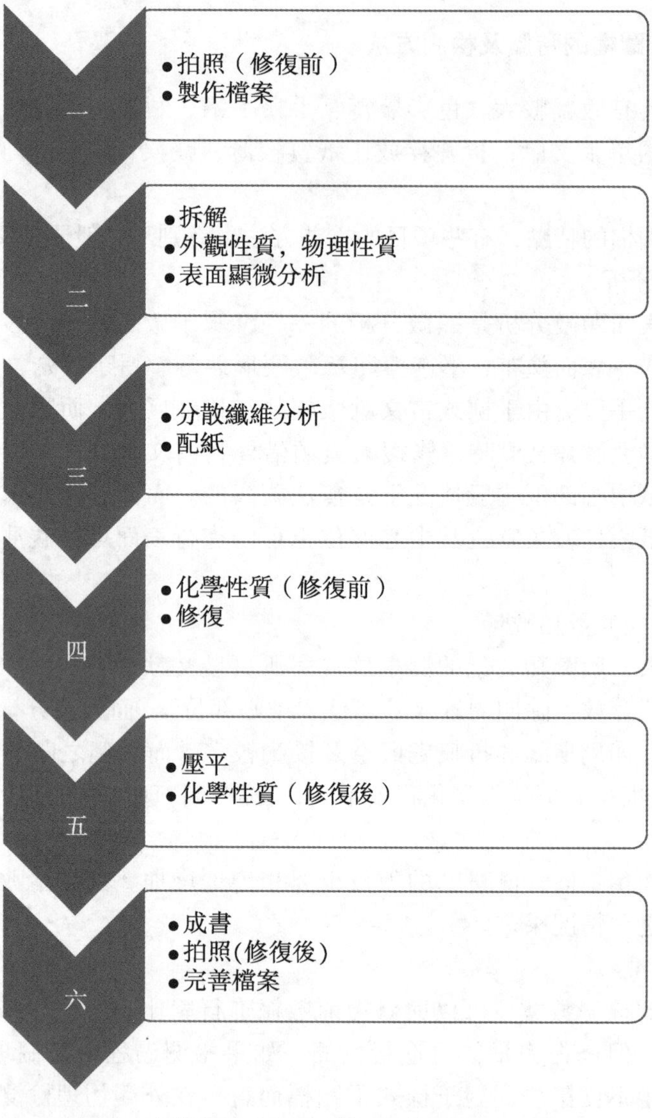

圖1　文獻修復與文獻檢測各環節之間的統籌協調

2. 可能出現的問題及應對方案

一般來講，文獻修復用紙的 pH 值應高于待修文獻。因此，將表面 pH 值的測量放到修復用紙選配之後、修復工作之前進行，可方便及時去除水印等工作。但偶爾也有相反的情況，此時須根據具體情況決定是否更換修復用紙。這種情況十分少見，因此采用上述流程能够提高工作效率。

另外，樣式雷圖檔有大量貼簽等多層紙張叠壓的情況，爲部分外觀性質的檢測帶來了困難，此時可根據實際情況考慮去掉定量與表觀密度的匹配，衹匹配厚度單項。

二、《頤和園曇花閣地盤圖定準様》的檢測與修復

（一）結合文獻特點制定檢測與修復方案

《頤和園曇花閣地盤圖定準樣》是一件典型的樣式雷圖檔，版幅相對較小，淡墨勾畫書寫，無上色，有紅黄貼簽共計 32 個，全部實貼，我館館藏章朱印 1 個，無印油滲出。其破損程度較爲嚴重，且質地較脆，紙張老化脆斷嚴重，文獻左半部分中間完全斷裂并有缺損。

由于該文獻貼簽數量較多，且粘貼牢固，并無脱落等現象，因此不宜全部揭下測量文獻重量，如帶着標籤一起測量，則又會有較大的誤差。考慮到該文獻缺損面積較小，補紙的定量即使有少量的差别也不影響整個文獻，因此我們捨去了紙張定量匹配的環節，衹匹配紙張厚度一個性質，相應地取消了面積、重量等物理性質的測量。

綜上所述，初步制定具體檢測方案及修復方案如下：

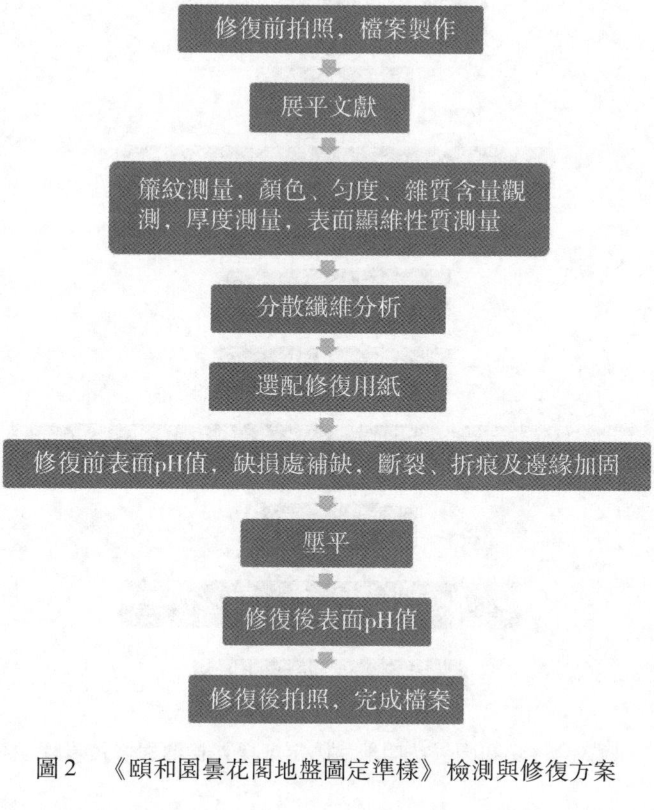

圖 2　《頤和園曇花閣地盤圖定準樣》檢測與修復方案

（二）出現的問題及解決方法

在實際的測量及修復過程中，遇到了一些檢測修復前未能考慮到的新情况，因此對實際檢測、修復方法和順序又進行了一定的調整。

在表面顯微性質測量過程中發現，因文獻紙張老化脆斷較嚴重，且左半邊紙張已

斷裂爲二，反複翻動對文獻影響較大，更不用説卷、折等方式。鑒于該文獻修復方案爲“乾補”，且涉及修復的面積不是很大，因此爲避免損傷文獻，把表面顯微性質檢測調整到修復後進行。

在修復及壓平過程中發現，其紙張有熟化現象；且中部繪製、貼簽多于周邊，加上紙張版幅較書葉大得多，因此紙張出現了變形，即四周相比中間出現漲出。修復時通過噴水量的控制，適度地糾正了變形造成的不平整，順利完成了修復工作并使文獻做到了基本平整。

因該文獻手繪綫條、文字以及貼簽基本平行竪直，平均分布在文獻中，而破損折痕等也同樣均匀分布于文獻，因此，測量點的選擇也同樣應較爲平均，從而減少誤差。然而這樣一來，文獻空白紙張被分割得較小，而表面 pH 值測量需涉及一定面積，爲測量帶來了一定難度。因此，修復前與修復後，修復人員與測量人員仔細揀選測量點，進行測量。

綜合以上情況，實際檢測與修復方案如下所示：

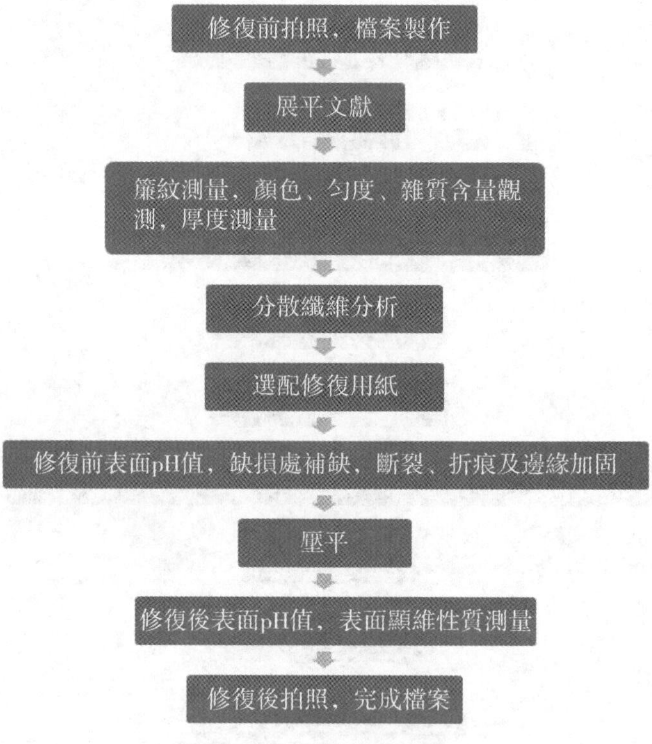

圖 3　《頤和園曇花閣地盤圖定準樣》檢測與修復步驟

（三）檢測結果及修復情況

《頤和園曇花閣地盤圖定準樣》文獻用紙與修復用紙各項性質檢測結果如表 1 所示。

表 1　《頤和園曇花閣地盤圖定準樣》文獻用紙與修復用紙性質

		文獻用紙	修補用紙	加固用紙
簾絲紋　根/厘米		11—12	10—11	11—12
簾綫紋（毫米）		4，16，18×5，16，4	9，12，20×6，12，9	4，11，17×3，11，4
勻度		較好	較好	一般
纖維束與雜質含量		一般	一般	一般
厚度（毫米）		0.07	0.07	0.04
纖維/配比（約）		稻草：檀皮/7：3	稻草：檀皮/8：2	桑皮：三椏皮/4：1
表面 pH 值（修復前）	邊緣	4.8	7.0	7.2
	中部	5.7		
表面 pH 值（修復後）	邊緣	5.1	——	——
	中部	5.6		

根據文獻用紙的檢測結果，匹配“千年古宣”牌棉連紙爲補紙，薄桑皮溜口紙爲加固用紙。

由上表可見，修復用補紙的簾絲紋、勻度、雜質、厚度均與文獻用紙基本相同，符合修復用紙匹配要求。其簾綫紋較文獻用紙寬，但由于該文獻缺損寬度小于一個簾綫紋，因此没有簾綫紋匹配的必要性，僅需在修復過程中對齊簾綫紋即可。

纖維檢測結果如下：碘氯化鋅染色劑染色棕紅色，不易潤濕，基本不能分散。視野显示纖維老化斷裂嚴重，可見兩種纖維，其中一種纖維較細小，可見大量草薄壁細胞、稻草表皮細胞，未見杆狀薄壁細胞及竹導管分子，判斷爲稻草纖維；另一種纖維部分較粗大，部分略細，染色顏色略深，横節紋爲不規則的褶皺狀，間距較小，部分纖維有殘存膠衣，結合纖維寬度，判斷爲樹皮纖維，檀皮纖維可能性大。綜合以上信息，判斷該紙爲宣紙漿，草、皮配比約爲7：3。

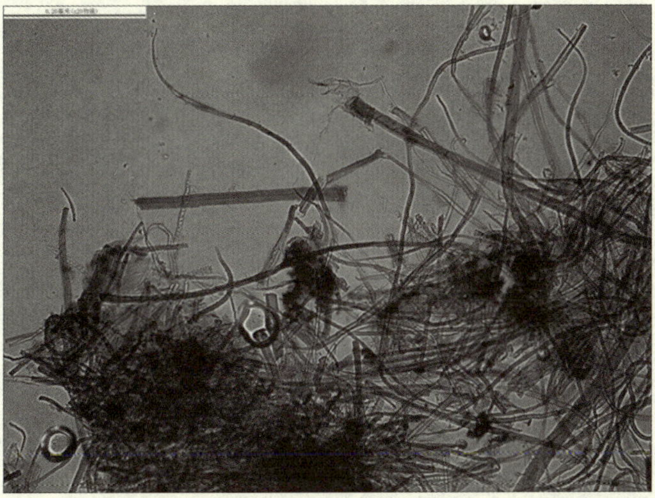

圖4　《頤和園曇花閣地盤圖定準樣》200 倍分散纖維圖像

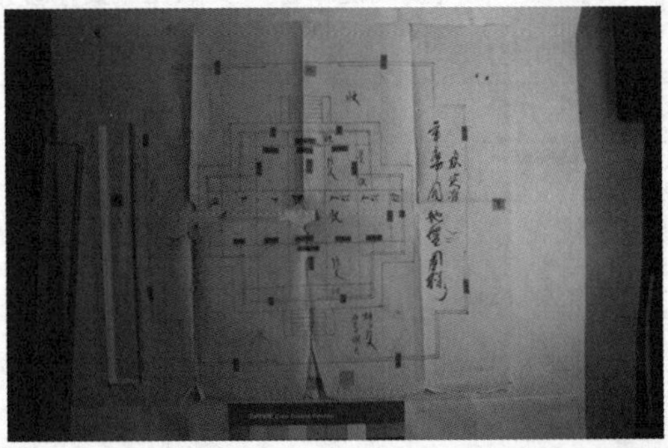

圖5　《頤和園曇花閣地盤圖定準樣》修復前照片

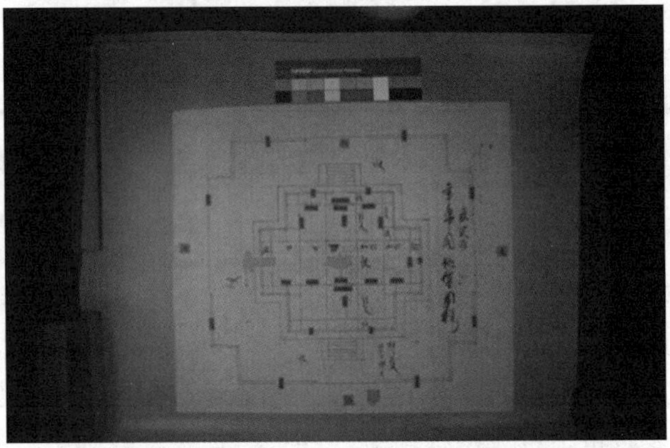

圖6　《頤和園曇花閣地盤圖定準樣》修復後照片

（工作單位：國家圖書館古籍館）

國家圖書館藏“樣式雷”392號頤和園《萬壽山前山中路地盤樣》的修復

侯鬱然

内容提要： 國家圖書館（國圖）藏392號樣式雷圖樣應爲“樣式雷”修建佛香閣時所製，初步判定繪于光緒年間，内含圖紙三張，其中兩張大圖均爲《萬壽山前山中路地盤樣》。該圖原爲信封袋裝摺叠保存。由于摺叠時間較長，故折痕處多爲斷裂，有局部缺損和細小殘片掉落，局部輕微變色，紙張有脆化迹象。原修復方案爲乾補法，但隨着操作實踐的展開，發現濕補法更有助于斷裂破口處的拼接及整體畫面的平整。故改用濕補法，即整體噴濕修復，最終達到了較爲理想的修復效果。

關鍵詞： 樣式雷圖樣　古籍修復　乾補法　濕補法

頤和園的前身爲清漪園，是乾隆皇帝爲其母孝聖憲皇后在原來四座皇家園林的基礎上改建而成，咸豐十年（1860）毁于英法聯軍之手。光緒十四年（1888）重建，改稱頤和園。作爲持掌皇家建築營造樣式房200餘年的主設計師，“樣式雷”負責過故宫、天壇、圓明園、頤和園、皇陵等的設計，佛香閣也在其中。

國圖所藏392號樣式雷圖樣初步判定應是“樣式雷”爲修建佛香閣所繪，年代爲光緒年間。同一編號内含圖紙三張：一張小的建築圖樣所繪内容不詳，初步判斷不是頤和園内建築圖紙；兩張大圖均爲“萬壽山前山中路地盤樣”，從昆明湖起向上繪製到萬壽山的佛香閣。其中一張圖基本爲綫稿，没有進行大範圍的染色，衹在畫面局部，如魚池、昆明湖進行了淡黄色塗色處理。而另一張在綫稿的基礎上局部塗色，將魚池、昆明湖暈染成緑色。此外，兩圖在一些細節處，如：牌樓的分布、個别房屋的布局等有所差别。

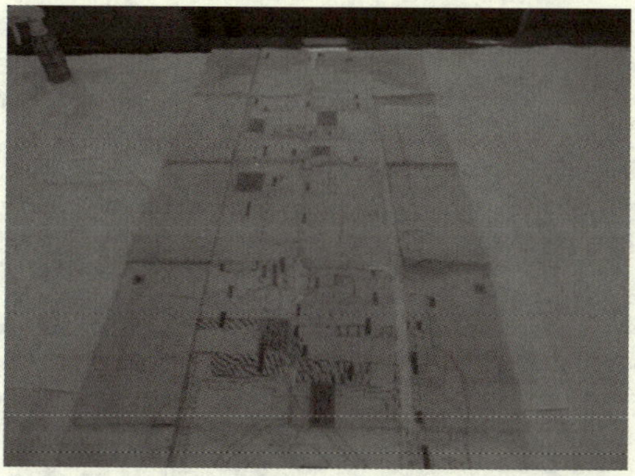

圖1　392號樣式雷圖樣其中一幅展開後外觀圖

一、保存現狀及修復方案

（一）破損情況

這幅圖原摺叠裝入信封袋保存。由于摺叠時間較長，折痕處多已斷裂，有局部缺損和細小殘片掉落。局部輕微變色，紙張有脆化迹象，邊緣輕觸易産生裂口。

兩張樣式雷圖樣尺寸均爲132.0×115.0厘米，表面粘貼有黄簽或紅簽，以墨色繩頭小楷書寫的建築名稱，所有題簽爲一端與圖樣相粘貼，且點漿位置均在簽的上端。表面都有黄色和紅色小紙條做的建築標識貼簽，一端與原件相粘貼。

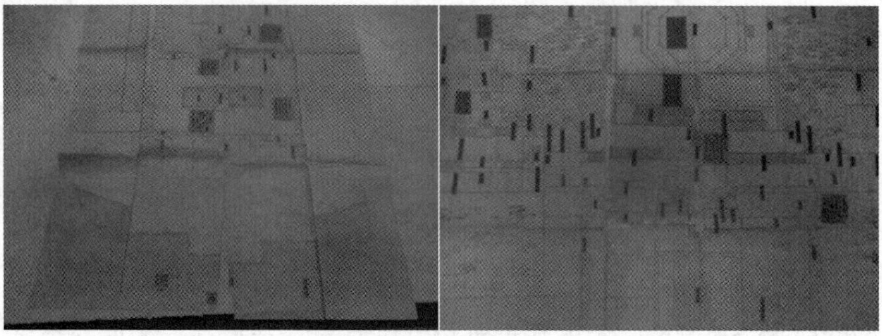

圖2　摺痕處斷裂、缺損情況

（二）纖維檢測

紙張經纖維檢驗爲宣紙，但表面有膜狀感，纖維更短，顯示出老化趨勢。推斷之前可能在表面刷過一層礬水，致使紙張産生脆化。現狀表現爲紙張邊緣卷展時輕碰極易産生斷裂破口。檢測紙樣淺黄色，染色紅色。不易潤濕，不易分散。纖維老化斷裂嚴重，一部分纖維細小，顔色偏緑，可見稻草表皮細胞，推斷爲稻草纖維。另部分纖維較粗大，染色偏棕紅，可見脱落殆盡的膠衣，可見褶皺狀横節紋，推斷爲樹皮纖維。綜上判斷該紙樣爲宣紙漿。皮草比約爲4：6。

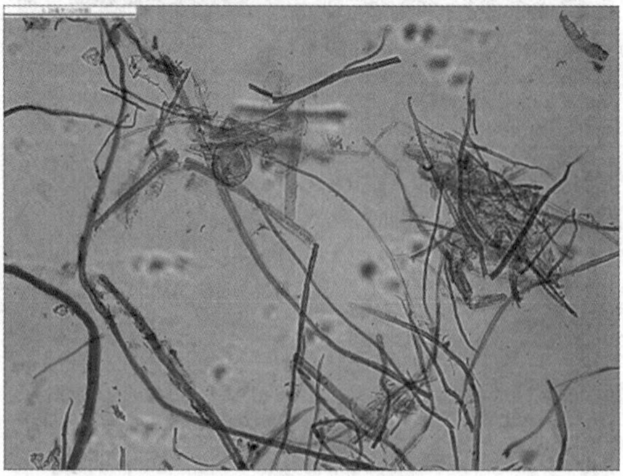

圖3　纖維形態

（三）補紙的選擇

選用和原件簾紋、厚度相近的宣紙作爲補紙，斷裂處用薄皮紙做連接。樣式雷圖樣紙張厚度不均，基本在0.08—0.10毫米之間。選用的補紙厚度在0.09毫米左右。

因爲原件缺損并不太多，無需大批量染紙，所以選用國畫顏料作爲染色劑。

（四）修復

方法一：乾補

首先可以選用的是比較傳統的保守方式——乾補，即將原件和補紙的局部（須修補的位置）均輕微噴潮，補紙放于撤潮紙上刷漿，利用撤潮紙將多餘的水分吸走，再放在原件上進行粘貼修補。也可在原件上直接用濕筆尖潤潮局部紙面，使紙張平展。尤其在斷裂位置，注意將圖案的綫條拼對好，再放上補紙進行修補。

方法二：濕補

可將原件整體完全噴潮，使原件整幅畫面平整展開，再用漿水沿缺損邊緣勾畫，放上補紙進行粘貼修復（事後發現，這樣相較于乾補法更有助于此件樣式雷圖樣修復後紙張的整體平整）。濕補需要先對原件和上面的貼簽紙做遇水褪色檢驗。即在墨色和黄色、紅色上選定同一位置滴水，稍後用白紙輕壓，看是否有顏色滲出。經觀察紅色、墨色、黄色及貼簽遇水并不褪色，顏色較穩定，表明可選用濕補法。

二、修復

前期修復建樣、拍照後，具體修復操作步驟如下。

（一）表面清潔、整理

摺叠保存導致這幾幅圖存在多條縱横方向摺痕，且多已斷裂，須小心按摺叠層次展開。注意紙張摺叠關係，爲破損及斷口處的殘片找到其歸屬位置。

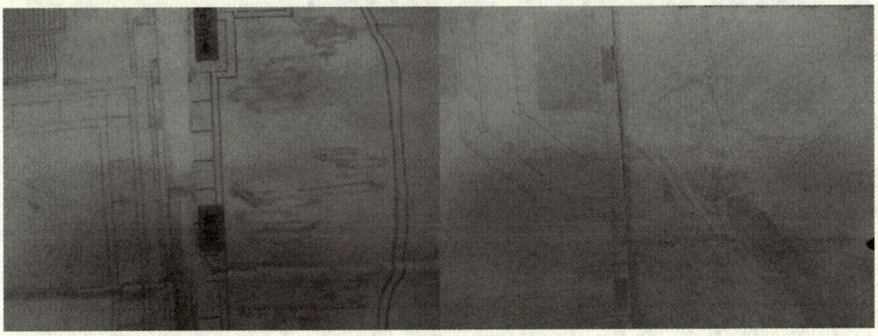

圖4　掉落的細小殘片

（二）殘片拼接、歸位

展平後，須進行拼接。有的殘片依據綫條可以找到原位置；有的細小殘片雖然上面有墨色，但無法找到原位，另裝小袋單獨保存。鑷子不方便夾取的地方，用針錐輔助微調。

（三）乾補法

首先整體觀察破損位置，着重優先處理斷裂、缺損嚴重的部位，以防細小殘片的缺失。爲使斷裂處拼接平整，先選用比較安全的乾補法進行局部處理。原件斷口酥脆，有個别細小碎片脱落，故用筆尖輕潤破損斷口處兩側的局部。鑒于紙張較普通宣紙遇水更易産生彎折，用指腹輕微熨壓片刻助其平展。待筆劃拼對好後，用刷好漿的補紙覆蓋在缺損部位進行粘貼，并用鑷子修掉多餘的紙張邊緣。

隨着修復的展開，發現原件紙張遇水極易膨脹、捲曲。用乾補法修補後，必須立刻使用重物壓平待乾，否則紙張褶皺嚴重。選用的壓平重物是由極細小的鋼（或鉛）珠球裝成的“壓力袋”，外表用幾層細白棉布的袋子包裹，這種袋子可以更完美地貼合所修復物體的表面。相對于傳統的鉛砣等壓力重物，比較不易讓紙張在乾濕不同的交界處留下褶皺痕迹。但即使用“壓力袋”壓平，一次也衹能修一小塊區域。

由于運用乾補法涉及原件斷口處潮濕的範圍有限，會與乾燥的紙張部分間産生較大的拉力，易使紙張形成一種“兜”的效果，即中間濕的地方平整而兩邊乾的部位向上微翹，乾燥後極易在潤濕邊緣留下水印，而且原圖整體尺寸較大對後續的壓平工作也會造成不便，在嘗試過幾次乾補法後，决定换用濕補法。

圖5　刷平塑膠膜後，將圖樣鋪于其上

（四）濕補法

先在透光修復臺上準備一張大塑膠薄膜，尺寸大于樣式雷圖樣。在桌面上噴少量的水，把塑膠膜刷平在桌面上，保證塑膠膜平整、不移位。接着將圖紙噴潮，使其適度潤漲，再以排筆或軟毛刷由一側向另一側輕掃，刷平整張圖紙，排掉表面的小氣泡，尤其要小心斷口缺損處。

紙張斷口邊緣個别很厚的地方，可以在背面用馬蹄刀輕刮，去掉一層薄薄的纖維，這樣可以使其和新的補紙粘合得更加緊密。

放好補紙後，沿着破損邊緣撕出大體形狀，除了用鑷子外，也可用馬蹄刀輕刮補紙邊緣，讓紙邊形成一個有角度的坡口，讓補紙和原件更加貼合。這樣，在完成修復後以卷軸狀態保存時也不容易發生斷裂。

修復時儘量保持整張畫面潮濕平整，如果變乾可以再局部噴水，以保持畫面平整度，方便修復。折痕斷裂但并未缺損的地方，用皮紙條連接加固。完成修復後的地圖連帶塑膠膜整體揭起、翻身，再慢慢剥離塑膠膜。受潮後的貼簽有可能發生脱落、移位，分離時應檢查是否有鬆動的貼簽并進行加固。

圖6　噴水壓平及壓平後的樣式雷圖樣局部

（五）整體壓平

由于該圖尺寸較大，需要尺寸較大的桌子用于壓平。將全部修好後的圖樣上下墊幾層撤潮紙，再鋪上厚紙板和壓書板，最後以石塊壓實。墊紙時要注意紙張邊緣錯口，幾塊壓書板之間的拼縫要對齊。大理石作爲壓平重物也要注意壓在接縫處，防止出現縫隙、壓空。過一段時間要打開觀察一下，如發現局部有細小褶皺可噴水再壓。可反覆多次，但每次噴水不宜太多、太濕。

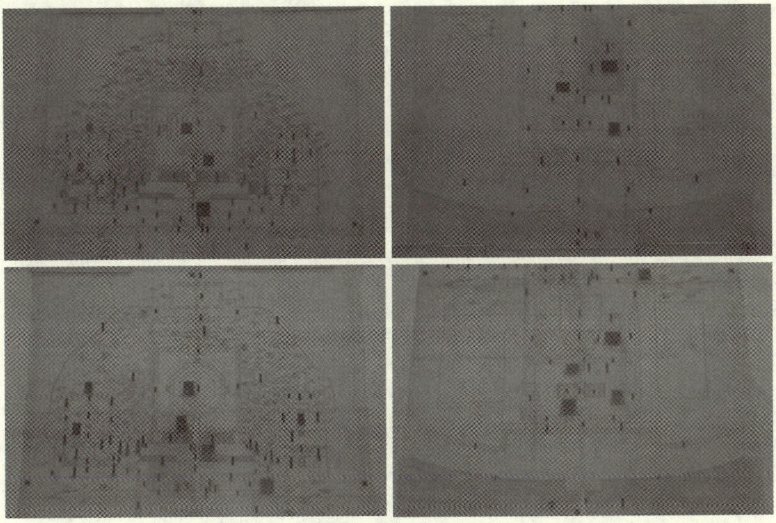

圖7　392 號樣式雷圖樣修復後效果圖

（六）拍攝修復後效果圖及收藏保存

將壓平後的圖樣的多餘補紙修剪齊，修復工作就基本完成了。最後需要進行拍照、樣案填寫，并結合庫房的實際情況考慮保存形式。鑒于這幅圖尺寸較大，不便平鋪保存，而折疊保存又容易因紙張較脆造成斷裂，與庫房管理人員協商後，最終選擇類似于卷軸裝的保存形式。選用大于該圖尺寸的整張宣紙墊于原件下方，和該圖一同卷起，桶狀平放于庫房内保存。

三、結語

修復的實際操作務必要儘量切近修復對象的具體情況及其需要。隨着修復的展開，預先設計好的方案可能會出現新的問題，需要隨時進行調整，嘗試更佳的可能性。由乾補法改爲濕補法修復後的《萬壽山前山中路地盤樣》達到了比較理想的效果。

（作者單位：國家圖書館古籍館）

水油紙樣式雷圖檔的修復

——《外務部定準十洲塵静地盤平樣》修復案例

郭志新

内容提要：2003年樣式雷圖檔入選《中國檔案文獻遺産名録》，2007年6月，樣式雷圖檔入選《世界記憶名録》。由于“樣式雷”建築檔案圖紙多爲單幅，以折叠形式存放，在折叠處存在着不同程度的斷裂。破損程度嚴重的就需要及時進行修復。本文就以館藏稀見的水油紙樣式雷圖檔355—1863號《外務部定準十洲塵静地盤平樣》爲例，介紹它的修復過程。

關鍵詞：水油紙　樣式雷　修復

“樣式雷”是清代二百多年間主持皇家建築設計的雷姓世家的譽稱。雷家八代人供職于皇家建築設計機構“樣式房”。其建築設計圖（現存二萬件）涵蓋了皇家各種建築，包含了相關建築選址、規劃設計和施工用料等方面的詳情細節，對清史、古代科技史尤其是建築史以及相關文物建築保護和研究，均具巨大價值。中國國家圖書館現藏“樣式雷”圖檔1.5萬件，占現存總量的70%以上。

一、文獻基本情况

由于“樣式雷”建築檔案圖紙多爲單幅，以摺叠形式存放，在摺叠處存在着不同程度的斷裂。另外，圖檔還普遍存在撕裂和磨損，同時還有部分黴蝕現象。根據圖檔不同的破損原因和不同級别的破損狀况，遵循整舊如舊的原則，選擇恰當的修復方法和合理的保存方式，使文獻停止繼續損壞，進而達到保護文獻的目的。

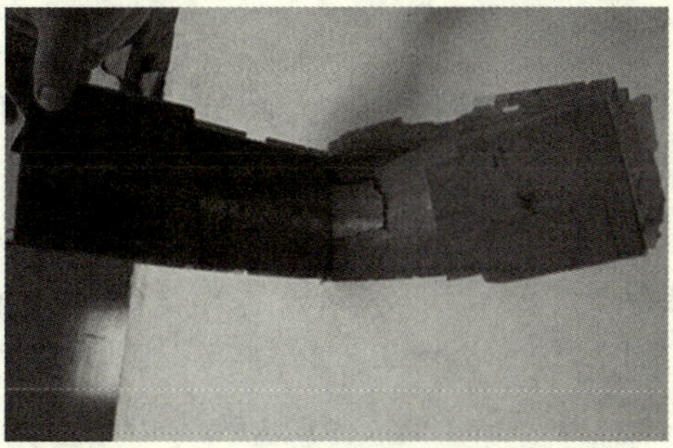

圖1　呈一叠酥脆的方餅狀

圖2　完全斷開形成碎片

館藏樣式雷圖檔355—1863號《外務部定準十洲塵静地盤平樣》被刷了桐油，表面光滑，呈淺黄色，且散發出一股桐油的特殊氣味。圖檔修復之前是折成大小約24 × 12厘米的折頁，破損嚴重。呈一叠酥脆的方餅狀，折痕處有很多斷裂，有的已經完全斷開，形成碎片；裂口邊緣齊整，一觸即碎。

二、修復方案

這件圖檔的紙張一觸即碎，韌性差，纖維老化嚴重。由于圖檔處于摺叠狀態，打開之前無法看到裏面的具體情况。所以衹能初步製定修復方案：先托後補。

首先不進行補缺的原因是，原件碎片較多，需要進行多次補缺，爲了避免補缺過程中造成新的破壞，采取首先整托的方案，以保證文獻的完整性。另外，文獻紙張較薄，補完後缺口邊緣會透出搭口的陰影，先托後補的方法可以避免這種現象。

圖3　《外務部定準十洲塵静地盤平樣》修復前碎片較多

三、修復過程

這件圖檔的破損程度較高，修復過程也比較複雜，主要分爲以下步驟：

（一）揭開

展開圖檔，借助竹起子揭開因潮濕而粘連板結在一起的部分。展開過程中注意補拍照片，并記録碎片對應的大概位置。

此文獻包含兩張圖，尺寸較小、顔色較淺的是外包裹封面，上面分三竪行寫有：油紙樣、外務部定準廖大人交下十洲塵静地盤圖樣準底案、係末次交辦。

另外一張大圖由左右兩張大小不一的圖粘連拼接而成。它由單色墨綫繪圖并配有文字，左右兩圖邊緣各戳印有不清晰的藍紫色數字1863，即藏品號。爲了敘述方便，我們把拼接部分尺幅稍大的簡稱爲圖A，尺幅稍小的簡稱爲圖B。

隨着圖檔的展開，逐步完善具體的修復方案，并選擇容易操作且風險小的方案進行修復：

方法一，可以把圖 A 圖 B 一起拼合，先連接起來，然後再托紙、隱補、覆背。

方法二，也可以選擇分别拼合圖 A 或圖 B 後，在背面分别托紙、隱補，然後再連接二者，覆背。

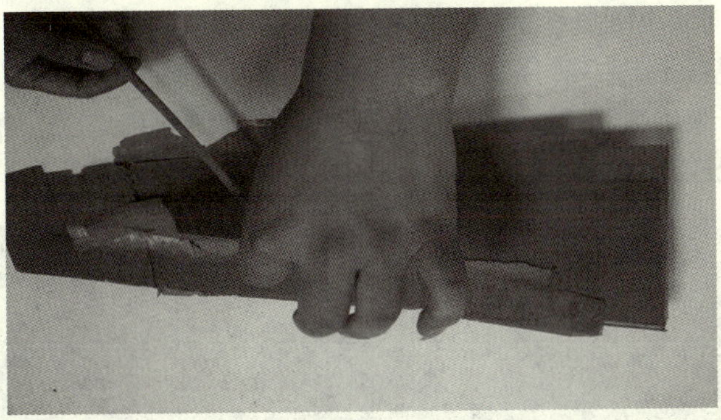

圖 4　借助竹起子揭開圖檔

該圖是經過多次摺叠，有多處折痕、裂縫和不少碎片，整圖尺幅較大，不容易平整。爲了固定碎片，使摺痕處的彎曲和斷裂處的翹起等變得平整，從而準確拼對，達到托後平整的效果，在紙張不掉色的前提下可以選擇把圖潤濕後展平。

由于圖 A 尺幅稍大，斷裂多處，碎片也較多，不容易在短時間内與圖 B 拼合，又因爲紙幅和簾紋方向所限制，若使用方法一，需要先拼接托紙，而且在上托紙的步驟中需要注意錯開托紙的接縫和圖 A、圖 B 的接縫。若使用方法二，先單獨拼合其中一張圖，單獨上托紙，不會因爲其中一張圖的拼合而延長另一張圖潤濕的時間，對文獻來説是相對安全的。經權衡考量，我們決定采用方法二開展修復操作。

（二）紙張檢測，纖維分析

1. 拼接的大圖在電子顯微鏡 20 倍物鏡下觀測，紙樣黄色，碘氯化鋅染色黄色，不易潤濕，不易分散。

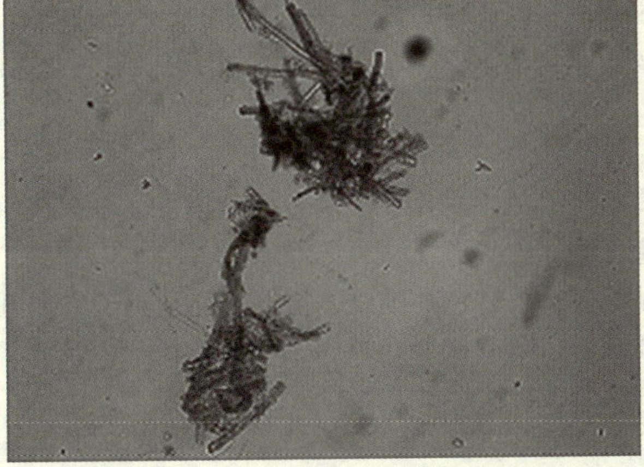

圖 5　《外務部定準十洲塵静地盤圖様》200 倍纖維圖

纖維老化斷裂嚴重，一部分纖維細小，顏色偏緑，可見稻草表皮細胞。另有部分纖維較粗大，染色偏棕紅，可見褶皺狀横節紋。結合兩種纖維特性及古代手工紙特點，該紙樣爲宣紙的可能性大。

2. 外包裹封面的小圖紙樣黄色，碘氯化鋅染色黄色，不易潤濕，不易分散。

纖維老化斷裂嚴重，一部分纖維細小，顏色偏緑，可見稻草表皮細胞，推斷爲稻草纖維。另有部分纖維較粗大，染色偏棕紅，可見褶皺狀横節紋，推斷可能爲樹皮纖維。綜上判斷該紙樣爲宣紙。

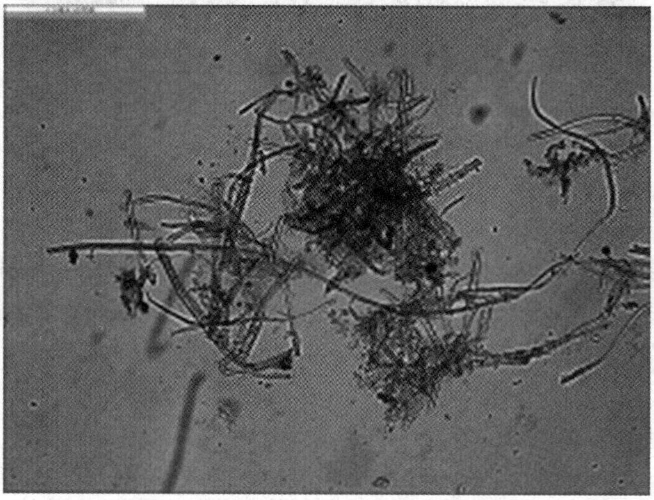

圖6　《外務部定準十洲塵静地盤圖樣》
外包裹封面200倍纖維圖

館藏樣式雷圖檔1863號《外務部定準十洲塵静地盤圖樣》紙張含有稻草纖維和皮纖維，推斷爲宣紙且纖維老化斷裂嚴重。

（三）選配托紙

托紙的選用儘量與原文獻薄厚、質地一樣，成分上一致或接近。因紙張脆化嚴重，韌性差，選用純檀皮0.06毫米或特净皮（紅星）作爲托紙，以加强文獻的韌性。

（四）染托紙

染過色的特净皮略厚，故不選用。染過色的純檀皮，厚度與原件較爲接近，純檀皮作爲托紙較爲理想。

該圖檔使用的是泛着紅黄舊色的油紙，推測可能是爲了方便圖樣的複製而刷上了桐油。封面的顏色比圖A、圖B的顏色略淺，中間不均勻，且上下邊緣發白，推斷可能是因爲長期包裹油紙圖被桐油滲透導致的。

因此，至少需要染配同一色調不同深淺的兩種顏色的紙張。外包裹封面的托紙要染得淺一些，而且不用一味追求顏色均勻。圖A、圖B的托紙要比外封面的托紙略深，儘量染得均勻一致。

染色顏料使用姜思序堂的片料：提前單獨泡好赭石、藤黄、明膠，與少許的墨汁兑在一起。用紙條試色，自然晾乾，與文獻進行對比，確定各染液所需的量。攪拌均匀，過濾顏料渣、雜質。使用大排筆蘸適量顏料汁進行刷染。

圖 7　刷染紙張

圖 8　晾紙

（五）展平

首先進行遇水褪色實驗：把潮濕的白色宣紙條放在圖上需要檢驗的位置，摁一會兒後拿起來檢查是否褪色。

該圖年代久遠，底色和墨迹顔色已經牢固，經過遇水實驗并不褪色。在圖上分散的藍紫色且輪廓不清晰的點，推斷是圖邊緣部位藏品號戳印“1863”在多次折叠過程中受潮形成的。經過此次驗證，顔色也相對牢固，没有暈染。

在没有全部潤濕的情况下，先把圖外封面、圖 A、圖 B 三部分連同及大片碎片拼合。不能拼合的小碎片、碎渣也暫時包好保存。

圖 9　打濕圖 A 并展平

經過褪色實驗該圖不掉色，所以我們采用潤濕展平的方法。首先用排筆或毛巾打濕案子，在上面鋪一張吸水紙，讓紙均勻地潤透。將圖 A 正面向上放在吸水紙上，正面向上的好處是綫條比較清晰，容易拼對。讓圖吸水潤透并展平，同時把相應碎片拼起來，對好墨迹勾勒的綫條。不能確定位置的碎片或碎渣先保存在密封袋裏，記録大概位置，以便進行後續拼對工作。

在圖上敷一張吸水紙，使之潮濕并展平刷實。然後三張一起翻轉，使正面向下。翻的時候注意不能讓紙張變形，可以使用刷子，讓三張紙一起平鋪在案子上。小心地揭掉圖背面的吸水紙，注意不要把碎片帶起來。

（六）上托紙

注意觀察圖的簾紋方向，托紙與文獻的簾紋應保持一致。該圖使用的油紙發黄易碎，斷口齊整，韌性很差，而且表面光滑，不易潤濕，不容易吸收糨糊，所以托紙黏合劑選用未脱筋的古船麵粉冲製。

上完托紙后，檢查正面，確認無誤後，擦乾案子，在案上鋪一張乾吸水紙，圖正面向下于紙上，用棕刷刷平排實。注意四邊不要遺漏，也要刷實。

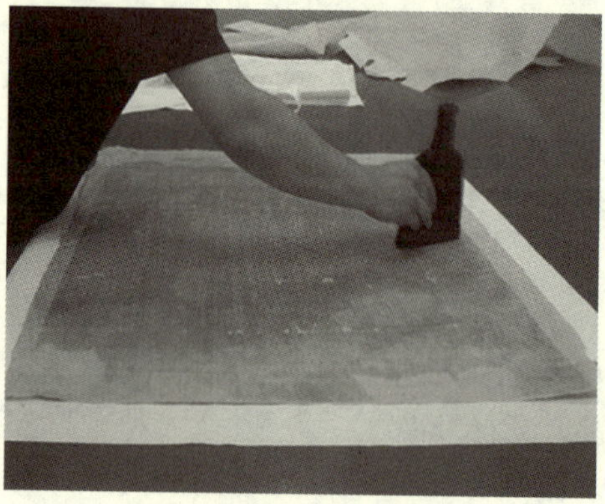

圖 10　上托紙

圖 11　檢查正面

（七）隱補

本着寧淺勿深的配紙原則，托紙背面用原色純檀皮進行隱補，以期二者托合在一起後，從正面看托紙的顔色不會發生改變。

待補紙乾後，可用馬蹄刀或手術刀把略大于缺口邊緣對應的補紙刮薄，即“做口”。目的是使補紙與托紙之間搭口過渡自然，二者貼合得更牢固更平整。

（八）貼折條

折條的材料采用重單宣。把重單宣裁成 3—4 毫米左右寬的長條。用略稠一點的麵粉糨糊把折條刷勻。對準折縫處和易斷處貼實。爲了降低風險，選擇在乾燥狀態下進行操作。

圖 B 參照圖 A 的修復過程進行修復。不同的是圖 B 尺寸較小，碎片相對較少，展平時正面向下即可。

外包裹封面的特點是碎片較多，參考圖 B 的修復過程進行修復。

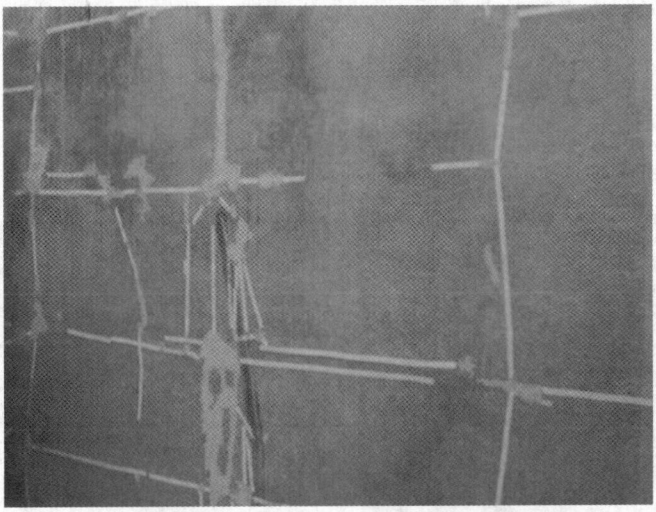

圖 12　隱補并貼完折條的外包裹封面

（九）連接

把貼好折條的圖 A、圖 B 連接起來，拼成一張。

由兩張圖正面原連接區域的綫條判斷，二者搭口處圖 B 壓着圖 A。用馬蹄刀錯開原圖搭口位置一點兒，刮掉兩圖多餘的托紙，形成一個接縫，用毛筆適量補漿，使兩圖的接縫粘搭在一起。墊着吸水紙用棕刷沿着接縫處墩實。

圖 13　拼接後做口形成接縫

把圖翻過來，從正面拼合之前没有拼上的碎片。

根據需要的尺寸托兩張覆背。

（十）上局條，上覆背

把連接好的圖紙潤潮展平。用原色棉連裁成 8 厘米左右寬窄的長條做局條，刷漿撤水後，壓住圖檔四周邊緣 2 毫米左右，上在托紙上，使局條與托紙、局條與圖檔之間粘實。

把上好局條的圖檔正面向下展平在吸水紙上，折條和接縫處也要潤潮。把提前托好的覆背刷漿撤水後，對着圖檔，漿面向上，固定位置後翻過來，使漿面向下搭在托紙上，使用棕刷使四層紙粘住。翻過來檢查無誤後，進行排平刷實。

圖 14　連接好的圖上局條

圖 15　連接好的圖上覆背

（十一）上墻繃平

把上完覆背的圖檔潤潮，平整在案子上，使用小漿刷和隔護給四周打上漿口，貼一紙條留起子口上墻繃平。

外包裹封面也需要進行（十）、（十一）的步驟。

（十二）全色、接筆

圖檔上墻繃平晾乾後，可進行全色。

全色的顔色淺于圖檔的底色。用零號小狼毫蘸顔料在吸水紙上試色并吸走多餘的顔料後，按一定方向全染，乾後再進行下一次全色。

圖 16　全色

圖 17　接筆

接筆指的是把大圖中墨綫明顯斷開的地方用筆墨補完整。文字則忽略不補。研墨，調好深淺備用。用筆床固定毛筆，筆床貼着木尺，對準位置，均匀用力，使綫條粗細一致，流暢連貫。可以先在吸水紙上練習，動作熟練平穩後再在圖上進行接筆。

爲了碎片拼接準確，折條位置貼在裂縫正中，隱補的搭口更自然，以上主要修復過程都在透光臺上進行。

（十三）砑光

在案子上墊一張尺寸大于圖檔的白報紙，把背面的雜質挑去，用川蠟輕輕擦塗在背面。單手握住砑石，從右到左先輕輕滑過一遍。再用雙手握住砑石，上下用力均匀地推砑。砑過幾次後，調轉圖的上下邊繼續砑，目的是使圖受力均衡、不變形。再繼續砑圖的接縫處和邊緣。

圖 18　背面擦蠟

圖 19　砑光

（十四）裁齊

爲了保護文獻，裁齊時圖外邊緣留幾毫米的餘邊。

圖 20　裁齊

四、文獻的保存方式

良好的存放方式會延長文獻保存的壽命。此次修復的圖檔因爲老化嚴重而用糨糊托過，不再適合折叠和卷軸的方式。所以最終選擇了適合的裝具：信夾。信夾尺寸爲 99 厘米 ×70 厘米。信夾能够防塵防潮，并阻止有害氣體直接接觸文獻表面。裝有圖檔的信夾平放在抽屜櫃中。

圖 21　圖檔修復前

圖 22　圖檔修復後

圖 23　裝有圖檔的信夾平放在抽屜櫃

五、完善修復檔案

整理修復前後的照片，完善修復檔案。

按檔案表格填寫《外務部定準十洲塵静地盤平様》文獻的基本情况，修復前外觀及裝幀形式照片，修復前主要裝幀參數文字描述，修復前破損情况照片、修復前破損情况文字描述、主要修復方法和措施、所用黏合劑情况、所用補紙及補料情况、所用染料情况、修復流程描述和修復後照片等。

六、結語

“樣式雷圖檔”的系統性、完整性以及規模在世界範圍内現存古代建築檔案中都是少有的。水油紙質地的“樣式雷圖檔”在之前的修復中從未遇到過，它表面光滑，與同類紙張相比不容易吸收糨糊。在修復過程中，經過幾次反復試驗，調整糨糊的稀稠度，最終得到了合理的濃度：既保證了紙張間的黏合，又避免了因糨糊過濃使圖檔變硬變脆，而且整個過程是可逆的。在此，筆者把水油紙樣式雷圖檔複雜的修復過程記録下來，以期爲修復工作者提供一些經驗，同時也希望得到同行老師們的寶貴意見和建議。

參考文獻：

張平、吴澍時：《古籍修復案例述評》，國家圖書館出版社，2012 年。

（作者單位：國家圖書館古籍館）

樣式雷圖檔數字化分析與研究

周升川

内容提要：“一家樣式雷，半部古建史”，雷氏家族參與工程之多，技藝之精，流傳圖檔之豐富成爲我們瞭解中國古建築的窗口。隨着信息技術的發展，樣式雷圖檔有必要進行數字化。

關鍵詞：樣式雷　數字化　古籍整理

一、引言

“樣式雷”是清代負責主持皇家建築設計的雷氏建築世家，因長期掌管樣式房而得名，家族先後八代工匠，在康熙中期至民國初年的二百多年時間裏，八代樣式雷幾乎不間斷地執掌樣式房，主持設計、建設了宫殿、園苑、壇廟、陵寢、行宫等皇家建築，以及慶典點景、殿内裝設、皇家舟輿等。他們的作品，如北京和瀋陽的故宫、天壇、頤和園、承德避暑山莊、清關外三陵和東西陵等已成爲世界文化遺産；圓明園、香山静明園、玉泉山静宜園、三海（北海、中海、南海）、南苑、恭王府等一大批建築被確定爲全國重點文物保護單位。而同這些建築遺産相關的圖紙、旨諭、奏摺、工程備要、銷算皇册等宫廷檔案，這些被統稱作樣式雷圖檔。其中包括衆多完整的工程個案，兩萬件圖樣模型，詳細記載了有關機構設置與運作、選址勘測、規劃設計、施工以至傳統工藝等方面的詳情細節。

傳世的樣式雷建築圖檔目前尚存近兩萬件，被中外多所單位收藏。爲了避免傳世樣式雷圖檔流失，從 1930 年起，朱啓鈐爲社長的中國營造學社多方籌集資金，收購市上售賣及雷氏後裔家藏的圖檔，交由國立北平圖書館（今中國國家圖書館）收藏。加上多年采購，目前中國國家圖書館收藏樣式雷圖檔約一萬五千件，中國第一歷史檔案館、故宫博物院均有收藏，少量圖檔收藏在中國國家博物館、清華大學、日本東京大學等處[①]，這些圖檔是研究中國古代建築史的實貴資料。

二、樣式雷圖檔數字化的意義

文獻的數字化，就是將紙質、膠片等傳統介質的圖書、文獻資料通過電腦技術轉換爲數字化的信息。這些數字化信息可以通過電腦和互聯網進行查詢、檢索、瀏覽，實現真正的資源分享。

樣式雷圖檔屬于古籍特藏的一種，一般圖書館對古籍類寶貴館藏加以嚴格保護，衹有特殊需要的讀者纔能看到實物，但是對于部分讀者，特别是外地甚至是海外讀者來説就很難見到實物，更不用説從中獲取知識了。樣式雷圖檔數字化就是爲了讓不同的讀者可以通過電腦和互聯網獲取相關數字資源。

目前國家圖書館樣式雷圖檔數字化工作還没有全部完成，相關的數字資源還没有對外發布，但是樣式雷圖檔數字化是古籍保護、整理和利用的必然趨勢，也是數字圖書館建設的重要組成部分。我們的目標是使所有的樣式雷圖檔數字化成果可以在最大範圍内給讀者提供服務，真正實現古籍資源的共建共用。

三、樣式雷圖檔數字化設備和流程

掃描設備的配置是樣式雷圖檔數字化的關鍵環節和主要硬件，首先考慮的是這些圖檔在無損害或最大限度减少損害的情况下進行。經過考察，中國國家圖書館古籍館使用的是德國賽數（Zeutschel）公司生産的賽數 OS14000 高精度古籍圖書掃描儀和意大利麥特斯（Metis）公司的 DRS—5070 book 掃描設備。

賽數 OS14000 掃描儀采用投射式無眩目冷光源技術的最新一代書刊掃描儀，適合所有需要掃描的圖書、檔案、地圖、契約文書及各種圖紙。目前這款掃描儀低亮度光源從溫度上爲珍貴的書籍和檔案資料提供了極其充分的保護，高精度真彩色掃描鏡頭再現原稿的真實細節。賽數的人性化設計提供了安全、可靠并符合人體工程學的操作環境。其支持的原稿尺寸達到 880 × 640 毫米（超 A1）。掃描模式：36 位元彩色，12 位元灰度，1 位黑白二值。分辨率可以達到 600DPI。

Metis DRS750DCS 掃描儀采用先進數字化 LED 光源系統，可以根據需求在軟件裏任意改變光綫的角度和强度，以還原最佳的圖像細節和色彩。其最大掃描幅面達到 50 ×75 厘米，Kodak 三綫過濾 CCD，色深達到 3 × 12 = 36bit，可調分辨率 400—800DPI，全自動書籍承托系統，電動打開閉合玻璃面板，三個脚踏控制，軟件輔助控制調焦。

數字化軟件方面包含了掃描軟件和影像處理軟件如 OS12 掃描軟件、64 位元多執行緒圖像增强軟件等，影像處理軟件 Perfect Book 在未改變原掃描圖像的色彩、分辨率、格式壓縮的情况下進行包括糾斜、去雜點、翻轉、去黑邊、遮幅、鋭化、彎曲修正、剪裁、黑白掃描與動態閾值等。通過這些軟硬件儘量完整清晰地再現樣式雷文檔原貌，這一步是整個數字化工作成功的關鍵。

樣式雷圖檔數字化圖像采集流程，也就是掃描步驟：

1. 書籍的色標與尺規。不同品種書籍，可先采集一拍色標，再掃描全書。在封皮、卷一卷端、題跋頁放置色標，其餘不放。樣式雷圖檔屬于特型文獻，一般來説每拍都必須放置色標。

2. 調整掃描區域。常規尺寸，掃一個筒子頁爲一拍；超尺寸的書籍，半頁爲一拍；其他規格的分區掃描，相鄰區域必須有重合部分，成品須拼合圖像。

3. 文獻命名與存儲路徑。建立項目文件夾，再新建“索書號 + 書名”文件夾，多册文獻，按册序建立子文件夾，對象數據每拍按照“索書號 + 書名 + 册序 + 流水號”方式命名。

4. 掃描中的質檢。掃描中不允許移動藏品；檢查掃描後的圖像是否完整、正確。

5. 掃描登記。每掃描完一種藏品之後，在對應掃描登記表上做好相關信息登記，包括：藏品索書號、書名、版本、册數、掃描文件數、采集日期、采集人、質檢人、項目名稱等。

以 2015 年 11 月份古籍館掃描的《西花園地盤畫樣》爲例，其信息爲工程圖，多色，有紅黄簽，尺寸是 85 ×64.3 厘米。掃描後電子文件爲 TIFF 格式，寬度爲 16430 像素、高度爲 12370 像素，水平和垂直分辨率爲 400DPI，位深度 24，未壓縮狀態，左側是灰度標準色卡。

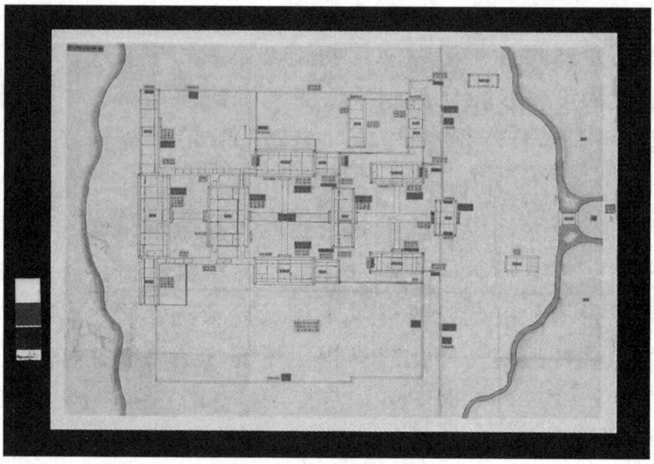

《西花園地盤畫樣》

四、樣式雷圖檔數據庫建設和數字化資源保存

目前常用的古籍數字化資源庫包括：書目型數據庫、古籍全文數據庫、全文（文本）加影像數據庫。

書目型數據庫是文獻信息最常見的一類數據庫。主要提供查找文獻的綫索，即文獻的簡要特徵，如：篇名、著者、文獻來源（出處）、摘要、出版單位等。書目型數據庫的檢索結果僅僅是查找所需文獻的綫索，查得綫索後還要再轉查原文。目前已經發布使用的書目型數據庫的系統有中華古籍善本國際聯合書目系統、中國高等教育文獻保障系統、東洋學文獻類目檢索系統、英國所藏漢籍聯合目録等。

古籍全文數據庫是以電腦可讀的字符代碼形式或以古籍文獻掃描拍照影像形式存儲的數據庫，存儲的内容包括圖像或文本，類型有圖像版、文字版、圖文版。目前發布使用的全文數據庫如：國家圖書館的《永樂大典》、數字方志以及甲骨、敦煌遺珍、西夏碎金、碑帖菁華，北京大學數字圖書館古文獻資源庫，臺北“故宫博物院”的善本古籍數據庫等。

全文影像數據庫保存的數字資源内容上更加全面，不僅僅包含圖像，還有全文文本數據。如文淵閣四庫全書、四部叢刊等。

樣式雷圖檔類型豐富，其數字資源可以製作成樣式雷圖檔專題數據庫，由于藏品大部分都是圖檔，使用全文影像數據庫模式更適合廣大使用者使用。

樣式雷圖檔數字資源庫建設的基本原則：

1. 成熟性原則

樣式雷圖檔數字資源庫是爲使用者提供在網絡環境下和複雜的技術條件下的檢索及利用的服務平臺。首先，要瞭解國内外的先進技術以及本館的軟件水準和人力資源配置。其次，一定要充分調研使用者對樣式雷圖檔的使用需求，深入分析樣式雷圖檔數字資源的實用價值以及社會效益。最後，做好項目計劃，深入瞭解項目預算，保證有充足的項目經費支持該項目的長期平穩運行。

2. 標準化原則

標準化直接影響着樣式雷圖檔數字資源庫的使用效果和發展前景。所以，樣式雷圖檔數字資源數據庫一定要依據國家制定的古籍數字化標準，隨着科技發展，還要求樣式雷圖檔數字資源數據庫建設標準選擇上要具有相容性和開放性。

3. 統籌性原則

樣式雷圖檔數字資源數據庫建設項目中，一定要做好項目規劃，工作人員加强溝通，在資源選擇、掃描、質檢、資料保存等各個工作環節協同合作，儘量避免反復取用樣式雷圖檔原件。

在國家圖書館古籍館的樣式雷圖檔數字化掃描車間采用的是雙硬盤備份，一份保存在普通的移動硬盤，一份保存在插電式桌面硬碟。等整個項目掃描完後，所有數字資源數據存入數字資源部磁盤陣列服務器。磁盤陣列是由很多塊獨立的磁盤，組合成一個容量巨大的磁盤組，利用個别磁盤提供資料所産生加成效果提升整個磁盤系統效能。利用這項技術，將資料切割成許多區段，分别存放在各個硬碟上。磁盤陣列還能利用同位元檢查（Parity Check）的觀念，在陣列中任意一個硬盤出現故障時，仍可讀出數據，在數據重建時，將數據經計算後重新寫入新硬盤中。同時國家圖書館還建設有灾備機房，這樣能最大程度地保證數字資源數據安全。

五、樣式雷圖檔數字化資源發布

（一）發布終端

在發布平臺支持終端上，不僅僅是電腦端，還有移動端和電視端。

1. 電腦端是常規的發布終端，其數據庫采用的形式包括 C/S 模式和 B/S 模式。C/

S 模式（客户機/服務器模式）的産品需要用户端下載一個數十上百 MB 的用户端，然後進行安裝配置纔能使用。B/S 模式（瀏覽器/服務器模式）的産品，使用者衹需要在瀏覽器中打開該網站網址即可瀏覽和檢索，不需要下載任何客户端。B/S 模式可能更適合樣式雷圖檔的數字資源發布。

2. 移動端，現在智能手機和平板電腦非常普及，爲了便于大多數人隨時隨地能查看相關數字資源，移動端會是首選。移動端普遍采用 APP 模式，移動端 APP 還分安卓版和蘋果版。用户衹要在移動端下載對應的 APP 即可對相關的數字資源進行檢索和瀏覽。

3. 電視端，目前電視生態裏的軟件還比較少，但是電視有着其他設備沒有的優勢，那就是屏幕大，一般家用主流電視分辨率爲 4K 超高清，尺寸都達到 55 寸以上，特别是樣式雷圖檔大多數都是大幅面的圖紙，在電視端一屏就能顯示所有内容，非常有利于讀者的觀看和使用。

（二）發布形式

在樣式雷圖檔數字資源發布形式上可以考慮一些特色功能設計，因爲樣式雷圖檔地域空間性極强，可以使用地理信息系統（Geographic Information System，GIS），這是一種空間信息系統，在電腦軟硬件系統支持下，將空間數據與其他屬性數據相結合，存儲、組織、分析和顯示空間實件及其相關信息。這樣就可以通過綫上地圖展示的形式，在地圖上按照地理位置分布對應的園林和建築，并加上建築的時間，這樣使樣式雷圖檔數字資源在空間和時間上更具直觀立體感。比如北京大學圖書館建設的“秘笈琳琅——北京大學數字圖書館古文獻資源庫”，就引用了 GIS 檢索技術，爲讀者提供時空檢索，與傳統的文本式檢索不同，時空檢索允許用户在地圖上圈劃檢索區域，系統以讀者劃出的區域爲依據檢索并顯示相關文獻信息；在檢索結果顯示方面，檢索出的結果集按照地理位置的不同分别顯示在地圖上，爲讀者提供清晰直觀的檢索結果②。樣式雷圖檔中建築類的圖檔可以使用地理信息系統，但是樣式雷圖檔還有很多非建築類的圖檔以及相關文檔，比如裝修部件圖、裝修諭旨、知會單等，所以還需要考慮怎麼把這些非建築類的圖檔和文檔加入到這個系統中。

六、樣式雷圖檔數字化應用和展望

目前最具影響的例子就是“圓明園景區的數字復原設計”。圓明園景區的數字化再現，參考了國家圖書館館藏“清代樣式雷建築圖檔”、《永樂大典》、《營造法式》等各種重要的典籍和文物。它體現了中國在建築相關文化遺産保護方面的重大成果以及數字化保護的最新應用與進展③。

未來樣式雷圖檔數字化相關工作展望：

1. 推進古籍數字化的標準。由于樣式雷圖檔屬于古籍，其圖檔内容和形式都非常豐富，所以在滿足古籍數字化標準的同時，還應該建設適用于樣式雷圖檔的數字化標準，保證數字資源品質統一。

2. 建立互通互利共贏模式。整合多方資源，通過合作共建資源、權益互換等多種方式，收集分布在各收藏機構的樣式雷圖檔的數字資源，豐富樣式雷圖檔數字資源數據庫。

3. 開放樣式雷圖檔數字資源平臺。樣式雷圖檔的數字化，就是爲了讓全世界更多的人能通過電腦和互聯網來查詢、檢索和瀏覽樣式雷圖檔，從而達到真正的資源分享。

注釋：

① 中共中央宣傳部宣傳教育局：《中國古代100位科學家故事》，人民教育出版社，2006年，297頁。

② 北京大學數字圖書館古文獻資源讀者檢索系統，http：//rbdl. calis. edu. cn/aopac/pages/GisSearch. htm（2018年3月28日檢索）。

③ 白鴻葉：《保護“樣式雷”：中國國家圖書館的世界記憶工程》，《美成在久》2016年第2期，92—99頁。

（作者單位：國家圖書館古籍館）

當世界記憶遇上新科技
——國家圖書館藏樣式雷圖檔數字復原

白鴻葉　孫鳳玲

内容提要： 樣式雷圖檔包含的各類建築集中體現了中國古代建築藝術的偉大成就，本文擬通過對圓明園之九州清晏數字化復原的嘗試，探討對國家圖書館藏樣式雷圖檔進行數字復原的現實意義。以此突破圖書館傳統圖檔的閲讀方式，以三維、互動的數字形式重現圖檔的實景效果，實現中國古代建築文化與現代科技的完美結合。

關鍵詞： 樣式雷圖檔　數字復原　圓明園　九州清晏

我國古代文獻典籍是中華民族在數千年發展歷史過程中創造的重要文明成果，是中華文明綿延數千年、一脉相承的歷史見證，也是人類文明的瑰寶。有着100多年歷史的國家圖書館擁有着宏富的館藏資源，繼承了南宋以來歷代的皇家藏書，最早的文獻可以追溯到3000多年前的殷墟甲骨。其中有很多特色資源如敦煌遺書、善本古籍、金石拓片、古代輿圖、少數民族文字典籍和名家手稿等珍品多達300萬册（件）。而如何讓這些珍貴的古籍活起來不僅是國家民族文化發展的大計，也是我們圖書館人義不容辭的責任。

《國務院辦公廳關于促進地理信息産業發展的意見》（國辦發〔2014〕2號）第十二條指出："促進地理信息深層次應用，推進面向政府管理決策、面向企業生産運營、面向人民群衆生活的地理信息應用。繁榮地圖市場，鼓勵製作和出版多層次、個性化、群衆喜聞樂見的優秀地圖産品，開發出版城市及公路水路交通多媒體地圖和三維虛擬地圖等特色地圖。積極發展地理信息文化創意産業，開發以地圖爲媒介的動漫、游戲、科普、教育等新型文化産品，培育大衆地理信息消費市場。"①

文化和旅游部關于貫徹落實《國務院關于推進文化創意和設計服務與相關産業融合發展的若干意見》的實施意見第八條指出："加快文化與科技融合。促進文化與科技雙向深度融合，依托高新技術增强文化産品的表現力、感染力、傳播力，强化文化對信息産業的内容支撑和創意提升。推動高新技術成果向文化領域的轉化應用，加强對傳統文化産業的技術改造，培育新興文化業態。鼓勵對舞臺劇目、音樂、美術、文化遺産的數字化轉化，支持開發適宜互聯網、移動終端的數字文化産品。"②

國家圖書館在這方面做出了初步探索，與瑞晶信息技術（北京）有限公司合作，對館藏樣式雷圖檔中的圓明園九州清晏景區進行了數字化復原，取得了初步成果，從而邁出了樣式雷圖檔數字復原工程的第一步。

一、樣式雷圖檔概況

在國家圖書館宏富的特色資源中，清代樣式雷圖檔資源更是特色中的特色。樣式雷圖檔是指中國清代（1644—1911）雷氏家族繪製的建築圖樣、建築模型、工程做法及相關文獻。雷氏家族從雷金玉到雷獻彩，共有8代10人先後任清廷樣式房掌案，幾十人供職樣式房，負責皇家建築、内檐裝修及傢俱器物的設計，在建築設計和工藝美術等多方面取得了杰出成就，當時被譽稱“樣式雷”。樣式雷圖檔存世有兩萬餘件，分藏于中國國家圖書館、故宫博物院、中國第一歷史檔案館、清華大學、法國巴黎集美東方藝術博物館、美國康奈爾大學東方圖書館、日本東京大學東洋文化研究所等不同機構，其中國家圖書館藏有15000餘件，占圖檔存世總量的四分之三。

2003年，清代樣式雷圖檔入選“中國檔案文獻遺産名録”。隨後，國家檔案局推薦申報《世界記憶名録》。2006年3月底，中國國家圖書館向聯合國教科文組織世界記憶工程秘書處提交申報材料。聯合國教科文組織世界記憶工程秘書處將樣式雷圖檔的申報書及相關圖片轉交國際咨詢委員會委員，并上傳到該組織的網站上供全世界瀏覽。2006年底，咨詢委員們提出初步意見，供大家討論。2007年6月11日—15日，國際咨詢委員會在南非召開會議，討論通過樣式雷圖檔進入“世界記憶名録”，2007年8月7日，向中國國家圖書館發出通知函和證書，樣式雷圖檔正式入選《世界記憶名録》。

國家圖書館收藏的樣式雷圖檔涉及多種建築類型，有宫殿、宫苑、王府、行宫、壇廟、陵寢等方面，這些圖檔最關鍵的意義還在于，它們完整保留了現在已不存世的皇家建築的歷史原貌，比如被譽爲萬園之園的圓明園，經過英法聯軍的洗劫和焚毁之後，變成一片廢墟，祇剩斷垣殘壁，供游人憑吊。世人無法目睹世界園林藝術的奇迹，但却可以借助電腦數字技術的轉化重現它昔日的輝煌。而樣式雷圖檔作爲唯一留存下來的系統的中國古代建築工程圖檔，爲復原這些清代皇家建築提供了唯一的依據。

二、數字復原技術

所謂數字復原技術即電腦三維技術，又被稱爲“智能三維”，是通過將精確、逼真的數據模型（3D）在即時互動式環境裏（4D）賦予全部相關智慧屬性（5D）來表現客觀景物。5D系統是將三維、網絡和資料庫相結合，爲使用者提供綫上的三維互動體驗，將傳統的圖文、動畫和視頻等被動式體驗轉變爲互動式體驗和主動式創作。基于5D可以依據古代建築圖檔，建築繪畫作品，進行數字化復原，將平面的變爲立體的，將静止的賞鑒變爲互動的體驗，給觀看者帶來最直接的視覺感受。

數字復原樣式雷圖檔是利用電腦三維技術對國家圖書館館藏的樣式雷圖檔進行數字化、立體化的復原，以此還原中國古代建築領域中最具代表意義的巔峰之作。樣式雷圖檔中保存了大量現今已不復存在的建築、園林、雕塑等的圖紙和文字説明，參考現今保存的清代皇家建築，就可以用數字的形式進行復原，將平面的信息資料立體化、數字化，實現對這些資源的再利用，提升資料的學術價值、市場價值和社會價值，爲中國古代建築的研究和教育提供視覺化平臺，彌補國内在古建數字化復原方面的空白。利用不斷積纍的成果，搭建智慧三維數字建築復原資源庫，與國内外相關的圖書館、博物館、院校進行交流和溝通，提高數字復原的準確性，再通過網絡實現資源分享。

2009年清華大學郭黛姮教授帶領她的團隊首先將圓明園的學术研究通過數字技術進行整合與轉化。通過VR技術、數據庫技術等手段再現了圓明園演變的立體面貌，爲我國歷史文化遺産開創了一種新的保護展示模式。

三、圓明園九州清晏數字復原

近三十年來，圓明園復建一直存在争議，作爲國家級愛國主義教育基地，圓明園不可能完全復原，另外巨額資金投入以及不可預知的復建效果也是未被覆建的主要原因。國際先進的5D數字復原技術彌補了這一缺憾，利用5D技術，相比實景復建，僅需少量的資金投入，即可再現圓明園的原貌，將已經埋没在歷史中的中國古代建築的巔峰之作，以三維的形式展示給公衆。以下我們以園明圓中九州清晏的數字復原實踐爲例，希望世界各地的人們可以通過輕點網絡即可或漫步于建築、園林之中，或查看重點景觀的圖文資料，開始美妙的數字圓明園之旅。

（一）關于九州清晏

九州清晏是圓明園中最早的建築群之一，九州清晏寓意“九州大地，河清海晏，天下升平，江山永固”，是圓明園四十景之一。九州清晏建築功能是作爲帝后嬪妃居住的寢宫區，其中九州清晏殿是雍正的寢宫，樂安和是乾隆的寢宫，嘉慶、道光出生于天地一家春，慎德堂是道光的寢宫，湛静齋是道光皇帝的全貴妃的寢宫，咸豐帝出生在此。基福堂是慈安的寢宫，天地一家春是慈禧的寢宫。作爲帝后寢宫，經常會使用明火，再加之大多是木建築，火灾就成了最大隱患，歷史上九州清晏發生過幾次火灾，最爲慘重時三大殿被焚毁，而英法聯軍的一把火徹底將九州清晏景區全部化爲灰燼。

（二）九州清晏數字復原詳解

圓明園九州清晏景區復原就是國家圖書館和瑞晶信息技術（北京）有限公司合作的成果之一，也是圓明園數字復原工程的第一步。

九州清晏因爲火灾和一些人爲原因有過幾次大的格局變動，但關于九州清晏早期形制的資料較少，根據國家圖書館現藏樣式雷圖檔，數字復原了道光時期九州清晏的建築情形。道光十六年九月二十六日（1836年11月4日），九洲清晏之三大殿一帶失火，樣式房于道光十七年七月十六日（1837年8月16日）繪製出《九洲清晏總樣準底》（圖1），圖中朱筆部分即爲重修之形制。

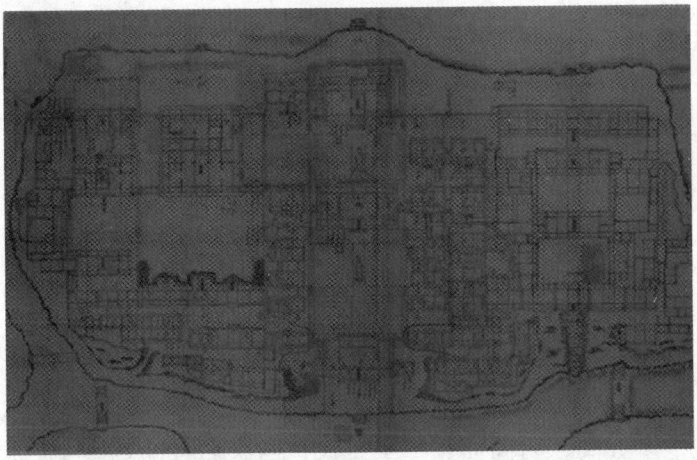

圖1　國家圖書館藏道光十七年（1837）七月十六日
九州清晏總樣準底

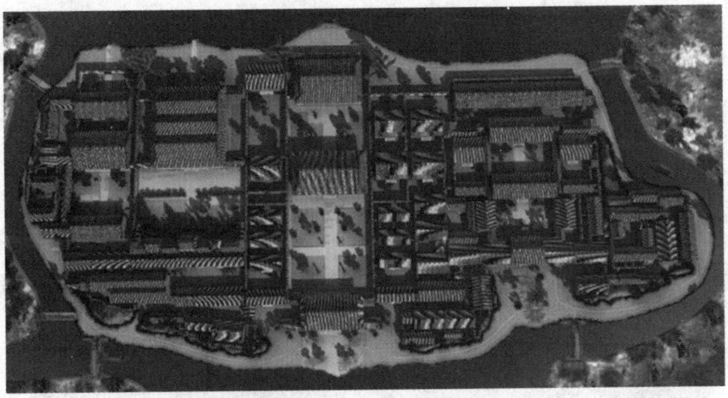

圖2　瑞晶公司製作道光十七年（1837）七月十六日
九州清晏總樣立面圖

● 中路

九州清晏景區中路（圖3），包括九州清晏、奉三無私和圓明園三大殿，及三大殿兩側值房。從圖1可以看出，火灾之後中路三大殿進行徹底改建，九州清晏殿由原來的七間改成五間，明間面寬一丈三尺，四次間各面寬一丈二尺，進深二丈四尺，前後廊各深六尺。連接九州清晏殿和奉三無私的甬路爲磚海墁。殿前距甬路四尺處有一對銅鶴，銅鶴高四尺三寸，長三尺，石座寬一尺九寸，長二尺五寸，高一尺九寸，通高六尺二寸。

圖3　數字復原九州清晏中路立面圖

奉三無私殿一座五間，明間面寬一丈三尺，四次間各面寬一丈二尺，進深二丈六尺，周圍廊各深六尺。其院當東西面寬八丈九尺，南北進深十丈五尺，院中有十字甬路。殿前左爲銅龍，右爲銅鳳，銅龍高二尺五寸五分，長四尺五寸，石座寬二尺六寸，長五尺五分，高二尺二寸五分，通高四尺八寸；銅鳳高二尺九寸，長四尺九寸，石座長寬高同銅龍石座，通高五尺一寸五分。

圓明園殿一座五間，明間面寬一丈三尺，四次間各面寬一丈二尺，進深二丈二尺，前後廊各深六尺，檐柱高一丈二尺。殿前無銅飾，且爲石子海墁。

● 東路

九州清晏景區東路（圖4），從北向南包括泉石自娛、天地一家春後殿、天地一家春和宫門。

圖4　數字復原九州清晏東路立面圖

泉石自娛殿一座十五間，内十一間各面寬一丈，四次間各面寬八尺，進深一丈二尺，前後廊深四尺，檐柱高九尺，檯明高一尺一寸，下出一尺八寸。院當東西寬十五丈，南北長一丈一尺。

天地一家春殿一座五間，各面寬一丈，進深一丈六尺，前後廊各深四尺，檐柱高一丈六寸，後殿一座七間，明三間各面寬一丈，四次間各面寬九尺，進深一丈四尺，前後廊各深四尺，檐柱高一丈。

宫門一座三間，各面寬一丈，進深一丈四尺，前廊深五尺，後廊深四尺，檐柱高九尺。

東西順山房二座，每座三間，各面寬一丈，進深一丈二尺，前廊深四尺，柱高八尺。

● 西路

九州清晏景區西路（圖5），包括慎德堂、得心妙處、昭吟鏡、綃壁。

圖5　數字復原九州清晏西路平面圖

慎德堂殿爲三卷殿，一座十五間，明間面寬一丈三尺，四次間各面寬一丈二尺，三卷各進深二丈三尺六寸，周圍廊各深六尺，檐柱高一丈三尺六寸，檯明高一尺八寸五分。

慎德堂西爲湛静齋，一座五間，各面寬一丈一尺，進深二丈六尺，前後廊各深四尺，後殿一座五間，各面寬一丈一尺，進深一丈八尺，前後廊各深四尺。

圖6　數字復原九州清晏慎德堂明間飛罩

● 九州清晏内檐裝修

飛罩，是罩的一種形式，比較輕巧的富有裝飾性的室内隔斷。它的特點是兩端下垂，但不落地，呈凌空狀態，狀如拱門。這也是飛罩之名的由來。（圖6）

四、數字復原樣式雷圖檔的意義

（一）數字復原的功能

力争實現數字復原樣式雷圖檔的如下功能：

1. 對復原的建築實現單機和網絡訪問；

2. 對不同景區展現多個歷史時期風貌；

3. 對復原景區進行三維視頻展示；

4. 挂接圖文影像。對于特别重要的建築，可以挂接相關圖文影像，實現三維展示與相關的圖文數據庫、國家圖書館文津搜索數據庫關聯，以便讀者觀看、學習和研究；

5. 提供讀者回饋功能，依據回饋中證據確鑿的信息修改數字復原内容；

6. 挂接參考資料。將相關研究成果挂接在該款目下，以幫助讀者瞭解該建築的研究情况。

7. 爲了方便國際文化交流，提供中、英兩種語言版本。

（二）數字復原的意義

研究古代圖檔是一項非常專業的工作，樣式雷圖檔中的各類建築集中體現了中國古代建築藝術的偉大成就，對這一成就進行數字復原意義重大，影響深遠。

1. 通過數字復原，將三維體驗與平面圖檔結合起來，以三維、互動的數字形式重現圖檔的實景效果，相對真實景觀的重建，節省了大量的經費和時間，并且不會占用實際的土地，可以讓更多的人瞭解、認識和學習這些資料，更好地做到古爲今用，提升資料的實用價值。

2. 體現了中國古代建築文化與現代科技的完美結合，爲中國古代建築的研究提供精準、視覺化的資料存檔，并將静態的圖檔變成鮮活的互動體驗作品，極具文化創新意義和學術價值。圖檔與科技的融合，使圖檔的内容表達由單純的强調科學性向科學性與藝術性并舉的道路上邁進，使平面的建築圖樣向創意型産品轉變，變得更形象、更直觀。

3. 復原成果可以通過多種表現形式（網絡、多媒體等）向全世界推送，超越時空的限制，讓世人如臨其境地體驗中國古代建築藝術的精髓，促進中國優秀歷史文化的傳播，以新穎的形式爲文化交流提供新穎的内容。不僅加强了行業内的技術合作交流，而且進一步弘揚了中國優秀的傳統建築文化，推動了文化産業的創新與發展。

4. 提升了樣式雷圖檔在公共文化普及方面的實用價值，無需專業知識也可以參與互動體驗，既可爲網絡文化傳播提供健康、積極、富含中國文化的内容，又可爲青少年愛國主義教育提供更具説服力的、更直觀的内容。一般圖書館都將古籍作爲特殊館藏加以嚴格保護，衹有有特殊需要的讀者才能鑒賞到古籍的真貌。對圖書館來講，輿圖的數字化應該是盡可能真實地再現其真貌，客觀地反映當時的歷史背景和輿圖的文獻價值，爲讀者提供一種研究平臺。通過數字化輿圖，不同的讀者能够更廣泛地接觸到、瞭解到輿圖，從而獲得新知識和研究綫索。

圓明園的數字化復原爲珍貴文獻數字化探索了一條新路，而其他先進的技術如地理信息技術、遥感技術、空間信息視覺化、虚擬實境技術等，爲古籍文化及其産品的創新提供了廣泛的發展空間。面對中華五千年優秀的古典文化，建設優秀文化的傳承體系，我們任重道遠；立足于國家地理信息産業和文化創意産業發展戰略，古籍與新技術的相遇必將迎來更美好的未來。

注釋：

① 中華人民共和國中央人民政府網站，http：//www. gov. cn/zwgk/2014 – 01/30/content_ 2578694. htm（2019 年 10 月 18 日檢索）。

② 同上。

參考文獻：

[1] 白鴻葉：《“大匠天工——清代‘樣式雷’建築圖檔榮登〈世界記憶名録〉特展”綜述》，《文津流觴》第 20 期，2007 年。

[2] http：//jzqy. crystalinter. cn/5dproject/jzqy. aspx.

[3] 尚晋：《再現建築遺産　數字復原圓明園》，《中國文化遺産》，2013 年第 3 期。

[4] 國家圖書館編：《國家圖書館藏樣式雷圖檔·圓明園卷初編》，國家圖書館出版社，2016 年。

[5] 卜慶華：《當地圖融入文化創意——中國地圖出版集團地圖文化創意的探索與實踐》，《中國測繪》2017 年第 2 期。

（作者單位：國家圖書館古籍館、國家圖書館中文采編部）

20世紀30年代初期國立北平圖書館和營造學社對圓明園史料的整理

孟　化

内容提要：20世紀30年代，中國營造學社作爲當時中國唯一的研究古建築的學術團體，與國立北平圖書館之間的互動很多，其中最受關注和爲人所津津樂道的多爲營造學社朱啓鈐協助將樣式雷圖檔入藏國立北平圖書館一事。之後，以國立北平圖書館原有的館藏爲基礎，雙方合作對樣式雷圖檔中有關圓明園的史料進行整理研究，取得了一些成果，并公之于衆。此外，雙方還在圓明園遺址保護方面也做出了一些積極努力。通過對30年代初期國立北平圖書館和營造學社對圓明園史料整理研究過程的梳理，以及圓明園遺址保管委員會的建立等事件，可以窺見學術界與圖書館界的溝通合作，圖書館對于學術發展的推進作用，以及對于我國古建築保護之意義。

關鍵詞：國立北平圖書館　營造學社　樣式雷　圓明園

30年代初期，合組并喬遷新址的國立北平圖書館（現中國國家圖書館），不僅是學術服務機構，也是學術研究機構，在圖書館界和學界都積極地發揮其作用，與許多學術團體都保持密切的合作關係。其中，營造學社因爲其研究主要内容爲中國古建築，在研究宗旨和内容方面與國立北平圖書館有着千絲萬縷的聯繫；且後來同國立北平圖書館一樣，也接受中華教育文化基金會（以下簡稱中基會）的援助，并允諾將“研究所得結果及編繪成式之一切書籍圖書應與所收集之材料一并交北海圖書館收存”①。因而，營造學社成立之後，就與國立北平圖書館在資料查閲、互通有無、共同研究等方面逐步展開工作。樣式雷圖檔入藏國立北平圖書館，亦是兩個機構的一段佳話，爲人所熟知。至于入藏後雙方對樣式雷圖檔中圓明園資料的整理研究，目前尚無專文論述。本文試就相關資料，做如下梳理。

一、國立北平圖書館和營造學社整理研究圓明園史料的緣起

國立北平圖書館和營造學社對圓明園史料的整理研究源于樣式雷圖檔入藏國立北平圖書館。雷氏自雷金玉起世代從事皇家工程的規劃設計工作，世人稱爲樣式雷，他們所留下來的大量建築圖樣、燙樣、日記等，成爲我國古代建築藝術、園林藝術的瑰

實。樣式雷圖檔内容紛繁，包括皇家園林、王府公第、寺廟、陵寢等各類建筑以及舟輿、陳設等。

1930年5月“因樣房雷舊存之宫殿苑囿陵墓各項模型圖樣，四處求售，有流出國外及零星散佚之虞”②，營造學社朱啓鈐“曾經往觀，見其陳列之品，多係圓明園、三海及近代陵工之模型。雖無百年以上之舊物，而黄簽貼説，的係當年進呈之原件，尚居多數。詢其家世，亦尚相符。在雷氏世守之工，自明初以迄清末，歷代相承，有五百年之歷史，而所保存之圖樣，亦不得不視爲前民藝術之表現。即如圓明園等，實物無存，得此可以考求遺迹。故宫、三海等處，并可與實物互相印證。至陵寢地宫，向守秘密，今乃籍此爲公開研究，實于營造學、考古學均有重要之價值”③。因此，他致函中基會，建議“設法籌款，旋由北平圖書館購存，先行着手整理，將來供本社之研究”④。朱啓鈐先生并就購買此批圖檔的價格進行磋商，“至所需價格，從前欲望頗奢，索價三萬元，近據原介紹人報告，叠經磋減至七千五百元，似可就範”⑤。中基會采納了朱啓鈐的建議，批復專款，由國立北平圖書館從北平東觀音寺雷宅，購入工程模型37箱，係圓明園及三海、普陀峪陵工各項模型⑥。

以此爲契機，國立北平圖書館在已有館藏的基礎上，和營造學社在樣式雷圖檔的研究中携手共進，互相扶持，逐步取得一系列的成果，而其中最先入手整理研究的當屬圓明園部分。

二、國立北平圖書館和營造學社對圓明園史料整理研究

圓明園作爲清代最重要的皇家園林，集數千年悠久造園傳統之大成，是清代宫廷文化的主要載體，見證了衆多歷史事件。經雍正、乾隆、嘉慶、道光、咸豐五朝皇帝賡續營建150年之後，于1860年第二次鴉片戰争中遭到了英法聯軍的摧毁，後又歷經劫難，最終淪爲廢墟，實爲中國文化上一大損失。

有鑒于此，在樣式雷圖樣入藏國立北平圖書館后，圖書館隨即組織人員對圓明園部分資料進行了整理，至1930年8月份已整理告竣⑦。

此後，國立北平圖書館與營造學社或獨立或聯合，通過開辦展覽、發表文章、組織專刊、征集相關史料等活動，推動圓明園史料整理研究，并取得積極的社會效果。

（一）舉辦展覽

1930年，國立北平圖書館在雙十節圖書展覽會上將所得樣子雷之圓明園燙樣模型若干件進行了展陳。“本館近兩年來采訪所得善本書籍不少，兹乘國慶紀念，將兩年來所得，擇其尤精者六百零五種，于本月十、十一、十二等三日開圖書展覽會三日。如清代禁書，元刻河西字經卷，明刻詞曲小説，及其他明版珍本（内有天一閣藏書多種），四庫未收書，以及雷氏家藏圓明園、三海、普陀峪陵工等處建築模型若干件，皆屬罕見之品。三日間中外人士到會參觀者有三四千人之譜云。”⑧并在《國立北平圖書館館刊》第四卷第五號上發表由趙萬里撰寫的《本館雙十節展覽會書目》。

同時，營造學社基于“圓明園建築之偉麗，在歷史上自有不可磨滅之價值，而自營造立場上觀之尤有研究之必要”⑨的認識，“本社今年工作，專注意于北京宮殿，而圓明園工程，又與内庭小异，一則爲一朝法物，一則專備宸游，猶風詩之有正變、畫派之有南北也，本社網羅散失，于遺物及文獻兩方面，致力有年”⑩。

到了1931年，營造學社在圓明園遺物以及文獻方面搜集稍有成效，而其他學術機構在這方面也取得一些成果，如北平圖書館“購求樣子雷之圖型，整理之結果，得屬于圓明園部分者，計圖式一千八百餘件，模型十八頁”⑪。又故宮文獻館“尚待修理，復迭次派人，就現在廢址，采取斷磚碎石，記明地點，約有貳佰餘事”⑫。又“最爲中外人注意者，爲諧奇趣西洋樓水法圖二十頁，此圖係乾隆銅版，現在已發見者，北平故宮及遼寧熱河兩行宮所藏，又北平舊家所藏原印本，與席倫氏北京皇宮考，日本世界美術全集，所載今昔對照之圖，相合”⑬。

基于以上圓明園史料的新發現，1931年3月21日，值中國大營造學家宋代李明仲先生821年忌日，中國營造學社特與北平圖書館聯合，在中山公園水榭開會并舉辦圓明園遺物與文獻展覽。展品有遺物和文獻兩大類。其中遺物包含太湖石之屬、石刻之屬、石料之屬、磚瓦石之屬、燙樣之屬（樣子雷原存燙樣品經北平圖書館修整屬于圓明園部分者）。文獻包含圖樣之屬（含樣子雷原存經北平圖書館修整屬于圓明園部分者320餘處1880餘件内已經裝裱陳列者）、工程則例之屬、工程做法之屬、額名之屬、繪圖詠之屬、記載之屬、外文之屬⑭。

> 此次展覽因爲學界的要求，延長一日，計兩日之參觀者達萬人以上，展品曾經先期函告中外收藏家考古家集徵集。嗣承各方面援助，應徵者頗有多品，業經刊列略目，刷印分贈，并將向達氏撰趣旨之述明，及大事年表，與上年在《大公報·文學副刊》發表之《圓明園歷劫七十年紀念述聞》，同時印行。⑮

此次展覽通過向社會征集展覽品和發放有關圓明園大事記以及研究文章的方式，推動了社會和學界對于這一研究的關注和了解。較之國立北平圖書館1930年的雙十節圖書展覽會，在圓明園遺物的定義和展覽範圍方面都有了進一步的擴展，反映了圓明園研究的深入。

1932年，營造學社將圓明園盛時鳥瞰照片、獨樂寺實測圖、清工程做法補圖及彙刊等送往芝加哥博覽會參展⑯。

同年10月上旬，營造學社還組織北平學術團體聯合展覽會，“北平圖書館、故宮博物院、古物陳列所、歷史博物館、天文博物館、中央研究院、古物保委會及本社等，發起組織北平學術團體聯合展覽會，以所收票價，救濟東北避難同胞。本社出品寄陳于歷史博物館，計爲薊縣獨樂寺、寶坻廣濟寺、北平智化寺之十册圖與照片，清工部工程做法補圖一二卷，圓明園鳥瞰圖數種。”⑰

1936年4月，國立北平圖書館將館藏樣式雷圓明園、萬春園、長春園等處工程圖樣，選送上海中國建築展覽會展覽，以資各該地人士之觀摩⑱。

（二）多渠道搜集圓明園相關史料

自1930年首批樣式雷圖樣入藏國立北平圖書館以後，國立北平圖書館和營造學社一直致力于圓明園相關史料的收集。

查閲相關國立北平圖書館館務報告和館刊，不完全統計，1931 年購得圓明園中路地圖一大張，小圖二十張等[19]。1932 年至 1933 年間，購入“樣子雷工程圖樣及長春園全部圖樣等，皆足補館藏之缺”[20]。

另據曾經任國家圖書館輿圖組組長的蘇品紅女士統計，北平圖書館又先後在雷宅購得零星圖樣，在五洲書局、群英書社、東華閣等 30 餘個書社齋閣購得 2000 餘件圖樣。此外，中國營造學社也一直致力于搜集散佚市面的樣式雷圖樣，并轉交北平圖書館。到 1937 年“七七事變”，北平圖書館收購雷氏資料的工作基本結束，共收藏樣式雷圖樣 12180 幅册，燙樣 16 具。其中圓明園圖樣 2720 幅册[21]。

除了購買以外，營造學社還廣泛向社會徵求關係圓明園之文獻遺物。“本社聯合通知，掇拾叢殘，于工程做法，燙樣模型，謹呈圖録，綫法圖繪，以及繪畫題咏，中外人士之紀事雜録等，積有數百餘品，……惟斯園鉅麗，劫餘遺物，甄采容有未周，夙仰尊處收藏宏富，用特函達，并將徵求已得文物之大概，隨函奉閲，此外如有關係圓明園之文獻遺物，不拘何品，均所歡迎。”[22]

（三）圓明園史料的整理編目

國立北平圖書館對陸續入藏的相關圓明園史料，進行了如下的工作：1931 年至 1932 年間，主旨編撰圓明園史料彙編，分三部分，第一部分彙録漢籍中關于圓明園事件的記録文字，第二部分將關于圓明園之地樣縮寫模型爲之攝影，第三部分將東西認識論述及圓明園文獻廣爲收羅，加以迻譯，在館刊史分期登載[23]。1932 年至 1933 年編輯圓明園工程圖詳目[24]。1934 年至 1935 年，國立北平圖書館咨詢處設參考組員專任其事，爲各處搜集參考資料，其中就有《館藏圓明園工程則例資料目録》[25]。

（四）圓明園史料研究著述以及專刊

1. 1930 年，國立北平圖書館館員向達在《大公報・文學副刊》第百五一及百五二兩期上連載發表了《圓明園罹劫七十年紀念述聞》一文，從圓明園建築與西洋教士、英法聯軍之役圓明園之被掠與焚毁、述近出關于圓明園之各種資料、論保存圓明園及其他諸殘迹四個部分闡發了其對于圓明園研究的所得和思考。

在近出關于圓明園之各種資料的論述中，向達重點進行了以下幾個方面的論述。

對 1930 年入藏的樣式雷圖檔中的圓明園史料進行了分析，“圓明園工程模型，北平圖書館近從北平東觀音寺雷宅購入工程模型三十七箱，係圓明園及三海、普陀峪陵工各項模型。……屬于圓明園者爲數不多。某君謂係修理圓明園時所呈模型，大致甚是。唯所存模型雖不足以窺見圓明園全部，而就工程做法以考模型，當可約略知其高低大小，以及藻飾之狀與修造價格大略。更從而推及其他，圓明園全園工程當可稍窺一斑也。”[26]

對于國立北平圖書館和營造學社所藏有的圓明園工程做法進行比對，并與美國國會圖書館藏有的版本進行校勘，初步判定其屬性。“圓明園工程做法，附内庭清漪園、雍和宫等則例，無撰人。以余所知，此美國國會圖書館藏有鈔本一部，係 B. Laufer 得之于北京市上，共四十册。北平圖書館藏鈔本一部凡二十册，内容與美國國會圖書館所藏同，無撰人，無凡例序跋目録之屬，即二十册次序亦無出考見。此外中國營造學社亦有數部，與此略有异同。書中述圓明園，約三之二，餘爲三海及雍和宫諸處。所述大都爲各殿所用木石繪工之類，木料則記其大小長短，價格；石工則記其工數；繪則記其所用材料價格多少。如北平圖書館本第十二册界西洋索子錦每丈用水膠一兩，定粉一兩六錢；每二丈五尺畫匠一工。西洋如意欄杆刷金押楠木色白粉綫，每尺用水膠二錢，白樊二分，青粉三錢，彩黄六錢，銀硃二錢，土子面一錢，定粉一錢，每二十尺畫匠一工。余疑此書係後來修理圓明園時一種清册，出于當時辦工程差事人員之手，并非一種有系統之著作也。”㉗

詳細介紹描述了國立北平圖書館所藏《圓明園五彩全圖》，“北平圖書館藏五彩圓明園全圖一大幀，計高三尺二寸，闊六尺一寸二分，四周綾邊，不知誰氏所繪。據云原爲海淀某家物，後歸圖書館。全圖房屋之屬俱用界畫，極爲精工。圓明園四十景，圖中一一可尋。十八門衹有圓明園門（大宫門），及福園門，餘十六門不見于圖。以黄凱鈞圓明園記與圖相較，大致不殊，唯方向多訛，疑圖爲可恃也。園中東西兩方尚多有不見于圖者。以圓明園工程做法考模型，以模型校圖，復循圖以考今日荒煙蔓草中之殘迹，則圓明園當日之盛猶可以窺其髣髴矣。”㉘

通過以上的資料述評，可爲時人了解研究圓明園提供了一個路徑。文末，向達還提出了一系列的保存圓明園及其他諸殘迹方法。這篇文章有理有據，論從史出，至今依然是早期研究圓明園的重要文獻之一。

2.《中國營造學社彙刊》《北平圖書館館刊》中的圓明園專題

1931 年 4 月《中國營造學社彙刊》第二卷第一册卷册裹面的内容絶大多數與圓明園有關。如開卷圖樣即爲圓明園遺物，如萬方安和模型與遺迹，遠瀛觀之過去與現在，安祐宫殘壁，文源閣殘石等。專著一欄收録向達所撰《圓明園遺物文獻之展覽》、《大事年表》（中有 1924 年金勛繪圓明園圖）、《圓明園罹劫七十年紀念述聞》（轉載 1930 年大公報文學副刊第百五一及百五二兩期），簿録收録《圓明園匾額清單》，譯叢爲唐在復翻譯的《乾隆西洋畫師王致誠述圓明園狀况》（后附有法文原文）。并在“本社紀事”一欄詳細記載了圓明園遺物文獻之展覽的緣起和略目。

1933 年的《國立北平圖書館館刊》第七卷第三四號爲圓明園專號。卷端爲圓明園長春園插圖 15 幅，收録論文有賀昌群翻譯的《郎世寧傳》，歐陽采薇翻譯的《西書所紀圓明園中西洋樓五篇》《西書關于焚毁圓明園紀事八篇》，此外，還有金勛編撰的《館藏樣式雷製圓明園及其他各處燙樣目録》《館藏樣式雷舊藏圓明園及内庭陵寢府第圖籍分類目録》《圓明園四園詳細地名表》。

此外，劉敦楨《同治重修圓明園史料》一文，發表在 1933 年的《中國營造學社彙刊》第四卷二期中。此文是劉敦楨在朱啓鈐的指導下，在參閲雷氏關于圓明園的圖樣、燙樣、旨意檔、堂諭檔、司諭檔和其他有關圓明園文檔的基礎上，歷史文獻和現存遺物相對照，詳細分析了重修背景、工程概况、材料工費、勘估監修以及停工原因等歷史問題。

三、國立北平圖書館、營造學社與圓明園遺址保管委員會

國立北平圖書館和營造學社在對圓明園史料進行整理研究的基礎上，積極參與圓明園遺址保管委員會工作，推動保護圓明園遺址的實踐工作。

1932 年初，由于“平西圓明園古物，時有被盜事情”[29]，北平市政府派人前去調查。7 月間，爲保護圓明園古物，市政府成立圓明園遺址保管委員會，并函邀各文化機關參加圓明園遺址保管委員會，國立北平圖書館和營造學社也在應邀之列，多方共同決議制定了保管章程十四條，交由工務局進行[30]。

借圓明園遺址保管委員會成立之機，進一步宣傳圓明園保護工作，呼籲更多的人關注，營造學社于 1932 年 9 月 10 日將圓明園圖展覽寄陳于歷史博物館，爲期十日。展陳的有營造學社繪製圓明園復舊圖、鳥瞰圖等，以及北平圖書館暨金勳君復各出園中建築圖，及西洋樓圖多幀。提出“國難日亟，上下泄沓，何异曩昔，設再不自振作，行見玉宇琳宫，化爲劫灰，不止一圓明園也。有心之士，參觀之餘，其亦有所憬然乎”[31]。

圓明園遺址保管委員會決議的圓明園遺址保管整理辦法草案共四條。其中最主要的爲前三條。

其一，爲保存現在殘餘建築起見，决于殘存建築比較最多處之長春園遠瀛觀附近轉馬臺遺地高丘上，儘先蓋造看守警察長川住宿之房屋三數間，以維現在危狀。

其二，此後按時逐漸整理方法，其次第及辦法如下：（甲）設立界限標記，將圓明園全部界限勘清。（乙）種樹。（丙）維護將倒建築。（丁）設立遺址標記，凡園内一切宫殿臺閣遺迹，分别樹立標記，加以中英文説明，并得附以當時原狀圖繪以資研究憑吊。（戊）規劃路綫水道，將園内出入往來必要路綫及關係原來湖沼水道，重行規定，以利交通而資灌溉。（已）分區支搭木閣，將全園按照舊時分區，如萬春園、長春園、圓明園……等擇每區重要地點，由工務局利用就近材木，支搭簡易木閣，以便管理員警辦公，退坐，及游客休息，避雨，問詢等用。并將此一區内之復原略圖，陳列此一區内，如有發現遺物，酌量收集陳列。（庚）發掘，由本會會同市政府制定地址作爲發掘試驗區域。全國及本市學術文化機構及各大學歷史考學學系教授學生有自願作發掘實驗者，得自備專款呈請市府就指定區域以内，從事發掘。本會當供給參考圖表及其他種種便利。（辛）獎勵私人建築。

其三，設立圓明園遺物陳列館[32]。

將之與早在 1930 年國立北平圖書館向達所提出過詳細的保存圓明園及其他諸殘迹的計劃，進行比對，多有相同之處。

爲今之計，約有數道可行。小規模的計劃爲于遠瀛觀諸西洋建築，稍完者飾，

殘毀者加以整集，然後周圍樹以鐵柵，建屋數間置役守視。旁樹石碑，用紀國耻。庶幾劫後殘餘，不致再毀于頑童之手。大規模的計劃則爲于圓明園及長春園各處設立歷史博物館，一方面將現在各處可以修葺者稍事修葺，以供游覽追悼之資。一方面將所有關于圓明園長春園等處之材料一并收集，設屋陳列，同時蒐羅三海各處工程模型，以及中國其他各處有名園林模型，萃于一處，以供有心中國園林者之研究，而成以中國園林博物館。㉝

可見圓明園遺址保管整理辦法草案是吸收了學界專家的意見，如果此草案能够實行，于圓明園遺址保護工作將有重要意義，可惜的是，后并未有落實。但是這一草案的決議通過，畢竟代表了營造學社和國立北平圖書館爲代表的衆多文化機構的關于文物保護的建議和想法，對當時圓明園遺址保護和相關的古建保護工作有借鑒意義。

綜上所述，國立北平圖書館和營造學社從樣式雷中圓明園史料入手，不懈努力，深度合作，對相關文獻、圖檔等資料進行搜集整理研究，其在中國古建保護中的地位和意義也由此得到彰顯。

注釋：

①《社事紀要 · 1929 年七月五日中華教育文化基金董事會覆函》，《中國營造學社彙刊》第一卷第一册。

②《社事紀要 · 建議購存宮苑陵墓之模型圖様》，《中國營造學社彙刊》第一卷第二册。

③ 同②。

④ 同②。

⑤ 同②。

⑥《國立北平圖書館館務報告（民國十八年七月至十九年六月）》，國立北平圖書館，1930 年，19 頁。

⑦《館訊》，《國立北平圖書館館刊》第四卷第四號，1930 年，147 頁。

⑧《館訊 · 雙十節圖書展覽會》，《國立北平圖書館館刊》第四卷第五號，1930 年，133 頁。

⑨《本社紀事之圓明園遺物文獻之展覽》，《中國營造學社彙刊》第二卷第一册。

⑩ 同⑨。

⑪ 同⑨。

⑫ 同⑨。

⑬ 同⑨。

⑭ 同⑨。

⑮ 同⑨。

⑯《本社紀事雜項之參加芝加哥博覽會》，《中國營造學社彙刊》第三卷第四册。

⑰《本社紀事雜項之組織北平學術團體聯合展覽會》，《中國營造學社彙刊》第三卷第四册。

⑱《國立北平圖書館館務報告（民國二十四年七月至二十五年六月）》，國立北平圖書館，1936 年，23 頁。

⑲《國立北平圖書館館訊》，《國立北平圖書館館刊》第五卷第一號，國立北平圖書館，1931 年，119 頁。

⑳《國立北平圖書館館務報告（民國二十一年七月至二十二年六月)》，國立北平圖書館，1933 年，9 頁。

㉑ 蘇品紅，《樣式雷及樣式雷圖》，《文獻》1993 年第 2 期，224 頁。

㉒《本社紀事之圓明園遺物文獻之展覽》，《中國營造學社彙刊》第二卷第一册。

㉓《國立北平圖書館館務報告（民國二十年七月至二十一年六月)》，國立北平圖書館，1932 年，21—26 頁。

㉔《國立北平圖書館館務報告（民國二十一年七月至二十二年六月)》，國立北平圖書館，1933 年，21 頁。

㉕《國立北平圖書館館務報告（民國二十三年七月至二十四年六月)》，國立北平圖書館，1935 年，20—27 頁。

㉖ 向達:《罹劫七十年紀念述聞》，《中國營造學社彙刊》第二卷第一册。

㉗ 同上。

㉘ 同上。

㉙《圖書館界》，《中華圖書館協會會報》第七卷第五期（1932 年 4 月），23 頁。

㉚《本社紀事之協助外社事件》，《中國營造學社彙刊》第三卷第三期。

㉛《讀書月刊》第二卷第一號，國立北平圖書館，1932 年 10 月，28 頁。

㉜ 同上，29—31 頁。

㉝ 同㉖。

（作者單位：國家圖書館古籍館）

《國家圖書館藏樣式雷圖檔·頤和園卷》評述

張　龍

内容提要：《國家圖書館藏樣式雷圖檔·頤和園卷》收録了頤和園及其前身清漪園相關圖檔680餘件，時間跨度從道光朝至光緒朝，全面反映了清漪園衰敗、被毀到重修遺址勘察設計的過程，是開展頤和園相關研究、保護與展示的重要材料。本文從時間與圖檔類型兩個層面對該書收録的圖檔進行簡要梳理，揭示這些圖檔的重要價值的同時，指出其利用方向以及利用中常常出現的誤區。

關鍵詞：清漪園　遺産保護　遺産展示　建築設計

《國家圖書館藏樣式雷圖檔·頤和園卷》是繼《圓明園卷》之後國家圖書館出版所藏樣式雷圖檔的又一壯舉！《頤和園卷》收録圖檔680餘件，統一彩色縮印或原大印刷于A2畫幅之上，即使是超大尺寸的全圖縮印後，圖中的文字標注信息依然清晰可辨。這對于"樣式雷圖檔"的研究與傳承，對于世界文化遺産頤和園的研究與保護都是功德無量的大事！對于我這種當年僅能看到灰度掃描檔，要靠灰度的不同來辨别哪些是紅簽、紅綫，哪些是黄簽、黑綫或藍綫的人來説，簡直就是天大的福利！

此次出版的圖檔，較我博士論文所涉及多了200餘件，是當年雙方合作未及掃描的圖檔。初步核對書中新增圖檔，均爲光緒朝重修頤和園時期所繪，皆可納入我博士論文所劃分的水操學堂、閲操工程、佛宇與正路工程、頤養工程以及後續工程五個部分（圖1）。從内容上看有少量圖檔存在明顯的誤入，如八函24－27的幾張城關圖，從城臺的虎皮石墻以及093的包號來看，都不會是頤和園的城關，初步判斷應爲圓明園

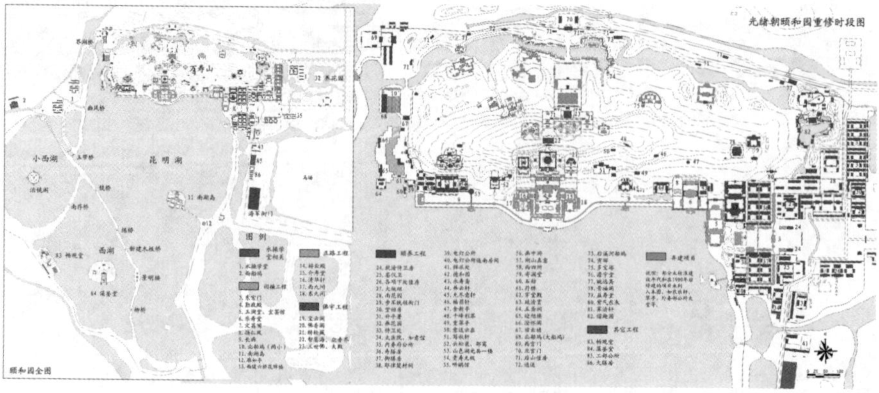

圖1　重修工程分期示意圖（自繪）

杏花春館城關：八函14則是正陽門而非頤和園花承閣。此外還有一些疑似誤入，因尚未考證其真正歸屬，在此暫不一一列舉，待詳細考證後再另行撰文，以補碧玉之微瑕。現僅從圖檔所屬工程時段與圖檔類型兩個層面對該書收録的圖檔進行簡要梳理，以便後續利用。

一、光緒朝重修頤和園之前的圖檔

乾隆十五年（1750），爲整治北京西郊水系，迎接來年崇慶太后六十萬壽，乾隆皇帝開始興建清漪園（頤和園前身），工程歷時14年。遺憾的是目前尚未發現清漪園創建階段的設計圖檔，衹能通過《京杭道里圖》《崇慶太后萬壽慶典圖》《京畿水利圖》等歷史繪畫以及相關文獻檔案去探尋清漪園的規劃設計過程。

道光五年（1825）雷家璽去世，雷景修雖已習藝七載，但其父爲他“尚屬年幼”，不足以承擔道光皇帝寶華峪萬年吉地的重任，將掌案一職讓給郭九。雷景修則暗下重振家業的决心，盡心竭力學習實踐家傳技藝，終于在咸豐二年（1852）重新執掌樣式房。在實現重振家業的過程中，雷景修充分認識到圖稿、燙樣作爲營造資料在技藝傳承和鞏固家族在皇家工程項目中地位的重要作用，便注意搜集整理，并“築室三楹爲儲藏之所”。此舉使已知最早道光朝所繪的清漪園總平面圖（一函03，343—0666，圖2）得以傳世。該圖寬70厘米，高114厘米，主要建築群名稱用題簽貼于圖上，題簽在保存、翻閱時極易脱落錯位，這也直接導致了圖中多寶塔題簽被貼在耕織圖、繪芳堂貼在了構虚軒、綺望軒則貼在了繪芳堂附近等錯誤。這種情況在題簽圖紙中比較常見，讀者在利用時要謹慎，需多重考證。故宫博物院存有一張内容與之相似的總圖，應爲同期繪製的不同稿本，可對照研究。

根據構虚軒及其游廊道光十八年（1838）六月初七日被毁，怡春堂道光二十四年（1844）一月十日被燒，以及道光十九年（1839）已出現《樂安和庫貯陳設清册》《構虚軒庫貯陳設清册》等材料，結合圖中未繪樂安和、構虚軒僅繪輪廓、怡春堂仍存等信息，可初步推斷其應繪製于道光二十年至二十四年（1840—1844）之間，或者説反映了這一時段的建築格局。

咸豐十年（1860），英法聯軍焚掠西郊諸園，清漪園同時罹難。光緒十二年（1886），在重振泱泱大國形象、營建“樂”的政治生活場所、滿足帝后園居需求、爲慈禧太后慶壽等多重因素的考慮下，頤和園重修工程在恢復昆明水操的幌子下啓動了。此時雖尚未正式更名爲頤和園，但此後的工程均爲重修頤和園而準備，這些圖檔均可歸爲重修頤和園相關圖檔。從時序來看可分爲水操學堂、閲操工程、佛宇與正路工程、頤養工程以及後續工程五個部分。

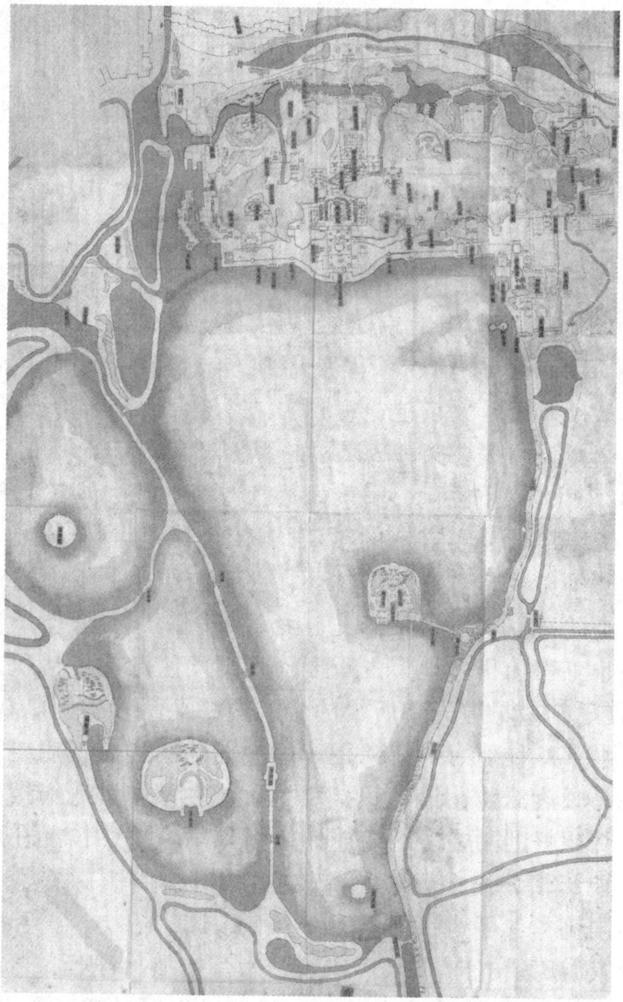

圖2　國圖343—0666——函03　道光朝清漪園地盤圖

二、水操學堂建設相關圖檔

經歷晚清一系列對外戰争的失利，清廷逐漸意識到建立新式海軍的重要性，并于光緒十一年（1885）九月成立海軍衙門，以醇親王奕譞總理海軍事務，慶郡王奕劻、李鴻章會辦。光緒十二年（1886）八月二十七日，奕譞奏請恢復昆明水操，同時聲明爲恭備皇太后閲看水操，擬將萬壽山暨廣潤靈雨祠舊有殿宇臺榭并沿湖各橋座、牌樓酌加保護修補以供臨幸。此請既符合時局需要，又利于園工開展，慈禧當即准其奏請，并指示“參用西法，復昆明湖水操内外學堂”，用以專門培訓八旗子弟。其實昆明湖水操舊制與引進“西學”、鞏固海防的新式海軍完全不同，實則“昆明習戰，不過借一舊制，大題實則開都中風氣”，也是爲取得慈禧太后對新式海軍的支持而采取的策略[①]和兑現當年再興園工的諾言②。

當選定在清漪園水村居、耕織圖舊址興建水操學堂後，雷廷昌很快就完成了内外學堂的勘察與設計工作。工程于當年十二月十五日學堂開學前告竣，歷時不到四個月。現存水操學堂建設的圖檔相對較少，衹有六函 39（339—0290）《清漪園西宫門内外各處殿座亭臺橋座房間等畫樣》記録了水操學堂的格局（圖 3），以及七函 16—18（338—0174）《水操内外學堂傢俱清單》等少量文檔。

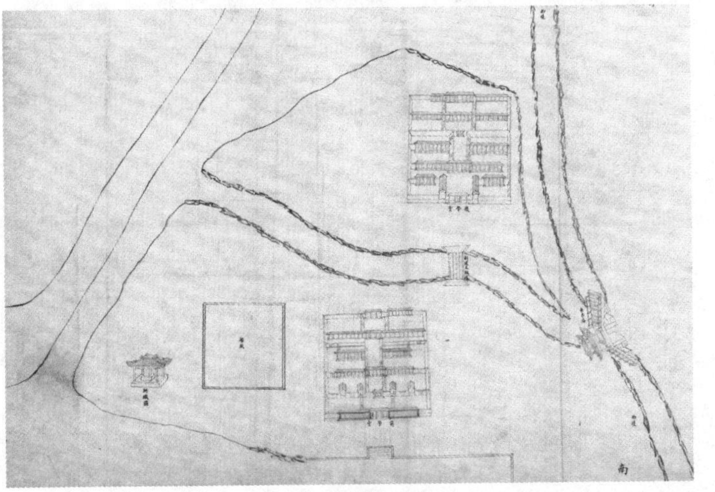

圖 3　國圖 339—0290—六函 39 局部　水操學堂

水操學堂建成後，穩定的水源、較高的水位、暢通的河道更是在此進行水軍操演、行駛戰船的必要前提。因此，河湖清淤、開挖船道、添修碼頭、修建船塢等工程也相繼展開。水操學堂建設的特殊背景，也決定上述工程目的的綜合性，光緒十四年（1888）七月二十日《海軍衙門爲昆明湖閘板蓄水以資水操學堂演練事致奉宸院咨》稱：

據水操内學堂報稱：現在昆明湖演練駕駛輪船，所有綉漪橋及玉帶橋一帶船道存水過淺，不能浮送船隻，呈請閘板蓄水以資演練……查該學堂演駛輪船，原爲恭備拖帶安瀾福③御坐船，系屬要差，自非尋常操船可比……飭將青龍橋、廣源閘各閘板墩齊，以養湖水而資演練可也。④

國圖現存大量頤和園河湖清淤、開挖船道、添修碼頭、修建船塢的圖檔，其中部分就是爲水操學堂落成後操演水軍而進行的設計。如一函 13（343—0662）《萬壽山前昆明湖内開挖船道地盤畫樣》（圖 4）。

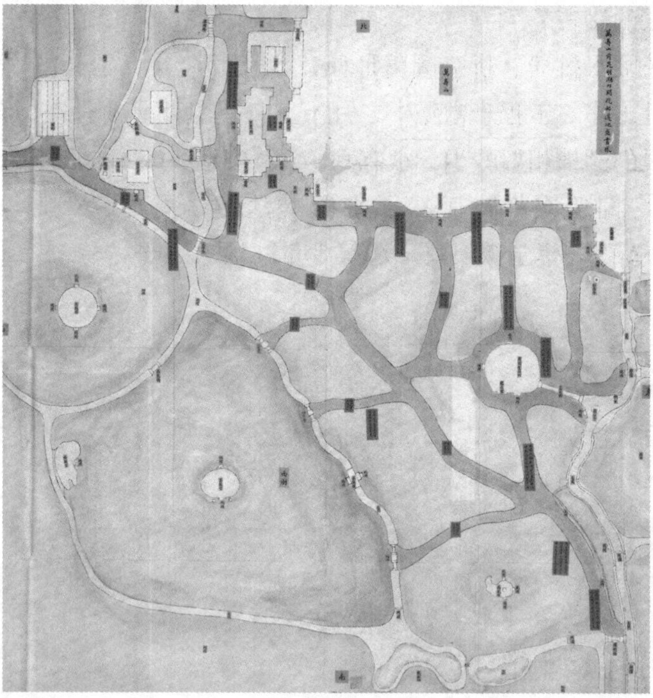

圖4　萬壽山前昆明湖内開挖船道地盤畫樣

三、遺址勘察圖檔

光緒十二年（1886）八月奕譞在奏請恢復昆明水操後，又上奏：

> 因見沿湖一帶殿宇亭臺半就頹圮，若不稍加修葺，誠恐恭備閲操時難昭敬謹……擬將萬壽山暨廣潤靈雨祠舊有殿宇臺榭并沿湖各橋座、牌樓酌加保護修補，以供臨幸。[5]

這與乾隆皇帝的“山湖即成，豈能無亭臺之點綴”[6]近乎异曲同工之效，爲重修清漪—頤和園尋找了一個合乎情理的藉口，清漪園遺址勘察工作也旋即展開。根據光緒十三年（1887）《萬壽山準底册》[7]所記載的查工内容來看，此次勘察并非僅限于環湖一帶殿宇，而是對前山、後山、南湖的一次全面勘察，爲隨後陸續進行的“閲操”“頤養”工程的復原或改建設計提供了準確翔實的基礎材料。《頤和園卷》内就有大量遺址勘察圖紙，這些遺址有的後來就進行了設計并予以重修，有些未及修復，如八函—16（343—0658）《萬壽山頤和園後山味閑齋清可軒等座圖樣對準底》（圖5）。該圖繪製精細，建築開間、尺寸等相關信息工整地題寫圖面上，圖中所載清可軒、竹籞、賅春園宫門、留雲及其耳房的尺寸，與《萬壽山準底册》的記載完全一致，由此可以推斷該圖應爲賅春園現狀勘察地盤樣，繪製時間應在光緒十三年（1887）前後。另外圖中還有大量《萬壽山準底册》未載的信息，如：

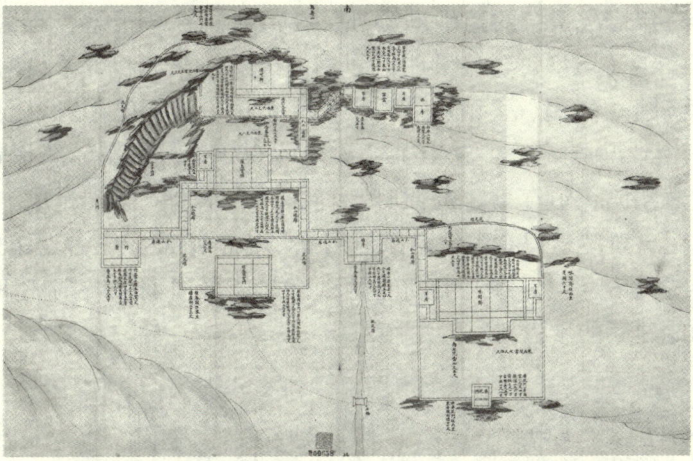

圖5　國圖343—0658—八函16　萬壽山頤和園後山
味閑齋清可軒等座圖樣對準底

賅春園望東至構虛軒二十三丈……蘊真賞愜一座三間内明間面寬一丈一尺二寸……柱高一丈二寸……鐘亭一座見方一丈二寸……檐柱高一丈七寸……味閑齋一座五間内明間面寬一丈一尺四寸……前後廊各深四尺二寸，檐柱高一丈五寸……垂花門一座，面寬一丈……前挑三尺一寸……味閑齋往西至貝闕六十丈。

根據其中關于建築柱高的記載，也可推斷咸豐十年（1860）賅春園部分建築幸免于難，光緒十三年（1887）勘察時，這組建築雖已破敗，但主體建築尚存。

再如八函18（343—0659）《構虛軒繪芳堂地盤全圖》，其繪製風格與上圖完全相同，應爲同一時期、性質相似的畫樣，題字有：

構虛軒一座九間，各面寬一丈二尺二寸，前三間進深一丈四尺二寸，中三間進深一丈八尺三寸，後三間進深一丈四尺二寸，周圍廊各深四尺一寸五分，臺明高二尺四寸，下出三尺二寸；静佳齋一座三間……柱高一丈一寸……裹嵐書屋一座三間各面寬一丈二寸……柱高一丈一寸……抱厦一間面寬一丈四尺……柱高一丈二寸……四方亭一座見方一丈，臺高四尺，下出二尺；抱厦房一座，各面寬九尺二寸，進深六尺二寸，中進深一丈，臺明高一丈六寸，下出二尺一寸；……繪芳堂一座三間……柱高九尺七寸……金粟山一座二間，東西值房各一座二間各面寬一丈一寸……柱高九尺一寸……八方亭一座各面寬四尺三寸。

又道光十八年（1838）六月初七日：

構虛軒失火，未延燒其他殿座[⑧]。

這也正是題字信息中没有構虛軒柱高資料的原因，也進一步説明該畫樣應爲現狀勘察圖，而非重修設計圖。

除了光緒十三年這次系統的遺址勘察外，在清漪園被毀後還曾有過一次較爲系統的勘察。同治十二年（1873）重修圓明園，爲解决材料來源，曾派員勘查三園（静宜園、静明園、清漪園）坍塌、歪閃房屋[⑨]，不僅留下《三園現存坍塌殿宇空閒房間清册》[⑩]，還留下了遺址勘測圖紙，如六函38（019—0006）《聽鸝館綺望軒等平樣糙底》（圖6），記録了聽鸝館、道存齋、近西軒、宜雲館、水周堂、瑞生號、綺望軒、澹静堂等建築的地盤圖，雖然畫得有點潦草，但用碼子數詳細記録了各建築的開間、進深、臺高以及屋頂形式等信息。這些遺址勘測圖紙都是開展清漪園時期建築復原研究，以及考察清漪園劫餘建築的珍貴材料。

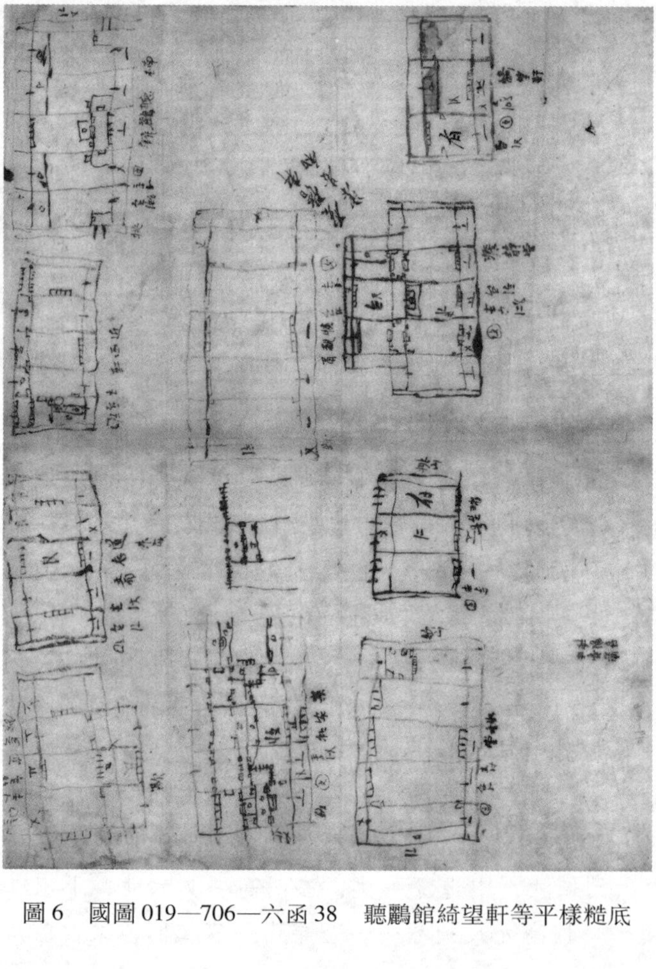

圖6　國圖019—706—六函38　聽鸝館綺望軒等平樣糙底

四、閱操工程圖檔

上文已經講道，醇親王奕譞在光緒十二年（1886）八月奏請恢復昆明水操的同時，也爲重修清漪園找了一個合乎情理的借口：

沿湖一帶殿宇亭臺半就頹圮，若不稍加修葺，誠恐恭備閱操時難昭敬謹。[⑪]

在中國第一歷史檔案館輿1672《萬壽山後山全圖》附件中，開列了截止光緒十三年（1887）已修齊、未修齊工程項目：

東宫門外南北朝房……東宫門外兩旁群房……東宫門内南北九卿房……南北九卿耳房四座……以上各房座均已修齊。

（東）宫門……現做大木石料未齊；勤政殿（仁壽殿）一座……現做大木石料未齊；勤政殿南北配殿……苫背未齊；南值房一座……現已修齊。

文昌閣……現已苫背未齊，四角人字游廊……現立大木未齊。

玉瀾堂……兩山耳殿兩座……霞芬室……藕香榭……宫門（玉瀾門）……周圍游廊……東值房……夕佳樓……宜芸館……道存齋……近西軒……周圍游廊。

水木自親……緑天深處……慮淡情怡……後罩殿……兩山耳房……東順山房……樂安和扇面房。

以上各殿座均已修齊。

樂壽堂……立大木并錠椽望未齊。

垂花門（邀月門）……留佳亭……寄瀾亭……秋水亭……清遥亭……廊……對鷗舫……魚藻軒……石丈亭……以上各座均已修齊。

垂花門（石丈亭）……現做大木未齊。

以上各處修齊殿座均未油飾。

玉帶橋……界湖橋……桑苧橋一座，以上橋座均現做石料未齊。

大小牌樓五座内四座均已修齊，一座現做大木未齊。

文昌閣外灰土河堤至長春橋……十七孔橋迤南已修齊，十七孔橋迤北未修齊。

龍王廟、鑒遠堂現立大木未齊。

廓如亭現立大木未齊。

涵虚堂等處殿座均已修齊，值房均已修齊。

西船塢已修齊。

水操内學堂共計房一百三間，水操外學堂共計房一百十九間，以上學堂房座均已修齊，油飾及内檐裝修并齊。

上述工程除東宫門、勤政殿外，均屬醇親王所奏“環湖一帶殿宇亭臺”，這些工程（水操學堂、西船塢除外）因恭備閲操而修，故稱之爲“閲操工程”。

據上述《清單》有關工程進展的記録和慈禧太后親臨閲操的時間[12]，這些工程大部分應于光緒十五年（1889）三月前全部完成。慈禧太后駐園後，根據功能需要，又陸續對其中部分建築進行了添修、改建。

從《頤和園卷》收録的圖檔來看，這一階段圖紙相對較少，可能是因爲這一階段工程主要是遺址復建和現狀整修，并未對原有建築格局進行重大調整的緣故。如清漪園時期的樂壽堂、揚仁風是具有居住意象的點景建築，由于并不承擔實際的居住功能，樂壽堂各殿宇間未有游廊連通。光緒十三年（1887）就是按清漪園時期的格局重修，二函 22（344—0768）《樂壽堂地盤樣》就是延續清漪園時期格局的設計圖（圖 7）。光緒十四年到十六年（1888—1890），添建游廊將樂壽堂、水木自親、邀月門等殿座相連；光緒十七年（1891）後，又在樂壽堂東側添建永壽齋⑬，後續階段的設計都記録在二函 24（341—0490，圖 8）之中，依據圖紙表現方法的不同，可按時間先後排序，將該圖劃分爲四個階段。一是圖中墨繪部分反映了光緒十三年（1887）樂壽堂重修的内容，格局與上圖相似；二是朱繪游廊部分反映了光緒十四年到十六年（1888—1890）的改建和添建；三是樂壽堂東院貼頁下反映的設計方案；四是貼頁上的設計方案，即樂壽堂東院的第二設計方案，從現狀來看，該方案也未實施。根據上述分析，該畫樣題名應爲“頤和園樂壽堂添修游廊、東院值房（永壽齋）地盤樣”。

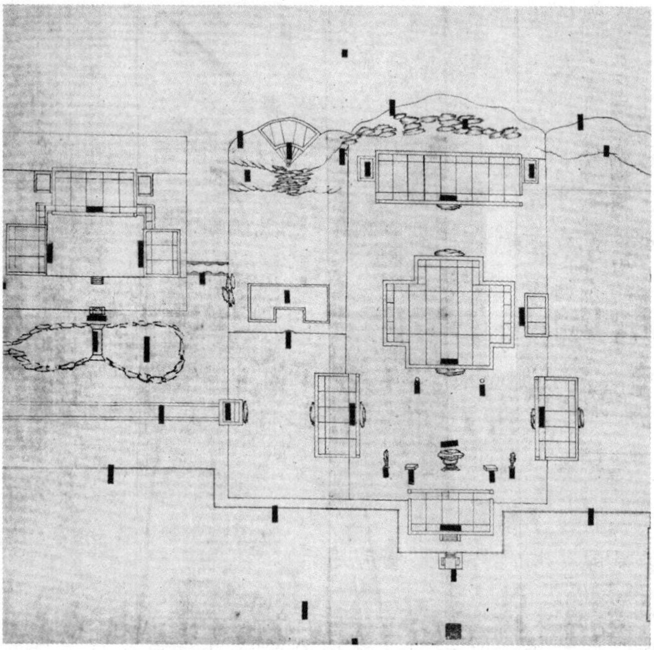

圖 7　國圖 344—0768—二函 22　樂壽堂地盤樣

古墨今朱、貼頁都是中國古代常用的圖紙表達方法，記録了設計歷時性的變化，是解讀頤和園建築設計過程的重要材料。同時，這種貼頁圖檔也爲統計樣式雷圖檔的件數帶來了困擾。

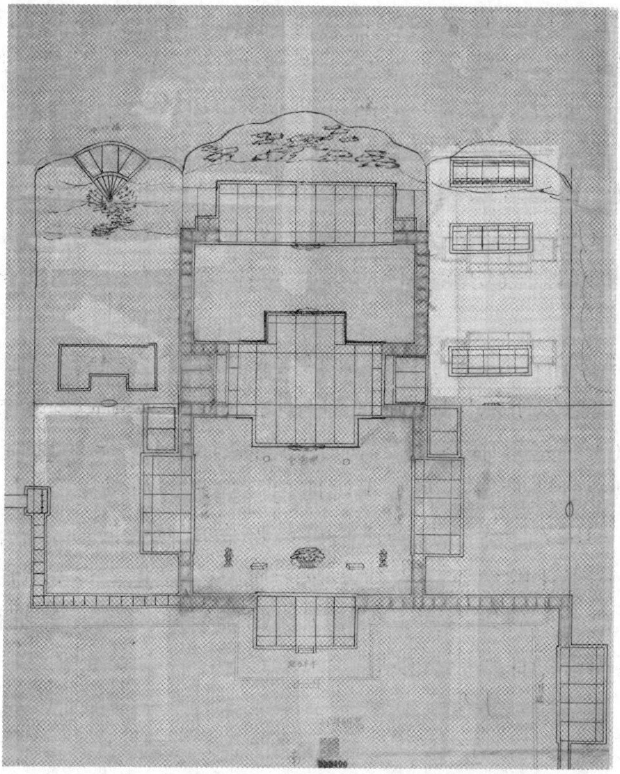

圖8　國圖341—0490—二函24　頤和園樂壽堂添修游廊、東院值房（永壽齋）地盤樣

五、佛宇與正路工程圖檔

醇親王《規復水操舊制及水操内學堂試行演練咨諭稿底》記載：

謹查水操内學堂，遵于（光緒十三年）十二月十五日午刻開學……再，排雲殿等座于十五日未刻供梁。[14]

中國第一歷史檔案館輿1672附件稱：

謹擬排雲殿、德輝殿等後山佛殿均于年内立春[15]前立供梁。

由此可見，早在光緒十三年（1887）萬壽山中路大報恩延壽寺的大雄寶殿也已決定更名爲“排雲殿”，與德輝殿以及後山佛殿一并開工建設。這説明在閱操工程建設的過程中，慈禧太后向相關人員傳達了日後在清漪園慶壽的想法，并安排設計實施。

在後來停工懿旨中提到的“佛宇及正路殿座”[16]，指的就是後山佛殿與排雲殿組群，本文將這部分工程稱之爲“佛宁與正路”工程。其中“正路工程”在相關樣式雷圖檔中也被稱之爲“中路工程”，狹義上講，是指光緒十三年（1887）就已經開始建設的排雲殿建築群；廣義上講，是以大報恩延壽寺組群（大雄寶殿、佛香閣、轉輪藏、寶雲閣、慈福樓、羅漢堂）爲基礎重修的排雲殿、佛香閣以及兩側的寶雲閣、轉輪藏、清華軒、介壽堂建築群。光緒朝重修後，廣義上的“正路建築”從原來的宗教功能分化成兩個部分，一部分是延續了清漪園時期宗教功能的佛香閣、寶雲閣、轉輪藏建築群；另一部分是以排雲殿爲慶壽活動核心空間，兩側介壽堂、清華軒爲輔助空間的慶典活動區域。爲體現頤和園重修後的功能變化和空間特徵，筆者將承擔慶壽功能的排雲殿組群（從雲輝玉宇牌樓到德輝殿一綫）及介壽堂、清華軒列爲正路工程，而延續清漪園時期宗教功能的佛香閣、轉輪藏、寶雲閣則與後山佛殿一起歸入佛宇工程。

該書收録的相關圖檔，見證了設計師將大報恩延壽寺組群從佛寺空間轉變爲慶典空間的設計過程，包括以下六個階段：（1）遺址勘察，設計初步方案；（2）建築更名，主體格局初定；（3）完善中路，設計東西跨院；（4）聯通跨院，優化使用功能；（5）裝修陳設，提升空間品質；（6）再添庫房，滿足慶典需求。

三函48（355—1827，圖9），對建築群前部做出較大改動，取消碑亭、鐘鼓樓等宗教建築，完成去佛寺化的變革，以建築及游廊將一二進院落之間的虛分隔變爲實分隔，主體建築排雲殿尚未確定形式，保留了大雄寶殿的臺明。建築群後部寶雲閣及東西兩側羅漢堂、慈福樓仍保留原有格局。

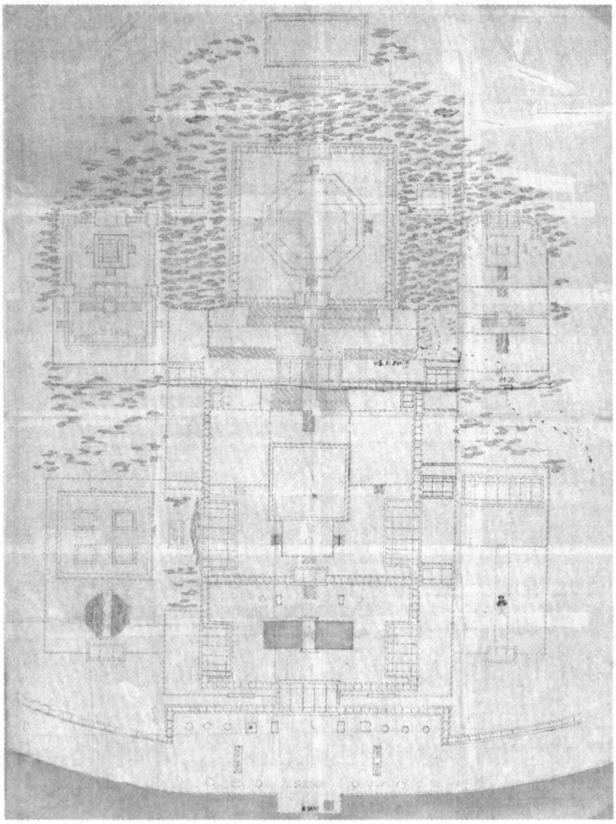

圖9　國圖355—1827—三函48　排雲殿方案一

三函 49（354—1784，圖 10），敲定了中路排雲殿組群的格局，對東西跨院、東西夾院進行了初步構思，但跨院與夾院隔離，尚未形成一個整體。

三函 54（392—0217，圖 11）設計方案將東西跨院與中路建築群連爲整體，從慶典儀式和使用的便利性出發進行改造，同時保存舊有的環境和植物，體現了對自然和人文環境的尊重，這一方案已經比較接近最後實施方案。

圖 10　國圖 354—1784—三函 49　排雲殿方案二

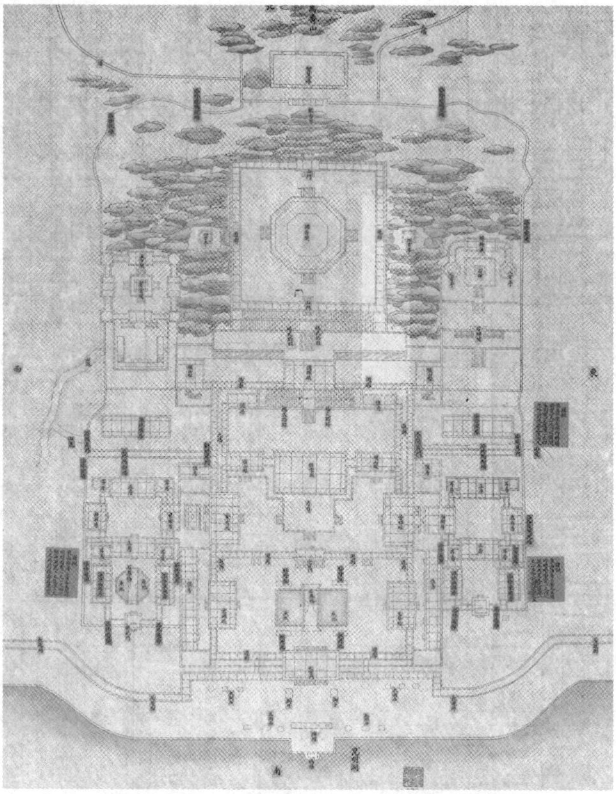

圖 11　國圖 392—0217—三函 54　排雲殿方案三

六、頤養工程圖檔

隨着“閱操工程”的相繼落成，環湖景觀初具規模，爲鞏固已有建設成果，光緒十四年（1888）二月初一，在慈禧太后的關注下，光緒皇帝精心擬訂了重修頤和園上諭：

> 溯自同治以來，前後二十餘年，我聖母爲天下憂勞，無微不至，而萬幾餘暇，不克稍資頤養，撫衷循省，實覺寢饋難安……萬壽山大報恩延壽寺，爲高宗純皇帝（乾隆）侍奉孝聖憲皇后三次祝嘏之所，敬踵前規，尤徵詳恰。其清漪園舊名，謹擬改爲頤和園。殿宇一切，亦量加葺治，以備慈輿臨幸。恭逢大慶之年，朕躬率群臣，同申祝悃，稍盡區區尊養微忱。[17]

以孝養太后爲由，效仿乾隆皇帝，可謂名正；同時强調“量加修葺”，以示節儉，進一步取得臣民的認可。與同治十二年（1873）重修圓明園上諭相比，最明顯的不同是回避了皇帝個人對園林建設的需要。

此諭頒布後，頤和園的建設目的就由“恭備閱操”過渡到“頤養太后”，因此，本文將此後至光緒二十一年（1895）之間開始的工程，如東宫門外大他坦、壽膳房、御膳房、德和園等服務帝后生活起居的附屬及園林建築稱爲“頤養工程”。根據國圖的相關《做法册》《錢糧册》以及中國第一歷史檔案館的頤和園《工程清單》，可大致確定“頤養工程”的内容。

重修工程公開後不久，紫禁城内貞度門[18]失火，言官屠侍御借機請停園工[19]，迫于輿論壓力[20]，慈禧太后于光緒十四年（1888）十二月二十六日頒布懿旨：

> 本月十六日，貞度門不戒于火，固屬典守不慎，而遇灾知儆，修省宜先，所有頤和園工程，除佛宇及正路殿座外，其餘工作一律停止，以昭節儉。[21]

事實上，重修工程并未暫停。首先，光緒十三年（1887）年底尚未修齊的“閱操工程”仍在進行，如樂壽堂、龍王廟、鑒遠堂、廓如亭等[22]；其次，樣式房這一階段也正忙于繪製相關畫樣并會同算房編製《工程做法錢糧册》[23]，相關承辦廠商則在四處奔波爲“頤養工程”采购建築材料[24]。

因此，與其説工程暫停，倒不如説“頤養工程”暫緩開始更爲貼切。

光緒十六年（1890）京畿遭灾，御史吴兆泰奏請節省頤和園工程，九月二十一日光緒帝發布上諭：

> 御史吴兆泰奏請節省頤和園工程一摺，以工作未停，有累聖德，并以畿輔被灾、决河未塞等詞，摭拾續陳，是于朕孝養之心，全未體會，實屬冒昧已極，吴兆泰著交部嚴加議處。[25]

不僅重申了重修原因，又殺一儆百，使其他言官不敢再言停工，這也預示了“頤養工程”的全面開始[26]。

據《工程清單》記載，“頤養工程”自光緒十六年（1890）開始，至光緒二十一年（1895）結束[27]，工程歷時六年，再加上兩年的前期準備，留下了豐富的建築圖檔。這些圖檔根據工程性質大致可分爲以下兩類。

一是爲滿足帝后園居、理政、娛樂的需要，雷廷昌在東宫門外設計了升平署、御膳房、壽膳房、各部公所等大量附屬建築，如十二函05（339—0271 圖12）《東宫門外各處占用地位房間地盤畫樣準底》，其中涉及南花園、大他坦、升平署、堂檔房、步軍統領衙門、外邊各項下處值房、鑾儀衛、大門侍衛值房、散秩大臣乾清門侍衛值房共九組建築，基本涵蓋了338—0164《頤和園外新建九處房間數目清單》中提及的内容：

> 謹擬添蓋東宫門外各處占用房間數目分晰開後。計開：鑾儀衛庫房值房共五十三間；外邊各項下處值房共六十一間；升平署共房一百九十二間；南花園房間游廊花洞共一百四十四間；步軍統領衙門共房三十九間；頤和園堂檔房共三十九間；大他坦房間游廊共房一百五十八間；散秩大臣乾清門大門侍衛值房共十間；養花園房間游廊花洞共一百五十五間；以上九處共計房間游廊花洞八百五十一間。

爲滿足慈禧太后看戲的需求，最終選擇在清漪園怡春堂舊址修建德和園建築群，書中收録的圖檔透露了設計師從照搬圓明園同樂園，再到保留戲臺主體，其他部分根據場地條件和功能流綫要求不斷優化調整的過程。如三函03（352—1581 圖13）《謹擬

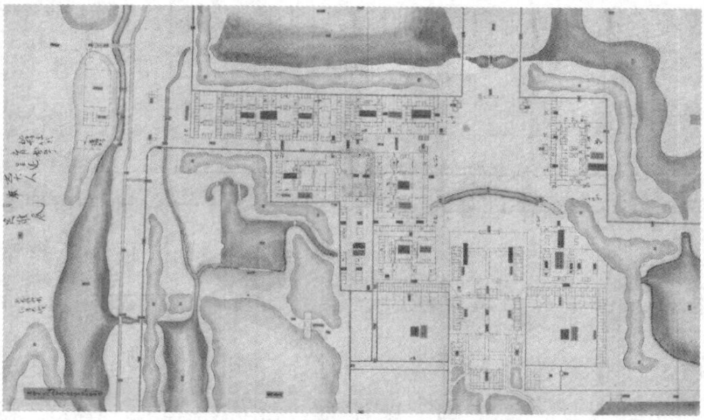

圖 12　國圖 339—0271—十二函 05　東宫門外各處
占用地位房間地盤畫樣準底

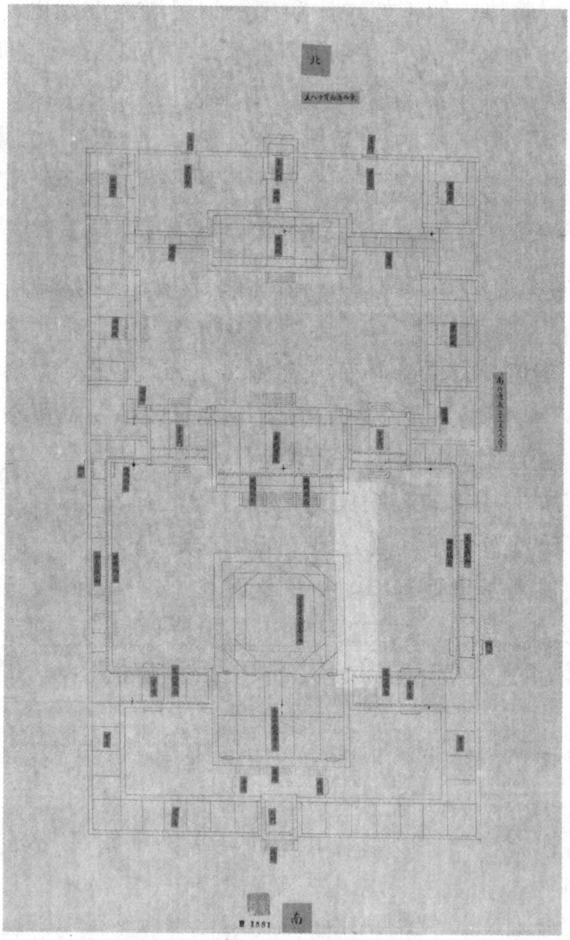

圖 13　國圖 352—1581—三函 03　謹擬建修怡春堂内
三重檐大戲臺看戲樓殿宇房間地盤畫樣

建修怡春堂内三重檐大戲臺看戲樓殿宇房間地盤畫樣》，圖中戲臺與扮戲殿同寬，看戲樓直接沿用了圓明園同樂園的格局，應爲最初的設計方案。三函04（339—0240 圖14）《萬壽山頤和園内改修看戲殿圖樣》，將上圖中面闊五間的看戲樓改成面闊七間的看戲殿，大戲樓的格局從原來的一字型變成了十字形，這一方案比較接近最後實施方案。

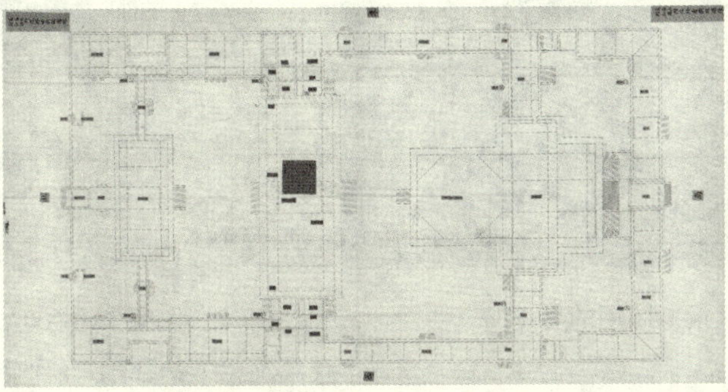

圖14　國圖339—0240—三函04　大戲臺院各座地盤圖樣

二是兼顧景觀、經濟和實用等多方面的因素，對清漪園時期點景建築進行復原和改建。如畫中游建築群，作爲萬壽山西麓的重要景觀建築，尤其是三層的主體建築澄輝閣，是西區的制高點，重修方案基本保留了原有的形式。位于萬壽山前山東麓三層、可登臨的餐秀亭，觀景效果極佳，雖囿于經濟因素，雷廷昌并未簡單地降低層數，改建爲一歇山卷棚敞廳了事，而是選擇了平頂書卷形的福蔭軒（五函17，337—0138，圖15），其兩側有樓山可登頂，此舉既延續了餐秀亭的觀景功能，書卷形的平面格局也豐富了園林建築類型。萬壽山東麓山脊上三層六角星形的曇花閣（五函22，333—0075—02，圖16），最初從經濟角度考慮，設計了兩個忠實原作平面但改爲一層的方案（圖17），最後在綜合技術、經濟和實用等因素後，選擇了實用性强的單層三卷勾連搭的景福閣（圖18）。頤和園重修工程的設計，尤其是這些點景建築的改建與創新，也展現了雷廷昌非凡的設計才能。

圖15　國圖337—0138—五函17　餐秀亭立樣圖

圖16　清漪園時期的曇花閣

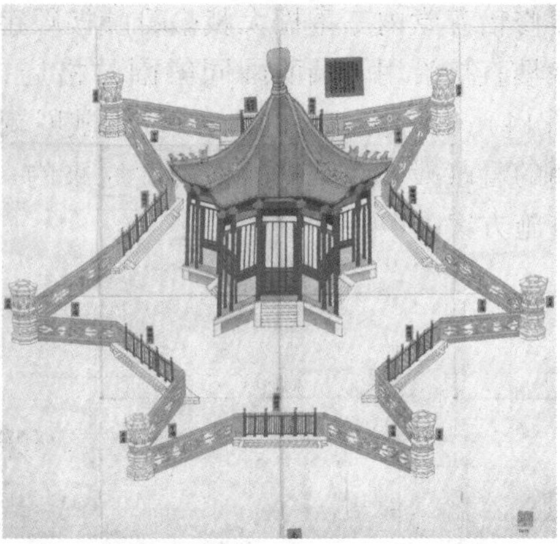

圖17　國圖333—0075—02—五函22
曇花閣一座改修單層檐圖樣

圖18　光緒朝修建的景福閣

七、後續工程設計圖檔

光緒十八年（1892），“頤養工程”尚未全部告竣，慈禧太后已開始短期駐蹕頤和園。光緒二十一年（1895）甲午海戰的失利，并未打消慈禧太后繼續完善頤和園功能需求和再現清漪園時期景觀的夢想，除繼續未竟的“頤養工程”外，慈禧太后命雷廷昌繼續完成户部公所、工部公所迤南大膳房等附屬建築，以及治鏡閣、暢觀堂、藻鑒堂等西南湖區重要點景建築的設計工作（十一函20，339—0273，圖19）。光緒二十四年（1898）八月，戊戌政變，變法六君子被殺，光緒皇帝被軟禁，慈禧太后也深受刺激，離開頤和園長達十九個月之久[28]。光緒二十六年（1900）八國聯軍攻入北京，慈禧太后倉皇西逃，頤和園又一次遭到破壞。光緒二十八年（1902），慈禧太后回鑾，針對八國聯軍的破壞對園内建築進行修繕，此時的慈禧太后已心力交瘁，無心拓展園工，雷廷昌已經完成復建設計方案和燙樣的治鏡閣（十函 49，349—1264，圖 20）也未能付諸實施[4]。

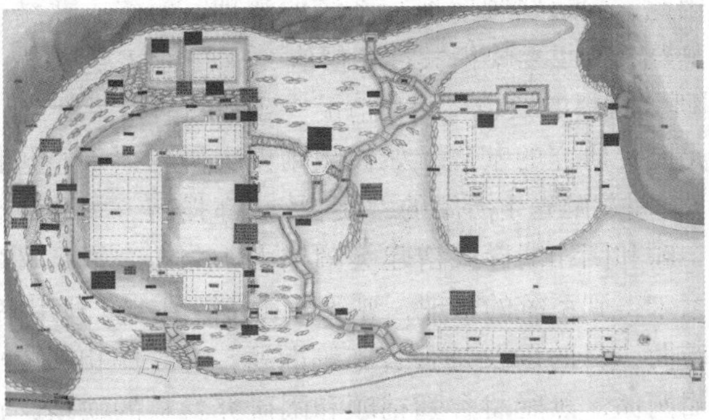

圖 19　國圖 339—0273—十一函 20　頤和園内畅观堂
添修泊岸宇墻改修山道圖様

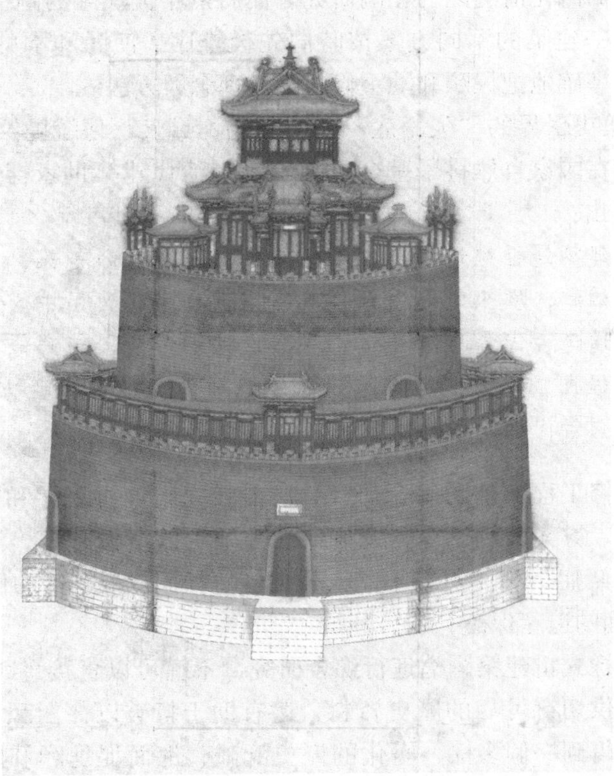

圖 20　國圖 349—1261—十函 49　西路治鏡閣立樣

八、結語：頤和園樣式雷圖檔研究的意義

《頤和園卷》從近 50 包中選出 680 餘幅頤和園相關圖檔，這些圖檔有題名的不足

五分之一，有年代題記的不足10件，給相關利用帶來了極大障礙，其價值也一直未能得到充分揭示，這與其身爲“世界記憶遺産”，及其載體頤和園作爲“世界文化遺産”的地位極不相稱。因此，對這些圖檔進行系統的整理、鑒定，并結合頤和園的歷史變遷展開綜合研究，無疑具有重要學術與社會價值。

1. 彌補頤和園研究材料的缺環，深化清漪—頤和園的相關研究

甄别研究材料是歷史研究的基礎，如顧頡剛先生所説“因爲想做史學，所以要搜集史料、審定史料”，馮友蘭先生所講的“疑古”，都强調了對研究材料進行整理研究的重要性。多年來，頤和園相關樣式雷建築圖檔由于分布零散，又多無題名、無年代標記等客觀困難，素未得到系統的整理，導致了其高價值、低利用率[29]的窘境。因此厘清這些圖檔的繪製時間、目的以及是否實施等問題，建立與相關歷史文獻、檔案以及遺存實物之間的邏輯關係，無疑將會彌補頤和園研究材料的缺環，爲頤和園的全面深入研究奠定堅實的史料基礎。

例如，將遺址勘察、復原設計畫樣與查工文檔相結合，則可再現乾隆朝清漪園時期的建築格局，進而深化清漪園的相關研究。而將無年代標記的圖檔與相關歷史文獻、檔案對照，可將同一建築的不同方案按時間先後排序，使頤和園的重修過程立體化，這無疑會有助于更準確地把握頤和園重修的設計理念與方法。

2. 爲解决建築史學界的“失語症”和“見物不見人”傳統提供鮮活的實例

王其亨先生曾在國家自然科學基金重點項目《清代建築世家樣式雷及其圖檔綜合研究》申報書中指出：

> 中國古代建築是否經過設計、如何設計以及設計師是誰，一直是困擾國内外學術界的重大難題，歷來歧見紛紜。其結果，實際導致了中國建築史學的尷尬局面：今人可以通曉古代各時期建築形式與做法的演變，却鮮能洞悉并信而有徵地闡發相關設計程式、方法、尤其是設計思想和理論；而和西方的建築史學比較，直接導致了中國古代建築設計的“失語症”和“見物不見人”。

通過頤和園重修工程圖檔的綜合研究，將能較完整地再現頤和園從重修决策、遺址勘測、甄選專案、方案設計、變更調整到最後施工的整個程序，這無疑將會爲改變建築史學界的“失語症”和“見物不見人”的尷尬局面提供鮮活的個案。

3. 促進頤和園的遺産保護

對頤和園相關樣式雷建築圖檔進行綜合研究，不僅可以直接爲頤和園的保護規劃、復原和修繕設計提供切實可靠的歷史資料，還有助于打破以往對頤和園孤立的、静態的理解認知方式，得到一個多樣、變化的歷史認識，進而促進頤和園的整體保護。這在已經完成的頤和園清外務部公所修繕設計、治鏡閣復原設計、保護規劃與總體規劃中得到充分證明。

【本文爲國家自然科學基金項目“頤和園營建過程研究”（批准號：50738003、51108306）的階段性成果】

注釋：

① 因爲當時的政治格局下，任何重要事務祇有獲得慈禧的首肯和支持，方能順利進行，這與光緒十四年李鴻章爲取得慈禧太后對興洋務修鐵路的支持，動用北洋軍費爲她在三海修建南起中海瀛秀門外，北至鏡清齋全長三華里的小鐵路，是同一種策略。

② 同治十三年七月二十九日《翁同龢日記》："午初三刻，隨諸公入對，大抵詬責言官，及恭醇兩王往復辯難，且有'離間母子，把持政事'之語……上曰：'待十年二十年後，四海平定，庫項充裕時，園工可許再舉乎？'則皆曰：'如天之福，彼時自當興修。'隨定停園工。"

③ 原文"福"爲舟字部。

④ 張俠等合編：《清末海軍史料》，海洋出版社，1982 年，401 頁。

⑤ 内務府檔案奉宸院 4602 號。中國第一歷史檔案館藏。轉引自葉志如、唐益年：《光緒朝三海工程與北洋海軍》，《歷史檔案》1986 年第 1 期，111 頁。

⑥ 御製萬壽山清漪園記。文淵閣《四庫全書》内聯網版。

⑦《萬壽山準底册》立于光緒十三年二月，是對萬壽山道路、建築等多次勘察的彙總整理。

⑧ 録副奏摺。中國第一歷史檔案館藏。檔號：03—2808—020。

⑨ 張嘉懿先生藏同治十三年正月十四日《内務府拆用舊木植及請旨采辦木料奏底》。引自：劉敦楨：《劉敦楨文集》（一），中國建築工業出版社，1982 年，355 頁。

⑩ 同治十二年《三園現存坍塌殿宇空閒房間清册》。中國第一歷史檔案館藏。

⑪ 内務府檔案奉宸院 4602 號。中國第一歷史檔案館藏。轉引自：葉志如、唐益年：《光緒朝三海工程與北洋海軍》，《歷史檔案》1986 年第 1 期，111 頁。

⑫ 光緒十五年（1889）三月二十三日，帝后"臨幸頤和園，閱神機營水操"，但見"隊伍整齊，實深嘉悦"。

⑬ 據《工程清單》記載，光緒十七年二月十六到二十日："樂壽堂東院值房（永壽齋前殿）地脚刨槽已齊，築打灰土"；光緒十九年二月十一到十五日："樂壽堂東跨院後院接修兩卷房（永壽齋）安釘内檐裝修"。

⑭ 張俠等合編：《清末海軍史料》，海洋出版社，1982 年，397 頁。

⑮ 應爲 1888 年正月十二日，陽曆 2 月 4 日。

⑯ 慈禧太后于十二月二十六日頒布懿旨："本月十六日，貞度門不戒于火，固屬典守不慎，而遇灾知儆，修省宜先，所有頤和園工程，除佛宇及正路殿座外，其餘工作一律停止，以昭節儉"。（清）世續等：《清實録·德宗實録》，中華書局，1987 年，第 55 册卷二五二，393—394 頁。

⑰（清）世續等：《清實録·德宗實録》，中華書局，1987 年，第 55 册卷二五二，393—394 頁。

⑱ 太和門右側門。

⑲"十二月十五日，太和門灾，親救火。甫退，未還，即來宅屬草折，一請停頤和園工；二請醇邸不與政事；三責宰相無狀……四請宦寺勿預政事……皆國家第一大事，無人敢言者"。樓宇烈整理：《康南海自編年譜》，中華書局，1992 年，17 頁。

⑳ 根據上一注脚中"皆國家第一大事，無人敢言者"，可以判斷反對園工的聲音并不是很激烈，另外核查實録也未見相關反對園工的官方記載。

㉑（清）世續等：《清實録·德宗實録》中華書局，1987 年，第 55 册卷二六三，529 頁。

㉒ 這些建築在光緒十六年之後的重修《工程清單》中均未見記載，又光緒十五年十月十一日奉宸苑接准海軍衙門《更定章程裁撤學堂》一折附件中有："所有頤和園已修齊各殿座，統交管理頤和園大臣驗收"，此時"正路、佛宇工程"正在進行，"頤養工程"尚未開工，故此時驗收的工程就是部分光緒十三年年底尚未修齊的"閱操工程"。

㉓ 光緒十五年十月初一《含新亭重檐六方亭一座并挪堆點景太湖石劍石平墊道路等工丈尺做法錢糧底册》，十二月十三日《排雲殿等處挪安銅獅、太湖立石卧石等工錢糧底册》；光緒十六年《頤和園内戲臺、戲樓殿座看戲廊值房等工做法錢糧底册》《石丈亭迤北垂花門院内添建各座房間并寄瀾堂延清賞五聖祠各座房間墻垣等工做法錢糧底册》等。中國國家圖書館藏，均來自王道成先生摘抄。

㉔ 中國第一歷史檔案館藏光緒十六年（1890）正月二十日奉宸苑工程處回復海軍衙門的文移載："海軍衙門恭修頤和園工程，采辦大件木料應納税銀應自照章交納，此項木税銀不在錢糧之内，即由本工程處專款發給該商呈領，交木税局辦理。"

㉕（清）世續等：《清實録・德宗實録》，中華書局，1987 年，第 55 册卷二八九，849 頁。

㉖ 光緒十六年十二月十一到十五日的《工程清單》載："戲樓院迤北垂花門并後罩殿東西配殿東西值房暨看戲樓分位起刨餘土……佛香閣出運渣土，石丈亭迤北新建各殿座成做大木斬打石料，前升平署成做大木……大他坦、步軍統領衙門、頤和園檔房、各項值房、鑾儀衛庫房、養花園、南花園均成做大木。"這是目前相關"頤養工程"的最早記載，根據上述工程進展，其開始間應在十二月之前，初步分析其開工時間應在當年九月前後，故有上文"御史吴兆泰奏請節省頤和園工程"一事。

㉗ 光緒二十一年五月二十一至二十五日《工程清單》載："德和園内東面群房并頤樂殿東面看戲廊暨慶善堂東西配殿東西值房兩山丁字游廊垂花門均接油飾彩畫。"這是相關頤養工程的最後記録，雖尚未完全竣工，但其竣工時間應在光緒二十一年之内。

㉘ 劉桂林：《從清代帝后駐蹕看頤和園》，頤和園管理處編《頤和園建園 250 周年紀念文集》，五洲傳播出版社，2000 年，第 311—325 頁。

㉙ 清華大學建築學院《頤和園》一書引用相關樣式雷建築圖檔僅 28 張，該書 1989 年首先在臺灣出版，2000 年在大陸出版。頤和園管理處《頤和園志》一書引用相關樣式雷建築圖檔僅 3 張，該書出版于 2006 年。

（作者單位：天津大學建築學院）